"十三五"职业教育国家规划教材·修订版

汽车概论

（第2版）

主　编　吉武俊　胡　勇

书籍码 VSUQ5JBE5

北京理工大学出版社
BEIJING INSTITUTE OF TECHNOLOGY PRESS

内 容 摘 要

本教材根据教育部对高等院校汽车运用与维修专业领域技能型紧缺人才培养目标的要求编写。本书主要内容有汽车相关产业概述、认识汽车、汽车发展史、汽车基本构造、新型汽车技术、汽车与社会、汽车选购与使用、汽车品性文化、汽车边缘文化九个章节。内容丰富,知识面广,实用性强,图文并茂,通俗易懂,是当代大学生和汽车爱好者的一本通用好教材。

本书适合高等院校汽车运用与维修、汽车检测与维修技术、汽车技术服务与营销等相关专业使用,也可以作为公共选修课程的教材使用。

版权专有　侵权必究

图书在版编目（CIP）数据

汽车概论 / 吉武俊,胡勇主编. — 2 版. — 北京：北京理工大学出版社,2019.11（2023.8重印）

ISBN 978 – 7 – 5682 – 7916 – 1

Ⅰ. ①汽… Ⅱ. ①吉… ②胡… Ⅲ. ①汽车 – 高等学校 – 教材 Ⅳ. ①U46

中国版本图书馆 CIP 数据核字（2019）第 253320 号

出版发行 / 北京理工大学出版社有限责任公司
社　　址 / 北京市海淀区中关村南大街 5 号
邮　　编 / 100081
电　　话 /（010）68914775（总编室）
　　　　　（010）82562903（教材售后服务热线）
　　　　　（010）68944723（其他图书服务热线）
网　　址 / http：//www.bitpress.com.cn
经　　销 / 全国各地新华书店
印　　刷 / 三河市天利华印刷装订有限公司
开　　本 / 787 毫米 × 1092 毫米　1/16
印　　张 / 18.75
字　　数 / 376 千字
版　　次 / 2019 年 11 月第 2 版　2023 年 8 月第 5 次印刷
定　　价 / 49.00 元

责任编辑 / 张旭莉　周艳红
文案编辑 / 张旭莉
责任校对 / 周瑞红
责任印制 / 李志强

图书出现印装质量问题,请拨打售后服务热线,本社负责调换

前　言

汽车，这个由上万个零件组合的机电产品，是人类智慧的结晶，和谐地将科学技术与艺术相统一，绽放出绚丽的文化光芒，并以高速、机动、舒适和使用便捷等优点受到人们青睐。在发达国家如美国，汽车普及率已经达到780辆/千人，我国2009年以来汽车产量连续三年蝉联世界第一位。汽车产业的发展带动了一大批相关产业的发展，也使越来越多的人接触到汽车及其相关技术。随着汽车逐步进入中国家庭，广大消费者对汽车的兴趣与日俱增。在这种形势下，作为当代大学生，了解汽车的基本知识，掌握汽车的驾驶与维护，已经成为时代的要求。许多普通高校、高职高专，乃至中专、职校的非汽车专业，都已经开设"汽车概论"公共选修课程，这对于提高学生的综合素质以及学生的就业分配和参加工作，都有极大的帮助。

党的二十大报告指出，为"办好人民满意的教育"，我们要"坚持以人民为中心发展教育，加快建设高质量教育体系，发展素质教育，促进教育公平"。对汽车专业的学生而言，在一年级就开始学习"汽车概论"课程，可以有效地激励学生的学习热情，关心汽车产业的发展动态，并促进其他课程的学习，这已被我们多年的教学改革实践所证实。本书是经过多年的教学改革实践并广泛征求学生意见的基础上编写而成的，充分体现了"以人为本"的职业教育理念。本书系统地介绍了汽车相关产业概述、认识汽车、汽车发展史、汽车基本构造、新型汽车技术、汽车与社会、汽车选购与使用、汽车品性文化和汽车边缘文化，内容丰富、知识面广、哲理性强、科学实用。

本书采用大量立体插图，直观明了，通俗易懂。形象、生动地展示了汽车的风采。本书由河南职业技术学院吉武俊和胡勇担任主编。其中，吉武俊编写第一章～第二章，田华编写第三章～第五章，胡勇、胡兆麟、高云编写第六章～第九章。

由于编者经历和水平所限，教材内容难免有不足之处，希望各教学单位在积极选用和推广教材的同时，注重总结经验及时提出修改意见和建议，以便修订时改正。

编　者

目录

项目一 介绍汽车相关产业

任务1.1 介绍汽车工业与社会发展 / 001
　一、与汽车相关的产业 / 002
　二、汽车工业代表了人类现代文明的辉煌 / 002
　三、汽车工业在国民经济中的地位和作用 / 002
　四、汽车后市场人才需求广阔 / 003
　五、汽车对人类生活的不利影响 / 003

任务1.2 介绍汽车制造业的发展 / 005
　一、世界汽车制造业发展 / 005
　二、中国汽车制造发展与现状 / 012

任务1.3 介绍汽车服务业的发展 / 017
　一、汽车维修服务 / 017
　二、汽车金融服务 / 018

项目二 认识汽车

任务2.1 认识汽车总体组成及基本行驶原理 / 022
　一、汽车总体组成 / 023
　二、汽车的布置形式 / 024
　三、汽车基本行驶原理 / 025

任务2.2 介绍汽车分类和编号 / 028
　一、汽车分类 / 028
　二、汽车编号 / 037

任务2.3 介绍汽车主要性能指标 / 040
　一、汽车特征参数 / 041
　二、汽车性能指标 / 043

三、发动机性能指标 / 045

项目三　追溯汽车发展史

　　任务3.1　人类运输的变迁 / 048
　　　　一、中国的古代车辆 / 049
　　　　二、自走式车辆的幻想与探索 / 050
　　任务3.2　汽车的发明史 / 052
　　　　一、蒸汽汽车发明史 / 052
　　　　二、内燃机汽车的出现 / 054
　　任务3.3　汽车各部件的发展简史 / 056
　　　　一、汽车发动机的发展进程 / 056
　　　　二、汽车底盘的发展 / 059
　　　　三、汽车电气系统的发展 / 064
　　　　四、汽车车身造型的演变 / 070

项目四　认识汽车基本构造

　　任务4.1　认识汽车发动机基本结构 / 075
　　　　一、发动机分类与编号 / 076
　　　　二、四冲程发动机的工作原理 / 080
　　　　三、四冲程汽油发动机组成与结构原理 / 084
　　　　四、汽车发动机电子控制技术 / 098
　　任务4.2　认识汽车底盘与车身 / 099
　　　　一、汽车传动系统的基本结构及工作原理 / 100
　　　　二、汽车行驶系统的基本结构及工作原理 / 104
　　　　三、汽车转向系统的基本结构及工作原理 / 110
　　　　四、汽车制动系统的基本结构及工作原理 / 112
　　　　五、汽车车身系统基本机构及工作原理技术 / 116
　　任务4.3　认识汽车电气系统 / 125
　　　　一、电源系统 / 126
　　　　二、照明与信号系统 / 129
　　　　三、汽车仪表 / 134

项目五　探索新型汽车技术

　　任务5.1　认识电动汽车 / 137
　　　　一、电动汽车的概念 / 138
　　　　二、电动汽车的特点 / 138
　　　　三、电动汽车各部分结构 / 139
　　任务5.2　认识混合动力汽车 / 141
　　　　一、混合动力汽车的组成 / 141

二、混合动力汽车的工作特点 / 141
三、混合动力汽车的类型 / 142

任务5.3　认识燃料电池汽车 / 145
一、燃料电池 / 146
二、燃料电池汽车的类型 / 146
三、燃料电池汽车的基本结构与工作原理 / 148
四、燃料电池汽车的优点与缺点 / 150

任务5.4　认识代用燃料汽车 / 151
一、天然气汽车 / 151
二、生物柴油汽车 / 154
三、乙醇燃料汽车 / 155

任务5.5　认识太阳能汽车 / 157
一、太阳能在汽车上的应用 / 157
二、太阳能汽车的特点 / 159
三、太阳能汽车的结构 / 159

任务5.6　认识智能网联汽车 / 161
一、智能网联汽车定义 / 161
二、智能网联汽车的关键技术 / 162
三、我国智能网联汽车的发展现状 / 163

项目六　探索汽车与社会之间的关系

任务6.1　探索汽车对人类的影响 / 166
一、汽车与生活方式 / 167
二、汽车与交通堵塞 / 167
三、汽车与能源 / 168

任务6.2　探索汽车产生的公害 / 172
一、汽车工业与环境 / 172
二、汽车排放与环境 / 177
三、汽车噪声与环境 / 182
四、报废汽车与环境 / 185
五、汽车的电波危害 / 186
六、汽车与道路交通安全 / 187

项目七　汽车选购与使用

任务7.1　汽车选购 / 194
一、购车时注意事项 / 195
二、购车配置的选择 / 196
三、汽车颜色的选择 / 198
四、汽车性能比较 / 200
五、汽车售后服务比较 / 201

任务7.2　新车的挑选验收 / 202
　　一、新车验收 / 203
　　二、新车入户流程 / 208
　　三、汽车上牌 / 209
任务7.3　汽车驾驶 / 210
　　一、汽车道路驾驶应急处理 / 211
　　二、汽车驾驶节油技术 / 213
　　三、特殊道路条件下的驾驶技术 / 214
　　四、特殊气候条件下的驾驶技术 / 216
任务7.4　汽车磨合 / 218
　　一、汽车磨合的意义 / 219
　　二、汽车磨合期的特点 / 219
　　三、汽车磨合期的方法 / 220
　　四、汽车磨合期的维护 / 221
任务7.5　汽车维护 / 222
　　一、汽车保养的基本内涵 / 223
　　二、日常维护 / 224
　　三、汽车保养周期及保养内容 / 224
　　四、汽车的主要系统保养 / 226
　　五、汽车停驶期间的养护措施 / 226

项目八　研究汽车品性文化

任务8.1　认识世界著名汽车公司及商标 / 229
　　一、戴姆勒-奔驰公司 / 230
　　二、大众汽车集团 / 231
　　三、宝马汽车公司 / 234
　　四、PAS标致-雪铁龙汽车集团 / 235
　　五、雷诺-日产集团 / 236
　　六、通用汽车公司 / 237
　　七、福特汽车公司 / 239
　　八、克莱斯勒汽车公司 / 242
　　九、丰田汽车公司 / 243
　　十、本田汽车公司 / 244
　　十一、现代汽车集团 / 245
任务8.2　认识中国主要汽车公司及商标 / 246
　　一、上海汽车工业（集团）总公司 / 247
　　二、中国第一汽车集团公司 / 248
　　三、东风汽车集团 / 250
　　四、长安汽车集团 / 252
　　五、北京汽车工业控股有限责任公司 / 253

六、广州汽车工业集团公司 / 253
　　七、吉利控股集团 / 254
任务8.3　讲述汽车名人 / 256
　　一、德国汽车名人 / 257
　　二、法国汽车名人——安德烈·雪铁龙 / 258
　　三、意大利汽车名人——恩佐·法拉利 / 259
　　四、美国汽车名人 / 260
　　五、日本汽车名人——丰田喜一郎 / 262
　　六、中国汽车名人——饶斌 / 263

项目九　认识汽车边缘文化

任务9.1　认识汽车展览 / 265
　　一、汽车展览 / 266
　　二、世界著名汽车展览 / 266
　　三、概念车 / 269
　　四、汽车模特 / 271
任务9.2　认识汽车俱乐部 / 272
　　一、汽车俱乐部 / 273
　　二、国外汽车俱乐部的经营模式 / 273
　　三、国际知名的汽车俱乐部 / 274
　　四、中国汽车俱乐部 / 275
任务9.3　认识汽车运动 / 276
　　一、汽车竞赛 / 277
　　二、汽车竞赛的发展 / 277
　　三、汽车竞赛的分类 / 278
　　四、世界一级方程式锦标赛（F1） / 280
　　五、著名车队与车手 / 283

参考文献

项目一 介绍汽车相关产业

课程任务与能力矩阵		
项目名称	任务名称	进度描述
项目一 介绍汽车相关产业	任务1.1 介绍汽车工业与社会发展	汽车运用与维修1+X初级/智能新能源汽车1+X初级
	任务1.2 介绍汽车制造业的发展	汽车运用与维修1+X初级/智能新能源汽车1+X初级
	任务1.3 介绍汽车服务业的发展	汽车运用与维修1+X初级/智能新能源汽车1+X初级

任务1.1 介绍汽车工业与社会发展

任务引入：在举办客户活动时，有些人想了解汽车工业的发展。通过本任务的学习可以给你答案。

学习内容：1. 与汽车相关的产业；

2. 汽车工业在国民经济的地位和作业；

3. 汽车后市场；

4. 汽车对人类生活的不利影响。

能力要求：1. 学习和理解汽车相关产业；

2. 能够解释汽车工业在国民经济中的地位和作用；

3. 树立以客户为中心的理念，增强服务意识；

4. 具有与客户沟通交流的能力；

5. 具备信息搜集和处理的能力。

任务描述：1. 获取汽车相关产业的相关资料；

2. 自主学习汽车相关产业；

3. 小组讨论汽车与相关产业。

相关知识：

一、与汽车相关的产业

汽车是世界上唯一兼有零件数以万计、产量数以千万计、保有量数以万万计的综合性、高精度、大批量生产的工业产品，汽车产业的发展促进了先进生产方式的产生与完善。汽车工业的发展有力带动了交通、能源、冶金、制造、化工、电子等相关产业的发展，汽车工业是全球化的工业。在许多发达国家以及某些发展中国家，汽车工业是非常重要的支柱产业。可以说，汽车是世界工业经济发展的支柱。

100多年来，汽车从一种简单的机械逐渐演变为一个集多学科、高技术的现代化机电产品，在汽车发展的各个时期，都折射出当时科学技术发展的辉煌。由于汽车在社会、经济、生活中的影响力，机械、电子、化学、材料、光学等众多学科技术领域的最新成果都得以在汽车上大显身手，汽车也正好为各种先进技术提供了一个展示的舞台。

二、汽车工业代表了人类现代文明的辉煌

汽车在推动世界经济向前发展的同时，也改变了人们的社会生活，把人们从人拉肩扛和步行旅途中解放出来。汽车带来了便捷的运输，也更深层次地改变了人们的生活方式，形成了汽车文化。汽车也促使世界变得越来越小，使人们的眼界更宽、心胸更广、生活更丰富多彩。汽车给人们带来了舒适，带来了愉悦，带来了物质上和精神上的追求和享受。它促进了城市的发展，缩小了城乡差别，改善了人们的生活质量。

三、汽车工业在国民经济中的地位和作用

随着世界汽车工业的不断发展壮大，汽车工业在世界经济发展中的地位越来越突出，汽车工业逐渐成为各主要汽车生产国的支柱产业，并对世界经济的发展和社会的进步产生巨大的作用和深远的影响。

（1）在各生产和运输企业中，汽车作为生产资料在生产活动中起着重要的作用

工厂的生产原料、配套件、设备等都需用汽车运进车间和仓库，而工厂产品亦需源源不断地从工厂运到用户手中。就连专门生产汽车的工厂，有的也用专用汽车来运输自己的汽车产品。为了适合各行各业的运输需要，现代汽车品种越来越多，就货车而言，特别是中、重型货车，其专用汽车的比例在先进国家高达80%；近年来，厢式运输车、集装箱运输车受到越来越大的欢迎；人员运输也是运输企业的重要任务之一。为了适应不同的需要，短途、长途、公共交通和旅游车辆品种繁多。

（2）汽车作为现代交通工具，优化了交通结构，对现代人的生活具有重要的作用

现代交通结构由火车、汽车、飞机、船舶等现代交通工具组成，并且各自在交通结构中发挥着重要的作用。其中，汽车所具有的普遍性和灵活性则是其他现代交通工具无法相比的。

①普遍性。火车、飞机、轮船只适于作为公共交通工具，并要求有与之相适应的客货运输量。而汽车既适于作为公共交通工具，又适于作为家庭和个人的交通工具；既适于大批量客货运输，也适于小批量客货运输。

②灵活性。火车、飞机、轮船均属于线性交通工具。火车只能沿铁路运行，飞机只能沿航线飞行，船舶只能沿江河、湖海航行。而汽车属于地面上的交通工具，只要有道路就能行

驶。它既可通向各个城市，又可通向广大农村，可以实现"门对门"的服务。

由于汽车所具有的普遍性和灵活性，才使得现代交通结构实现了公共交通与个人或家庭相结合，大批量客货运输与小批量容货运输相结合。火车、飞机、船舶运输也需要与汽车运输相结合，以汽车作为其终端运输工具，才能实现现代化运输的全过程，从而使现代交通结构达到完美的地步。汽车在现代人生活中的作用是任何其他东西所不能替代的。现代人快节奏的生活只有拥有汽车才能实现，上班、购物、游玩都离不开汽车；现代人谋求更大的活动空间和更高的生活质量，郊区宽敞的住房和优雅清新的环境吸引着现代人在郊区居住，这就使住宅区与工业区和商业中心相分离，汽车在连接不同活动空间方面所起的作用就更加突出；现代人的交流频繁广阔，高速公路连接成网。

（3）汽车工业作为强大的出口产业，为国家创造了巨额税收

汽车工业是资金和技术密集的大批量生产产业，不是任何国家都有条件发展汽车工业的。但是，世界上所有国家都需要大量汽车，这就决定了汽车工业成为强大的出口产业的地位。目前，世界汽车总出口量约占世界汽车总产量的40%。汽车工业是世界制造业中创汇最高的产业之一。汽车不仅在生产过程中有巨额税收，在销售、使用过程中也有巨额税收。

（4）汽车工业不仅创造了巨大的产值，还带动了其他工业的发展

汽车既是高价值产品，又是大批量产品，因而它能够创造巨大的产值。近年来，美国汽车工业年产值达6 000亿美元；德、法、英、意4国汽车工业年产值约为5 000亿美元；日本汽车工业年产值达600 000亿日元；韩国汽车工业年产值约为900亿美元；我国汽车工业年产值为8 000亿元。目前，全球汽车工业年总产值约为40 000亿美元。数字表明，汽车工业是全球创造巨大产值的产业。汽车工业对相关产业的影响不仅表现在生产过程中，也表现在使用过程中。它涉及原材料工业、设备制造业、配套产品业、公路建设业、能源工业、销售业、服务业和交通运输业等，而且波及效果大。中国汽车工业对国民生产总值的影响系数超过15，即汽车工业每创造一个单位的增加值可为国民生产总值带来15倍的增加值。

四、汽车后市场人才需求广阔

汽车是高新技术的结晶，汽车工业作为技术密集型产业所涉及的新技术范围之广、数量之多，是其他产业难以相比的。发展新材料、新设备、新型配套产品均需要应用和发展新技术。电子技术、信息技术在汽车上获得越来越广泛的应用，汽车电子产品占整车价值的比重到明年将从现在的12%～15%提高到25%～30%。汽车工业提供了更多的就业机会，不仅数量较大，而且面广、技术含量也较高。目前，世界主要汽车生产国汽车工业和相关产业提供的就业机会，占全国总就业机会的10%～20%。中国汽车年产量和保有量相对还比较小，但是汽车工业和相关产业的就业人数已达到相当规模。

五、汽车对人类生活的不利影响

汽车在给人们带来速度、便利、享受和满足的同时，也造成了石油资源的大量消耗、废气排放、噪声污染和交通安全等问题。制订解决上述问题的对策，生产出节能、安全性好、低污染或无污染汽车已成为促进汽车技术发展的动力，也成为人们对现代汽车的追求目标。传统的车用发动机、汽油机或柴油机均消耗石油资源，作为重要的化工原料的石油被当作燃

料消耗了。现已查明的易开采的石油储量只可维持 50 年左右的人类消耗,而其中一半以上为汽车所消耗。因此,节约石油消耗十分重要,方法一是开源,二是节流。就开源而言,指的是使用各种代用燃料。如开发可能的代用燃料及与此相适应的车辆动力系统。目前以甲醇作燃料的汽车以及以电池或电池－发动机为动力的纯电动或混合动力汽车已日益受到重视,并开始进入汽车市场。就节流而言,指的是采用各种新技术和系统优化,使汽车的燃油消耗(通常以一定行驶条件下的百公里油耗表示)减小。比如减小轮胎滚动阻力、减小汽车高速行驶时的风阻、降低汽车的自重(即结构轻量化)、减少汽车辅助设施的能耗、提高发动机的热效率和机械效率、汽车与发动机实现最佳匹配以及发动机、传动系统的电子控制等,使发动机在各种行驶条件下均工作在经济工况区。

据联合国环境规划署预测,地球环境恶化的诸多人为因素中,约 10% 出自汽车。汽车行驶时排出的废气、产生的噪声,生产过程中产生的大量污水、废弃物和有害气体,回收处理废旧汽车所产生的污染都需要认真对待。电动汽车是一种零污染车辆,但目前在性能、价格、实用性和舒适性等方面与传统的汽车相比还有一定差距,其市场的启动也有一个过程。对于传统的汽车来说,为减少废气污染,各国采取了相关措施,如推广使用无铅汽油、安装废气净化装置或采用新的低污染燃烧系统、逐步增加既节能又减少污染的新能源汽车等。随着汽车数量的增加、车速的提高,道路拥挤有增无减,交通事故日益严重。据粗略统计,全球每年因车祸丧生约 60 万人,受伤约 800 万人。为了降低汽车交通伤亡事故率,政府方面推出越来越严厉的交通法规,汽车制造商们则推出安全性能更高的"安全型"汽车。目前,安全气囊、防抱死系统等新的安全附加装置在国内外已步入推广应用阶段;防撞报警系统、疲劳驾驶报警系统等亦在开发之中。

任务实施:

任务工单

	任务名称:介绍汽车工业与社会发展		评价	
姓名		班级	学号	
任务描述	1. 与汽车相关的产业; 2. 汽车工业在国民经济的地位和作业; 3. 汽车后市场; 4. 汽车对人类生活的不利影响。			
能力目标	1. 学习和理解汽车相关产业; 2. 能够解释汽车工业在国民经济中的地位和作用; 3. 树立以客户为中心的理念,增强服务意识; 4. 具有与客户沟通交流的能力; 5. 具备信息搜集和处理的能力。			
实施准备	1. 汽车工业与社会发展的相关资源; 2. 汇报用白板、笔、粘贴纸等。			

续表

实施步骤	自主学习	1. 云平台学习老师发布的相关资料； 2. 获取相关信息； 3. 熟悉汽车工业与社会发展的相关资源。
	小组讨论	课中以小组形式进行讨论，完成课中任务，形成小组汇报成果。
	小组汇报	通过粘贴纸方式汇报汽车工业与社会发展。
反思		

任务1.2　介绍汽车制造业的发展

任务引入：在制作企业文化墙时，需要搜集汽车制造业的发展史。通过本任务的学习可以给你答案。

学习内容：1. 世界汽车制造业发展；
　　　　　　2. 中国汽车工业的发展历程。

能力要求：1. 学习和理解汽车制造业的发展；
　　　　　　2. 能够阐述中国汽车工业的发展历程；
　　　　　　3. 树立以客户为中心的理念，增强服务意识；
　　　　　　4. 具有与客户沟通交流的能力；
　　　　　　5. 具备信息搜集和处理的能力。

任务描述：1. 获取汽车制造业发展的相关资料；
　　　　　　2. 自主学习国内外汽车制造业发展的相关内容；
　　　　　　3. 小组讨论国内外汽车制造业的发展。

相关知识：

自19世纪末诞生以来，汽车已经走过了风风雨雨的100多年。从卡尔·本茨造出的第一辆三轮汽车以18km/h的速度跑到现在，竟然诞生了从速度为0km/h到加速到100km/h只需要3s多一点的超级跑车。100多年的汽车发展史表明：汽车诞生于德国，成长于法国，成熟于美国，兴旺于欧洲，挑战于亚洲。同时，汽车工业也造就了多位巨人，他们一手创建了通用、福特、丰田、本田这些在各国经济中举足轻重的著名公司。让我们一起来回望这段历史，品味其中的辛酸与喜悦，体会汽车给我们带来的种种欢乐与梦想。

一、世界汽车制造业发展

（一）汽车诞生于德国

现代汽车发动机的发明来自德国，1876年，德国人奥托发明了一台往复活塞式汽油机。1892年，德国人狄塞尔发明了柴油机。1885年10月，卡尔·本茨设计制造了世界上第一辆三轮汽油汽车，他的妻子贝尔塔驾驶它时走时停地开了100多千米，成为世界上第一个女驾驶员。1886年1月29日，本茨取得了专利权，德国人便把1886年称为汽车诞生年。同年，戈特利布·戴姆勒也发明了一部四轮汽油汽车。两人各自成立了自己的汽车公司，1926年两家合并为戴姆勒—奔驰汽车公司。

汽车的诱人前景使德国的汽车厂纷纷出现，一些其他行业的厂家也转向汽车生产。1901年，德国共有12家汽车厂，职工1 773人，年产汽车884辆，而到1908年，汽车厂达到53家，职工12 400多人，年产汽车5 547辆。1914年，德国汽车工业已基本形成一个独立的工业部门，汽车年产量达2万辆。汽车工业的发达从某种程度上也激发了"一战"的爆发。

1934年1月，著名汽车设计大师斐迪南·保时捷联合34万人合股成立了大众汽车公司，得到希特勒政府的支持，而随后开发的甲壳虫汽车令大众迅速成为国际性的汽车厂商。

"二战"结束，德国的战败给德国的汽车工业造成了一定的损失，但从1950年开始，德国汽车工业得到了较快的发展，超过英国而成为世界第二大汽车生产国。然而1967年日本的产量超过了德国，以后德国便始终处在第三的位置，但增长速度很慢。

从总体上看，德国汽车以质量好、安全可靠而著称，奔驰、宝马等豪华车和保时捷跑车在世界车坛享有盛誉，经久不衰，其品牌含金量极高。因此，1998年春，戴姆勒—奔驰公司与克莱斯勒合并时，戴姆勒—奔驰的年产量仅百万辆，而克莱斯勒年产量近400多万辆，但戴姆勒—奔驰取得了新公司的支配权。当然，德国汽车一味追求高档、豪华也给其市场开拓带来了一定的难度，除了大众能以真正大众特色的产品雄居世界十大汽车厂商第四位外，其他公司的产量都不高，这也是日本后来居上超越德国的原因。

（二）汽车成长于法国

在汽车发展史上，法国人有着自己独特的地位。早在1769年，法国陆军技术军官居尼奥就在政府的支持下试制成功了世界上第一辆具有实用价值的蒸汽汽车，从而引发了世界性的研究和制造汽车的热潮。但随后到来的法国大革命却让法国的汽车研究中断了几十年，直到1828年，巴黎技工学校校长佩夸尔制造了一辆蒸汽牵引汽车，其独创的差速器及独立悬挂技术至今仍在汽车上广泛应用着。

法国出现第一辆汽油汽车是在1890年，由阿尔芒·标致创立的标致公司生产。"一战"前，标致的年产量达到12万辆，到1939年时年产量达48万辆。而1915年创办的雪铁龙汽车公司发展更快，在20世纪20年代初年产量就突破10万辆。1928年日产汽车400辆，占全法汽车产量的三分之一。另一创办于1898年的大型汽车厂——雷诺汽车公司发展也很快，1914年便形成了大规模生产，一战期间更是因军火生产而筹集了大量资金用于汽车生产。

二战期间，雷诺公司为德国法西斯效劳，为德国军队提供大量坦克、飞机发动机和其他武器，因而战争结束后，雷诺公司被法国政府接管，路易·雷诺也被逮捕。在政府支持下，雷诺兼并了许多小汽车公司，1975年汽车年产量超过了150万辆，成为法国第一大汽车厂商，而标致汽车公司的产量也在战后20年内猛增十几倍，一跃成为法国第二大汽车公司，20世纪80年代更是超过雷诺而登上榜首。雪铁龙汽车公司则因经营不善而被标致汽车公司于1976年收购。

进入20世纪80年代，世界性的经济危机使法国汽车工业受到了一定的挫折，雷诺公司更是连年亏损，1984年产量急剧下降到30万辆，但几年后雷诺公司便恢复了元气，1999年3月还收购了日产汽车公司36.8%的股份，2008年的产量达229万辆。

法国汽车的总体特点就是车体较小而设计新颖，符合大众化的方向，因此在西欧成为家庭轿车的热门，雷诺的"丽人行"微型车在欧洲曾多次获销量第一。但是在豪华车、跑车领域，法国汽车公司就不如美、德、日等国汽车公司出色，这成为法国汽车业的遗憾。

（三）汽车成熟于美国（1908年—1946年）

汽车文明从欧洲传到美国后，这个年轻而富有创造性的国家对它表示了极大的兴趣。

1893年，弗兰克·迪利亚制造出美国第一辆汽油汽车，这辆车至今还保存在华盛顿的史密逊博物馆里。紧随其后，亨利·利兰得成立了凯迪拉克公司。

1896年，欧尔茨创建欧尔茨汽车公司，成为世界上第一家批量生产汽车的工厂，它就是当今世界第一大企业——通用汽车公司的前身。

1903年，大卫·别克创立了别克汽车公司。

1903年，汽车大王亨利·福特创立福特汽车公司。

1908年，威廉·杜兰特创建通用汽车公司，同时兼并别克和奥兹莫比尔汽车公司，次年又将凯迪拉克、欧克兰、雪佛兰等汽车公司收于门下，为日后成为全球头号企业积累了资本力量。

1913年，福特汽车公司采用流水作业法，首先实施大量生产方式，开汽车工业之先河，为全球汽车工业的生产模式开辟了一条具有决定性意义的生产经营之路。

1925年，当时在通用汽车公司任职的沃尔特·克莱斯勒买下马克斯威尔汽车公司，创立了克莱斯勒公司。

为此，美国的三大汽车集团相继成立。直至今日，这三大集团仍占据美国95%的销售份额。并且对世界汽车行业的发展起着举足轻重的作用。

1908年建立的美国通用汽车公司，其创始人威廉·杜兰特是个富有的资本家，他的通用汽车公司通过兼并众多的汽车公司得以扩展壮大。可他却是个只知收买而不懂经营管理的人，因兼并的汽车厂家太多，而每个厂家都各自独立经营，产品纷杂无序，面对每季度的盈亏报表他束手无策。阿尔弗雷德·斯隆扭转了这一局面，这位通用传奇般的领袖从1921年到1955年的34年间，以福特大规模生产技术为先导，对车间、工程部门和销售系统在内的整个公司系统的组织和管理体制进行改善，从而率领通用公司逐步走向辉煌。通用汽车公司现有员工约59万人，公司总部设在底特律市，是集柴油发动机、电冰箱、机车、航空航天等于一身的综合性企业，但其汽车销售额在总销售额中目前占92%的绝对优势。

世界第二大汽车集团福特汽车公司始建于1903年，它在1908年至1927年的19年间，共计生产了约1 500万辆黑色"T"型福特车。这种汽车的设计，兼顾制造和使用两方面，为处于初级阶段的汽车工业确立了发展方向，也为整个汽车工业的革命性变化奠定了基础。特别是福特于1913年春天在其底特律海兰公园的新厂房内首次装设了移动总装线，标志着人类将迈入大量生产方式的规模经济时代。在大量生产方式的召唤下，世界汽车工业迅猛发展。这一推动作用的延续竟长达半个多世纪之久，从而使过去只属于富裕阶层的汽车逐渐成为大众化商品。它所影响的范围也不仅仅局限于汽车行业，最终被欧美几乎所有的工业生产所采纳。福特汽车公司现有雇员约35万人，总资产约2.4亿美元。

克莱斯勒汽车公司在美国三大汽车公司中历史最短。其生产规模、产量、销售额、市场占有率等方面都与通用、福特有相当大的差距。然而，1998年5月，它与德国最大企业集团戴姆勒—奔驰公司的合并，标志着世界汽车产业大规模重组的大变革时代的来临。

（四）汽车兴旺于欧洲（1947年—1975年）

20世纪50年代，美国汽车业界已形成通用、福特、克莱斯勒三大公司鼎立局面，并且以压倒的优势雄居世界汽车市场。它们凭借霸占世界市场的既得利益，疏忽了继续开发新技术的创造力。

20世纪50年代早期,当欧洲经济开始恢复的时候,由各式小型汽车厂家组成的汽车工业,只占世界汽车生产的13.8%。而北美却占85.1%。后来,欧洲汽车厂商改进国内生产的产品,以适宜各国大不相同的市场情况。如意大利,国民收入低,燃料税率高,人们集中在街道狭窄、停车条件受限制的古老城市。这些条件结合起来导致消费者需求集中在小型汽车。在瑞典,燃料税低,国民收入高,城市人口密度小,冬天的驾驶条件恶劣,消费者要求大而耐寒的车辆,耗费更多的燃料也在所不惜。当时的许多欧洲制造商也在寻求对不同设计要求的多样化技术答案。有的偏爱功率大的发动机,有的在设计别出心裁的气缸。有的使用后置式发动机,也有的集中研究前悬挂式发动机和后轮驱动。竞争的领域不仅表现在组合车身的设计上,连柴油发动机和汽油发动机也在里面。

与此相反,北美的汽车生产已经标准化,他们的产品有6~8个气缸,前置发动机后轮驱动,烧汽油,采用车架上安装底盘的汽车,目的在于扩大汽车的生产批量,求得更大的经济利益。美国人甚至认为,欧洲的多样化产品是一种挣扎,大量的小型生产厂家出现在市场上是根本不可能获得批量生产的优越性。

然而,到20世纪50年代和20世纪60年代,欧洲的关税崩溃后,汽车业的多样化却一下子转变成最大的优势。当每一个汽车制造商都能在市场上出售各具特色的产品时,规模经济的优势一下子显示出来。从此,欧洲汽车步入世界前列。

1950年,欧洲汽车产量达到200万辆。到1966年,欧洲汽车产量突破1 000万辆,比1955年产量增长5倍,年均增长率达10.6%,超过北美汽车产量,成为世界第二个汽车工业发展中心。到1973年,欧洲汽车产量进一步提高到1 500万辆。

20世纪70年代,整个欧洲市场与北美市场具有同等规模。可是,欧洲在生产上已超过北美,他们以多样化的汽车产品占据世界市场,1950年—1973年,全世界的关税戏剧性的下降,又有更多的国家对外开放,进行相对自由的贸易,于是欧洲车很快占了优势。此间,美国生产的汽车体积大,耗资多,不适合世界上其他市场的消费者。这也从反面为欧洲车的风行提供了可能。欧洲人利用这个机会把触角伸向了世界各地。欧洲人生产的中低档车如"甲壳虫",成为美国市场的走俏产品。1958年,欧洲车占美国市场的8.1%,到1970年上升为10.5%。

1973年以后,由于受两次世界石油危机的影响,同时,这时西欧国家已基本普及汽车,随后,东欧经济又出现停滞状态,汽车需求增长势头锐减,欧洲汽车工业进入了徘徊和低速增长状态。20余年来,欧洲汽车产量波动在800万~1 500万辆之间。

(五)汽车挑战于亚洲(1976年至今)

1. 日本汽车的发展

日本汽车制造业的开山者应是吉田真太郎,1904年他成立了东京汽车制造厂,三年后制造出第一辆国产汽油轿车"太古里1号"。随后日本国内出现了众多汽车制造厂,情形不亚于20世纪80年代的中国。出于军事的需要,政府颁布了《军用汽车补助法》,对汽车厂商进行扶持,这成为早年日本汽车业发展的原动力。

第二次世界大战失败后,盟军司令部曾下令全面禁止日本的汽车生产,但没有得到执行,丰田、东洋工业、富士重工都推出了自己的新车型。但在20世纪50年代前期,美国、欧洲生产的汽车充斥日本汽车市场,大有泛滥之趋势。特别是欧洲生产的小型廉价汽车,对处在半毁灭状态的日本汽车工业构成了致命的威胁。当时的日本政府为了保护本国汽车产业，对进口汽车征收高达40%的关税（本项关税于1978年废止，其后直到今天日本对进口汽车全免关税），同时严格禁止外国资本渗透国产汽车工业。而一些小的汽车厂家为了生存，纷纷采取与国外厂家联手搞"事业合作"或"技术合作"，唯有丰田依然靠自身力量开发生产国产轿车。

1965年，名古屋至神户高速公路的开通揭开了日本公路交通高速时代的序幕，自此日本掀起了爆炸性的汽车普及狂潮，极大地拉动了汽车消费。1967年日本超过德国成为第二大汽车生产国。进入20世纪70年代，两次"石油危机"让省油的日本小型轿车大行其道，出口量骤增，丰田、日产、富士重工、铃木等公司迅速成为世界级的汽车生产厂，丰田公司在1972年—1976年四年间就生产了1 000万辆汽车。1980年，日本汽车总产量达到1 104万辆，超过美国而成为世界最大的汽车生产国和出口国。由于大量对美出口给美国带来了巨额贸易逆差，从1980年起年年都发生的日美汽车贸易摩擦成为影响日美关系的重要因素，而丰田、本田、日产等汽车厂商为了免受影响，纷纷把生产基地搬到美国本土。

进入20世纪90年代，日本汽车工业渐呈颓势，许多厂商出现了开工不足、生产力闲置的情况，而美欧汽车商则通过兼并重组恢复了元气，反过来把日本汽车公司当作并购的对象。现在，通用汽车在富士重工、五十铃、铃木三家公司分别拥有20%、49%、9.9%的股份，福特汽车则拥有马自达33.4%的股份，戴姆勒—克莱斯勒拥有三菱汽车34%的股份。1999年，日本第二大汽车公司日产汽车公司因亏损严重，被迫将36.8%的股权卖给法国雷诺公司，成为日本汽车工业危机的一次大暴露。

2. 韩国汽车工业的崛起

韩国最早从事汽车生产的公司是起亚汽车公司，始建于1944年12月，但"二战"后由于政治局势动荡，公司长期处于不景气的状态。韩国汽车业的真正起步在20世纪60年代初，各汽车厂商以组装进口零部件生产整车的方式开始试制汽车，直到1970年，韩国的汽车年产量仅为2.8万辆。

进入20世纪70年代，韩国政府实行"汽车国产化"政策，各汽车公司开始大规模引进国外生产技术。1973年，现代汽车公司引进日本三菱公司发动机、传动系和底盘技术，1975年便开始自己开发生产汽车，并大量向非洲出口。大宇汽车公司1972年与美国通用汽车开始合资，随着1990年第一辆自主设计名为"王子"的国产车的推出并在市场获得成功，1992年解除了与通用20年的合作关系。

国产化政策使韩国的汽车工业获得了飞速发展。1985年，韩国的汽车年产量为37万辆，1986年达到60万辆，1989年年产量为113万辆，1990年产量达到132万辆。在随后的五年时间里，年均增长率基本保持在15%左右，1995年达254万辆。韩国汽车业也形成了以现代、起亚、大宇、双龙四公司鼎足的市场格局，韩国也一跃成为世界汽车生产大国。

随着汽车国产化的实现，韩国政府又实施出口导向战略，从20世纪80年代开始，韩国汽车开始大量出口。到1994年时韩国汽车的年出口量达到73.8万辆，而1995年则为110万辆，增长了48.6%，从而在世界汽车出口国排名第6位。而进入20世纪90年代中后期，韩国汽车业在西欧、美洲、东欧、中亚、亚洲和大洋洲建立生产基地，实现生产本地化，在此基础上建立了海外生产体系和全球营销网络。1996年，韩国汽车总产量达到281.6万辆。

第二次世界大战后，韩国经济的腾飞被视为奇迹，而汽车业的发展在其中扮演了极为重要的角色。同韩国的其他工业体系一样,汽车工业的发展是与国家的扶持政策分不开的,但是1997年亚洲金融危机爆发后,韩国的汽车业遭受了重大打击,原来被飞速发展所掩盖的政企不分、家族式经营日益显露出弊端,企业走到了破产与亏损的边缘。

在风雨中,韩国汽车工业被迫进行新的调整。1997年,双龙汽车公司因资不抵债而被大宇收购。同年起亚汽车公司也被政府招标拍卖,现代集团奋起应标,于1998年10月收购起亚,但不久自己内部却出现债务问题。1999年大宇汽车公司也背上了180亿美元的债务,不得不向欧美汽车公司求援。2000年7月,在与通用、戴姆勒—克莱斯勒的竞争中,福特汽车公司如愿以偿收购了大宇汽车公司。2006年,汽车产量达394万辆,居全球排名第5位。

曾经辉煌一时的韩国汽车工业在短时间内就走向低谷,其教训对我国的汽车工业有着极其重要的借鉴意义。业内人士指出,韩国汽车业正在进行调整,而调整的成败不仅取决于各大公司变革的力度,更取决于整个亚洲经济复苏的程度。

(六) 现代汽车工业的主要技术特性

汽车是复杂的机械,又是品种多、产量大的商品,这就决定了汽车的生产是高度发展了的大工业生产。

不同品种的汽车,其产量不相同。重型或超重型货车、豪华型轿车、某些特种车年产量为数十辆至数百辆,属小批量生产;客车、中型货车,年产量为数千辆至数万辆,是大批乃至初级形式的大量生产;国外发达的大汽车公司,普通小型及中型轿车的产量很大,年产数万辆至数十万辆,属大量生产。

尽管有批量的不同,以及由此带来的技术和组织形式的不同,汽车生产的现代大工业特性却仍然是显然的。现代汽车工业的技术特性包括:高度的分工、互换制、流水作业、机械自动化。

1. 汽车生产中的分工

一辆汽车由上万个零件组成,但汽车不是由零件直接组成的,而是由若干零件首先组成合件或部件,小的合件或部件组成大的部件或总成,某些总成构成为系统,许多系统综合起来构成汽车。从零件到汽车,中间有若干界限明显的层次。

汽车上除了钢铁制件以外,还有不少用其他材料,包括橡胶、玻璃、塑料、石棉、织物等制成的制件。在金属制品中,电机、仪表、滚动轴承、标准件等通常是由专业生产厂生产的。因此,汽车生产中第一层次的分工是不同工厂的分工。

汽车生产中按零部件分工的趋势并非一开始就存在的。在汽车工业兴起的前30年,主要的趋势是扩大工厂规模,走向高度的综合化,即今日所谓的"大而全"。但是,"大而全"首先的主要缺点是过于复杂,难以管理,特别是不适应改进换型的要求;其次,整体虽然很庞大,但每个局部却较专业厂的规模小,竞争能力也不强;最后,由于机构过于庞大,领导对次要环节无暇顾及,妨碍进步。

在一个工厂内,车间、工段、小组也按产品及其加工工序分工。这实质上是机器的分工,每台机器承担一定的工序。从表面看,工人也是分工的,各人承担不同的工序,但这种分工是从属于机器的,机器有固定的工序,工人则常常调来调去,根据需要而定。

这种分工使每个工序的技术简单,工人反复从事同一工作,很容易熟练。但其缺点是工作单调,易使人厌烦。另外,对于复杂的生产进行统一规划,将其详细分割,协调配合,组成一个圆滑工作的整体,就成为一项重要的必须事先安排好的工作。技术从个别手艺工人身上集中到少数从事生产准备的人员身上,这是现代机械大工业的主要特征之一。

2. 互换制

过去,机械零件之间的正确配合是在装配过程中由钳工用手工方法完成的。零件在加工时预留装配余量,钳工用试装、红铅油对研等方法找出应去掉材料的部位和数量,然后用锉、刮、研等方法加工配合的双方或一方,达到适当的配合度。这种装配方式,要保证品质主要依靠工人的技艺,费工费时,所得产品是固定配对,不能互换。

互换制的基础是零件的公差。在零件的设计过程中必须具体考虑装配与配合,为此规定各有关部位的名义尺寸及极限偏差,即所谓的公差。凡是在公差范围内的零件,都可以不经钳工加工而互相配合。这样,装配时间就可以大为缩短,而且在使用现场发生零件损坏时,就可以拆除损坏件并换上备件,使机器恢复运转。

公差制的推行还为零部件的专业化生产创造了条件。许多机械零件已经标准化,如各种紧固件和滚动轴承,任意厂家生产的都可以互相通用。这就促进了行业的专业化和分工。

3. 流水作业

流水作业是机械制造的一种生产组织形式,它是由汽车工业带头发展出来,为大量生产服务的。生产汽车时,开始采用移动式装配。在总装车间铺上钢轨,把汽车底盘放在钢轨上,各工位完成其工序后,在哨音的统一指挥下由工人把汽车底盘推给下一工位。后来在钢轨后端装了一个推动机构,用木块把各车相连,用机器代替人力推动。后又把推动机构改为拉动,由钢轨后端移到前端,在钢轨上装上小车,放置汽车底盘,并设置了各种夹具。这样就逐渐形成今日普遍采用的汽车总装配生产线,流水作业由此开始。

由于总装采用流水作业,大大加快了安装速度,各分装工序和其前的加工工序就不得不采取同样的措施,于是整个汽车生产逐步转移到流水作业的方式上来。为了运输零部件,各工位之间采用了各种形式的输送带,使生产效率进一步提高。

流水作业的特点如下。

① 工位按工序的先后顺序排列,材料半成品沿排列好的工位向前移动。其移动距离最短,路线最直。

② 按顺序排列的工位形成一条线,称为生产线。

③ 材料半成品在生产线上的移动基本如流水一般是连续的,除线的两头有少量储存外,各工序之间只有运动中的半成品而无静止待运的储量。这种方式称为流水作业。

④ 由于材料运动的连续性和一致性,各种机械化运输装置被广泛采用,这不但节省了运输力量,而且把整个生产线连成一体,使其成为生产管理上的一个单位。为保证生产连续性所需的储备量,可以全体保存在输送装置内部(如输送带的钩上),其数量是一定的。

⑤ 每条生产线有一定的"节奏",即完成一个工序的时间。这个时间各工序是一致的,否则就不能维持生产线运动的连续性。生产线的节奏性是保持均衡生产的重要因素。

轿车的总装从车身的焊接装配开始,经过油漆烘干、内饰、机械安装、附件安装、加油加水、调整试车、最后检查到完成离线。这条线由若干段空中、地面、地下的输送带组成,沿线设置各站所需零部件的周转库,并用输送带与大件分装线相连接,这个庞大复杂的机械系统是现代技术的最大成就之一。

4. 自动化

汽车产量的增加促使其生产过程自动化，自动化可提高生产速度，降低生产成本，并保证产品品质的均一。

生产过程的自动化是从工艺过程开始的。首先是加工机床的自动化和半自动化。另一种发展趋势是数字和程序控制。在普通机床上加装电子或液压控制系统，可以将其变为自动或半自动机床，而且可以选择控制机床的程序，使其能适应多品种加工的要求。

第二次世界大战前后，机床工业趁转换生产之机把若干台组合机床紧密地连接在一起，用带夹具的传送机构把工件从一个工位送到下一个工位，并且以电气或液压系统控制此连成整体的全线，使其工作完全自动化（完成一个工作循环后不自动停止，而立即进入下一个循环）。这样就得到了一种全新的生产设备——全自动的机械加工线。流水作业加自动化，极大地提高了现代汽车生产的工作效率。

二、中国汽车制造发展与现状

（一）旧中国的汽车工业

中国最早出现汽车是在1901年，一位名叫李恩时的匈牙利人将两辆车由海路运入上海。图1-1为进入中国的第一辆汽车，专供在上海租界内的外国人使用。当时，上海租界工部局捐务处不知汽车属于何类物品，将其列入马车之列。

1902年，袁世凯为了取悦慈禧太后，从香港进口了一辆由美国人设计制造的汽车送给她。这是中国进口的第一辆汽车，该车现陈列于颐和园内的德和园。

最早提出中国要建立汽车工业的是孙中山先生。此后中国有过三次建立汽车厂的尝试，但均以失败告终。

第一次是从1929年开始，地点在沈阳。1928年年底，张学良在东北易帜以后，提出全国和平统一，以后要化兵为工，在沈阳迫击炮厂内筹办民生工厂，由张学良投资80万大洋用来制造汽车。1931年5月，制成"民生牌"货车样车。该车发动机、电气设备及后桥等系外购，其余自制及装配，可以说是国内自制的第一辆汽车。1931年9月，此车送往上海参加展览，并预备当年再生产几十辆，以后再逐步扩大生产，不料"九一八"事件爆发，日军强占工厂，生产汽车之事也随之结束。

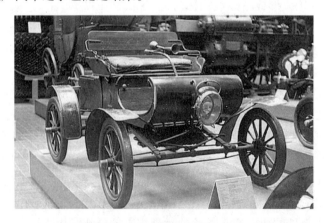

图1-1 进入中国的第一辆汽车

第二次是在1936年冬，以官僚资本为首，集资600万元筹建中国汽车工业公司。该公司与德国奔驰汽车厂进行技术合作，购买其图纸、设备，聘请技术人员，生产两种柴油机汽车。先由德国运散件来装配，然后逐步生产零部件直到整车，计划为期五年。并预备在湖南株洲设立生产厂，在上海成立分厂先行组装汽车。汽车称"中圆牌"，标志为外面一圆圈，当中一个"中"字，为柴油机货车及公共汽车。

1937年春，株洲开始建厂，上海分厂也开始组装汽车。然而"八一三"淞沪会战发生，上海分厂只装了百辆左右的汽车即被迫停产，株洲厂房也未建成。一直到解放时为止，该厂没有再生产一辆汽车。

第三次试图建立汽车厂是在1936年，资源委员会开始筹建中央机器厂，预备成为全国最大、最先进的机械厂，其下属五个分厂，第五分厂即为汽车厂。但在筹建之中爆发了抗日战争，使计划遭到失败。

（二）新中国艰苦创业阶段（1953年—1965年）

旧中国的造车梦毁于统治者的腐败无能，毁于帝国主义的硝烟战火。新中国成立后，才建立和发展了中国的汽车工业。新中国的汽车工业，与共和国共命运，经过半个多世纪的努力，发生了天翻地覆的变化。从一个曾经是"只有卡车没有轿车""只有公车没有私车""只有计划没市场"的汽车工业，终于形成了一个种类比较齐全、生产能力不断增长、产品水平日益提高的汽车工业体系。回顾中国汽车工业50多年来走过的路程，一步一个脚印，处处印证着各个历史时期的时代特色，经历了从无到有、从小到大，创建、成长和全面发展三个历史阶段。

1953年7月15日在长春打下了第一根桩，从而拉开了新中国汽车工业筹建工作的帷幕。图1-2为国产第一辆汽车于1956年7月13日驶下总装配生产线出厂情景。结束了中国不能制造汽车的历史，圆了中国人自己生产国产汽车之梦。图1-3为长春一汽生产的"解放牌"载货汽车。

图1-2 中国第一辆载货汽车出厂情景　　图1-3 长春一汽生产的"解放牌"载货汽车

一汽是我国第一个汽车工业生产基地。同时，也决定了中国汽车业自诞生之日起就重点选择以中型载货车、军用车以及其他改装车（如民用救护车、消防车等）为主的发展战略，因此使得中国汽车工业的产业结构从开始就形成了"缺重少轻"的特点。

1957年5月，一汽开始仿照国外样车自行设计轿车。图1-4为1958年试制成功CA71型"东风牌"小轿车，图1-5为CA72型红旗牌高级轿车。同年9月，又一辆国产"凤凰牌"轿车在上海诞生。"红旗牌"高级轿车被列为国家礼宾用车，并用作国家领导人乘坐的庆典检阅车。"凤凰牌"小轿车参加了1959年国庆十周年的献礼活动。

图1-4 东风CA71型轿车

图1-5 红旗CA72型轿车

1958年以后,中国汽车工业出现了新的情况,由于国家实行企业下放,各省市纷纷利用汽车配件厂和修理厂仿制和拼装汽车,形成了中国汽车工业发展史上第一次"热潮",形成了一批汽车制造厂、汽车制配厂和改装车厂,汽车制造厂由当初(1953年)的1家发展为16家(1960年),维修改装车厂由16家发展为28家。其中,南京、上海、北京和济南共4个较有基础的汽车制配厂,经过技术改造成为继一汽之后第一批地方汽车制造厂,发展汽车品种,相应建立了专业化生产模式的总成和零部件配套厂。图1-6为上海汽车制造厂生产的"上海牌"轿车。

图1-6 上海牌轿车

1966年以前,汽车工业共投资11亿元,主要格局是形成一大四小5个汽车制造厂及一批小型制造厂,年生产能力近6万辆、9个车型品种。1965年年底,全国民用汽车保有量近29万辆,国产汽车17万辆(其中一汽累计生产15万辆)。

(三)自主建设阶段(1966年—1980年)

1964年,国家确定在"三线"建设以生产越野汽车为主的第二汽车制造厂,二汽是我国汽车工业第二个生产基地,与一汽不同,二汽是依靠我国自己的力量创建起来的工厂(由国内自行设计、自己提供装备),采取了"包建"(专业对口老厂包建新厂、小厂包建大厂)和"聚宝"(国内的先进成果移植到二汽)的方法,同时在湖北省内外安排新建、扩建26个重点协作配套厂。一个崭新的大型汽车制造厂在湖北省十堰市兴建和投产,当时主要生产中型载货汽车和越野汽车。二汽拥有约2万台设备,100多条自动生产线,只有1%的关键设备是引进的。二汽的建成,开创了中国汽车工业以自己的力量设计产品、确定工艺、制造设备、兴建工厂的纪录,检验了整个中国汽车工业和相关工业的水平,标志着中国汽车工业上了一个新台阶。

与此同时，四川和陕西汽车制造厂和与陕汽生产配套的陕西汽车齿轮厂，分别在重庆市大足县[①]和陕西省宝鸡市（现已迁西安）兴建和投产，主要生产重型载货汽车和越野汽车。20世纪60年代中后期，国家提出"大打矿山之仗"的决策，矿用自卸车成为其重点装备，图1-7为上海试制32t矿用自卸车，之后天津15t、常州15t、北京20t、一汽60t（后转本溪）和甘肃白银42t电动轮矿用自卸车也相继试制成功投产，缓解了冶金行业采矿生产装备需要。为适应国民经济发展对重型载货汽车的需求，济南汽车制造厂扩建"黄河牌"8t重型载货汽车的生产能力，安徽泗河、南阳、丹东、黑龙江和湖南等地方汽车也投入同类车型生产。邢台长征牌12t重型载货汽车（源于北京新都厂迁建）、上海15t重型载货汽车投产问世。

图1-7　1969年10月我国第一台32t矿用自卸车

在此期间，一汽、南汽、上汽、北汽和济汽5个老厂分别承担了包建和支援"三线"汽车厂（二汽、川汽、陕汽和陕齿）的建设任务，其自身投入技术改造扩大生产能力。地方发展汽车工业，几乎全部仿制国产车型重复生产。据粗略统计，解放牌车型20多家，北京130车型20多家，跃进车型近20家，北京越野车近10家。改装零件品种增多，厂家增加到2 100家。

这一时期，由于当时全国汽车供不应求，再加上国家再次将企业下放给地方，因此造成中国汽车工业发展的第二次热潮，1976年，全国汽车生产厂家增加到53家，专用改装厂增加到166家，但每个厂平均产量不足千辆，大多数在低水平上重复。从1964年起，上海汽车厂批量生产了上海牌（原凤凰牌）轿车，逐渐形成5 000辆的年产水平，同时，上海一批零部件厂和附配件厂也随着汽车工业的发展而相继成长。

汽车工业经过这一阶段的摸索成长，1980年生产22.2万辆，是1965年产量的5.48倍；1966—1980年生产中类汽车累计163.9万辆；汽车生产向多品种、专业化发展，生产厂家近200家；1980年大中轻型客车生产1.34万辆，其中长途客车6 000多辆；1980年全国民用汽车保有量169万辆，其中载货汽车148万辆。

（四）全面发展阶段（1981年—1998年）

在改革开放方针的指引下，汽车工业进入了全面发展阶段，主要体现在：汽车老产品（解

[①]　大足县今为大足区。

放、跃进、黄河车型）升级换代，结束了30年一贯制的历史；调整商用车产品结构，改变了"缺重少轻"的生产格局；建设轿车工业，引进技术和资金，国产轿车形成生产规模；行业管理体制和企业经营机制改革，汽车、摩托车车型品种、质量和生产能力大幅增长。

1981—1998年，全国生产各类汽车累计1 452万辆，其中轿车260万辆，累计投资（包括引进外资）近1 500亿元。至1998年年底初步统计，有20多个国家、地区在中国建立了600多家外商投资企业，注册资本达100多亿美元。

中国汽车工业经过50年，特别是改革开放20年来的发展，取得了长足进步。在"六五""七五"和"八五"这三个五年计划中，分别以17.54%~24.5%的速度大幅增长。1994年后随着产品结构调整，每年继续以3%~7%的速度持续增长。

（五）成熟阶段（1998年—2007年）

在中国加入世界贸易组织后，我国汽车产业发展最快、变化最大，实现了跨越式发展，汽车工业进入发展成熟阶段。主要体现在：全球主要的跨国汽车公司通用、福特、戴姆勒·克莱斯勒、大众、宝马、丰田、日产、本田、现代等都在中国投资设立了合资企业，并将继续扩大投资；一汽、二汽、上汽等国企迅速壮大；吉利、长城、奇瑞等国内汽车企业脱颖而出，这标志着我国汽车工业达到发展成熟阶段。

1998年我国生产汽车162.8万辆，汽车工业总产值为2 787.3亿元，销售收入为2 742.5亿元，资产总计为5 044.8亿元，利润总额为57.9亿元，利税总额为226亿元。当年汽车产量居世界第10位，轿车产量达50.7万辆，居世界第14位。到2001年，每年的汽车产量增幅在13%左右。2002年—2003年被称为"井喷"时期，汽车产量的增长幅度分别为39.27%和36.68%，是90年代以来的第二个增长高峰。2004年—2005年，汽车生产又一次受到宏观调控的影响，增长速度回落到13%~14%。2006年，我国汽车产销量分别达到727.97万辆和721.60万辆，同比增长了27.32%和25.13%。我国汽车产量的世界排名由2002年的第五位上升到2006年的第三位，快速跨入了世界汽车制造大国行列。2007年1~8月，汽车生产形势保持良好发展势头，累计产量超过570万辆，达到575.16万辆，同比增长了23.57%，年底达到850万辆。

在这一阶段，中国汽车工业主要有以下几个特点。

①国内市场国际化，中国汽车行业已成为跨国公司进入数量最多的行业，跨国集团的国际竞争开始向中国转移。

②国内汽车市场需求将持续旺盛，市场潜力巨大。

③汽车产业多元化资本结构在推动产业发展的同时，也增加了发展过程中的矛盾和冲突。

④由于我国经济发展不平衡，存在着城镇和农村两个汽车市场，带来了市场需求的多样化和复杂性。

⑤能源、交通和环境对我国汽车产业发展的制约。我国石油资源相对短缺，对外依存度大，加上我国汽车产业发展起步较晚，汽车用油的资源和高成本以及环境要求将对我国汽车产业的快速发展产生重大影响。

（五）开拓阶段（2007年至今）

这一阶段主要表现为我国汽车工业的迅猛发展、自主品牌迅速崛起和对海外的开拓。

2009年中国汽车累计产销突破1 300万辆，中国成为世界第一汽车生产和消费国；2018

年全国汽车保有量达2.4亿辆。

任务1.3 介绍汽车服务业的发展

任务引入：在汽车相关企业工作的张女士，需要制作介绍汽车服务业的发展资料。通过本任务的学习可以给你答案。

学习内容：1. 中国汽车维保市场发展的四阶段；
2. 汽车金融服务。

能力要求：1. 学习和理解汽车维保市场发展的四阶段；
2. 能够了解汽车金融服务的相关内容；
3. 树立以客户为中心的理念，增强服务意识；
4. 具有与客户沟通交流的能力；
5. 具备信息搜集和处理的能力。

任务描述：1. 获取汽车维保市场的相关资料；
2. 自主学习汽车金融的相关内容；
3. 小组讨论国内汽车维保市场和汽车金融的发展。

相关知识：

汽车服务是一个范围很广且方式较多的汽车服务类型。虽然国内汽车的服务方式还不很完善并且较落后，但当今的国内汽车服务的发展态势已渐渐趋于国际化。国内的汽车服务基本包括：汽车维修服务与汽车金融服务。汽车维修服务包括汽车维护、汽车维修和汽车美容。汽车金融服务包括汽车信贷、汽车保险、汽车租赁、汽车评估等几个方面。

一、汽车维修服务

汽车工业年龄不过百年，而汽车维修成型为比较成熟的行业还是最近三四十年的事情。配套的汽车维修服务随着汽车工业的发展不断成长，在历经许多次的产业革新之后，汽车维修工业已经从综合、全方位的大型汽车修理厂发展成为专项分工的连锁修理店。整个汽车维修设备行业也因汽车维修行业的发展不断进行着技术革新、行业成熟化的发展演变。我国汽车维修行业经历了汽车修配厂阶段、综合维修厂/品牌专修店共存阶段、品牌4S店三个发展阶段。

（一）汽车修配厂阶段

从1956年第一辆解放卡车下线到1984年上海大众维修站成立之前，主要以大型汽车修配厂为主。在这一时期，汽车作为生产资料而不是个人消费品，因而汽车生产基本以卡车为主，少量的轿车与吉普车只是公务性用车，维修厂及车辆都属于国有或集体经济所有，一些大型运输企业都有自己的车辆维修队伍，维修的车辆比较单一，如东风、解放、跃进、上海牌、北京吉普等，维修流程标准化，大型运输单位可实现维修总成互换。追求维修的低成本，遵循能修不换，维修人员进入门槛高，一般为国有或集体正式员工，但绝大部分维修工素质低，沿用师傅带徒弟的方式。当时零配件比较紧缺，所以对维修工艺要求较高。

在此阶段，由于政策、经济、社会/文化、技术的变化，维修行业面临行业基础薄弱、服务理念落后、综合素质不高、市场秩序混乱、维修能力不足、管理方式陈旧、制度法规不全、服务效率低下等不足。

（二）综合维修厂/品牌专修店共存阶段

从1984年上海大众建立第一家上海大众维修站到1998年广州本田、别克及奥迪成立4S维修店，是综合维修厂与品牌专修店共存的阶段，综合维修厂发展至顶峰，品牌专修店逐渐成长。

综合维修厂也在此时期形成一定规模，与之相辅相成的是全国性或省市区域汽配市场的形成。沿海，尤其是广东省，得改革开放之先机，国外轿车的大量出现及相应的维修服务的引入，形成了适应时代的汽车后市场。对行业影响最大的是汽车配件市场及维修技术的领先。在内地，蓝鸟、皇家、公爵王、本田、马自达、林肯、奔驰等出现频率增多。进口车的配件，甚至是国产车的配件，在广州的配件市场能一次采购齐全。

原国有汽车销代公司因需介入维修服务，建立维修站，开始也只有国有单位才能贷款进行销售及建店。随着车辆增多，经营品牌专修店变得有利可图，民营资本接受专修店模式，进行单一品牌车辆的维修。社会观念的转变、专修店提供的保修服务，使单位全部车辆定点维修的潜在制度被打破。

此阶段是维修行业由单一国有或者是集体向国有、集团和民营经济并存转变的阶段。国产轿车厂家针对维修行业的问题，引进国外的汽车专修店模式。

（三）品牌4S店阶段与快修连锁快速发展阶段

1998年广州本田4S店成立，标志着维修行业发展进入一个新的阶段。管理模式、服务理念已与国际接轨，从此汽车维修行业在理念上被称为售后服务行业。不同品牌的4S店如雨后春笋拔地而起，占领了汽车后市场的汽车保养与维修市场。

许多汽车维修企业在研究市场和进一步细分市场的基础上，结合自身的资源与优势，选择其中最有吸引力和最能有效地提供产品和服务的细分市场作为目标市场从事经营，通过采用"专一化战略"，以较高的效率、更好的效果为某一狭窄的战略对象服务，从而超过在较广阔范围内竞争的对手。快修连锁经营和专项维修迅速发展壮大，汽车维修市场进入目标营销阶段。

二、汽车金融服务

所谓汽车金融服务，主要是指在汽车流通和消费过程中的资金融通活动，它是由资金融通活动中涉及的汽车金融机构、汽车经销商、汽车购买者、汽车金融工具等几个关键因素所组成的一个完整的系统。包括汽车消费者的贷款购车、汽车经销商的库存、设备及营运资金融资、汽车保险、汽车租赁及汽车置换等多方面的业务。在汽车工业已经相当成熟的欧美日等国家，汽车金融服务经过近百年的发展，已经渗透到了汽车销售、维修、使用等各个方面，其中，60%~80%的整车销售是通过消费信贷的方式实现的。而在我国，通过消费信贷方式实现的整车销售还不到新车销售的20%，因此汽车金融在我国还有很大的发展空间。下面主要介绍汽车金融在我国的发展历程及现状，以期对贷款购车者及对汽车金融感兴趣的人士提供一些帮助。

就汽车金融服务中最主要的部分——汽车消费信贷来说，在我国的发展历程可以大致归纳为4个发展阶段：萌芽阶段、爆发阶段、调整阶段和稳步发展阶段，经历了从诞生、爆发、振荡到稳步发展的过程。

1. 萌芽阶段（1993 年 2 月—1998 年 9 月）

在我国，分期付款购买汽车的概念最早是由北方兵工汽贸公司于 1993 年提出的，当时的汽车分期付款方式主要有两种：一种是以汽车经销商为主，经销商自筹资金，向消费者提供分期付款购买汽车的服务；另一种是以汽车生产厂家为主，厂家先向经销商提供车辆，经销商再向消费者提供分期付款服务，最后经销商向厂家返还车款。这两种方式在当时国内汽车消费相对低迷的时期，在一定程度上缓解了人们一次性付款购车所承受的经济压力，刺激了汽车消费。但是由于缺乏金融机构的全面支持，必然要求经销商具备非常强的资金实力、资本营运能力和风险控制能力，因而总体规模十分有限。

从 1995 年开始，金融机构开始直接参与汽车信贷消费业务。当时，为了刺激汽车消费需求的有效增长，一汽集团、上汽集团、长安汽车公司及天津汽车公司等纷纷成立了各自的财务公司，他们联合部分国有商业银行，在一定范围和规模之内，尝试性地开展了汽车消费信贷业务。但由于我国个人信用体系还没有建立起来，同时相关金融机构也缺少相应经验和有效的风险控制手段，暴露了比较严重的问题，以致中国人民银行曾于 1996 年 9 月下令停办汽车信贷业务。这一时期，由于受传统消费观念影响，汽车信贷消费尚未为国人所广泛接受和认可，因此总体信贷消费规模十分有限，截止到 1998 年，汽车消费信贷余额仅为 4 亿元人民币。

2. 爆发阶段（1998 年 10 月—2003 年上半年）

中国人民银行于 1998 年 9 月出台的《汽车消费贷款管理办法》是这一阶段开始的最明显的标志，而后央行在 1999 年 4 月又出台了《关于开展个人消费信贷的指导意见》。至此，汽车信贷消费正式得到监管部门的认可，同时也有了比较可靠的政策依据。这一时期，国内私人汽车消费逐步升温，北京、广州、成都、杭州等城市，私人购车比例已超过 50%。同时各大保险公司的汽车消费信贷保证保险业务也迅速发展，对汽车消费信贷也起到了推波助澜的作用。而商业银行也非常重视汽车消费信贷业务的开展，视之为改善信贷结构、优化信贷资产质量的重要途径。因此，在多种因素的共同推动下，汽车信贷消费出现了前所未有的"井喷"现象。

汽车消费信贷余额呈几何速度增长，1999 年末为 29 亿元，2000 年末为 186 亿元，2001 年末为 436 亿元，2002 年末为 945 亿元，而 2003 全年达到了 2 000 亿元以上的信贷规模。而在新增的私用车中有近 1/3 都是通过分期付款的方式购车，汽车消费信贷占整个汽车消费总量的比例由 1999 年的 1% 迅速升至 2001 年的 15%。银行、保险公司、汽车经销商、生产厂家四方合作的模式，成为推动汽车消费信贷高速发展的主流做法，其中保险公司在整个汽车信贷市场的作用和影响达到巅峰。

但与此同时，由于银行不断降低贷款利率和首付比例，延长贷款年限，放宽贷款条件和范围，因而风险控制环节弱化，潜在风险不断积聚。

3. 调整阶段（2003 年下半年—2004 年 8 月）

首先由于车价不断降低，征信体系不健全，金融机构出现了大量坏账，银行出于控制风险的需要，收紧银根，提高贷款首付比例；同时，居高不下的赔付率使保险公司对车贷险业务越来越谨慎，以至中国保监会于 2004 年 3 月 31 日正式叫停车贷险。因此，由商业银行主导的"商业银行＋保险公司＋汽车生产商和销售商＋汽车消费者"这样一种并不稳定的汽车金融服务业模式基本瓦解，国内汽车金融服务业进入了阶段性低谷，甚至在银行和保险公司之间还产生了许多法律纠纷。国内汽车金融服务业进入了冬天，特别是严重依赖消费信贷的中重型商用车市场销售受到巨大打击。

4. 稳步发展阶段（2004年至今）

2004年8月18日，上海通用汽车金融有限责任公司正式成立，这是《汽车金融公司管理办法》实施后我国首家汽车金融公司，标志着中国汽车金融业开始向汽车金融服务公司主导的专业化时期转换。随后又有福特、丰田、大众汽车金融服务公司相继成立。2004年10月1日，银监会又出台了《汽车贷款管理办法》，以取代《汽车消费贷款管理办法》，进一步规范了汽车消费信贷业务。中国汽车消费信贷开始向专业化、规模化方向发展。在这个过程中，保险公司的车贷险业务在整个汽车消费信贷市场的作用日趋淡化，专业汽车信贷服务企业开始出现，银行与汽车金融公司开始进行全面竞争。

汽车金融公司作为汽车金融服务领域的新生力量，同商业银行相比还是具有许多天然的优势。特别是银监会2008年1月24日颁布的新《汽车金融公司管理办法》，拓宽了汽车金融公司的融资渠道，并且新增加了许多汽车金融公司以前不能开展的业务，同时对汽车金融公司的监管更加规范化和科学化，这些政策和措施一定会大力推动我国汽车金融公司的发展，因此汽车金融公司将来一定能够成为我国汽车金融服务领域的主角。

任务实施：

任务工单

	任务名称：介绍汽车服务业的发展			评价	
姓名		班级		学号	
任务描述	1. 中国汽车维保市场发展的四阶段； 2. 汽车金融服务。				
能力目标	1. 学习和理解汽车维保市场发展的四阶段； 2. 能够了解汽车金融服务的相关内容； 3. 树立以客户为中心的理念，增强服务意识； 4. 具有与客户沟通交流的能力； 5. 具备信息搜集和处理的能力。				
实施准备	1. 汽车维保企业相关文件或汽车金融相关资源； 2. 汇报用白板、笔、粘贴纸等。				
实施步骤	自主学习	1. 云平台学习老师发布的相关资料； 2. 获取相关信息； 3. 熟悉汽车维保企业发展和汽车金融服务。			
	小组讨论	课中以小组形式进行讨论，完成课中任务，形成小组汇报成果。			
	小组汇报	通过粘贴纸方式汇报汽车维保企业发展，介绍汽车金融服务。			
反思					

思考题

1. 简述现代汽车工业的主要特点。

2. 概述中国汽车工业的发展历史。
3. 旧中国自己制造的第一辆汽车是什么品牌？是何时、何人制造的？
4. 日本汽车工业是怎样崛起的？
5. 简述中国汽车工业发展的特点和未来发展趋势。

项目二 认识汽车

课程任务与能力矩阵		
项目名称	任务名称	进度描述
项目二 认识汽车	任务2.1 认识汽车总体组成及基本行驶原理	汽车运用与维修1+X初级/智能新能源汽车1+X初级
	任务2.2 介绍汽车分类编号	汽车运用与维修1+X初级/智能新能源汽车1+X初级
	任务2.3 介绍汽车主要性能指标	汽车运用与维修1+X中级/智能新能源汽车1+X中级

任务2.1 认识汽车总体组成及基本行驶原理

任务引入：李先生是新手客户，想购买一辆新车，对于如何选用不同类型的车辆，各种车型有哪些优势？如何根据自己的用途选用合适车型？对于这些疑问，需要简单合理地进行说明，这就需要用汽车的组成和工作原理的相关知识进行解释。

学习内容：1. 汽车的定义；

2. 汽车总体组成；

3. 汽车的布置形式；

4. 汽车基本行驶原理。

能力要求：1. 学习和理解汽车结构和基本行驶原理的能力；

2. 能够帮助客户在实际车辆和车辆相关文件上获取车辆信息；

3. 树立以客户为中心的理念，增强服务意识；

4. 具有与客户沟通交流的能力；

5. 具备信息搜集和处理的能力。

任务描述：1. 获取汽车相关资料；

2. 自主学习汽车总体组成和基本行驶原理相关知识；

3. 小组讨论汽车的组成、工作原理；
4. 制作汽车识别卡片。

相关知识：

一、汽车总体组成

现代汽车是由多个装置和机构组成的。不同型号、不同类型及不同厂家生产的汽车其基本构造都是由发动机、底盘、电气设备和车身四大部分组成。

1. 发动机

发动机如图2-1所示，是为汽车行驶提供动力的装置。现代汽车广泛采用往复活塞式内燃发动机。它是通过可燃混合体在气缸内燃烧膨胀产生压力，推动活塞运动并通过连杆使曲轴旋转来对外输出功率的。汽油机主要包括两大机构和五大系统，它们是曲柄连杆机构、配气机构、燃料供给系统、冷却系统、润滑系统、点火系统和起动系统。

图2-1 发动机

2-1 发动机功用

2-2 发动机组成

2. 汽车底盘

底盘如图2-2所示，主要用来接受发动机的动力，使汽车产生运动，并保证汽车按照驾驶员的操纵正常行驶。底盘由传动系统、行驶系统、转向系统和制动系统组成。

图2-2 底盘

3. 汽车车身

车身如图2-3所示，是驾驶员工作的场所，也是装载乘客和货物的场所。车身应为驾驶员提供方便的操作条件，以及为乘客提供舒适安全的环境或保证货物完好无损。典型的货车车身包括车前钣制件、驾驶室、车厢等部件。其他专用车辆还包括其他特殊装备等。车身还包括车门、窗、车锁、内外饰件、附件、座椅及车前各钣金件等。

图2-3 车身

4. 电气设备

电气设备如图2-4所示，由电源组、发动机起动系统和点火系统、汽车照明和信号装置等组成。此外，在现代汽车上越来越多地装用各种电子设备，如微处理机、中央计算机系统及各种人工智能装置等，显著地提高了汽车的性能。

图2-4 汽车电气设备

二、汽车的布置形式

为满足不同使用要求，汽车的总体构造和布置形式有多种类型。按发动机和各个总成相对位置的不同，现代汽车的布置形式通常有如下几种：

1. 发动机前置后轮驱动（FR）

这是传统的布置形式，大多数货车、部分轿车和部分客车都采用这种形式。

发动机前置、后轮驱动方式的优点是前后桥承载的负荷基本一样，动力性强，牵引力大，在爬坡、泥泞道路和颠簸路上行驶时，动力性、防后轮侧滑和稳定性明显优越于前置前驱动的汽车，所以除了货车采用此形式，还有一些中高级轿车也采用。但其缺点是传动轴退至后桥，导致地板凸起，几个总成分开布置，占据空间较大，很难使汽车小型化。

2. 发动机前置前轮驱动（FF）

这是在轿车上逐渐盛行的布置形式，具有结构紧凑、减小轿车的质量、降低地板高度、改善高速时的操纵稳定性等优点。

发动机前置、前轮驱动的优点是省了传动轴，地板平坦，传动系紧凑，质量减轻，地板降低，重心下降。但其缺点是上坡时质量向后移，前桥负荷减轻，不能产生足够的牵引力，在较滑的路面上因前桥质量不够而产生不了足够的牵引力；下坡时前桥负荷过重，特别是在下坡刹车时前桥负荷会进一步加重。这种车型不宜在上下坡较多的山区使用。

3. 发动机后置后轮驱动（RR）

这是目前大中型客车盛行的布置形式，具有降低室内噪声、有利于车身内部布置等优点。少数微型或普及型轿车也采用这种形式。

发动机后置、后轮驱动方式主要用在微型车上，优点是省了传动轴，附着力大，牵引力也大，轴距较小，地板下没有排气管，发动机废气、噪声不会污染车厢内。但其缺点是后桥负荷大，转弯易侧滑，操纵系统太长，结构复杂，冷却系统复杂，行李箱太小。

4. 发动机中置后轮驱动（MR）

这是目前大多数运动型轿车和方程式赛车所采用的布置形式。由于这些车型都采用功率和尺寸很大的发动机，将发动机布置在驾驶员座椅之后和后桥之前有利于获得最佳轴荷分配和提高汽车的性能。此外，某些大、中型客车也采用这种布置形式，把配备的卧式发动机装在地板下面。

5. 全轮驱动（4WD）

这是越野汽车特有的形式，通常发动机前置，在变速器后装有分动器以便将动力分别输送到全部车轮上。

四轮驱动的优点可使前后轮都有驱动力，牵引力大，通过性强，附着力大，稳定性好，车身和传动系统的钢板比轿车厚、安全系数高，适于越野。但缺点是质量大，节油性差。

三、汽车基本行驶原理

1. 汽车的驱动力

汽车驱动力的定义：汽车行驶时外界对汽车施加的推动力，如图 2-5 所示，用 F_t 表示。

当汽车行驶时，发动机的输出转矩 T_e，通过传动系传给驱动车轮，此时作用于驱动车轮上的转矩 T_t 便产生一个对地面的圆周力 F_0，根据作用力与反作用力原理，地面也对驱动轮产生一个反作用力 F_t，F_t 即是驱动汽车的驱动力。其大小为：

$$F_t = \frac{T_e}{r}$$

式中 T_e——作用于驱动轮上的转矩，N·m；

r——车轮滚动半径，m。

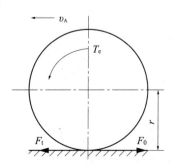

图 2-5　汽车的驱动力

当驱动力增大到能克服汽车静止状态的最大阻力时，汽车便开始起步。

2. 汽车的行驶阻力

汽车在行驶中会遇到各种阻力，主要有滚动阻力、空气阻力、上坡阻力和加速阻力。

（1）滚动阻力

滚动阻力主要是由于车轮滚动时轮胎与路面变形而产生。弹性车轮沿硬路面滚动，路面变形很小，轮胎变形是主要的；车轮沿软路面（如松软土路、沙地、雪地等）滚动，轮胎变形较小，路面变形较大。此外，轮胎与路面以及车轮轴承内部都存在着摩擦。车轮滚动时产生的这些变形与摩擦都要消耗发动机一定的动力，因而形成滚动阻力，以 F_f 表示，其数值与汽车的总质量、轮胎的结构和气压以及路面性质有关。

（2）空气阻力

汽车行驶时，需要挤开其周围的空气，汽车前面受气流压力并且后面形成真空，产生压力差，此外还存在着各层空气之间以及空气与汽车表面的摩擦，再加上冷却发动机、室内通风以及汽车表面外凸零件引起的气流干扰等，就形成空气阻力，以 F_w 表示。空气阻力与汽车的形状、汽车的正面投影面积有关，特别是与汽车 – 空气的相对速度的平方成正比。当汽车高速行驶时，空气阻力的数值将显著增加。

（3）上坡阻力

汽车上坡时，其总质量沿路面方向的分力形成的阻力称为上坡阻力，以 F_i 表示，其数值取决于汽车的总质量和路面的纵向坡度。上坡阻力只是在汽车上坡时才存在，但汽车克服坡度所做的功并未白白地耗掉，而是以位能的形式被储存。当汽车下坡时，所储存的位能又转变为汽车的功能，促使汽车行驶。

（4）加速阻力

汽车在加速行驶时，其质量加速运动时的惯性力，以 F_j 表示。汽车质量分为平移质量和旋转质量（飞轮、车轮等）两部分。加速时平移质量要产生惯性力，旋转质量要产生惯性力偶矩。旋转质量主要与飞轮、车轮的转动惯量以及传动系的传动比有关。

3. 汽车行驶中的附着作用与附着力

在积雪或泥泞道路上行驶的汽车有时会打滑，这是因为汽车的驱动力受附着力的限制而不能克服较大的阻力，导致车辆减速甚至原地打滑。在汽车技术中，把车轮与路面的相互摩擦以及轮胎花纹与路面凸起部的相互作用综合在一起，称为附着作用。由附着作用所决定的阻碍车轮打滑的路面反力的最大值就称为附着力 F_Φ。

$$F_\Phi = G\Phi$$

式中　G—附着重力，即汽车总质量分配到驱动轮上的那部分，它形成对地面的法向压力；

Φ—附着系数，其数值随轮胎和路面性质的不同而异，一般由试验决定。

4. 汽车正常行驶的条件

汽车的行驶过程，是驱动力能否克服各种阻力的交替变化过程。在汽车起步时，当驱动力增大至足以克服汽车静止所受的阻力时，汽车开始行驶。汽车起步后，行驶情况取决于驱动力与总阻力的相互关系。

（1）汽车正常行驶的第一个条件：$F_t \geq F_f + F_w + F_i + F_j$

当驱动力超过行驶阻力时，汽车将加速行驶；当驱动力等于行驶阻力时，汽车将匀速行驶；当驱动力小于行驶阻力时，汽车将减速以至于停车。

驱动力的最大值固然取决于发动机的最大转矩和传动系的传动比，但实际发出的驱动力还受到轮胎与路面之间的附着性能的限制。

（2）汽车行驶的第二个条件：$F_t \leqslant F_\varphi$。

当驱动力大于附着力时，汽车会滑转。

汽车在冰雪路面上行驶时，因为附着力小，所以汽车很容易打滑。此时可以在驱动轮上绕装防滑链，使链条深嵌入冰雪中能使附着系数和附着力增加。

（3）汽车正常行驶的条件

汽车的行驶过程，是驱动力能否克服各种阻力的交替变化过程。在汽车起步时，当驱动力增大至足以克服汽车静止所受的阻力时，汽车便开始行驶。汽车起步后，行驶情况取决于驱动力与总阻力的相互关系。总阻力等于上述各项阻力之和：$\sum F = F_f + F_w + F_i + F_j$

当驱动力等于总阻力时，汽车将匀速行驶。

当驱动力大于总阻力时，汽车将加速行驶，但是随着车速的增加，空气阻力将大幅度提高，所以汽车速度只能增加到当驱动力和总阻力达到新的平衡为止，此后，汽车便以较高的速度匀速行驶。

当驱动力小于行驶阻力时，汽车将减速以至于停车，这时如欲维持原车速就需要加大节气门或将变速器换入低挡以便相应地增大驱动力。

但是，汽车并不是在任何情况下都能发出足够的驱动力。比如汽车在很滑的（冰雪或泥泞）路面上行驶时，加大节气门可能只会使驱动车轮加速滑转，而驱动力却不能增大。也就是说，驱动力的最大值虽然取决于发动机的最大转矩和传动系的传动比，但实际发出的驱动力还受到轮胎与路面之间的附着性能的限制。

显然，要使汽车能正常行驶，汽车的驱动力必须要满足以下关系式：

$$F_f + F_w + F_i + F_j \leqslant F_t \leqslant F_\varphi$$

任务实施：

任务工单

任务名称：认识汽车总体组成及基本行驶原理		评价	
姓名		班级		学号	
任务描述	1. 介绍汽车的定义； 2. 识别不同类型的汽车； 3. 查阅维修手册，掌握汽车结构组成； 4. 阐述汽车行驶的基本原理； 5. 阐述汽车的布置形式。
能力目标	1. 能够阐述汽车的组成和各系统作用； 2. 能够帮助客户在实际车辆和车辆相关文件上获取车辆信息； 3. 能够就汽车行驶基本原理相关内容与客户沟通和交流。
实施准备	1. 汽车相关文件或维修手册； 2. 教学用车辆，各类汽车模型； 3. 汇报用白板、笔、粘贴纸等。

续表

实施步骤	自主学习	1. 云平台学习老师发布的相关资料； 2. 获取相关信息； 3. 识别汽车的驱动形式； 4. 制作汽车行驶基本原理图解。
	小组讨论	课中以小组形式进行讨论，完成课中任务，形成小组汇报成果。
	小组汇报	通过粘贴纸方式识别不同类型的汽车，介绍汽车行驶条件。
反思		

任务2.2　介绍汽车分类和编号

2-3　汽车的车型

任务引入：在车辆审验或准驾车型审查时，有人对汽车型号会提出疑问。驾驶证上载明的准驾车型对应什么样的车辆？车辆底盘号上有哪些信息？通过本任务的学习可以给你答案。

学习内容：1. 汽车的分类；

2. 汽车的编号；

3. 汽车类型的识别。

能力要求：1. 学习和理解汽车类型和识别相关知识的能力；

2. 能够帮助客户在实际车辆和车辆相关文件上获取车辆信息；

3. 树立以客户为中心的理念，增强服务意识；

4. 具有与客户沟通交流的能力；

5. 具备信息搜集和处理的能力。

任务描述：1. 获取汽车分类相关资料；

2. 自主学习汽车识别相关知识；

3. 小组讨论汽车驱动形式和识别方法；

4. 制作汽车分类识别卡片。

相关知识：

一、汽车分类

出于不同的需要，对汽车的分类也不尽相同，例如，可以从大小、用途、使用的燃料、驱动方式及结构形式等多角度来区分不同的汽车。不同的分类反映了汽车不同的属性，由此也产生了汽车的各种习惯性的称呼。为了便于车辆的管理，许多国家会根据车辆的种类以及国家标准形式规定汽车的型号的编制规则。

1. 按 GB/T 3730.1—2001 分类

按 GB/T 3730.1—2001 把汽车分为乘用车和商用车两种，新标准已从 2002 年 3 月 1 日开始实施。

(1) 乘用车

乘用车（passenger car）指在其设计和技术特性上主要用于载运乘客及其随身行李或临时物品的汽车，包括驾驶员座位在内最多不超过9个座位。它也可以牵引一辆挂车。而乘用车具体划分为普通乘用车、活顶乘用车、高级乘用车、小型乘用车、敞篷车、仓背乘用车、旅行车、多用途乘用车、短头乘用车、越野乘用车、专用乘用车共11种。

①普通乘用车（saloon，sedan）。

普通乘用车如图2-6所示，封闭式车身，固定式车顶（顶盖），有的顶盖一部分可开启。4个或4个以上座位，至少两排，后座椅可折叠或移动形成装载空间。2个或4个侧门，可有一后开启门。

图2-6　普通乘用车

②活顶乘用车（convertible saloon）。

活顶乘用车如图2-7所示，具有固定侧围框架可开启式车身，车顶为硬顶或软顶。车顶至少有两个位置：封闭和开启或拆除。可开启式车身可以通过使用一个或数个硬顶部件和/或合拢软顶将开启的车身关闭。4个或4个以上座位，至少两排。2个或4个侧门。4个或4个以上侧窗。

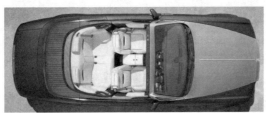

图2-7　活顶乘用车

③高级乘用车（pullman saloon）。

高级乘用车如图2-8所示，封闭式车身，前后座之间可以设有隔板，固定式硬车顶，有的顶盖一部分可开启。4个或4个以上座位，至少两排，后排座椅前可安装折叠式座椅。4个或6个侧门，也可有一个后开启门。6个或6个以上侧窗。

图2-8　高级乘用车

④小型乘用车（coupe）。

小型乘用车如图2-9所示，封闭式车身，通常后部空间较小。固定式硬车顶，有的顶盖一部分可开启。2个或2个以上的座位，至少一排。2个侧门，也可有一个后开启门。2个或2个以上侧窗。

图2-9　小型乘用车

⑤敞篷车（convertible，open tourer）。

敞篷车如图2-10所示，可开启式车身，车顶可为软顶或硬顶。车顶至少有两个位置：第一个位置遮覆车身；第二个位置车顶卷收或可拆除。2个或2个以上的座位，至少一排。2个或4个侧门。2个或2个以上侧窗。

图2-10　敞篷车

⑥仓背乘用车（hatchback）。

仓背乘用车如图2-11所示，封闭式车身，固定式硬车顶，有的顶盖一部分可以开启。4个或4个以上的座位，至少两排。后座椅可折叠或可移动，以形成一个装载空间。2个或4个侧门，车身后部有一仓门。

图2-11　仓背乘用车

⑦旅行车（station wagon）。

旅行车如图 2-12 所示，封闭式车身，车尾外形可提供较大的内部空间，固定式硬车顶，有的顶盖一部分可以开启。4 个或 4 个以上的座位，至少两排，座椅的一排或多排可拆除，或装有向前翻倒的座椅靠背，以提供装载平台。2 个或 4 个侧门，并有一后开启门。4 个或 4 个以上侧窗。

图 2-12　旅行车

⑧多用途乘用车（multi-purpose passenger car）。

上述①~⑦车辆以外的，只有单一车室载运乘客及其行李或物品的乘用车。但是，如果这种车辆同时具有下列两个条件，则不属于乘用车而属于货车：①除驾驶员以外的座位数不超过 6 个；只要车辆具有可使用的座椅安装点，就应算座位存在。②$P-(M+N\times 68)>N\times 68$。式中：$P$ 为最大设计总质量；M 为整车装备质量与 1 位驾驶员质量之和；N 为除驾驶员以外的座位数。

⑨短头乘用车（forward control passenger car）。

短头乘用车指的是一半以上的发动机长度位于车辆前风窗玻璃最前点以后，并且方向盘的中心位于车辆总长的前 1/4 部分内。

⑩越野乘用车（off-road passenger car）。

越野乘用车如图 2-13 所示，所有车轮同时驱动，或其几何特性、技术特性和它的性能允许在非道路上行驶的一种乘用车。

图 2-13　越野乘用车

⑪专用乘用车（special purpose passenger car）。

专用乘用车是指运载乘员或物品并完成特定功能的乘用车，它具备完成特定功能所需的特殊车身和/或装备。例如，旅居车、防弹车、救护车、殡仪车等。

（2）商用车（commercial vehicle）

商用车是指在设计和技术特性上用于运送人员和货物的汽车，并可以牵引挂车。商用车包括五部分：客车、半挂牵引车、货车、挂车和汽车列车。其中客车又分为小型客车、城市客车、长途客车、旅游客车、铰接客车、无轨电车、越野客车、专用客车8种。货车包括普通货车、多用途货车、全挂牵引车、越野货车、专用作业车、专用货车6种。

①客车（bus）。客车如图2-14所示，在设计和技术特性上用于载运乘客及其随身行李的商用车辆，包括驾驶员座位在内座位数超过9座。客车有单层的或双层的，也可牵引一挂车。

图2-14 客车

②半挂牵引车（semitrailer towing vehicle）。装备有特殊装置用于牵引半挂车的商用车辆。

③货车（goods vehicle）。一种主要为载运货物而设计和装备的商用车辆。

④挂车（trailer）。就其设计和技术特性需由汽车牵引，才能正常使用的一种无动力的道路车辆，用于载运人员和/或货物，以及其他特殊用途。挂车又分为牵引杆挂车、半挂车、中置轴挂车等。

⑤汽车列车（combination vehicles）。一辆汽车与一辆或多辆挂车的组合。汽车列车又分为乘用车列车、客车列车、货车列车、牵引杆挂车列车、铰接列车、双挂列车、双半挂列车和平板列车等。

2. 根据机动车辆类型分类

根据GB/T 15098—2001《机动车辆分类》将汽车分为如下几类：

（1）M类

至少有四个车轮的载客机动车辆，或有三个车轮，且厂定最大总质量超过1t的载客机动车辆。M类又可分为M_1类、M_2类和M_3类。

①M_1类：除驾驶员座位外，乘客座位不超过8个的载客车辆。

②M_2类：除驾驶员座位外，乘客座位超过8个，且厂定最大总质量不超过5t的载客车辆。

③M_3类：除驾驶员座位外，乘客座位超过 8 个，且厂定最大总质量超过 5t 的载客车辆。

（2）N 类

至少有四个车轮的载货机动车辆，或有三个车轮，且厂定最大总质量超过 1t 的载货机动车辆。N 类又可分为 N_1 类、N_2 类和 N_3 类。

①N_1：厂定最大总质量不超过 3.5t 的载货车辆。

②N_2：厂定最大总质量超过 3.5t，但不超过 12t 的载货车辆。

③N_3：厂定最大总质量超过 12t 的载货车辆。

另外，O 类为挂车（包括半挂车），L 类是少于四个车轮的机动车辆。

3. 根据汽车动力装置形式分类

（1）活塞式内燃机汽车

根据使用的燃料不同，活塞式内燃机汽车通常分为汽油车和柴油车。汽油和柴油在近期内仍将是活塞式内燃机的主要燃料，而各种代用燃料的研究工作也在大力开展，例如以丙烷和丁烷为主的液化石油气（LPG）、压缩天然气（CNG），还有甲醇和乙醇以及它们的衍生产品，等等。活塞式内燃机还可按其活塞的运动方式分为往复活塞式和旋转活塞式内燃机等类型。

（2）电动汽车

电动汽车动力装置是直流电动机。电动汽车的优点是无废气排出、不产生污染、噪声小、能量转换效率高、易实现操纵自动化。电动机的供能装置通常是化学蓄电池。传统式的铅蓄电池在质量、充电间隔时间、寿命、放电能力等方面还不完全令人满意，从而限制了电动汽车的大量普及。但是，在汽车公害、能源等社会问题进一步突出的今天，又会促使电动汽车的研究和推广工作加快步伐。目前，碱性蓄电池（镍－镉电池、镍－铁电池）的研究取得了较大的进展。这种电池性能好、质量轻，但是其制造工艺较复杂，致使价格过高。此外，电动机的供能装置也可以是太阳能电池，或者是其他形式的电源。

（3）燃气轮机汽车

与活塞式内燃机相比，燃气轮机功率大、质量小、转矩特性好，所使用的燃油无严格限制，但其耗油量大、噪声较大、制造成本也较高。

4. 根据汽车行驶机构的特征分类

（1）轮式汽车

轮式汽车是通过车轮承载车重，并传递驱动和制动力矩的。轮式汽车通常可分为非全轮驱动和全轮驱动两种形式。汽车的驱动形式一般用符号"$n \times m$"表示，其中 n 为车轮总数（在 1 个轮毂上安装双轮辋和轮胎仍算 1 个车轮），m 为驱动轮数。例如普通轿车和解放 CA1091 一类的普通货车属于 4×2 型，北京剧 2020 越野汽车属于 4×4 型，东风 EQ2080 越野汽车属于 6×6 型，等等。

（2）其他形式的汽车

其他形式的汽车有：履带式、雪橇式、螺旋推进式、气垫式、步行机构式等。

5. 根据汽车类型按行驶道路条件分类

（1）公路用车

公路用车指主要行驶于道路和等级公路（包括高速公路和 1~4 级公路）。公路用车的长度、宽度、高度、单轴负荷等均受交通法规的限制。

(2) 非公路用车

非公路用车主要有两类：一类是本身的外廓尺寸、单轴负荷等参数超出了法规限制而不适于公路行驶，只能在矿山、机场和工地内的无路地区或专用道路上行驶的汽车，如大吨位矿用自卸车、大型挖掘机等；另一类是既能在非公路地区，又可在公路上行驶的越野汽车。

6. 轿车的其他分类方法

(1) 按轿车车身结构分类

①三厢式。轿车车身结构由三个相互封闭、用途各异的厢所组成。即前部发动机舱、车身中部的乘员舱和后部的行李舱。

早期的发动机舱只是用来安置轿车发动机、变速器及转向机构等总成。现代轿车发动机舱还具有被动安全的作用。当轿车发生意外正面碰撞时，发动机舱会折皱变形以吸收碰撞产生的巨大能量，减少碰撞对车内外人员的猛烈冲击，起到保护车内乘员的作用。车身中部乘员舱设计坚固、刚性大，遇到碰撞和翻滚的冲击时车厢变形挤压治伤的危险，并有利于车祸后顺利地打开车门逃生。后行李舱除用于放置行李外，还起降低后车追尾所致伤害的功能。

三厢轿车如图 2-15 所示，中间高两头底，从侧面看前后对称，造型美观大方。三厢轿车的缺点是车身长，在交通拥挤的大城市里行驶及停泊都不方便。

图 2-15　三厢轿车

②两厢式。两厢轿车如图 2-16 所示，前部与三厢式没有区别，作用也是一样的。不同之处在于这种轿车将乘员舱近似等高向后延伸，把后行李舱和乘员舱合为一体，使其减少为发动机和乘员两厢。由于两厢轿车也有独立的前发动机舱，与三厢轿车一样，具有良好的正面碰撞保护性能。

两厢轿车尾部有宽大的后车门，使这种轿车具备了使用灵活、用途广泛的特点。放倒（平）后排座位，就可以获得比三厢车大得多的载物空间。

图 2-16　两厢轿车

③单厢车。单厢车如图2-17所示，其实就是面包车（厢式车）的高级变种。面包车空间较大，既可载客，又可拉货，但单厢车没有单独的发动机舱，在发生正面撞击时没有缓冲。由于严格的安全法规，北美和欧洲已禁止生产这种原始形态的单厢车，但受该车型的启发，结合两厢车和面包车的特点，生产出了新型的单厢车。与典型的两厢车相比，这种单厢车的高度更高（一般为1.6m），两厢车与一般三厢车高度差不多（约为1.4m）。单厢车虽然也有突出的前鼻，但发动机舱和乘员舱的构架是连贯一体的。单厢车的好处是：内部空间增大，脚部和头部空间更充裕。世界上最成功的单厢车是雷诺的风景和雪铁龙的毕加索。单厢车又称为多用途乘用车（MPV）。

图2-17　单厢车

（2）按用途分类

轿车根据用途可分为房车、跑车、旅行车、多功能车及休闲旅行车等几类。

①房车。房车如图2-18所示，把原有的四门汽车（Sedan），加长到一定的尺寸，专门用在礼仪场合或显示身份的庞然大物，叫高级豪华轿车（Limousine）。绝大部分房车出厂时为四门，之后再由专业改装厂改装。四门房车在改装时，首先掀掉车顶，从中间横向切开，在中间加上客户要求的长度的底盘，进行新的多点焊接，并进行加强处理。其次进行车体和车顶的还原，对车体内相应加长的部分进行改动，如传动轴、制动油管、排气管以及电气线路。最后进行内饰的大幅修改。一般来讲，改装厂家会根据客户的不同需要，在尽量保持原厂车的风格基础上，加装相应的设备，从真皮沙发、影音设备、纯毛地毯到冰箱酒吧、高档酒具甚至镶金戴银，应有尽有，图2-19为房车的内部布置。

坐在这样的大房车里，如同坐在自己家中的大客厅里，关上车门，立刻与外界隔绝，这种感受难以用语言表达。

图2-18　房车

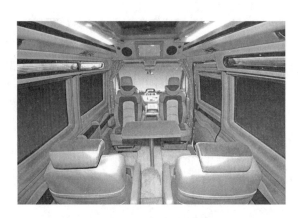

图 2-19 房车的内部布置

②跑车。跑车如图 2-20 所示,又叫运动轿车,车身低又短、装备大功率发动机、加速性能优良、绝大多数跑车两车门、车内四座或二座。前置发动机跑车车头较长,后面行李箱较小;后置和中置发动机跑车甚至无行李箱,车头机盖下有一个能放备胎的小空间。跑车 0~100km/h 加速时间一般在 10s 以内,真正的跑车 0~100km/h 加速时间不超过 8s,超级跑车 0~100km/h 加速时间均在 5s 以内。

图 2-20 跑车

③旅行车。它的结构特点是适合旅行的轿车,由普通轿车变形而来,后排座空间较大,并与乘客厢连成一体。这一空间比普通轿车的行李舱大得多,可以放下大量长途旅行所需用品,因此叫做旅行轿车。旅行轿车的后面有一个后门,以便装卸行李。如上海大众就生产过桑塔纳旅行轿车。

旅行车在中国市场还不多见,发达国家家庭用车中旅行轿车占了很大比例。

④多功能车。功能车(Multi-purpose Vehicle,MPV),人们俗称"子弹头",它是轿车的一种变形产品。多功能车直接采用轿车的底盘和动力系统,前轮驱动,既有轿车的舒适性、速度快捷、安全性高的优点,又有面包车的大容量、内部宽敞、可乘坐 5~9 人的特点。

多功能车是发达国家轿车普及后的产物,在几乎人人都有一辆轿车的情况下,一家人反而难得坐在一辆里出行了。为满足休闲的需求,开发出这种比普通轿车大,比面包车舒适的轿车。法国雷诺在 20 世纪 80 年代初首先开发了这种轿车,但未能引起广泛注意。1984 年,克莱斯勒推出多功能车,在全世界掀起了多功能车的热潮。如今的多功能车有多种,如上海别克的 GL8、广州本田的奥德赛等。

⑤休闲旅行车。把多功能车再融入一些越野车的色彩,就变成了休闲旅行车。休闲旅行车的底盘较普通车好,因而可在坎坷路面上做短途行驶,这种车的主要用户是那些喜欢在假

日里到郊外旅行的城市居民。

为适应野外的路面，休闲旅行车一般采用"适时四驱"。这种四轮驱动和越野车的固定四轮驱动不同，"适时"的意思就是指在多数情况下采取的是两轮驱动，只有当某一个驱动轮出现打滑时，另两轮才发挥驱动功能，这样可以降低油耗。

二、汽车编号

1. 国产汽车产品型号编制规则

国标 GB 9417—88《汽车产品型号编制规则》基本示意图如图 2-21 所示，国家汽车型号均由汉语拼音和阿拉伯数字组成。包括如下三部分：首部、中部和尾部。

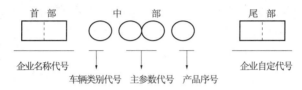

图 2-21　汽车产品型号编制规则

国产汽车产品型号的构成：

①首部：是企业的识别代号，由 2 个或 3 个汉语拼音字母组成，如 CA、EQ、SH、NJ、JN、JL、SP、CQ、SX、LZW 等。

②中部：由 4 位阿拉伯数字组成，其含义见表 2-1。

表 2-1　汽车型号中 4 位阿拉伯数字代号的含义

首位数字表示车辆类别		中间两位数字表示各类汽车的主要特征参数	最末位数字表示
载货汽车	1	表示汽车的总质量（t）*数值	企业自定产品序号
越野汽车	2		
自卸汽车	3		
牵引汽车	4		
专用汽车	5		
客车	6	表示汽车的总长度（0.1m）**数值	
轿车	7	表示发动机的工作容积（0.1L）数值	
	8		
半挂车及专用半挂车	9	表示汽车的总质量（t）*数值	
*当汽车总质量大于 100t 时，允许用 3 位数字。			
**当汽车总长度大于 10m 时，计算单位为 m。			

③尾部：分为两部分，前部由汉语拼音字母组成，表示专用汽车分类代号；后部是企业自定代号。

如：CA7200——中国第一汽车集团公司生产的轿车，发动机排量为 2.0L，第一代产品；

BJ2020SJ——北京汽车制造厂生产的越野汽车，厂定总质量为 2t，第一代产品；

EQ1092——东风汽车公司生产的载货汽车，厂定总质量为 9t，第三代产品。

2. 车辆识别代号（VIN）

（1）车辆识别代号（VIN）的意义和作用

现在国外各汽车公司生产的汽车大都使用了 VIN（Vehicle Identification Number）车辆识别代号。它由一组字母和阿拉伯数字组成，共 17 位，是识别一辆汽车不可缺少的工具。

VIN 的每位代码代表着汽车的某一方面信息参数。按照识别代号编码顺序，从 VIN 中可以识别出该车的生产国家、制造公司或生产厂家、车的类型、品牌名称、车型系列、车身形式、发动机型号、车型年款（属哪年生产的年款型车）、安全防护装置型号、检验数字、装配工厂名称和出厂顺序号码，等等。

在我国，原机械部汽车司制订的《车辆识别代号管理规定》（CMVRA01）已于 1997 年 1 月 1 日生效，1999 年生产的所有汽车、挂车、摩托车都必须拥有车辆识别代号。

VIN 具有很强的唯一性、通用性、可读性以及最大限度的信息载量和可检索性。VIN 编码一般以标牌的形式，装贴在汽车的不同部位。

VIN 识别代码可用于：

①车辆管理：登记注册、信息化管理的关键字，美国 DMV 的 VDS；

②车辆检测：年检和排放检测；

③车辆防盗：识别车辆和零部件，建立盗抢车辆数据库；

④车辆维修：诊断、电脑匹配、配件订购、客户关系管理；

⑤二手车交易：查询车辆历史信息；

⑥汽车召回：年代、车型、批次和数量；

⑦车辆保险：保险登记、理赔、浮动费率的信息查询。

另外，利用 VIN 数据规定还可以鉴别出拼装车、走私车。因为拼装的进口汽车一般是不按 VIN 规定进行组装的。

（2）VIN 识别代码的组成

VIN 编码的组成如图 2-22 所示（国际标准 ISO 3779—1983《道路车辆—车辆识别代号—内容与构成》规定）。

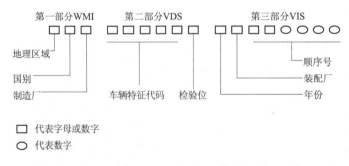

图 2-22　VIN 识别代码

WMI—世界制造厂识别代号；VDS—车辆说明部分；VIS—车辆指示部分

①世界制造厂识别代号（WMI）。世界制造厂识别代号是国际标准化组织按地理区域分配给各国，各国再分配给本国的制造厂，所有的 WMI 代号由美国汽车工程师学会（SAE）保存并核对。中国由天津汽研中心标准所代理，国家经贸委备案。

②车辆描述部分（VDS）。第 4-9 位，车辆的类型和配置。若其中的一位或几位字符不

用，必须用选定的字母或数字占位。一般包含以下信息：

ⓐ车系；
ⓑ动力系统：发动机型号、变速器形式；
ⓒ车身形式；
ⓓ约束系统配置：气囊、安全带等；
ⓔ校验位：第9位，0~9或X。

③车辆指示部分（VIS）。第10~17位，制造厂为了区别每辆车而指定的一组字符，最后四位字符应是数字。一般包含以下信息：

ⓐ车型年代（见表2-2）：第10位，字母或数字，不能为数字0、字母O、Q、I、Z；
ⓑ装配厂：第11位，字母或数字；
ⓒ生产顺序号：最后6位，一般为数字。

如果制造厂生产的某种类型的车辆产量≥500辆，VIS的第3~8位表示生产顺序号；如果制造厂的产量<500辆，则此部分的第3、4、5位与WMI中的第3位字码一起来表示一个车辆制造厂。

表2-2 标示年份的字码

年代	代码	年代	代码	年代	代码	年代	代码
1971	1	1981	B	1991	M	2001	1
1972	2	1982	C	1992	N	2002	2
1973	3	1983	D	1993	P	2003	3
1974	4	1984	E	1994	R	2004	4
1975	5	1985	F	1995	S	2005	5
1976	6	1986	G	1996	T	2006	6
1977	7	1987	H	1997	V	2007	7
1978	8	1988	J	1998	W	2008	8
1979	9	1989	K	1999	X	2009	9
1980	A	1990	L	2000	Y	2010	A

（3）VIN标牌的位置

VIN标牌的位置尽量位于车辆的前半部分、易于看到且能防止磨损或替换的部位。美国车型一般在前挡风玻璃右下角仪表台上；欧共体和日本的车型一般在车内暗处，中国轿车一般在仪表板左侧、风挡玻璃下面。字码高度一般为7mm，其他情况为4mm。

VIN标牌的位置各大汽车厂不完全一样，一般在左风挡仪表盘上、门柱上、防火墙上、发动机、车架等大部件上、左侧轮罩内、转向柱上、散热器支架上、发动机前部的加工垫上、质保和保养手册、车主手册上。

（4）车辆识别代号（VIN）实例

LFPH5ABA22W8004321

LFP：代表中国一汽轿车；
H：代表红旗品牌；

5：发动机排量——2.2～2.5L；

A：发动机类型及驱动形式——汽油机前置，前轮驱动；

B：车身类型——四门；

A：安全保护装置——手动安全带；

2：工厂检验数字；

2：生产车款年型——1998；

W：生产装配工厂 第一轿车厂；

8004321：工厂生产顺序号。

任务实施：

任务工单

任务名称：介绍汽车分类和编号			评价	
姓名		班级	学号	
任务描述	1. 介绍汽车的分类； 2. 介绍汽车编号方法； 3. 识别不同类型的汽车； 4. 识别汽车识别代码。			
能力目标	1. 能够阐述汽车分类方式； 2. 能够帮助客户在实际车辆和车辆相关文件上获取车辆信息； 3. 能够就汽识别代码相关知识与客户沟通和交流。			
实施准备	1. 汽车文件或维修手册； 2. 教学用车辆和不同类型的车模； 3. 汇报用白板、笔、粘贴纸等。			
实施步骤	自主学习	1. 云平台学习老师发布的相关资料； 2. 获取相关信息； 3. 识别不同类型的汽车； 4. 识别汽车识别代码。		
	小组讨论	课中以小组形式进行讨论，完成课中任务，形成小组汇报成果。		
	小组汇报	通过粘贴纸方式识别不同类型的汽车，根据车辆识别代码介绍汽车的类型、生产年份等。		
反思				

任务2.3 介绍汽车主要性能指标

任务引入： 李先生是新手客户，想购买一辆新车。车辆有哪些性能指标？性能指标有什么意义？车辆特征对这些性能指标有哪些影响？如何通过对性能指标的分析选用适合自己使用的车辆？对于这些疑问，需要进行简单合理的说明，这就需要用汽车性能指标的相关知识进行解释。

学习内容： 1. 叙述汽车特征参数；
2. 叙述汽车性能指标；
3. 叙述发动机性能指标。

能力要求： 1. 学习和理解汽车性能相关知识的能力；
2. 能够给客户描述车辆主要性能指标；
3. 树立以客户为中心的理念，增强服务意识；
4. 具有与客户沟通交流的能力；
5. 具备信息搜集和处理的能力。

任务描述： 1. 获取汽车主要性能指标的资料；
2. 自主学习汽车主要性能指标相关知识；
3. 小组讨论汽车的主要性能指标对车辆的影响；
4. 制作汽车主要性能指标卡片。

相关知识：

一、汽车特征参数

汽车的特征参数包括汽车的性能参数、尺寸参数和质量参数等。主要性能参数指标下部分详解，汽车的尺寸和质量参数随所装用的发动机类型和特性的不同，通常有以下的结构参数。

1. 汽车主要尺寸参数

（1）车长

车长是指垂直于车辆纵向对称平面，并分别抵靠在汽车前、后最外端突出部位的两垂直平面之间的距离。

（2）车宽

车宽是指平行于车辆纵向对称平面，并分别靠车辆两侧固定突出部位（除后视镜、侧面标志灯、转向指示灯、挠性挡泥板、折叠式踏板、防滑链以及轮胎与地面接触部分的变形外）的两平面之间的距离。

（3）车高

车高是指车辆没有装载且处于可运行状态时，车辆支撑平面与车辆最高突出部位相抵靠的水平面之间的距离。

汽车的外廓尺寸（总长、总宽、总高），汽车的外廓尺寸是根据汽车的用途、道路条件、吨位（或载客数）、外形设计、公路限制和结构布置等因素来确定的。在总体设计时要力求减少汽车的外廓尺寸，以减轻汽车的自重，提高汽车的动力性、经济性和机动性。

（4）轴距

轴距是描述汽车轴与轴之间距离的参数，通常可通过汽车前后车轮中心来测量。轴距的长短直接影响到汽车的长度、质量和许多使用性能。轴距短一些，汽车长度就短一些，自重就轻，最小转弯直径和纵向通过角就小。但若轴距过短，则会带来一系列缺点：如车厢长度不足或后悬过长，汽车行驶时纵摆和横摆较大；在制动时或上坡时质量转移较大，使汽车的操纵性和稳定性变坏。

（5）轮距

轮距是指同一轴上车轮接地点中心之间的距离，对双胎汽车，则是指两双胎接地点连线中点之间的距离。轮距对汽车的总宽、总重、横向稳定性和机动性影响较大。轮距越大，则横向稳定性越好，对增加轿车车厢内宽也有利。但轮距宽了，汽车的总宽和总重一般也加大，而且容易产生向车身侧。

(6) 前悬

前悬是指汽车最前端（除灯罩、后视镜等非刚性固定部分外）至前轴中心之间的水平距离。前悬的长度应足以固定和安装驾驶室前支点。发动机、水箱、转向机、弹簧前托架和保险杠等零件和部件。前悬不宜过长，否则，汽车的接近角过小。

(7) 后悬

后悬是指汽车最后端（除灯罩等非刚性固定部分外）至后桥中心之间的水平距离，后悬的长度主要决定于货厢长度、轴距和轴荷分配情况，同时要保证适当的离去角。

每个国家对公路运输车辆的外廓尺寸均有法规限制。这是为了使汽车的外廓尺寸适合本国的公路桥梁、涵洞和铁路运输的标准及保证行驶的安全性。我国对公路车辆的极限尺寸规定如下：汽车总高≤4m；总宽（不含后视镜）≤2.5m；总长：货车（含越野车）≤12m；一般客车≤12m；铰接大客车≤18m；半挂牵引车（含挂车）≤16m；汽车拖挂后总长≤20m。

2. 汽车质量参数

(1) 汽车的整备质量

汽车的整备质量是指汽车按出厂技术条件装备完整（如备胎、工具等安装齐备），各种油水添满后的质量。这是汽车的一个重要设计指标。该指标既要先进又要切实可行。它与汽车的设计水平、制造水平以及工业化水平密切相关。同等车型条件下，谁的设计方法优化，生产水平优越，工业化水平高，则整备质量就会下降。

(2) 汽车的装载质量（载客量）

这是汽车的基本使用参数之一。它关系到汽车的运输效率、运输成本、使用方便性、产品系列化和生产装备等诸多方面。

确定汽车的装载质量应考虑下面几个因素：

①必须与汽车的用途和使用条件相适应。

②各种车型的装载质量要合理分级，以利于产品的系列化、通用化和标准化。

③要考虑到对现有生产设备和生产线变动的大小和可利用程度。

(3) 汽车总质量

汽车总质量是指汽车装备齐全，并按规定装满客（包括驾驶员）、货时的质量。

汽车总质量的确定：

对于轿车，汽车总质量=整备质量+驾驶员及乘员质量+行李质量

对于客车，汽车总质量=整备质量+驾驶员及乘员质量+行李质量+附件质量

对于货车，汽车总质量=整备质量+驾驶员及助手质量+行李质量

(4) 汽车自重利用系数

这是一个重要的评价指标（对载货车而言）。它是指汽车装载质量与汽车干重之比。所谓汽车干重就是指汽车无冷却液、燃油、机油、备胎及工具和附件时的空车质量。显然，在装载质量相同的情况下，干重越小，则汽车的质量利用系数也越高，其运输效率也越高。EQ1092F 的质量利用系数为约 1.22。随着汽车材料技术和制造、设计技术的发展，汽车质

量利用系数有不断提高的趋势。

(5) 汽车的轴荷分配

汽车的轴荷分配是指汽车的质量在前轴、后轴上所占的比例。轴荷分配的原则是依据轮胎均匀磨损和汽车主要性能的需要以及汽车的布置形式来确定的。为了使轮胎均匀磨损，一般希望满载时每个轮胎的负荷大致相等。例如，对后轴为单胎的 4×2 汽车，则希望前后轴的轴荷各为 50%，而后轴为双胎的汽车，则希望前后轴的轴荷按 1/3 和 2/3 比例来分配。实际上，这些只能近似满足要求，例如，一般载货汽车，其前轴荷分配在 28%～30%。

二、汽车性能指标

汽车的使用性能是指汽车能适应各种使用条件而发挥最大工作效率的能力。主要有下面几项。

1. 汽车的动力性

这是汽车首要的使用性能。汽车必须有足够的平均速度才能正常行驶。汽车必须有足够的牵引力才能克服各种行驶阻力，正常行驶。这些都取决于动力性的好坏。汽车动力性可从下面三方面指标进行评价。

(1) 汽车的最高车速

汽车的最高车速是指汽车满载在良好水平路面上能达到的最高行驶速度。

(2) 汽车的加速能力

指汽车在各种使用条件下迅速增加汽车行驶速度的能力。加速过程中加速用的时间越短、加速度越大和加速距离越短的汽车，加速性能就越好。

(3) 汽车的上坡能力

上坡能力用汽车满载时以最低挡位在坚硬路面上等速行驶所能克服的最大坡度来表示，称为最大爬坡度。它表示汽车最大牵引力的大小。不同类型的汽车对上述三项指标要求各有不同。轿车与客车偏重于最高车速和加速能力，载重汽车和越野汽车对最大爬坡度要求较严。但不论何种汽车，为在公路上能正常行驶，必须具备一定的平均速度和加速能力。

2. 汽车的燃料经济性

为降低汽车运输成本，要求汽车以最少的燃料消耗，完成尽量多的运输量。汽车以最少的燃料消耗量完成单位运输工作量的能力，称为燃料经济性，评价指标为每行驶 100 千米消耗掉的燃料量（L）。

3. 汽车的制动性

汽车具有良好的制动性是安全行驶的保证，也是汽车动力性得以很好发挥的前提。汽车制动性有下述三方面的内容。

(1) 制动效能

汽车迅速减速直至停车的能力。常用制动过程中的制动时间、制动减速度和制动距离来评价。汽车的制动效能除和汽车技术状况有关外，还与汽车制动时的速度以及轮胎和路面的情况有关。

(2) 制动效能的恒定性

在短时间内连续制动后，制动器温度升高导致制动效能下降，称之为制动器的热衰退，连续制动后制动效能的稳定程度为制动效能的恒定性。

(3) 制动时方向的稳定性

是指汽车在制动过程中不发生跑偏、侧滑和失去转向的能力。当左右侧制动动力不一样时，容易发生跑偏；当车轮"抱死"时，易发生侧滑或者失去转向能力。为防止上述现象发生，现代汽车设有电子防抱死装置，防止紧急制动时车轮抱死而发生危险。

4. 汽车的操纵性和稳定性

汽车的操纵性是指汽车对驾驶员转向指令的响应能力，直接影响到行车安全。轮胎的气压和弹性，悬挂装置的刚度以及汽车重心的位置都对该性能有重要影响。

汽车的稳定性是汽车在受到外界扰动后恢复原来运动状态的能力，以及抵御发生倾覆和侧滑的能力。对于汽车来说，侧向稳定性尤为重要。当汽车在横向坡道上行驶、转弯以及受其他侧向力时，容易发生侧滑或者侧翻。汽车重心的高度越低，稳定性越好。合适的前轮定位角度使汽车具有自动回正和保持直线行驶的能力，提高了汽车直线行驶的稳定性。如果装载超高、超载，转弯时车速过快，横向坡道角过大以及偏载等，容易造成汽车侧滑及侧翻。

汽车操控稳定性通常用汽车的稳定转向特性来评价。转向特性有不足转向、过度转向以及中性转向三种状况。有不足转向特性的汽车，在固定方向盘转角的情况下绕圆周加速行驶时，转弯半径会增大；有过度转向特性的汽车在这种条件下转弯半径则会逐渐减小；有中性转向特性的汽车则转弯半径不变。易操控的汽车应当有适当的不足转向特性，以防止汽车出现突然甩尾现象。

5. 汽车的行驶平顺性

汽车在行驶过程中由于路面不平的冲击，会造成汽车的振动，使乘客感到疲劳和不舒适，货物损坏。为防止上述现象的发生，不得不降低车速。同时振动还会影响汽车的使用寿命。汽车在行驶中对路面不平的降震程度，称为汽车的行驶平顺性。

汽车行驶平顺性的物理量评价指标，客车和轿车采用"舒适降低界限"车速特性。当汽车速度超过此界限时，就会降低乘坐舒适性，使人感到疲劳不舒服。该界限值越高，说明平顺性越好。货车采用"疲劳—降低工效界限"车速特性。

汽车车身的固有频率也可作为平顺性的评价指标。从舒适性出发，车身的固有频率在 $600\sim850Hz$ 的范围内较好。

高速汽车尤其是轿车要求具有优良的行驶平顺性。轮胎的弹性、性能优越的悬挂装置、座椅的降震性能以及尽量小的非悬挂质量，都可以提高汽车的行驶平顺性。

6. 汽车的通过性

汽车在一定的装载质量下能以较高的平均速度通过各种坏路及无路地带和克服各种障碍物的能力，称之为汽车的通过性。各种汽车的通过能力是不一样的。轿车和客车由于经常在市内行驶，通过能力就差。而越野汽车、军用车辆、自卸汽车和载货汽车，就必须有较强的通过能力。

采用宽断面胎、多胎可以减小滚动阻力；较深的轮胎花纹可以增加附着系数而不容易打滑，全轮驱动的方式可使汽车的动力性得以充分的发挥；结构参数的合理选择，可以使汽车具有优良的克服障碍的能力，如较大的最小离地间隙、接近角、离去角、车轮半径和较小的转弯半径、横向和纵向通过半径等，都可提高汽车的通过能力。

7. 汽车的排放污染物

汽车的排放污染主要有三个排放源：一是由发动机排气管排出的发动机燃烧废气，汽油车的主要污染物成分是一氧化碳（CO）、碳氢化合物（HC）、氮氧化合物（NO$_x$），而柴油车除了这三种有害物外还排放大量的颗粒物；二是曲轴箱排放物，由发动机在压缩及燃烧过程中未燃的碳氢化合物由燃烧室漏向曲轴箱再排向大气而产生，主要是碳氢化合物；三是燃料蒸发排放物，主要由发动机供油系统的化油器和曲轴箱的燃料蒸发而产生。

8．其他使用性能

（1）操纵轻便性

使用驾驶汽车时需要根据操作的次数、操作时所需要的力、操作时的方便情况以及视野、照明、信号等来评价。汽车具有良好的操纵轻便性，不但可以减轻驾驶员劳动强度和紧张程度，也是安全行驶的保证。采用动力转向、制动增加装置、自动变速器以及膜片离合器等，使操纵轻便性得以明显改善。

（2）机动性

市区内行驶的汽车，经常行驶于狭窄多弯的道路，机动性显得尤为重要。机动性主要用最小转弯半径来评价。转弯半径越小，机动性越好。

（3）装卸方便性

与车厢的高度、可翻倒的栏板数目以及车门的数目和尺寸有关。

（4）容量

容量表示汽车能同时运输的货物数量或者乘客人数。货车用装载质量和载货容积来表示，客车用载客数表示。

（5）质量利用系数

质量利用系数反映出汽车结构的合理程度。

$$质量利用系数 = 额定装载质量/空车质量$$

三、发动机性能指标

发动机的性能指标用来表征发动机的性能特点，并作为评价各类发动机性能优劣的依据。发动机的性能指标主要有：动力性指标、经济性指标、环境指标、可靠性指标和耐久性指标等。

1．动力性指标

动力性指标是表征发动机做功能力大小的指标，一般用发动机的有效转矩、有效功率、发动机转速等作为评价指标。

（1）有效转矩

发动机通过飞轮对外输出的平均转矩称为有效转矩，以 T_{tq} 表示。有效转矩与外界施加于发动机曲轴上的阻力矩相平衡。

（2）有效功率

发动机通过飞轮对外输出的功率称为有效功率，以 P_e 表示。它等于有效转矩与曲轴角速度的乘积。发动机的有效功率可以用台架试验方法测定，也可用测功器测定有效转矩和曲轴角速度，然后运用下面的公式计算发动机的有效功率（kW），即

$$P_e = T_{tq}\frac{2\pi n}{60} \times 10^{-3} = \frac{T_{tq}n}{9550} \qquad (2-1)$$

式中　T_{tq}——有效转矩，N·m；

n——曲轴转速，r/min。

发动机曲轴转速的高低，关系到单位时间内做功次数的多少或发动机有效功率的大小，即发动机的有效功率随曲轴转速的不同而改变。因此，在说明发动机有效功率的大小时，必须同时指明其相应的转速。在发动机产品标牌上规定的功率及其相应的转速分别称作标定功率和标定转速。发动机在标定功率和标定转速下的工作状况，称为标定工况。标定功率是发动机所能发出的最大功率，它是根据发动机用途而制订的有效功率最大使用限度。同一种型号的发动机，当其用途不同时，其标定功率值并不相同。按照汽车发动机可靠性试验方法的规定，汽车发动机应能在标定工况下连续运行300~1000h。

（3）发动机转速

发动机曲轴每分钟的回转数称为发动机转速。

2. 经济性能指标

发动机每发出1kW有效功率，在1h内所消耗的燃油质量（以g为单位），称为燃油消耗率，用b_e表示。很明显，燃油消耗率越低，经济性越好。

燃油消耗率为

$$b_e = \frac{B}{P_e} \times 10^3 \tag{2-2}$$

式中　B——单位时间的耗油量，kg/h，可由试验测定；

　　　P_e——发动机的有效功率，kW。

发动机的性能是随着许多因素而变化的，其变化规律称为发动机特性。

3. 环境指标

环境指标主要指发动机排气品质和噪声水平。由于它关系到人类的健康及其赖以生存的环境，因此各国政府都制订出严格的控制法规，以期削减发动机排气和噪声对环境的污染。当前，排放指标和噪声水平已成为发动机的重要性能指标。

排放指标主要是指从发动机油箱、曲轴箱排出的气体和从气缸排出的废气中所含的有害排放物的量。对汽油机来说主要是废气中的一氧化碳（CO）和碳氢化合物（HC）含量；对柴油机来说主要是废气中的氮氧化物（NO_x）和颗粒（PM）含量。

噪声是指对人的健康造成不良影响及对学习、工作和休息等正常活动发生干扰的声音。由于汽车是城市中的主要噪声源之一，而发动机又是汽车的主要噪声源，因此控制发动机的噪声就显得十分重要。如我国的噪声标准（GB/T 18697—2002）中规定，轿车的噪声不得大于79dB（A）。

4. 可靠性指标和耐久性指标

可靠性指标是表征发动机在规定的使用条件下，在规定的时间内，正常持续工作能力的指标。可靠性有多种评价方法，如首次故障行驶里程、平均故障间隔里程等。耐久性指标是指发动机主要零件磨损到不能继续正常工作的极限时间。

5. 发动机万有特性

汽车发动机的工况能在很广泛的范围内变化。当发动机的工况（即功率和转速）发生变化时，其性能（包括动力性、经济性、排放性和噪声等）也随之改变。发动机性能指标随运行工况而变化的关系称为发动机万有特性。

任务实施：

任务工单

任务名称：介绍汽车主要性能指标			评价	
姓名		班级	学号	
任务描述	1. 叙述汽车特征参数； 2. 叙述汽车性能指标； 3. 叙述发动机性能指标。			
能力目标	1. 学习和理解汽车性能相关知识的能力； 2. 能够给客户描述车辆主要性能指标； 3. 树立以客户为中心的理念，增强服务意识； 4. 具有与客户沟通交流的能力； 5. 具备信息搜集和处理的能力。			
实施准备	1. 汽车文件或维修手册； 2. 教学用车辆和不同类型的车模； 3. 汇报用白板、笔、粘贴纸等。			
实施步骤	自主学习	1. 云平台学习老师发布的相关资料； 2. 获取相关信息； 3. 熟悉并理解汽车主要性能指标； 4. 可以解释汽车主要性能指标与汽车性能的关系。		
	小组讨论	课中以小组形式进行讨论，完成课中任务，形成小组汇报成果。		
	小组汇报	通过粘贴纸方式分享汽车性能指标，根据车辆信息介绍汽车性能。		
反思				

思考题

1. 汽车的危害有哪些？
2. 汽车正常行驶时应该满足的条件是什么？
3. 国标 GB/T 3730.1—2001 将汽车分为哪几类？
4. 三厢车、两厢车及单厢车各有何特点？
5. 车辆识别代号（VIN）有几位？其意义和作用怎样？
6. 汽车的主要特征参数有哪些？
7. 汽车的使用性能指哪几个方面？
8. 汽车的动力性的评价指标有哪几个？

项目三 追溯汽车发展史

课程任务与能力矩阵		
项目名称	任务名称	进度描述
项目三 追溯汽车发展史	任务3.1 人类运输的变迁	汽车运用与维修1+X初级/智能新能源汽车1+X初级
	任务3.2 汽车的发明史	汽车运用与维修1+X初级/智能新能源汽车1+X初级
	任务3.3 汽车各部件的发展简史	汽车运用与维修1+X初级/智能新能源汽车1+X初级

汽车同其他现代高级复杂工具，如电子计算机等一样，并非哪一个人坐在那里发明的，发明之初的汽车也并非是现在这个样子的，汽车的发展也有一个漫长的过程。总的来说，汽车的发展经历了蒸汽汽车、内燃机汽车、汽车量产化、汽车产品多样化、汽车产品低价格以及向发展中国家转移几个阶段。当今世界正经历百年未有之大变局，科技自立自强是国家强盛之基、安全之要。我们必须把科技的命脉牢牢掌握在我们自己手中，走自主创新道路。

任务3.1　人类运输的变迁

任务引入：汽车在行驶的过程中是由车轮旋转驱动的，最早的车轮是如何诞生的？中国古代车辆的伟大创造发明又有哪些呢？接下来，我们一起来学习一下人类运输变迁的发展。

学习内容：1. 中国古代车轮的雏形；

　　　　　2. 中国古代车辆的发展；

　　　　　3. 自走式车辆的发展；

能力要求：1. 学习和理解人类运输的变迁和发展的能力；

　　　　　2. 总结中国汽车发展雏形的伟大创造和发明；

　　　　　3. 具备信息搜集和处理的能力。

任务描述：1. 获取人类运输发展相关资料

　　　　　2. 自主学习汽车发展相关知识

3. 小组讨论中国汽车的发展史
4. 探索自走式车辆的发展

相关知识：

一、中国的古代车辆

提到汽车的发展，追溯其渊源，可以从原始社会讲起。在那时，人们的生产劳动都是靠肩扛手提，后来在实践中人们发明了一种简单的工具，即将圆木置于重物的下面，然后拖着走，重物即可由一个地方移到另外一个地方，这被称为早期的木轮运输。后来人们发现用直径大的木轮运输速度较快，于是木轮直径越来越大，逐渐演变为带轴的轮子，这就是最早的车轮雏形，图 3-1 为车轮的演变过程。

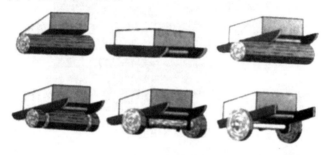

图 3-1 车轮的演变过程

人类历史上的第一部车是中华民族的祖先发明的。据史料记载，在公元前 2000 多年的夏初大禹时代，有一个叫奚仲的人，他发明的车由两个车轮架起车轴，车轴固定在带辕的车架上，车架附有车厢，用来盛放货物。这就是世界上的第一辆车。最初的车辆，都是由人力来推动的，称为人力车。

后来人们开始用牛、马拉车，称为畜力车。据传说，畜力车是商汤的先祖相土和王亥共同发明的。

在历代车辆发展过程中，有重要技术价值的还要数指南车和记里鼓车。在三国时期，有一位叫马钧的技术高明的大技师发明了指南车（图 3-2）。指南车是一种双轮独辕车，车上立一个木人，伸臂指南。只要一开始行车，不论向东或向西转弯，木人的手臂始终指向南方。

图 3-2 指南车

记里鼓车（图3-3）是早在公元3世纪时，中国最先发明的用来记录里程的仪器，可惜最初结构已失传。到900多年前的宋代，有位进士名叫燕肃，是一位机械工匠，宋仁宗天圣五年（公元1027年），燕肃启奏皇帝，详细说明了制造指南车和记里鼓车的方法，经允许，他重新制造了中国古代文明的指南车和记里鼓车。

指南车和记里鼓车都是利用齿轮传动原理来进行工作的。它们的出现，体现了1 700多年前中国车辆制造工程技术已达到的高度水平，是中国古代技术的卓越成就。

图3-3 记里鼓车

16世纪的欧洲已经进入了"文艺复兴"的前夜，欧洲的马车制造商风起云涌，马车的制造技术有了相当的提高。中世纪的欧洲，大量地发展了如图3-4所示的双轴四轮马车，这种马车安置有转向盘。车身方面，出现了活动车门和封闭式结构，并且在车身和车轴之间，实现了弹簧连接，使乘坐之人感觉极为舒适。

图3-4 双轴四轮马车

二、自走式车辆的幻想与探索

一直以来，车辆都是由人力或畜力驱动的，能不能发明一种机器来代替呢？也就是能不能发明一种自走式车辆呢？带着这个问题，人类开始了不断的探索与研究。1420年，有人制造出了一种滑轮车。人坐在车内，借用人力使绳子不停地转动滑轮。车虽然走了起来，但由于人力有限，这辆车的速度就不能充分地得以发挥，比步行还要慢。后来，大画家达·芬奇设想了一种车，利用发条机构使一个带齿的圆盘进行水平旋转，旋转的力通过带有齿轮的车轴和车轮连接起来，车就可以前进了。但他仅仅提出了设想，并没有进行实际的研究。

1649年，德国钟表匠汉斯·郝丘制造了一台如图3-5所示的发条式汽车。但是这台发条车的速度不到1.6km/h，而且每前进230m，就必须把钢制发条卷紧一次，这个工作的强度太大了，所以发条车也没有得到发展。1600年，荷兰物理学家西蒙·斯蒂芬制造出了图3-6所示的双桅风力帆车，由于受自然条件限制也没有得以发展。

图3-5　发条式汽车

图3-6　双桅风力帆车

任务实施：

任务工单

任务名称：人类运输的变迁			评价	
姓名		班级		学号
任务描述	1. 获取人类运输发展相关资料 2. 自主学习汽车发展相关知识 3. 小组讨论中国汽车的发展史 4. 探索自走式车辆的发展			
能力目标	1. 能够学习和理解人力运输的变迁和发展的能力； 2. 能够总结中国汽车发展雏形的伟大创造和发明； 3. 具备信息搜集和处理的能力。			
实施准备	汽车发展相关文件或网络资料； 汇报用白板、笔、电脑等。			
实施步骤	自主学习	1. 云平台学习老师发布的相关资料 2. 获取相关信息 3. 小组讨论人类运输的变迁		
	小组讨论	课中以小组形式进行讨论，完成课中任务，形成小组汇报成果		
	小组汇报	通过白板、笔、电脑等制作PPT进行讲述。		
反思				

任务 3.2 汽车的发明史

3-1 汽车发展史

任务引入：汽车从诞生至今经历了上百年的发展，汽车时是何诞生的？历史上具有真正意义的第一台蒸汽机又是由谁发明的？包括内燃机汽车是如何诞生的？接下来，我们一起来学习一下汽车的发明史。

学习内容：1. 蒸汽机的发明史；
      2. 蒸汽汽车的发明史；
      3. 内燃机汽车的诞生；

能力要求：1. 学习和掌握蒸汽汽车和内燃机汽车的发明史的能力；
      2. 总结蒸汽汽车和内燃机汽车的诞生过程；
      3. 具备信息搜集和处理的能力。

任务描述：1. 获取汽车发明史的相关资料
      2. 自主学习汽车发明的相关知识
      3. 小组讨论汽车的发明史

相关知识：

一、蒸汽汽车发明史

人类对自然界的认识是逐渐加深的。从最初的利用人力、畜力到后来使用水力、风力。在 1705 年，纽科门首次发明了不依靠人和动物来做功而是靠机械做功的实用化蒸汽机。这种蒸汽机用于驱动机械，便产生了划时代的第一次工业革命，于是蒸汽驱动的机械汽车也诞生了。到了 19 世纪末期已经有制作得非常精巧的汽车问世。可以说，这些技术是产生今天以内燃机为动力的现代汽车的母体。从这个意义上讲，不断发展并一直延续至今的汽车的历史是与蒸汽汽车的历史密切相连的。

1. 有真正意义的第一台蒸汽机

机械动力装置发展的最初目标并非用于车辆，而是为了给矿井抽水。随着矿井越挖越深，地下水成了矿井和矿工的大敌。为了开掘矿道和保证安全，必须尽快抽掉地下水。1712 年，英国人托马斯·纽科门发明了蒸汽机，用来驱动一台抽水机将矿井中的水抽出，这种蒸汽机被称为纽科门蒸汽机。纽科门蒸汽机将蒸汽引入气缸，然后向气缸中喷水冷却，冷却后的气缸内压力下降，气缸里的活塞在大气压力的推动下向上运动，带动抽水泵抽水。虽然活塞每分钟只能运动 10 次，但已经极大地提高了抽水的效率。

1757 年，木匠出身的技工詹姆斯·瓦特被英国格拉斯戈大学聘为实验室技师，有机会接触纽科门蒸汽机，并对纽科门蒸汽机产生了兴趣。1763 年，他在修理蒸汽机模型中发现，纽科门蒸汽机只利用了气压差，没有利用蒸汽的张力，因此热效率低，燃料消耗大，他下决心对纽科门蒸汽机进行改进。首先，他认为将气缸里的蒸汽送到另一个容器中去冷却，既可以获得能做功的真空，又使气缸中的温度下降不多，可大大提高热效率。其次，为防止空气冷却气缸，必须使用空气的张力作为动力。1769 年，瓦特与博尔顿合作，发明了装有冷凝器的蒸汽机。1774 年 11 月，他俩又合作制造了真正意义的蒸汽机（图 3-7）。蒸汽机曾推动了机械工业甚至社会的发展，并为汽轮机和内燃机的发展奠定了基础。

图 3-7 瓦特和瓦特发明的蒸汽机

2. 蒸汽汽车的诞生

1769 年,法国人尼古拉斯·古诺制造了世界上第一辆蒸汽驱动的三轮汽车(图 3-8)。这辆汽车被命名为"卡布奥雷",车长 7.32m,车高 2.2m,车架上放置着一个像梨一样的大锅炉,前轮直径 1.28m,后轮直径 1.50m,前进时靠前轮控制方向,每前进 12~15min 需停车加热 15min,运行速度 3.5~3.9km/h。后来在试车途中撞到石头墙上损坏了。尽管尼古拉斯·古诺的这项发明失败了,但却是古代交通运输(以人、畜或帆为动力)与近代交通运输(动力机械驱动)的分水岭,具有划时代的意义。

图 3-8 法国人尼古拉斯·古诺制造了世界上第一辆蒸汽驱动的三轮汽车

1786 年,美国人约翰·菲奇发明了蒸汽动力船。

1804 年,脱威迪克设计并制造了一辆蒸汽汽车,这辆汽车还拉着 10t 重的货物在铁路上行驶了 15.7km。

1808 年,英国人理查德·特拉维西克发明了铁路蒸汽机车。

1825 年,英国人格尔斯瓦底·嘉内制造了一辆 18 座蒸汽公共汽车,车速为 19km/h,开始了世界上最早的公共汽车运营。

1831 年,美国的史沃奇·古勒将一台蒸汽汽车投入运输,相距 15km 的格斯特夏和切罗腾哈姆之间便出现了有规律的运输服务。

1834 年,世界上最早的公共汽车运输公司——苏格兰蒸汽汽车运输公司成立了。当时英国爱丁堡市内营运的蒸汽汽车前面坐着驾驶员,中部可容纳 20~30 名乘客,锅炉位于后部,配一名司炉员,蒸汽机气缸位于后轴的前方地板下,以驱动后轮前进。然而,这些车少则 3~4t,多则 10t,体积大,速度慢,常常撞坏未经铺设的路面,引起各种事故。

1865 年,英国颁布了世界上最早的机动车法规,即所谓"红旗法规"。规定汽车最高车速不得超过 6.4km/h,行车时必须有专人挥动红旗,以警示路上的行人和马车。具有讽刺意义的是，由于这条法规的实施，使得英国在制造汽车的起步上大大落后于其他工业国家。

二、内燃机汽车的出现

世界上第一辆汽车是由卡尔·本茨（1844年—1929年）于1886年1月29日发明的。其实，在本茨之前还有一些人在研制汽车发动机和汽车。法国报刊早在1863年就报道过雷诺发明的汽车，车速不到8km/h，但是它还是从巴黎到乔维里波达来回跑了18km。1884年，法国人戴波梯维尔运用内燃机作为动力源，制造了一辆装有单缸内燃机的三轮汽车和一辆装有两缸内燃机的四轮汽车。

1. 本茨的第一辆汽车

图3-9为卡尔·本茨和他发明的第一辆三轮汽车。它采用一台两冲程单缸0.9马力（662W）的汽油机，此车具备了现代汽车的一些特点，如火花点火、水冷循环、钢管车架、钢板弹簧悬架、后轮驱动、前轮转向和制动把手。但该车的性能并不十分完善，行驶速度、装载能力、爬坡性能也不十分如意，而且在行驶中经常出故障。

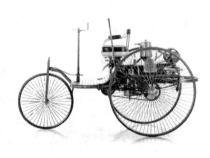

图3-9 卡尔·本茨和他发明的第一辆三轮汽车

本茨的发明最初被人们所怀疑。当时曼海姆的报纸把他的车贬为无用可笑之物。本茨的夫人为了回击一些人的讥讽，于1888年8月带领两个儿子驱车实验，他们从曼海姆出发，途经维斯洛赫添油加水，直驶普福尔茨海姆，全程144km。这次历程为本茨的发明增添了说服力。因此，本茨的夫人是历史上第一位女驾驶员，而维斯洛赫成为历史上第一个汽车加油站。

仔细观察世界上第一辆汽车的构造，会发现它的外形与当时的马车差不多，比较车速和装载质量也不比马车优越。但是，它的巨大贡献不在于其本身所达到的性能，而在于观念的变化，就是自动化的实现和内燃机的使用。本茨不仅敢于向当时占有垄断地位的马车制造商挑战，而且敢于放弃使用在技术上相当成熟的马车技术，足以证明其充分的自信和观念的转变。本茨的第一辆三轮汽车是世界上最早的汽车雏形，这辆汽车被收藏在德国的本茨汽车博物馆内。

2. 戴姆勒的第一辆四轮汽车

图3-10为哥特里布·戴姆勒和他在1885年发明的第一辆四轮汽车。

戴姆勒是马车商的儿子。他的父亲因为蒸汽汽车抢了他的生意而大为恼火。在一次马车与蒸汽汽车比赛的打赌中，他父亲大丢脸面，这给小戴姆勒留下了深刻的印象。他发誓要发明一种新机器超过蒸汽汽车。戴姆勒是个机器迷，他做过铁匠和车工，并长期从事内燃机发

图3-10 哥特里布·戴姆勒和他发明的第一辆四轮汽车

明者奥托创建的道依茨发动机公司的技术工作,对固定式煤气内燃机的研制做出了重要贡献。但是,戴姆勒对汽油机更感兴趣。然而,奥托却目光短浅,墨守成规,他看到当时煤气机销售很好,并认为内燃机运用在汽车上没有前途,所以不同意对他的内燃机进行改进。1881年,戴姆勒辞去道依茨公司的一切职务,转而同他的同事威廉·迈巴赫合作开办了当时第一家所谓的汽车工厂。1885年末,戴姆勒将马车改装,增加了转向、传动装置,安装了功率为1.1kW的内燃机,装上四个轮子,车速达到了14.4km/h。

像中国这样人口规模巨大的社会主义国家建设科技强国,不能总是指望依赖他人的科技成果来提高自己的科技水平,更不能做其他国家的技术附庸,永远跟在别人的后面亦步亦趋。我们没有别的选择,必须把科技的命脉牢牢掌握在我们自己手中,走自主创新道路。

任务实施:

任务工单

任务名称:汽车的发明史			评价	
姓名		班级	学号	
任务描述	1. 获取汽车发明史的相关资料 2. 自主学习汽车发明的相关知识 3. 小组讨论汽车的发明史			
能力目标	1. 能够学习和掌握蒸汽汽车和内燃机汽车的发明史的能力; 2. 能够总结蒸汽汽车和内燃机汽车的诞生过程; 3. 具备信息搜集和处理的能力。			
实施准备	汽车发展史相关文件或网络资料; 汇报用白板、笔、电脑等。			
实施步骤	自主学习	1. 云平台学习老师发布的相关资料 2. 获取相关信息 3. 小组讨论汽车的发展史		
	小组讨论	课中以小组形式进行讨论,完成课中任务,形成小组汇报成果		
	小组汇报	通过白板、笔、电脑等制作PPT进行讲述。		
反思				

任务 3.3　汽车各部件的发展简史

任务引入：汽车是由发动机、底盘、电气系统和车身四大部分所组成。汽车从诞生至今这四大系统又经历了怎样的发展与改进？接下来，我们一起来学习一下汽车各部件的发展简史。

学习内容：1. 汽车发动机的发展进程；
　　　　　　2. 汽车底盘的发展；
　　　　　　3. 汽车电气系统的发展；
　　　　　　4. 汽车车身造型的演变。

能力要求：1. 学习和理解汽车各部件的发展简史的能力；
　　　　　　2. 总结汽车各部件发展过程中的伟大创造和发明、历史人物及事件；
　　　　　　3. 具备信息搜集和处理的能力。

任务描述：1. 获取汽车各部件发展相关资料
　　　　　　2. 自主学习汽车各部件发展相关知识
　　　　　　3. 小组讨论汽车各部件发展过程中具有划时代变革的创造发明
　　　　　　4. 分组演讲汽车各部件发展过程中具有划时代变革的创造发明

相关知识：

在汽车的动力装置基本定型后，汽车机械工程学的研究就开始进入了各种系统、辅件的匹配完善阶段。这主要包括对发动机的改进，点火装置的研究以及润滑、冷却、供油等系统的研制，当然还有轴承、电气设备、照明系统等部分的探索和改进。

一、汽车发动机的发展进程

1864 年，居住在奥地利的德国人马尔库斯在一次研制装饰灯时，偶然发现石油炼制后的产品之一——汽油，在汽化后有很大的爆发力，从而他开始制造实验汽油发动机。

1866 年，德国工程师尼古拉斯·奥托偶然在报纸上看到一篇关于勒诺瓦赫内燃机的报道，下决心对其内燃机进行改进，并研究了罗夏的四冲程内燃机的论文，成功地试制出动力史上具有划时代意义的立式四冲程内燃机。1876 年，他又试制出第一台实用的活塞式四冲程煤气内燃机，如图 3－11 所示。这台功率为 2.9kW 的单缸卧式煤气内燃机，压缩比为

图 3－11　奥托和奥托内燃机

2.5，转速为 250r/min。这台内燃机被称为奥托内燃机而闻名于世。奥托于 1877 年 8 月 4 日获得专利。后来，人们一直将四冲程循环称为奥托循环。奥托以内燃机奠基人载入史册，其发明的内燃机为汽车的发明奠定了基础。

1875 年，波士顿的乔治·布雷顿研制了一种预压式发动机，它以轻质油作燃料，被认为是第一台实用、安全的液体燃料发动机。

1881 年，英国人克拉克创新研制了一台近代二冲程发动机，因其结构简单、输出功率大，当时得到了较多的应用。

1897 年，德国人鲁道夫·狄塞尔成功地试制出了第一台柴油内燃机。

纵观世界上伟大的发明创造都离不开伟大的发明家，我国正在积极部署科教兴国战略，实施人才引领驱动，涌现出了一大批科技创新人才。

（一）单缸和多缸发动机的发展

最早的发动机是单缸的，由于单缸发动机功率有限，因而人们转向研制多缸发动机。多缸发动机可以提高发动机的工作平稳性和降低噪声。在带有液力耦合器的自动变速器被采用以前，为了减少振动并使发动机运转平稳，在昂贵的豪华型汽车中采用了 12 缸发动机和 16 缸发动机，以解决发动机输出的平稳性问题。

（二）点火装置的发展

自从奥托循环发动机被发明并得以在实际中应用以来，点火方式对内燃机来说就是个关键问题。为了解决这个难点，1884 年，德国人狄塞尔利用压缩空气产生的热量，发现了喷射燃油压缩着火的原理，并在 1897 年研制成功最终发展到今天的柴油发动机。

对于奥托循环发动机，最早的点火方式是烧球式点火。此后出现了断电式点火装置，断电器的动作由凸轮控制。当活塞位于压缩冲程的上止点时，凸轮控制使触点分离，使两触点之间因高压而跳出一个火花，点燃工质。

火花塞点火装置的诞生，使汽车点火技术取得了质的飞跃。将火花塞和磁电机结合使用，使点火变得安全可靠。在火花塞刚发明不久，大多数点火装置都采用一个线圈向发动机的各个气缸分配输出电压，即附带有电容器的断电器点火装置。20 世纪 70 年代初期，又出现了无触点点火装置。它用信号发生器替代了断电器触点，经多级三极管放大，控制点火线圈的接通与断开使火花塞跳火，这种技术被广泛应用在现代汽车上。

（三）配气系统的发展

1930 年以前的发动机，大多采用侧置式气门的设计方案，随着发动机转速的提高，逐步采用顶置式气门。顶置式气门的优点是可使气门的动作加快，减少进气阻力，以便更好地进行换气，还可使燃烧室的设计更加紧凑，火花塞也可以布置在气体的中心，从而缩短火焰传播距离，减小爆燃的倾向。另外，其顶置式凸轮轴还可以省略气门挺杆和挺柱，以进一步提高发动机的工作效率。

气门的数量也从原先的双气门发展到现代汽车流行的多气门，以适应各种负荷工况下的进、排气需要。

20 世纪 50 年代初出现的下置凸轮顶置式气门用液压气门挺柱，不需预留气门间隙，并自动保持间隙为零的状态。因其取消了气门传动链之间的间隙和避免了调整不良的机械挺柱的咔嗒声，使发动机运转更安静、平稳，因此液压气门挺柱成为现代汽车可靠、耐久的发动机部件之一。

缸体上采用镶嵌式气门座。由于气门与缸体铸件上的气门孔加工面不直接接触，当气门烧损或维护不良时，只要重新压入新的气门座即可，既省时又省钱，因而镶嵌式气门座在发动机史上具有重要意义。

（四）燃油供给系统的发展

早期的汽车工程师已懂得了将空气与燃油充分混合的有利作用。可以说，化油器的发展历史就是探索、完善燃油雾化与蒸发的过程。

最早的化油器实际上是一种灯芯装置，其下端浸入到汽油中，上端顺着发动机的气流方向放置，气化了的汽油随着进气气流而被吸入。当然，被吸入的燃油量是随机变化的，不能适当地控制空气与燃油的比例。1893年，德国人发明了单量孔喷雾式化油器，很快就替代了灯芯装置。化油器一般分为上吸式、下吸式和边吸式，设计师们对此各有所好。为适应发动机的各种工作情况，汽车工程师们又逐渐发明了多种性能更好的化油器。现代车用化油器除具有浮子室和喉管外，还具有怠速系统、主供油系统、起动装置、全负荷加浓装置及加速喷油装置。

随着汽油机性能的提高，现代化油器仍不能满足要求，它已大量被电子燃油喷射装置所代替，后者能严格控制混合气的空燃比，其准确性胜过大多数最先进的化油器。

1967年，德国博世公司开发出K型机械式燃油喷射系统。同年，博世公司推出D型模拟式电子燃油喷射系统。1973年，博世公司又推出L型电子燃油喷射系统，由于采用了测量空气流量的方法控制喷油量，提高了控制精度。1979年，博世公司推出了集点火与喷油于一体的M型数字式发动机综合电子控制系统。在这期间，美国通用公司的DEFI、福特公司的EEC、丰田公司的TCCS纷纷出场，这些都是综合控制的电子系统。1995年，美国在轿车上全部采用电子燃油喷射系统，欧洲的轿车采用电子燃油喷射系统的占90%以上。目前，汽车工业发达的国家在汽油车上均采用电子燃油喷射系统，以满足日益严格的排放要求。

（五）润滑系统

早期的汽车发动机润滑大多采用"全失"润滑系统。机油送到发动机的工作部件，进行润滑，使用后的机油就流到地上浪费掉。现代汽车广泛采用压力飞溅润滑系统，在采用了压力润滑后，大大提高了发动机的使用寿命。随着钻孔和机加工工艺的改进和革新，曲轴、连杆等轴承的润滑油路可以通过孔道输送，这样，机油就可以输送到主轴承、连杆轴承以及活塞销孔等各处，进行有效而可靠的润滑。而在压力润滑推广应用之前，发动机是依靠曲轴旋转来进行飞溅润滑的。直到目前，在压力润滑系中，活塞与气缸壁之间仍靠飞溅润滑。

（六）冷却系统

早期内燃机的冷却系统是简单的环绕气缸的大水套，在水套中注入一定量的水，发动机开始工作后水量随着沸腾而减少、散失，带走热量。1908—1909年，一种与现代散热器极其相似的管芯式散热器诞生并迅速发展，使冷却效率得到很大的改善。在早期的汽车上，冷却水从气缸体到散热器的循环完全借助于温差对流的方法来实现，即根据热水上升、冷水下降的原理来达到温度的交换。后来采用的水泵强制冷却水循环大大改善了冷却系统的工作效能。它可以有效地避免冷却水因蒸发而造成的损失，同时还可以起到提高冷却水沸点的作用，也就可以使汽车长时间爬坡时避免发生"开锅"现象，大大降低了对发动机零部件的损害，提高了行驶的安全性和平稳性。

（七）发动机的增压技术

发动机增压是指将进入气缸的工质在缸外进行预压缩，以提高进气压力来增加缸内工质密度的技术。

增压发动机汽车出现于1908年，曾一度被冷落，在近20年后才被人们想起，继而开发出高性能的增压发动机。20世纪50年代，增压发动机普遍用在赛车上。汽车发动机的增压方式主要有机械增压、废气涡轮增压以及气波增压。现代汽车发动机中采用较多的是柴油机废气涡轮增压方式，它不仅能达到增压效果，而且能解决汽车污染物的排放及噪声问题。目前，汽油机增压方式在一些高级轿车上得到较多运用。

（八）汽车发动机的改进

随着现代汽车的发展，当今汽油发动机出现了两个突出的问题：一个是汽车排放污染；另一个是能源问题。从一些主要汽车生产国的研究方向来看，车用汽油发动机在节能与净化方面主要有以下几个发展趋势。

①开发多气门、高压缩比、增压高动力性发动机。

②采用电子控制燃油喷射的发动机。

③发动机的附属设备上广泛采用电子技术。

④减小发动机各部件的磨损，降低油耗，减小噪声，使发动机小型轻量化。

⑤研制稀薄燃烧的发动机。

⑥发动机的无须解体诊断。

由此可见，汽油发动机的发展趋势是朝着低燃油耗、低公害、质量小、结构紧凑、高性能的方向发展，因此也就产生了很多汽车新技术，如可变气门正时（Variable Value Timing, VVT）、可变压缩比、电子节气门、车载自诊断系统（On-Board Diagnostics, OBD）等汽车新技术。

近年来，随着汽车技术的进步，早期柴油机的转速提高难、振动噪声大等问题得到了很大的改善，又因为柴油相对便宜、热效率高，20世纪80年代已开始将柴油机安装在各种轿车和轻型车上。同时，由于柴油电子燃油喷射系统的产生，使得柴油机的燃油喷射供给更加精确、热效率更高、工作更加平稳，因此柴油机汽车有进一步取代汽油机汽车的趋势。

二、汽车底盘的发展

（一）变速器和离合器

由于内燃机的特性曲线不适合汽车的使用要求，必须在内燃机汽车传动系统装置中安装改变转矩的变速器。同时，为了满足内燃机的无负荷起动等要求，还必须使用离合器。

变速器和离合器的种类很多，摩擦传动是变速器最简单的一种传动形式。摩擦传动变速器是由一个发动机驱动的大摩擦盘和一个可在大盘上移动的摩擦轮组合而成的。离合器的作用是靠抬起摩擦轮，使其离开转动盘来实现的。1891年，法国人制成了摩擦片式离合器。摩擦传动的结构简单，它所能传动的功率相对较小，所以没有得到广泛的推广和应用。

后来出现的行星齿轮传动变速器，使用也不太广泛。行星齿轮变速器的换挡通过脚踏板来控制行星齿轮组进行操纵，有两个前进挡及一个倒车挡。福特T型车将行星齿轮变速器和离合器的功能合理地结合起来，使之成为一个操纵简便、耐用可靠的传动系统。

1889年，法国标致股份有限公司成功研制了齿轮变速器和差速器。早期有些变速器的齿轮换挡时，不可以从空挡直接换到第二挡或第三挡，不久，这种变速器就被可以选择换挡的变速装置所替代。后来，H 型滑板很快地发展起来，并得到合理的使用。从此，大多数汽车都使用了这种标准的变速器换挡装置，使换挡更便捷。

20 世纪 20 年代，一些豪华型轿车上采用了同步啮合变速器，避免换挡时齿轮发出撞击声，改变了以往驾驶员为了平稳地啮合齿轮并减少撞击，而不得不使用两脚离合器换挡法，从而提高了换挡性能和安全性。

由于液力变矩器无须齿轮就能使扭矩成倍增长，因此作为早期的自动变速器运用在汽车上。现代汽车的自动变速器装置除了有液力变矩器之外，还增加了齿轮机构，使之成为一种高效、合理而可靠的轿车部件。近年出现的无级变速传动（Continuously Variable Transmission, CVT）性能更为先进，与普通自动变速器的最大区别是省去了复杂而又笨重的齿轮组合变速传动，变速机构的核心组件是两组带轮，通过改变驱动轮与从动轮金属带的接触半径进行变速。液力变矩器的自动变速器传动效率只有 87% 左右，而无级变速器的传动效率高且稳定，变速范围高达 5~6 倍，传动效率可高达 95%。因此，无级变速器在未来将有很大的发展空间。

锥形离合器是早期离合器经常采用的形式之一，操作时需要有高难度的技巧，因而也被片式离合器所取代。

（二）汽车的驱动

早期的制造商对汽车传动装置的布置，即采用前轮驱动还是采用后轮驱动这个问题，曾做了认真的研究和考虑。

汽车刚问世时，人们大都采用后置发动机、后轮驱动的方式。1898 年，法国雷诺汽车公司首先使用了万向节传动轴。1899 年，法国的汽车最早采用前轮驱动。19 世纪末，法国人发明了发动机前置、后轮驱动的"帕纳尔"系统，对以后的汽车驱动方式产生了积极影响。1901 年，戴姆勒发动机公司在"梅赛德斯"汽车上成功地使用了这项技术。在 1900 年—1925 年，后轮驱动汽车占绝对优势，而前轮驱动只应用在某些赛车上。

20 世纪 20 年代中期，法国雪铁龙汽车公司首先在欧洲实行汽车生产流水线，1934 年，雪铁龙"TA 前驱动"汽车问世，它成功地将前轮驱动、无底盘的车辆结构，通过扭杆将单轮避振和液压制动等先进技术融于一体，并进行成批生产，由此成为继福特 T 型车后汽车史上一个新的里程碑。采用前轮驱动，可以使汽车的质量分配得更合理些，因而其驱动性能远远优于后轮驱动。当然，这也导致前轮驱动汽车的转向系统比后轮驱动汽车更复杂。随着前轮驱动技术的日益发展，前轮驱动现已成为世界上新生产的各种类型的汽车中使用最为广泛的一种驱动系统，而且它的优越性也越来越突出。日本三菱汽车公司研制出可以检测前轮转角和转速以确定轮胎能接受多少功率的跟踪系统。如果所要求的功率过大，跟踪系统就会自动地反馈到发动机并降低其功率输出。利用这套跟踪系统，转向时汽车就能够自动沿着所要求的路线行驶，避免发生偏行现象。

为提高汽车的行驶性能，越野汽车常采用前后轮驱动传动系，使所有车轮都成为驱动轮。

（三）转向装置

舵柄和横杆是早期的汽车转向时使用的操纵装置。1896 年，英国的汽车首先采用了转向盘。后来，带有齿轮减速比的转向机构很快被推广使用。但是，它不像舵柄或横杆那样置于汽车的中线位置，而是必须置于汽车的左边或右边，这就引起左置转向盘和右置转向盘之争，这个问题也从未完全解决，因为它与道路的左行或右行有关。

20世纪50年代，在美国的一些大型轿车上出现了动力转向。它是通过发动机带动的液压泵来供给液压，再作用到与转向联轴装置连接的可动元件上，从而大大地降低了转向操纵力。动力转向系统现已在世界上各种不同大小的汽车上得到广泛应用。

（四）悬架机构的变化

早期汽车的悬架几乎全部都采用钢板弹簧结构。

1900年—1930年，轿车悬架一般是由非驱动前轴与其两端的转向节所组成。1902年，法国狄第安采用了流传至今的后桥半独立悬架。通用汽车公司在20世纪30年代初采用了前独立悬架，由于大大改善了乘坐舒适性，这种悬架很快在其他轿车上出现并被推广。法国雪铁龙汽车公司首先使用了空气悬架，它由4个经橡胶浸渍的空气囊来代替汽车4个角上的弹簧。通用汽车公司虽在20世纪50年代末，将空气悬架作为首选设备，在凯迪拉克等汽车上予以使用，但到20世纪80年代中期，空气悬架才真正流行起来。还有一种称作扭力杆式悬架的形式，曾经在美国少量使用过。

现代汽车中的悬架有两种：一种是从动悬架，另一种是主动悬架。从动悬架即传统式的悬架，由弹簧、减震器、导向机构等组成，其功能是减弱路面传给车身的冲击力，减弱由冲击力引起的承载系统的振动。其中弹簧主要起减缓冲击力的作用，减震器的主要作用是减缓振动。由于这种悬架是由外力驱动而起作用的，所以称为从动悬架。而主动悬架的控制环节中安装了能够产生抽动的装置，采用一种以力抑力的方式来抑制路面对车身的冲击力及车身的倾斜力。由于这种悬架能够自行产生作用力，因此称为主动悬架。

主动悬架是近十几年发展起来的，它是由电脑控制的一种新型悬架，它具备以下三个特点。

①具有能够产生作用力的动力源。

②执行元件能够传递这种作用力并连续工作。

③具有多种传感器并将数据集中到微电脑进行运算并决定控制方式。

因此，主动悬架汇集了力学和电子学的知识，是一种比较复杂的高技术装置。

例如，装置了主动悬架的法国雪铁龙桑蒂雅，该车悬架系统的中枢是一个微电脑，悬架上有5个传感器，分别向微电脑传送车速、前轮制动压力、踏动加速踏板的速度、车身垂直方向的振幅及频率、方向盘角度及转向速度等数据。电脑不断接收这些数据并与预先设定的临界值进行比较，选择相应的悬架状态。同时，微电脑独立控制每一个车轮上的执行元件，通过控制减震器内油压的变化而产生抽动，从而能在任何时候、任何车轮上产生符合要求的悬架运动。因此，桑蒂雅轿车备有多种模式以供选择，驾车者只要扳动位于副仪表板上的"正常"或"运动"按钮，轿车就会自动设置最佳的悬架状态，以求最好的舒适性能。

另外，主动悬架具有控制车身运动的功能。当汽车制动或拐弯时的惯性引起弹簧变形时，主动悬架会产生一个与惯性力相对抗的力来减少车身位置的变化。例如，德国奔驰2000款GL型跑车，当车辆拐弯时悬架传感器会立即检测出车身的倾斜和横向加速度，电脑根据传感器的信息，与预先设定的临界值进行比较计算，立即确定在什么位置上将多大的负荷加到悬架上，使车身的倾斜减到最小。

悬架主要影响汽车的垂直振动。传统的汽车悬架是不可调整的，在行车中车身高度的变化取决于弹簧的变形。因此就自然存在了一种现象，当汽车空载和满载的时候，车身离地间隙是不一样的。尤其是一些轿车采用比较柔软的螺旋弹簧，满载后弹簧的变形行程会比较大，导致汽车空载和满载的时候离地间隙相差几十毫米，使汽车的通过性受到影响。

汽车的不同行驶状态对悬架有不同的要求。通常在良好的路面上行驶时需要柔软一点的悬架以求舒适感，当急转弯及制动时又需要硬一点的悬架以求稳定性，两者之间是有矛盾的。另外，汽车行驶的不同环境对车身高度的要求也是不一样的。一成不变的悬架无法满足这种矛盾的需求，只有采取折中的方式去解决。在电子技术发展的带动下，工程师设计出了一种可以在一定范围内调整悬架刚度的电子控制悬架来满足这种需求，这种悬架称为电控悬架，目前比较常见的是电控空气悬架。

以前，空气悬架多用于大客车上，停车时悬架下降，汽车离地间隙减小，便于乘客上下车；开车时悬架上升，便于通行。这种空气悬架系统由空气压缩机、阀门、弹簧、气室（气囊）、减震器组成。车辆高度直接靠阀门控制气室的空气流进流出来调整。现在轿车用的电控悬架引入了空气悬架原理和电子控制技术，并将两者结合在一起。典型的电控悬架由电子控制元件（Electronic Control Unit，ECU）、空气压缩机、车高传感器、转向角度传感器、速度传感器、制动传感器、空气弹簧元件等组成。空气弹簧元件由电控减震器、阀门、双气室组成。电控减震器顶部有一个小型电动机，可通过转动一个调整孔大小的控制杆将阻尼分成多级，从而实现控制阻尼的目的。阀门也充当了调节气流的作用，通常双气室是相通的，合起来的总容积起着空气弹簧的作用，比较柔软；当关闭双气室之间的阀门时，则以一个气室的容量来承担空气弹簧的作用，就会变硬，因此阀门起到控制弹簧变软变硬的作用。同时，该系统的电控减震器还能调节汽车高度，可以使车身高度（缩小离地间隙）随车速的增加而降低，减少风阻以节省能源；在车速比较慢时，车身高度又可恢复正常。

1991年，日产公司使用了全自动悬架系统，它是向真正的智能汽车迈进的重要步骤。日产公司的这个系统有其自己的动力来源，并可以预先测知悬架系统的动作（对道路凹凸不平的反应），而不只是对它们做出反应。传感器可测得车轮在碰到一个凸块时的垂直速度，这个系统立刻产生一个大小相同、方向相反的力作用在车身上，这样就缓冲了车身的剧烈振动，从而使汽车即使在最崎岖不平的路面上也能保持平稳行驶，各种冲撞和颠簸动作很少能够传到座舱里。悬架系统的计算机系统还能控制汽车的俯仰和横摆，使乘客有一种其他任何系统都难以获得的平衡舒适的感觉。

（五）制动器

一辆汽车不仅要能行驶，也必须能停止。随时让汽车减速或制动的控制装置称为制动器。

在早期的链传动汽车中，采用将制动器固装在车架上的布置，对链传动轮轴产生制动作用，如果链条受力不均而断裂，就会产生重大事故。福特T型汽车使用单片制动带，已有所改进，但万向节过度使用而失效时，仍会导致重大事故。

大约到1910年，大部分车的链传动已经被传动轴传动所替代，且当时的制动鼓已经移到汽车的后轮上，一般由内胀式制动蹄和外抱式制动带来制动。大多数制动系统都以脚踏板来操纵制动蹄，而以手制动器来控制制动带。这种手制动器不只是在停车时使用，而且也作为第二行车制动器来使用。但这一套制动系统存在雨天制动效能大为降低的致命缺点。

20世纪初，美国研制并发展了四轮液压式制动方式。因为这种系统中每个轮子上的液压是相同的，所以制动操纵更省力，也更平稳。

20世纪60年代开发出的双管路液压制动方式，使汽车的4个轮子通过两套完全独立的液压系统进行全面控制，即每个系统各控制两个轮子。这样，当其中一套制动系统出现故障时，另一套独立的系统仍然能使汽车安全停止，因而制动系统更安全可靠。

1896年，英国的汽车首先采用了石棉制动片。到20世纪60年代，英国的美洲虎汽车首先使用了盘式制动器，它提高了制动系统抗摩擦力衰退的能力。因为前轮驱动的汽车，其质量偏向前方，所以前轮为盘式制动器而后轮为鼓式制动器的设计方法得到了推广。这种系统至今仍为大多数汽车所采用，并且其技术和性能日益提高。

（六）车轮和轮胎

最早的汽车车轮采用木质轮辐，与当时可移式炮车使用的车轮很相似。1910年以前，汽车车轮通常都采用嵌入式轮辋。1910年以后，出现了可拆卸的轮辋，使轮胎安装工作变得较为容易且快捷。

20世纪20年代，木质轮辐的车轮先后被钢质车轮、钢丝车轮和圆盘式车轮所代替。当车轮在行驶过程中发生急转弯时，木质的车轮很容易损坏，而采用了金属车轮后，就不再发生这种情况了。

1886年本茨和戴姆勒发明的汽车是实心橡胶轮胎；直到1888年英国一位兽医邓禄普发明了自行车用充气轮胎（图3-12），这种充气轮胎才开始应用到汽车上。图3-13所示为充气轮胎的发明者邓禄普。

1888年英国兽医约翰·伯德·邓禄普，看到自己儿子的自行车实心橡胶轮在石头路上颠簸很厉害，于是用一根通过活门充气的管子，外面涂上橡胶作保护层，做了一个气胎。这种气胎缠在车轮上，要修补内管的刺孔，必须首先用苯把涂的橡胶剥下来，修好后再涂上橡胶。这种新轮胎一开始受到人们的嘲笑，但他的儿子骑此车参加比赛获得了第一名，于是此项发明受到人们的重视。邓禄普为他的发明申请了专利，并放弃了兽医职业，建立了世界上第一家轮胎制造厂，开始生产橡胶轮胎。从1894年起，早期大批量生产的"希尔德布兰德"和"沃尔米勒"牌摩托车正式使用了邓禄普轮胎。

图3-12 世界上第一只充气轮胎　　图3-13 充气轮胎的发明者——邓禄普

早期在行车中若遇到爆胎，驾驶员从车轮上拆下或装上内胎非常困难，很多时候需要专门的修理工才能完成。1904年，克莱斯勒采用了可拆式轮圈，以便于驾驶员在行车途中快速换胎。

以前，平滑的轮胎在潮湿的路面经常打滑，驾驶员在行车中得携带绳子，用来缠绕在轮胎上以增强牵引力。直到1908年，固特异公司发明了能在轮胎上刻出花纹的机器，制造出防滑轮胎，这一问题才得到解决。1908年，米其林公司研制出了双式车轮，有效地解决了重型汽车的轮胎负荷问题；1937年，米其林公司又研制出了子午线轮胎，这种命名为"蝇笼"的轮胎胎面，由多层帘布层加强，并用分层钢丝帘线层箍紧。这些帘线层均与轮胎钢丝垂直排列，极大地改善了轮胎行驶方向的稳定性。1948年，美国古德奇公司制成了汽车无内胎轮胎。1981年，英国邓禄普公司又发明了一种新型轮胎，在穿孔的情况下汽车仍可继续行驶，而轮胎不会从轮辋上脱出，胎冠内表面涂有聚凝胶，既是密封剂，又是润滑剂。

目前，为提高轮胎使用寿命，降低油耗，适应汽车行驶速度高、安全性和舒适性的要求，如今汽车轮胎发展趋势是子午线、无内胎化和扁平化。

三、汽车电气系统的发展

早期的汽车上根本就没有电气装置。大约在1900年，随着磁电机的发展并应用到汽车技术上，才出现了电点火装置，继而又出现了感应线圈点火装置。1912年，汽车工程师研制出了戴尔科系统，即照明装置和起动机。1930年，一种能够根据蓄电池充电状况来控制发电机输出的直流发电机调节器研制成功，从而有效地保护了蓄电池。20世纪60年代初期，汽车交流发电机出现后，人们又研制出不论汽车在何种行驶状态下都能对蓄电池保持适当充电量的装置。

20世纪50年代中期，由于将汽车电气系统的电压改为12 V，汽车上的电气装置安全性和可靠性得到了有效提高。随着电子信息业的飞速发展，现代汽车的电气系统发展得也越来越快，而且越来越完善，从最初的汽车照明系统的电路到收录机，一直发展到如今包括车载冰箱、车用电话、车载电视等诸多电器在内的电气系统。汽车已经发展成当今智能化电子技术的结合体。它主要表现为乘坐汽车的舒适性、便利性，以及汽车的豪华性和安全性。这不仅是汽车技术发展迅速的表现，也是高科技造福人类社会生活的集中体现。

（一）汽车灯具

最早的汽车上没有灯具，汽车只能在白天行驶。大约到1905年，乙炔前大灯开始被用作汽车照明装置，才使汽车在夜间行驶变得可能和安全。

1912年，凯迪拉克的凯特林汽车首先使用了汽车电灯。20世纪30年代末，在美国政府要求汽车完全使用标准化的封闭式大灯以前，各汽车制造厂都是自行设计自己的照明系统，因而就出现了汽车大灯设计五花八门的现象。但封闭式前照大灯易破碎，光束不集中，散射的光束使迎面而来的驾驶员炫目，雨天或是大雾天，光束又会被反射回来，产生令人不快的眩光。现在大多数汽车已经开始使用结构更紧凑、外形更符合空气动力学特征的聚光灯式前照灯，它能提供更远、更广阔的视野，亮区和暗区的分界也更加清晰，并且近光照明得到了改善，不再对会车时产生不良影响。另外，低空气阻力的外形设计所显示的日益增加的重要性和优越性，保证了这种前照灯迅速得到推广。

轿车大灯（前照明灯）有两种功能：一种是照明，另一种是装饰。但是在近十几年中，大灯的外形不断得到改进，与车身嵌装组合为一个整体，越来越显露出它的装饰作用。大灯的内在结构正在发生一次重大的技术革命，灯具将具有智能性而变成"聪明"的灯。

传统的大灯有两组灯丝，分别射出远和近的光束。远光束亮些，照得远些，主要用于高速行驶；近光束暗些，照得近些，主要用于会车。随着轿车行驶速度的不断提升，传统大灯的照明已经日益显示出它的弊端，在转弯、会车、雨雾天气及在高速公路上行驶，两光束的大灯会使驾车者不易看清路面，视野狭窄，也容易造成对方驾车者眩目。在20世纪90年代，欧洲开发了 AFS 灯光系统的前大灯，日本开发了 ILS 智能灯光系统。在 AFS 灯光系统中，每只大灯组件内有 8 个反射器，在转弯、高速行驶及雨雾天气等不同情况下受控生成能适应各种驾驶环境的灯光模式。但由于其体积较大，存在装配上的局限性，且灯泡更换不方便，因此推广困难。而 ILS 智能灯光系统能使汽车大灯随行驶状况的变化而变化，可以变化出 10~15 种不同光束。例如在高速公路上，汽车大灯会照亮前方不宽的区域，灯光要远一点。当汽车行驶在弯道上，在车辆的转弯时外侧要亮度大些，使驾驶员能看清楚弯道情况；而内侧要暗些，不会使对面会车的驾驶员炫目。同时有一些产品的大灯组件内装了三组灯泡，其中一组是活动的，其他两组是固定的。活动的部分由电脑操纵，随行车状态灵活变化。例如，当转向盘转向时，会有传感器立即探明车辆要转弯，电脑接到信息后立即发出指令指挥大灯的活动组灯，随转向盘的角度变化来更改灯光的折射角度。

（二）仪表系统的进展

最早的汽车仪表是由一排外视器组成的，随后出现的仪表就是精确计时仪。在 1900—1905 年，大多数汽车上的计时仪仅仅是卷簧时钟；后来速度表、润滑油压表、充电电流表、发动机冷却液温度表以及燃油液位表等仪表集中式的仪表板很快发展起来，并配备了仪表板夜间照明系统。20 世纪 80 年代，随着电子技术的发展，电子数字式显示仪表板代替了原来的机械仪表，彩色显示甚至阴极射线示波管显示也在汽车仪表上得到应用。

目前，汽车仪表板总的发展趋势正在向简洁明了的模拟式仪表和模仿模拟式仪表的数字式仪表板方向发展。

（三）汽车电动座椅

现代轿车的驾驶者座椅和前部乘员座椅多是电动可调的，又称电动座椅。座椅是与人接触最密切的部件，人们对轿车平顺性的评价多是通过座椅的感受做出的。因此，电动座椅是直接影响轿车质量的关键部件之一。轿车电动座椅以驾驶者的座椅为主。从服务对象出发，电动座椅必须要满足便利性和舒适性两大要求。也就是说，驾驶者通过按键操作，既可以将座椅调整到最佳的位置，使驾驶者获得最佳视野，得到易于操纵方向盘、踏板、变速杆等操纵件的便利，也可以获得最舒适和最习惯的乘坐角度。

现代轿车的电动座椅是由坐垫、靠背、靠枕、骨架、悬挂和调节机构等组成。其中调节机构由控制器、可逆性直流电动机和传动部件组成，是电动座椅中最复杂和最关键的部分。可逆性直流电动机必须体积小，负荷能力大；而机械传动部件在运行时要求有良好的平稳性，噪声要小。控制器的控制按钮设置在驾驶者操纵方便的地方，一般在门内侧的扶手上面。有些轿车的控制器还设有微电脑，有存储记忆功能，只要按下某一记忆按键，即可自动将电动座椅调整到存储的位置上。目前先进的调节机构可以调节座椅的水平移动和垂直移动、靠背的角度移动和靠枕的高度移动，即所谓的"六向可调式"。乘员可以根据自己的身材将座椅调到最舒适的位置。

由于座椅是衡量轿车舒适性的重要依据，因此轿车电动座椅在造型方面必须充分考虑人体尺寸、人体质量、乘坐姿势和体压分布等因素，应用人体工程学的研究成果和先进技术，设计制造出久坐舒适的座椅。例如，奔驰 E 级轿车的六向可调式电动座椅均按人体轮廓的要求设计，能为人体的腰部和臀部提供最佳的横向支持。在材料方面，由于座椅还起到装饰车厢的作用，因此座椅面料的颜色要与车厢的总色调协调一致，除了质地优良外，还要有良好的手感，使人们一坐上去就有一种舒适的感觉。

随着汽车技术的发展，汽车座椅已从一个简单的部件发展到一个比较复杂和精确程度要求比较高的部件。

（四）汽车空调

空调系统是舒适性装置，汽车内部温度是舒适性的重要指标。车内温度取决于车外温度、空气流量以及太阳辐射的大小。当车外温度超过20℃时，车内的舒适温度只能靠冷风降温来达到。传统空调是人工调控的，在空调控制面板上有一个温度调节旋钮，实际上是一个可变电阻装置，它与蒸发器内的温度感应电阻组成串联电路，当温度低时将离合器分离，空调停止工作；当温度高时将离合器合上，空调继续工作。这样的控制方式比较简单，但温控调节粗糙。自动空调则是自行调控，它能够依据车厢温度自动调节出风温度，具有平滑柔顺、温控调节精细的特点。另外，自动空调有自检装置，可以及早发现故障隐患。

有些轿车的自动空调还装有红外温度传感器，专门探测乘员面部的皮肤温度。当传感器检测到人体皮肤温度时就反馈到汽车控制电脑。这样，汽车控制电脑有多种传感器的温度数据输入，就能更精确地控制空调。这样，乘员只要操作旋钮或按键，设置所需温度及风机转速就可以了。随着集成电路成本的降低和人们对舒适性需求的增大，目前，装配自动空调的轿车越来越多。

（五）现代汽车防盗装置

20世纪80年代前，中国还没有汽车防盗的概念，多数汽车没有专门的防盗装置，防盗措施只有通过安装车门锁和拔下启动开关钥匙来实现。如果偷盗者撬开车窗拧开车门，接通点火开关，就能将汽车开走。为了防止汽车被盗，人们在汽车上安装了各种防盗装置。现有的汽车防盗装置主要分为两大类：机械式和电子式。

比较常见的机械式防盗装置有方向盘锁和变速器锁，它们靠坚固的金属结构锁住汽车的操纵部分，使汽车无法开动。例如，方向盘锁将方向盘与制动踏板连接在一块，或者直接在方向盘上加上限位铁棒使方向盘无法转动。这些机械式防盗装置结构比较简单，占用空间不隐蔽，每次使用都要用钥匙开锁，比较麻烦，而且不太安全。随着电子技术在汽车上的应用，电子式防盗装置应运而生。

比较常见的电子式防盗装置一般都使用了遥控技术。它主要具有以下功能。

①防盗功能：当防盗装置处于警戒状态时，切断汽车起动电路和油泵电路，使汽车无法起动。

②报警提示：当有人靠近或触动汽车时，发出报警声。

③遥控车门：遥控启动。

电子遥控防盗装置车内部分由控制器、探测器和门开关等组成。控制器是整个装置的核心，它由中央控制单元（Electronic Control Unit，ECU）分析输入信号，通过输出信号触发报警系统。ECU储存了识别密码，可以识别"自己人"密码，从而开启车门和启动开关。探测器由感应器或探头组成，超声波感应器起主要作用。当它处于工作状态时，能自动识别车厢内超声波场的变化，当有人破坏车窗或进入车厢时，产生压力变化使超声波场变化，经超声波感应器传输这些变化信号至ECU，ECU瞬间识别后就会触发警报。车门、发动机舱盖和行李舱盖等开关的控制部分与ECU端点相连接，任何一个被非法打开时都会立即触发警报。

电子遥控防盗装置的遥控器、电子钥匙都有相对应的密码。遥控器发射部分采用微波/

红外线系统。驾车者利用手持遥控器将密码信号发向停车位置，车锁系统接收开启信号，进车后再将电子钥匙放入点火锁内，电子钥匙将内置密码发至控制电路中的接收线圈，产生电感耦合，令电路和油路系统启动，汽车得以运行。当然，目前还没有一种汽车防盗装置是绝对打不开的，对于一些惯偷而言，汽车的防盗装置仅能起到增加盗车难度、延长盗车时间、及时报警及恐吓的作用。比较安全的做法是将汽车停放在有专人看管的停车场。随着时间的推移，汽车防盗装置越来越多，技术含量将越来越高。现在已经有利用手机作为遥控器报警的，当有人进入汽车时，防盗装置就会将信号发送至驾车者的手机上。

（六）汽车音响

自从半导体收音机在20世纪50—60年代盛行以来，小空间低电压的电子音响开始安装在汽车上，从60年代汽车收音机、70—80年代的卡式收音机、90年代的卡式录放机，以及CD/VCD转换器都逐渐被运用到汽车上。但与家用高保真音响相比，其效果仍有很大差距。随着电子技术的发展，大量的高新技术被现代音响采用，并且设置在有限的汽车空间内。采用的主要高新技术有：

①数字调谐技术。实现收音调谐自动扫描搜索、自动搜索存储。不但有自动存储寻找节目的功能，还有人工调谐、寻找、检索和预检索等功能。并能预置十几个节目，且具有高保真。

②对磁带机芯的逻辑控制技术。可使磁带放音机选曲、快进、倒带、暂停、退带更为方便迅速。

③大功率功放输出技术。大多汽车音响的功放为30~100W，以保证失真小，音质好。

④CD多片连续播放技术。一般可以实现6~10片CD连放和选碟。

⑤新型的数/模转换和数字滤波技术。采用独立的左、右声道数/模转换器，使左、右两声道的数字信号同时转换处理，消除放音的时间不一致性，使音质更佳。

⑥新颖的消噪技术。采用多值噪声消除系统，以衰减包含于原级输出信号中的量化误差，使低频带量化噪声波衰减到很低的水平。有的音响采用独特的降噪线路，有效地隔离了地线的噪声；也有的采用先进的脉宽调制式直流变换器，消除汽车电器系统的噪声杂音，使信噪比大大提高。

（七）汽车电子新技术

1. 汽车自动导航系统

汽车自动导航系统能自动显示车辆的行驶位置，可对驾驶员选择的目的地给出最佳的行驶路线，还可以方便地实现特殊车辆的跟踪、监视以及对被盗车辆的定位查找。

汽车自动导航系统采用的技术主要有GPS卫星导航技术、航位推算（Dead Reckoning）、地图匹配（Map Mapping）等。

2. 车距自动保持系统

在车辆行驶过程中，通过安装在车身前部的微波雷达传感器，实现车间距离的自动检测功能，并能帮助驾驶员判断自己的车辆与前方车辆是否处于安全行驶状态。当车距达到临界安全距离时，系统会报警提醒驾驶员，甚至自动控制油门和制动装置，与前方车辆保持设定的间距，以保证行车安全。

3. 周边车辆危险报警系统

通过车载微波雷达可随时对周围车辆的运行状态进行监视，当发现周围的车辆与自己的

车辆距离过近时，会自动发出警报，提醒驾驶员注意。

4. 汽车防碰撞系统

汽车防碰撞系统由驾驶环境识别、行车状态监测、潜在危险评估、危险情况警示、刹车制动系统等组成，以避免碰撞事故的发生或减小碰撞事故发生后的危害。

5. 汽车自动驾驶技术

在路面下每隔一定距离埋设专用磁铁或其他装置，在车辆的前后保险杠上配置磁铁传感器，接收路面专用磁铁的信息反馈；车辆行驶由电脑和传感器调控，交通信息通过车辆和路旁的电脑系统交流。实现自动驾驶后，车辆的行驶速度可达 200 km/h，车辆之间的车距也可大大缩短。

6. 驾驶员状态监测系统

驾驶员状态监测系统可对驾驶员在驾驶过程中的精神状态进行监控。通过安装在驾驶员前面的传感器，随时对驾驶员的操作、眼睛的活动进行监视，当发生异常时会报警，严重情况下会自动关闭发动机，以保证驾驶的安全性。

7. 声控技术

随着汽车功能的增加，车内不仅装有收音机、CD 机、车载电话等系统，驾驶员还可借助车内设备，通过卫星通信设备连接计算机网络，进行上网和收发邮件工作。在这种情况下，进行声音控制就成了必然的选择，驾驶员只要发出相应的命令，就可完成这些操作，从而大大提高方便性。

8. 电子自动控制悬架系统

电子自动控制悬架系统可进一步提高车辆行驶中的稳定性，通过车身上安装的多点传感器，不断将道路状况的信息传给计算机，计算机根据这些信息分析做出反应，控制车辆的抗振衰减系统。

9. 电子控制转向系统

电子控制转向系统能根据发动机转速或车速，将转向动力放大倍数，使汽车在停车或低速行驶时转动方向盘所需的力减小，车辆高速行驶时所需的力增大，从而提高车辆操纵的轻便性和行车的安全性。

10. 电控四轮驱动技术

电控四轮驱动技术（4 Wheel Drive，4WD）能够根据前后轴的转速等信息，控制并分配前后轴驱动力，使汽车具有防滑能力、良好的加速性和行驶稳定性。可防止汽车在较差的路面上行驶、爬坡时打滑或在汽车高速转弯时避免事故的发生。

11. 汽车电子稳定程序

汽车电子稳定程序（Electronic Stability Program，ESP）负责监控汽车的行驶状态，在汽车紧急躲避障碍物或转弯时出现转向不足或转向过度的情况时，自动地向一个或多个车轮施加制动力，使车辆避免偏离理想轨迹。

（八）汽车多媒体

随着新型汽车的发展，汽车的娱乐商务功能已经成为广大汽车消费群体所关注的焦点。其中包括双视导航系统、后座娱乐系统、卫星电视、数字视频广播和通用串行总线（Universal Serial Bus，USB）连接技术等。

双视导航系统是指在普通的超薄液晶显示屏上覆加了一层称作"视差障碍物"的物质，

在车辆行驶中，驾驶者看到的只是车辆行驶的导航信息，而前排乘客可以观看视频娱乐节目，这样就使得在前排乘客娱乐的同时避免驾驶员思想分散，从而达到行车安全的目的。该系统操作方式是以触摸式屏幕操作为特色，双视显示屏安装在集成导航电台上。

后座娱乐系统具有 DVD 录音重放、传统电视、游戏平台以及 MP3 录音重放功能等。通过移动电视全球调谐器能够在世界范围内帮助车辆接收到极高质量的电视图像。其移动电视全球调谐器具备接收模拟信号或数字信号的功能，并能根据在某一地所接收到的信号自动在模拟和数字信号之间转换，进行接收和解码 DVB－T 数字信号、ISDB－T 数字信号以及 PAL、SECAM 和 NTSC 模拟信号等。

通用串行总线（USB）连接技术，使汽车开始装备通用串行总线（USB）用户接口、连接线以及插孔进行更大量的数据交换，这样就可以使汽车内部变成移动办公室和娱乐中心合二为一的综合空间。乘客可以利用它从移动闪存盘等闪存装置中下载 MP3 音乐文件，也可以利用车载音频系统进行播放收听。近期正在突破的是用于音频/视频、远程信息处理和全球定位数据交换的多个接口串行连接。这样，以后的用户就可以在车内进行更多、更方便、更个性化的数据交换操作。

（九）汽车网络控制系统

随着计算机技术、通信技术、集成电路技术的飞速发展，汽车已经由传统机械型演变成机械和现代电子高科技的结合体。现代汽车电子装置价值已占总价值的 1/2 以上，高级轿车更占到 2/3。人类社会进入信息网络时代后，已不满足于将汽车作为一种简单的代步工具，而更希望能在汽车上像在办公室和家里一样工作和生活。由于汽车电子控制单元的大量引入，导致了汽车布线复杂、电子信号的利用率及运行可靠性降低、维修难度增大。因而新型的计算机网络技术被引入汽车，传统烦琐的现场连线被单一简洁的现场总线网络所代替，由此汽车也开始步入网络时代。

汽车网络技术是指各电子设备之间采用了数字式串行通信，一对总线上有多个设备。这种设计简化了布线，减少了电气节点的数量和导线的用量，使装配工作更为简化，同时也增加了信息传送的可靠性，实现了车内的电子设备在应用中的信息和资源共享。通过数据总线可以访问任何一个电子控制装置，读取故障码对其进行故障诊断，使整车维修工作变得更为简单。

汽车网络控制系统分为两类：一类是汽车运行控制管理系统，包括发动机、底盘、车身电子控制；另一类是车载电子服务系统，包括汽车信息系统、导航系统、汽车音响及电视娱乐系统、车载通信系统、上网设备等。

汽车运行控制管理系统的发展趋势：一是将发动机管理系统和自动变速器控制系统集成为动力传动系统的综合控制（PCM）；二是将制动防抱死控制系统（ABS）、牵引力控制系统（TCS）和驱动防滑控制系统（ASR）综合在一起进行制动控制，通过中央底盘控制器，将制动、悬架、转向、动力传动等控制系统通过总线进行连接，控制器通过复杂的控制运算，对各子系统进行协调，将车辆行驶性能控制在最佳水平，形成一体化底盘控制系统（UCC）。现在，汽车已装有上百个传感器和几十个微处理器，某些高级汽车上单台车使用的 CPU 个数已达到几十甚至上百个。

车载电子服务系统的发展趋势是：引入汽车信息系统、导航系统、汽车音响及电视娱乐系统、车载通信系统等，使之具有信息处理、通信、导航、语言识别、图像显示和娱乐等功能,实现人们在汽车上能够流动办公、学习培训、安全行驶和休闲娱乐的理想,并使人们在驾驶汽车时更舒适和安全。

四、汽车车身造型的演变

从19世纪末到20世纪初,汽车设计师的主要精力都用在了汽车机械工程学的发展和革新上,到20世纪前半期,汽车的基本构造已经全部设计出来后,汽车设计者们开始着手从汽车外部造型上进行改进,并相继引入了空气动力学、流体力学、人体工程学以及工业造型设计(工业美学)等概念,力求汽车能够从外形上满足各种年龄、各种阶层,甚至各种文化背景的人的不同需求,使汽车成为真正的科学与艺术相结合的最佳表现形象,最终达到完美的境地。

汽车造型师们把汽车比拟成人类的肌体。例如:汽车的眼睛——前照灯;嘴——进风口;肺——空气滤清器;血管——油路;神经——电路;心脏——发动机;胃——油箱;脚——轮胎;肌肉——机械部分。力图将一个冷冰冰的机械注入生命,使之具有非凡的艺术魅力,给人以美感。

汽车车身形式在发展过程中主要经历了马车型汽车、箱型汽车、甲壳虫型汽车、船型汽车、鱼型汽车、楔型汽车等几个阶段。

(一)马车型汽车

我国古代早有"轿车"一词,如图3-14所示,它是指用骡马拉的轿子。当西方汽车大量进入中国时,正是封闭式方型汽车在西方流行之时。那时汽车的形状与我国古代的"轿车"相似,并与"轿车"一样让人感到荣耀,于是人们就将当时的汽车称为轿车。

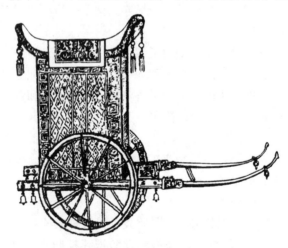

图3-14 中国古代的"轿车"

最早出现的汽车,其车身造型基本上沿用了马车的形式,因此被称为无马的"马车"。英文名Sedan就是指欧洲贵族乘用的一种豪华马车,它不仅装饰讲究,而且是封闭式的,可防风、雨和灰尘,并提高了安全性。这种马车在18世纪传到美国后,也只有纽约、费城等少数大城市的富人才有资格享用。1908年福特推出T型车,如图3-15所示,车身由原来的敞开式改为封闭式,其舒适性、安全性都有很大提高。福特将他的封闭式汽车(Closed Car)称为Sedan。著名的福特T型车是马车型汽车的佼佼者。

图 3-15 福特 T 型汽车

（二）箱型汽车

美国福特汽车公司在 1915 年生产出一种新型的福特 T 型车，如图 3-16 所示，其外形很像一只大箱子，并装有门和窗，人们称这类车为"箱型汽车"。因这类车的造型酷似欧洲贵妇们用于结伴出游和其他一些场合的"轿子"式轻便座椅，所以它在商品目录中被命名为"轿车"。

图 3-16 箱型汽车

（三）甲壳虫型汽车

1934 年，流体力学研究中心的雷依教授采用模型汽车在风洞中试验的方法测量了各种车身的空气阻力，这是具有历史意义的试验。1934 年，美国的克莱斯勒公司首先采用了流线型的车身外形设计。1937 年，德国设计天才费尔南德·保时捷开始设计如图 3-17 所示的类似甲壳虫外形的汽车。甲壳虫不但能在地上爬行，也能在空中飞行，其形体阻力很小。保时捷博士最大限度地发挥了甲壳虫外形的长处，使大众汽车成为当时流线型汽车的代表作。

图 3-17 甲壳虫型汽车

从20世纪30年代流线型汽车开始普及，到20世纪40年代末的20年间，是这类车的"黄金时代"。

（四）船型汽车

1945年，福特汽车公司重点进行新车型的开发，经过几年的努力，终于在1949年推出了具有历史意义的福特新型V8型汽车。因为这种汽车的车身造型（图3-18）颇像一只小船，所以人们称它为"船型汽车"。福特V8型汽车的成功之处不仅在于它在外形设计上有所突破，而且它还首先将人体工程学的理论引入到汽车的整体设计上，取得了令人较为满意的结果。所谓人体工程学，是一门研究人在某种工作环境中的解剖学、生理学和心理学等方面的各种因素；研究人与机器及环境的相互作用；研究在工作中、家庭生活中和休假时怎样统一考虑工作效率、人的健康、安全和舒适等问题的科学。就是说，用科学的方法解析的形体和能力，设计与之相吻合的机械与器具。船型汽车不论从外形上还是从性能上来看都优于甲壳虫型汽车，并且还较好地解决了甲壳虫型汽车对横风不稳定的问题。

图3-18　船型汽车

现在，福特公司具有行李箱的四门四窗的轿车已被全世界确认为轿车的标准形式。

（五）鱼型汽车

为了克服船型汽车的尾部过分向后伸出，在汽车高速行驶时会产生较强的空气涡流这一缺陷，人们又开发出如图3-19所示，像鱼的脊背的"鱼型汽车"。

图3-19　鱼型汽车

1952年，美国通用汽车公司别克牌轿车开创了鱼型汽车的时代。如果仅从汽车背部的形状来看，鱼型汽车和甲壳虫型汽车很相似。但仔细观察可以看出，鱼型汽车的背部和地面所成的角度比较小，尾部较长，围绕车身的气流也比较平顺，涡流阻力也相对较小。同时，鱼型汽车是由船型汽车演变而来的，所以基本上保留了船型汽车的长处，诸如车室宽大、视野开阔、车身侧面的形状使阻力较小、造型更具有动感、乘坐舒适性较好等，这些性能都远远地超过了甲壳虫型汽车。另外，鱼型汽车还增大了行李舱的容积，所以更适合于家庭外出旅行等使用。正因如此，鱼型汽车才得以迅速发展。但它也存在一些致命的弱点：一是由于鱼型车的后窗玻璃倾斜得过于厉害，致使玻璃的表面积增大了1~2倍，强度有所下降，产生了结构上的缺陷;二是当汽车高速行驶时,空气的升力较大。

鉴于鱼型汽车的缺点,设计师在鱼型汽车的尾部安装了一个上翘的"鸭尾巴",以此来克服一部分空气的升力,这便是"鱼型鸭尾式"车型。

(六)楔型汽车

"鱼型鸭尾式"车型虽然部分克服了汽车高速行驶时空气的升力,但却未从根本上解决鱼型汽车的升力问题。在经过大量的探求和试验后,设计师最终找到了一种新车型——楔型汽车(图3-20)。这种车型就是将车身整体向前下方倾斜,车身后部像刀切一样平直,这种造型能有效地克服升力。

图3-20 楔型汽车

第一辆按楔型设计的汽车是1963年的司蒂贝克·阿本提,这辆汽车在汽车外形设计专家中得到了极高的评价。1968年,通用公司的奥兹莫比尔·托罗纳多改进和发展了楔型汽车,1968年又被凯迪拉克高级轿车埃尔多所采用。

楔型造型主要在赛车上得到了广泛应用。因为赛车首先要考虑流体力学(空气动力学)等问题对汽车的影响,车身可以完全按楔型制造,而把乘坐的舒适性作为次要考虑。如20世纪80年代的意大利法拉利跑车就是典型的楔型造型。

无论是从其造型的简练、动感十足方面,还是从其对空气动力学的体现方面,楔型造型对于目前所考虑到的高速汽车来说,都比较符合现代人的主观要求,极具现代气息和强烈动感,给人一种美好的享受。日本丰田汽车有限公司的MR2型中置发动机跑车(尾部装有挠流板),可以说是楔型汽车中的代表车。

汽车造型的发展是以更好地将空气动力学设计方案与乘坐舒适性恰当地予以结合,在充分考虑到以上两个关键问题的基础上,努力开发人体工程学领域的新技术,以设计、制造出更完美、更优秀的汽车为目标的。总有一天,汽车驾驶室会形成带有优美曲线的"玻璃罩",与之交相辉映的是具有几何形态的车体,透着浑圆和流线风格。那时,汽车色彩的喷涂将在鲜艳中体现出柔和感和透明感,因而会使人感到格外赏心悦目。

任务实施:

任务工单

任务名称:汽车各部件的发展简史			评价	
姓名		班级		学号	
任务描述	1. 获取汽车各部件发展相关资料 2. 自主学习汽车各部件发展相关知识 3. 小组讨论汽车各部件发展过程中具有划时代变革的创造发明 4. 能够阐述汽车各部件发展过程中具有划时代变革的创造发明				

续表

能力目标	1. 能够学习和理解汽车各部件的发展简史的能力； 2. 能够总结汽车各部件发展过程中的伟大创造和发明、历史人物及事件； 3. 具备信息搜集和处理的能力。	
实施准备	汽车各部件的发展简史相关文件或网络资料； 汇报用白板、笔、电脑等。	
实施步骤	自主学习	1. 云平台学习老师发布的相关资料 2. 获取相关信息 3. 小组讨论汽车各部件的发展简史
	小组讨论	课中以小组形式进行讨论，完成课中任务，形成小组汇报成果
	小组汇报	通过白板、笔、电脑等制作PPT进行讲述。
反思		

思考题

1. 世界上第一辆蒸汽驱动的三轮汽车是由谁、在哪一年发明的？有何意义？
2. 卡尔·本茨和戴姆勒都是内燃机汽车的发明人，他们发明的第一辆汽车有何差异？
3. 为什么卡尔·本茨与戴姆勒被公认为以内燃机为动力的现代汽车的发明者？
4. 试述汽车发动机的发展进程。
5. 试述汽车底盘的发展进程。
6. 试述汽车车身造型的演变过程。

拓展阅读

中国芯

项目四 认识汽车基本构造

课程任务与能力矩阵		
项目名称	任务名称	进度描述
项目四 认识汽车基本构造	任务 4.1 认识汽车发动机基本结构	汽车运用与维修 1+X 初级/智能新能源汽车 1+X 初级
	任务 4.2 汽车底盘与车身	汽车运用与维修 1+X 初级/智能新能源汽车 1+X 初级
	任务 4.3 汽车电器	汽车运用与维修 1+X 中级/智能新能源汽车 1+X 中级

任务4.1　认识汽车发动机基本结构

任务引入：李女士是新手客户，爱车该保养了，对于为什么要保养？保养为什么需要更换机油？用什么样的机油合适？保养为什么需要那么多的项目？对于这些疑问，需要简单合理的进行说明，这就需要有汽车发动机的基本结构和工作原理的相关知识进行解释。

学习内容：1. 汽车发动机的分类；
　　　　　　2. 国产内燃机的名称及型号编制规则；
　　　　　　3. 四冲程发动机的工作原理；
　　　　　　4. 四冲程汽油发动机组成与结构原理。

能力要求：1. 学习和理解发动机结构和工作原理的能力；
　　　　　　2. 能够帮助客户在实际车辆和车辆相关文件上获取车辆信息；
　　　　　　3. 树立以客户为中心的理念，增强服务意识；
　　　　　　4. 具有与客户沟通交流的能力；
　　　　　　5. 具备信息搜集和处理的能力。

任务描述：1. 获取发动机相关资料
　　　　　　2. 自主学习发动机相关知识

3. 小组讨论发动机的结构和工作原理
4. 制作发动机配件识别卡片
5. 制作发动机工作原理流程图

相关知识：

一、发动机分类与编号

（一）发动机分类

发动机通常是按照循环数、气缸数、气缸的布置形式以及气门机构进行分类的。另外的描述还包括凸轮轴数、燃油和点火系统的种类。发动机排量一般是用来区别发动机的大小的。

1. 按气缸数分类

一个气缸不足以满足现代汽车的动力要求。大多数汽车和货车的发动机都是4缸、5缸、6缸、8缸、10缸或12缸。厂商要采用多少气缸是由发动机的工作量决定的。一般来讲，发动机的气缸数越多，它的动力输出就越大，并且缸数越多，一个720°的工作循环所产生的功率脉冲就越多，这样发动机的运行就越平稳。

汽车厂商都试图在动力、经济、质量和工作特性之间取得一个平衡点。一般来说，一台发动机它的气缸数越多，就比那些3缸或4缸的发动机工作得越平稳。这是因为两个做功行程间的曲轴转动较少，然而增加更多的气缸会使发动机的质量和成本增加。

2. 按气缸的布置形式分类

发动机也可以由气缸的布置形式分类。气缸的布置形式是由汽车的设计宗旨决定的。最常用的发动机设计是直列式和V型。

各缸排成一列的称为直列式发动机（图4-1）。其优点是制造和维修方便。其缺点是机体高度大。这样汽车就很难满足空气动力学。许多厂商通过在前轮驱动的汽车上安装横置发动机而克服了这一缺点。另外一种直列式设计是气缸斜列（图4-2）。将发动机稍微倾斜，厂商就能降低发动机盖的高度，这样在汽车空气动力性上就有所改善。

4-1 发动机类型_按气缸排列方式分类

V型发动机的两列气缸相互成60°~90°排列成V形（图4-3）。V型设计机体高度小，比较容易实现空气动力学。相同缸数下机体的长度比直列发动机的长度小。

对于发动机后置的汽车和前轮驱动的斯巴鲁，一种常用的设计是对置发动机（图4-4）。这种发动机设计有两列气缸水平相对排列。它的主要优点是垂直高度低。

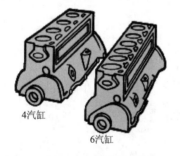

图4-1 直列式发动机结构维修方便

图4-2 倾斜的发动机降低了发动机高度

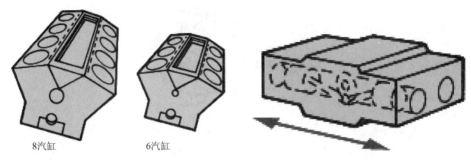

图4-3 V型发动机能够降低和缩短引擎盖轮廓　　图4-4 对置发动机设计

3. 按气门机构类型分类

发动机也可以由气门机构的类型分类。最常用的三种气门机构是：顶置气门机构（OHV）、顶置凸轮轴式气门机构（OHC）和双顶置凸轮轴气门机构（DOHC）。

（1）顶置气门机构（OHV）

进、排气门都安装在气缸盖上，同时凸轮轴和挺杆安装在发动机缸体内（图4-5）。这种类型的气门机构包括挺杆、推杆和摇臂。

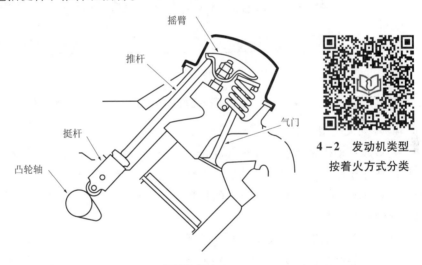

4-2 发动机类型_按着火方式分类

图4-5 顶置气门

（2）顶置凸轮轴式气门机构（OHC）

进、排气门以及凸轮轴都安装在气缸盖上。气门直接由凸轮轴及从动件控制，相对于OHV省去了许多部件。如果每个气缸盖上只有一个凸轮轴，这种发动机称为单顶置凸轮轴式气门（SOHC）发动机。即便发动机只有两个气缸盖并且每个气缸盖配有一根凸轮轴也如是称呼。

（3）双顶置凸轮轴气门机构（DOHC）

DOHC进气门和排气门各有一根凸轮轴。一台V8的DOHC发动机总共装配有四根凸轮轴（图4-6）。

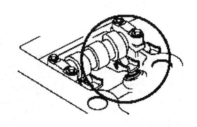

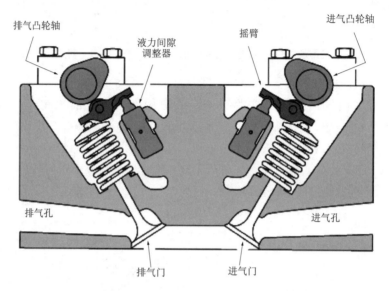

图 4-6 双顶置凸轮轴发动机的气缸盖里有两根凸轮轴

4. 按点火类型分类

大多数发动机采用汽油和空气混合气,压缩后由火花塞点燃。这种发动机被称作点燃式(SI)发动机。但柴油发动机就不用火花塞,柴油和空气的混合气是由压缩行程产生的热量点燃的。这种发动机被称作压燃式(CI)发动机。

4-3 发动机类型_
按气缸排列方式分类

点燃式发动机根据点火系统的不同可进一步细分。较早的,比较不常用的称作分电器式点火(DI)。这种形式的点火采用机械设备将电火花由点火线圈分送到正确的气缸。较新的点火系统采用多线圈将电火花分配到各气缸。这些系统被称作电子点火(EI)。其中一种电子点火称作笔式点火线圈(COP)点火系统,即每个火花塞上都有一个点火线圈来直接分配电火花到各缸(图 4-7)。另外一种电子点火称为废火花点火系统,每个线圈为两个气缸分配电火花。

5. 按燃料喷射类型分类

当前在美国出售的所有的新车都采用了一种燃油喷射装置来为发动机供油。喷油器为每次燃烧喷出适量的燃油。喷油器由 PCM 控制。大多数燃油喷射系统从很接近进气门后的地方喷入进气系统。这些系统每个气缸都有一个喷油器称为多点燃油喷射(MPFI)。很多厂商改进了这个系统使得每个气缸的喷射器都在各缸进气道喷射燃油从而获得好的空燃比,这种系统称为连续喷射系统(SFI)。因为喷油器喷油与各缸顺序相同,一些较新的发动机采用直接将燃油喷入燃烧室的喷油器,这些系统被称为汽油直喷(GDI)系统。这种喷射类型改

图4-7 最新的V6发动机的每个火花塞的顶部都有一个点火线圈

善了燃烧并减少了燃油的消耗和废气的排放。

6. 按可变气门定时分类

很多较新的发动机都采用了可变气门定时（VVT）系统用以改变不同发动机转速下凸轮轴与曲轴的关系。它可以使凸轮轴根据发动机的转速在更有利的时机打开进、排气门。厂商们经常使用缩写VVT来进一步描述发动机的设计。

（二）国产内燃机的名称及型号编制

根据（GB/T 725—2008）规定，国产内燃机产品名称由所采用的燃料命名，其型号由阿拉伯数字、汉语拼音字母或国际通用的英文缩略字母组成，分为以下四个部分：

首部：为制造厂根据需要自选相应字母表示的，经主管部门或由主管部门标准机构核准的产品系列符号或换代标志符号。

中部：由缸数符号、冲程符号、气缸排列形式符号和缸径符号组成。

后部：用字母表示结构特征和用途特征符号。

尾部：为区分符号，同系列产品因改进原因需要区分时，由制造厂选用适当符号表示。内燃机产品型号的排列顺序及符号代表的意义规定如图4-8所示。

（三）型号编制举例

1. 柴油机

（1）175F——表示单缸、四冲程、缸径75mm、风冷柴油机。

（2）R175——表示单缸、四冲程、缸径75mm、水冷、通用型（R表示175的换代标志）柴油机。

（3）12V135ZG——表示12缸、V型、四冲程、缸径135mm、水冷、增压、工程机械用发动机。

2. 汽油机

（1）462Q——表示四缸、四冲程、缸径62mm、水冷、汽车用发动机。

（2）EQ6100Q-1——表示6缸、四冲程、缸径100mm、水冷、EQ6100Q的第一种变形产品、汽车用发动机。

（3）6V100Q——表示6缸、V型、四冲程、缸径100mm、水冷、汽车用发动机。

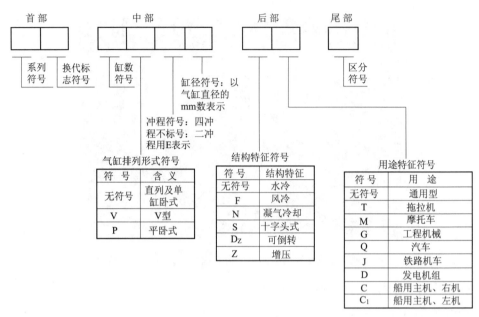

图 4-8 内燃机型号编制规则

二、四冲程发动机的工作原理

（一）发动机基本术语

1. 上止点

活塞顶距离曲轴旋转中心最远的位置称为上止点（图 4-9）。

2. 下止点

活塞顶距离曲轴旋转中心最近的位置，称为下止点（图 4-9）。

3. 活塞行程

上、下止点间的距离称为活塞行程，用 s 表示（图 4-9）。

$$s = 2R$$

式中　R——曲柄半径。

即曲轴每转一周，活塞完成两个行程。

4-4　发动机常用术语

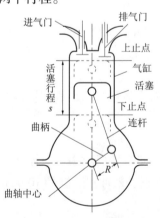

图 4-9　发动机基本术语

4. 燃烧室容积

活塞在气缸内作往复直线运动,当活塞位于上止点时,活塞顶上面的气缸空间为燃烧室容积,用 V_c 表示。

5. 气缸工作容积

活塞从一个止点移到另一个止点所扫过的容积称为气缸工作容积,用 V_h（L）表示。

$$V_h = \pi\left(\frac{D}{2}\right)^2 s \times 10^{-6}$$

式中　D——气缸直径,mm;
　　　s——活塞行程,mm。

6. 气缸总容积

活塞位于下止点时,活塞顶上部的全部气缸容积称为气缸总容积,用 V_a 表示,即:

$$V_a = V_c + V_h$$

7. 发动机排量

多缸发动机所有气缸工作容积的总和称为发动机排量,用 V_L 表示。

$$V_L = V_h i$$

式中　i——发动机的气缸数。

8. 压缩比

气缸总容积与燃烧室容积之比称为压缩比,表示活塞从下止点移到上止点时,气缸内气体被压缩的程度,用 ε 表示。

$$\varepsilon = V_a/V_c = 1 + V_h/V_c$$

通常,汽油机压缩比一般为 6~9（有的轿车可达 9~11）,柴油机压缩比一般为 16~22。

9. 工作循环

内燃机每一次能量转换所经历的一系列连续过程。

(二) 四冲程汽油机工作原理

活塞在气缸内往复四个行程（相当于曲轴旋转两周）完成一个工作循环的发动机,称为四冲程发动机。四冲程发动机每个工作循环中的四个活塞行程分别为进气行程、压缩行程、做功行程和排气行程。

1. 进气行程

进气行程将空气与燃料先在气缸外部的化油器中进行混合,形成可燃混合气,然后吸入气缸。如图 4-10（a）所示,进气行程中,进气门开启,排气门关闭,曲轴带动活塞从上止点向下止点运动,活塞上方的气缸容积增大,从而气缸内压力降到大气压以下,即在气缸内造成真空吸力。这样,可燃混合气便经进气管道和进气门被吸入气缸。在这个过程中,曲轴转过了 180°。由于进气系统有阻力,进气终了时气缸内气体压力为 0.075~0.09MPa。

流进气缸内的可燃混合气,因为与气缸壁、活塞顶等高温机件表面接触并与前一循环留下的高温残余废气混合,所以温度升高到 370~400K。

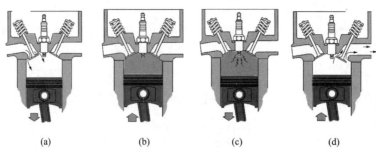

图 4 – 10 四冲程汽油机工作过程
(a) 进气行程；(b) 压缩行程；(c) 做功行程；(d) 排气行程

4 – 5 四行程汽油机工作原理

2. 压缩行程

为使吸入缸内的混合气迅速燃烧，放出更多的热量，从而使发动机发出更大的功率，必须在混合气燃烧前对其进行压缩，使其容积变小、温度升高。为此，在进气终了时便立即进入压缩行程。如图 4 – 10（b）所示，在压缩行程中，进、排门均关闭，曲轴推动活塞定时由下止点向上止点移动一个行程，压缩终了时，活塞到达上止点，混合气被压入活塞上方很小的燃烧室中。此时，混合气压力高达 0.6~1.2MPa，温度可达 600~700K。

在发动机技术状况良好的情况下发动机的压缩比大，则混合气燃烧迅速、发动机发出的功率大、经济性好。但压缩比过大由于受汽油抗爆性等因素的影响，会导致爆燃和表面点火等不正常燃烧现象的出现，从而造成发动机过热、功率下降、油耗增加等一系列不良后果。因此，在提高汽油机压缩比时，必须防止爆燃和表面点火现象的发生。

3. 做功行程

如图 4 – 10（c）所示，做功行程在压缩行程接近终了时，火花塞产生电火花点燃混合气，此时进、排气门仍关闭。由于混合气的迅速燃烧，使缸内气体的温度和压力迅速升高，最高压力可达 5~9MPa，最高温度可达 2 200~2 800K。在高温高压气体的作用力推动下，活塞向下止点运动，活塞的下移通过连杆使曲轴旋转运动，产生转矩而做功。发动机至此完成了一次将热能转变为机械能的过程。通过连杆使曲轴旋转并输出机械能，除了用于维持发动机本身继续运转外，其余即用于对外做功。做功终了时，压力降至 0.3~0.5MPa，温度则降为 1 300~1 600K，此时曲轴又转过 180°。

4. 排气行程

如图 4 – 10（d）所示，排气行程混合气燃烧后成为废气，应从气缸内排出，以便下一个工作循环得以进行。因此，当做功行程接近终了时，排气门打开，进气门仍关闭，因废气压力高于大气压而自动排出。此外，当活塞越过下止点上移时，还靠活塞的推挤作用强制排气。活塞到上止点附近时，排气行程结束。排气终了时，缸内压力为 0.105~0.115MPa，温度为 900~1 200K。

综上所述，四冲程汽油发动机经过进气、压缩、燃烧做功、排气四个行程，完成一个工作循环。这期间活塞在上下止点间往复移动了四个行程，相应地曲轴旋转两圈（720°），进、排气门各打开一次，发动机有一次做功。至此，发动机完成一个工作循环，接着又开始了下一个新工作循环。

(三) 四冲程柴油机工作原理

如图 4-11 所示，四冲程的柴油机（压燃式发动机）和汽油机一样，每个工作循环也经历进气行程、压缩行程、做功行程、排气行程四个行程。但由于柴油机用的燃料是柴油，其黏度比汽油大，不易蒸发，而其自燃温度却比汽油低，故可燃混合气的形成及点火方式都与汽油机不同。

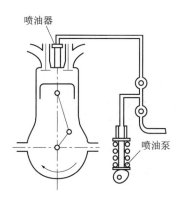

图 4-11 四冲程的柴油机示意图

4-6 四行程柴油机工作原理

1. 进气行程

进气行程不同于汽油机的是，进入气缸的不是可燃混合气而是纯空气。

2. 压缩行程

压缩行程不同于汽油机的是，压缩的是纯空气，且由于柴油机压缩比高，压缩终了的温度和压力都比汽油机高，压力可达 3~5MPa，温度可达 800~1 000K。

3. 做功行程

此做功行程与汽油机有很大不同。在柴油机压缩行程末，喷油泵将高压柴油经喷油器呈雾状喷入气缸内的高温空气中，燃油迅速汽化并与空气形成混合气，由于此时气缸内的温度（约500K）远高于柴油的自燃温度，柴油便立即自行着火燃烧，且此后一段时间内边喷油边燃烧，气缸内压力、温度急剧升高，推动活塞下行做功。

此行程中，瞬时压力可达 5~10MPa，瞬时温度可达 1 800~2 200K；做功行程终了时压力为 0.2~0.4MPa，温度为 1 200~1 500K。

4. 排气行程

排气行程与汽油机基本相同。排气终了时气缸内压力为 0.105~0.125MPa，温度为 800~1 000K。

（四）柴油机与汽油机的主要区别

①汽油机的混合气是在气缸外部的化油器中开始形成的，而柴油机的混合汽是在气缸内部形成的。柴油机在进气行程时，被吸入气缸内的是纯空气。

②汽油机在压缩终了时，靠火花塞强制点火，而柴油机则靠自燃。

③汽油机具有转速高、质量小、工作噪声小、起动容易、工作平稳、操作省力、适应性好、制造和维修费用低等特点，故在轿车和中型、小型、微型汽车上得以广泛应用。随着柴油机轻量化、高速化，其应用范围正向中、小、轻型汽车甚至轿车扩展。

④表 4-1 从燃料、构造、性能、使用上对汽油机与柴油机进行详细的比较。

表 4-1 汽油机与柴油机的比较

		汽油机	柴油机
燃料	黏度	小	大
	挥发性	好	差
	点燃温度	低（-10℃）	高（40℃~90℃）
	自燃温度	高（380℃）	低（246.85℃）
混气形成方式		缸外混合	缸内、边喷、边混、边烧
着火方式		点（他）燃	压（自）燃
压缩比		低（6~9）	高（16~22）
构造装置		FEI、点火、电控	喷油泵、喷油器、增压
性能	经济性	较差，$\varepsilon\downarrow$，膨胀不充分	较好，$\varepsilon\uparrow$，膨胀充分
	转速	高：5 000~10 000r/min	低：3 000~5 000r/min
	升功率	高	低
	结构	简单、质量小	复杂、质量大
	使用	维护保养复杂、故障多	可靠、故障少

三、四冲程汽油发动机组成与结构原理

汽油机通常由曲柄连杆机构、配气机构两机构和燃料系统、润滑系统、冷却系统、点火系统和起动系统五个系统组成。

（一）曲柄连杆机构

曲柄连杆机构是发动机实现能量转换的主要机构。它的功用是把燃气作用在活塞顶上的力转变为曲轴的扭矩，以便向工作机械输出机械能。曲柄连杆机构由气缸体与曲轴箱组、活塞连杆组、曲轴飞轮组等三部分组成。

1. 气缸体与曲轴箱组

4-7 曲柄连杆机构功用

（1）组成

如图 4-12 所示，气缸体与曲轴箱组由气缸体、曲轴箱、气缸盖、气缸套、气缸垫及油底壳等组成。

（2）功用

①气缸体的功用：气缸体是构成发动机的骨架，是发动机各机构和各系统的安装基础，其内、外安装着发动机的所有主要零件和附件，承受各种载荷。

②气缸盖的功用：气缸盖的主要功用是封闭气缸上部，并与活塞顶部和气缸壁一起形成燃烧室。

③气缸垫的功用：气缸垫装在气缸盖和气缸体之间，其功用是保证气缸盖与气缸体接触面的密封，防止漏气、漏水和漏油。

④油底壳的功用：油底壳的主要功用是储存机油并封闭曲轴箱。

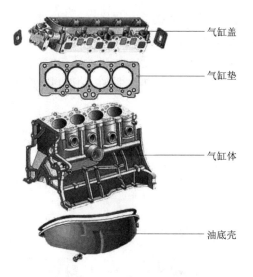

图 4-12 气缸体与曲轴箱组

2. 活塞连杆组

(1) 组成

如图 4-13 所示，活塞连杆组主要由活塞、活塞环和活塞销组成，连杆组由连杆体、连杆盖、连杆轴瓦和连杆螺栓等组成。

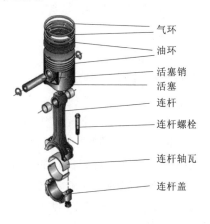

图 4-13 活塞连杆组

4-8 活塞连杆组组成

(2) 功用

①活塞的功用：一是活塞顶部与气缸盖、气缸壁共同组成燃烧室；二是承受气体压力，并将此力通过活塞销传给连杆，以推动曲轴旋转。

②气环的作用：一是活塞与气缸壁间的密封，防止气缸中的高温、高压燃气大量漏入曲轴箱；二是将活塞顶部的热量传导到气缸壁，再由冷却水或空气带走。一般发动机上每个活塞装有 2~3 道气环。

③油环的作用：油环用来刮除气缸壁上多余的机油，并在气缸壁上布上一层均匀的油膜。既可以防止机油窜入气缸燃烧，又可以减小活塞、活塞环与气缸的磨损和摩擦阻力。此外，油环也起到密封的辅助作用。通常发动机有 1~2 道油环。

④活塞销的功用和特点：活塞销连接活塞和连杆小头，将活塞承受的气体作用力传给连杆。活塞销在高温下承受很大的周期性冲击载荷，润滑条件差，因而要求活塞销有足够的刚度和强度，表面耐磨，质量尽可能小。为此，活塞销通常做成空心圆柱体。

⑤连杆的功用：连杆将活塞承受的力传给曲轴，推动曲轴转动，从而使活塞的往复运动转变为曲轴的旋转运动。

3. 曲轴飞轮组

（1）组成

曲轴飞轮组主要由曲轴、飞轮、扭转减震器、皮带轮、正时齿轮（或链条）等组成。图4-14为曲轴飞轮组的总体结构。

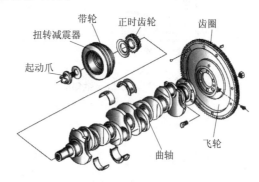

图4-14 曲轴飞轮组

4-9 曲轴飞轮组组成

（2）功用

①曲轴的功用：曲轴是发动机最重要的机件之一。它与连杆配合将作用在活塞上的气体压力变为旋转的动力，传给底盘的传动机构。同时，驱动配气机构和其他辅助装置（如风扇、水泵、发电机等）。

工作时，曲轴承受气体压力、惯性力及惯性力矩的作用，受力大而且受力复杂，并且承受交变负荷的冲击作用。同时，曲轴又是高速旋转件，因此，要求曲轴具有足够的刚度和强度，具有良好的承受冲击载荷的能力，耐磨损且润滑良好，还必须有很高的动平衡要求。

4-10 曲轴功用

②扭转减震器的作用：扭转减震器的功用就是吸收曲轴扭转振动的能量，削减扭转振动，避免发生强烈的共振及其引起的严重后果。一般低速发动机不易达到临界转速。但曲轴刚度小、旋转质量大、缸数多及转速高的发动机，由于自振频率低，强迫振动频率高，容易达到临界转速而发生强烈的共振。因而加装扭转减震器就很有必要。

③飞轮的功用：飞轮的主要功用是用来储存做功行程的能量，用于克服进气、压缩和排气行程的阻力和其他阻力，使曲轴能均匀地旋转。飞轮外缘压有的齿圈与起动电机的驱动齿轮啮合，供起动发动机用；汽车离合器也装在飞轮上，利用飞轮后端面作为驱动件的摩擦面，用来对外传递动力。

（二）配气机构

配气机构的功用是根据发动机每一气缸内所进行的工作循环或发火次序的要求，定时打开和关闭各气缸的进、排气门，使新鲜可燃混合气（汽油机）或空气（柴油机）得以及时进入气缸，废气得以及时从气缸排出，使换气过程最佳，以保证发动机在各种工况下工作时发挥最好的性能。一般的四冲程内燃机采用的气门式配气机构是由气门组、传动组和驱动组三部分组成，具体组成部件如图 4-15 所示。

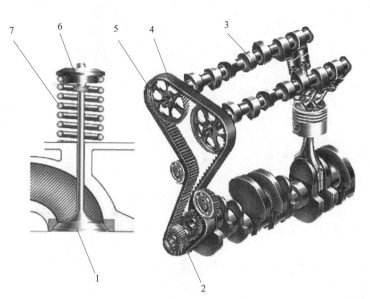

图 4-15 配气机构
1—气门；2—曲轴正时齿形带轮；3—凸轮轴；4—正时皮带；
5—凸轮轴正时齿形带轮；6—气门座圈；7—气门弹簧

4-11 配气机构组成

配气机构可以从以下方面来进行分类：
①按气门的布置形式，主要有气门顶置式和气门侧置式；
②按凸轮轴的布置位置，可分为凸轮轴下置式、凸轮轴中置式和凸轮轴上置式；
③按曲轴和凸轮轴的传动方式，可分为齿轮传动式、链条传动式和齿带传动式；
④按每缸气门数目，有二气门式、三气门式、四气门式和五气门式。

1. 气门组

（1）组成

如图 4-16 所示，气门组包括气门、气门座、气门导管、气门弹簧、气门弹簧座及锁紧装置等零件。

（2）功用

①气门的功用：气门是燃烧室的组成部分，是气体进、出燃烧室通道的开关，承受冲击力、高温冲击、高速气流冲击。

②气门座的功用：气门座靠其内锥面与气门锥面的紧密贴合密封气缸。

③气门导管的功用：气门导管是气门在其中作直线运动的导套，以保证气门与气门座正确贴合。此外，气门导管还在气门杆与气缸盖之间起导热作用。

4-12 气门组组成

④气门弹簧的功用：气门弹簧保证气门的回位。

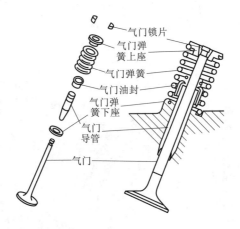

图 4-16 气门组结构图

2. 配气结构传动组

（1）组成

配气机构传动组包括挺柱、推杆、摇臂、摇臂轴、凸轮轴、气门间隙调整螺钉等零件。

（2）功用

①挺柱的功用：挺柱将凸轮的推力传给推杆或气门，承受凸轮旋转时传来的切向力，并传给发动机机体。

②推杆的功用：推杆位于挺柱与摇臂之间，作用是将挺柱传来的推力传给摇臂，其上端的凹槽与摇臂上的球头相接触，下端的凸头与挺柱的凹槽相接触。

③摇臂的功用：摇臂实际上是一个双臂杠杆，其作用是将推杆传来的运动和作用力改变方向，作用到气门杆端，开闭气门。

3. 配气机构驱动组

（1）组成

配气机构驱动组包括凸轮轴、凸轮轴轴承和止推装置等。

（2）功用

驱动和控制各缸气门的开启和关闭，使其符合发动机的工作顺序、配气相位和气门开度的变化规律等要求。

（三）燃料供给系统

1. 组成及功用

燃油供给系统由汽油箱、汽油泵、汽油滤清器、喷油器、油压调节管、油轨和输油管等组成，如图 4-17 所示。汽油机供给系统的功用是储存、输送、清洁燃料，根据发动机各种不同工况，供给气缸一定浓度和数量的可燃混合气，以供燃烧，并将发动机做功后产生的废气排入到大气中。

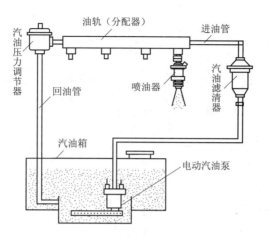

图 4-17 燃油供给系组成示意图

2. 主要元件组成及功用

（1）汽油泵

汽油泵由电动机、油泵、安全阀和单向阀组成。工作时，电动汽油泵源源不断地将汽油从汽油箱泵出，经汽油滤清器滤去杂质和水分，压力调节器调压、稳压后，以一定压力将汽油送至喷油器，再由 ECU 根据发动机载荷工况按某特定方式，将汽油喷入进气管或气缸内，与空气混合成特定浓度的混合气。

（2）汽油压力调节器

汽油压力调节器一般采用相对压力调节器。如图 4-18 所示，汽油压力调节器由膜片、弹簧、油室、真空室组成。其主要功用是维持恒定的喷油压力，以保证精确的空燃比。

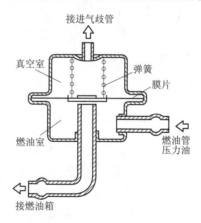

图 4-18 汽油压力调节器

（3）喷油器

如图 4-19 所示，喷油器主要由电磁线圈、铁芯、弹簧、针阀、阀体和壳体组成。其主要功用是根据 ECU 喷油信号，将适量汽油喷射入进气管（或气缸）内。当 ECU 接通电磁线圈时，电磁力打开喷孔喷油。电磁线圈断电，磁力消失，铁芯因弹力作用迅速回位，喷油立即终止。

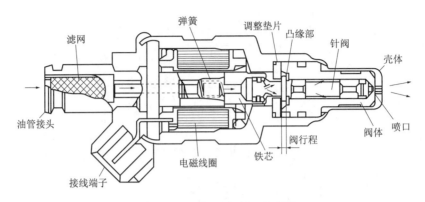

图 4-19 AFE 型发动机喷油器

(四) 冷却系统

1. 组成及功用

如图 4-20 所示,冷却系统主要由冷却液、散热器、散热器盖、补偿系统、水套、软管、水泵、节温器、冷却风扇、加热系统、变速器冷却器、温度预警系统等组成。

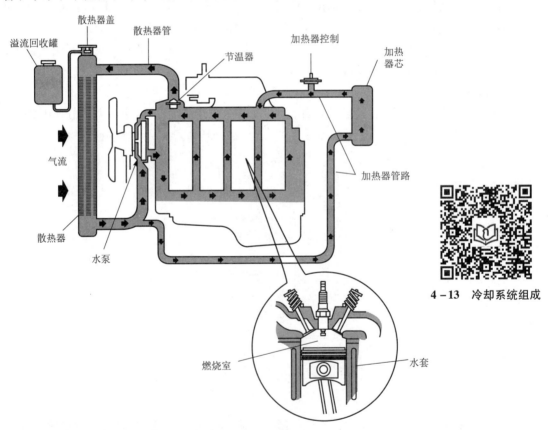

4-13 冷却系统组成

图 4-20 冷却系组成示意图

燃烧过程产生的热量会迅速升高到一点,在这一点上发动机将会受到损伤。冷却系统的功用就是把热量分散到大气中去。冷却系统能使发动机快速升温并为发动机提供一个适当的工作温度。这对于使排放最小化以及保证发动机的工作效率是很重要的。另外,冷却系统还能为乘客车厢供热。

2. 各主要部件组成及功用

（1）散热器

散热器的构造如图4-21所示，它包括一系列可以将冷却液的热量传递到空气中的散热管或散热片。冷却液在发动机内部循环流动的过程中，吸收了发动机内部的热量，然后流入散热器进水室。之后冷却液流过散热管到达出水室。在它流过散热器散热管的时候，热量通过散热片散逸到空气中。散热器芯的结构形式可以是管片式也可以是蜂窝式。制造散热器芯的材料有青铜、黄铜或铝。铝制散热器芯的散热器通常用尼龙结构的进出水室。

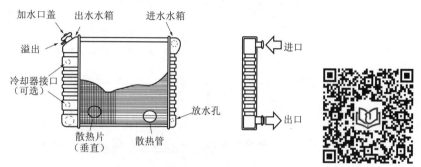

图4-21 典型的横流式散热器　　　　4-14 认识散热器

散热器盖可以密封散热器或者保持和调整散热器的系统压力（图4-22），散热器盖上的压力阀可以使散热器的压力保持在规定范围之间。如果压力超过散热器盖的预定值时，散热器盖上的密封衬垫打开，一部分冷却液将流入补偿水桶。散热器盖上还有真空阀。当发动机停机后，冷却液温度下降，系统内会出现真空。真空阀就是用来消除这些真空的。如果真空阀装在冷却系统内部，散热器可能被大气压力压坏。

图4-22 散热器盖

（2）补偿系统

如图4-23所示，补偿系统包括一个用软管和散热器相连的补偿水桶。当冷却液受热膨胀时，部分冷却液流入补偿水桶。当发动机温度下降时，散热器内会产生空隙，这时散热器盖上的真空阀会打开（图4-24）。在这种情况下，通过大气压力的作用，补偿水桶内的冷却液部分地流回散热器。

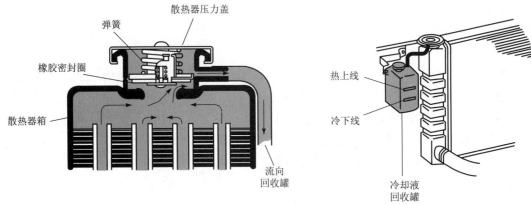

图4-23 典型的补偿系统保存着散热器放出的冷却液

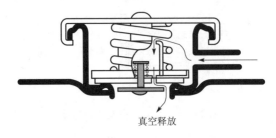

图4-24 当散热器真空阀开启时,补偿系统内储藏的冷却液进入散热器

(3) 加热器

如图4-25所示,加热器像一个小型的散热器,通常安装在车厢里一个壳体里边。一些热的冷却液通过软管流入加热器。加热器然后把热量传递给车厢内的空气,从而可以使车厢升温。为了使车厢内的温度升高将更快,采用加热风扇将散发出来的热量吹入车厢。

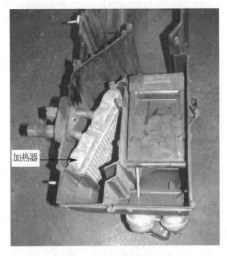

图4-25 从散热器箱体截面可以看到加热器

(4) 水泵

水泵是发动机冷却系统的核心。它对冷却液加压,使其在发动机机体内流动,并流入散热器和加热器(图4-25)。水泵是由辅助带、定时带或直接由凸轮轴驱动的。大多数的水

泵都采用离心式设计，由旋转的叶轮来带动冷却液（图4-26）。当发动机起动时，叶轮旋转，在离心力的作用下，将冷却液由工作腔内部压向出水管。一旦进入机体，冷却液将绕流气缸进入气缸盖，吸收这些部件产生的热量。如果节温器打开，冷却液就将进入散热器。在叶轮的中心处由于冷却液被甩出而压力下降，散热器中的冷却液在水泵进口与叶轮压差的作用下流入叶轮中心重复这个循环。当由于冷却液的温度太低而使节温器关闭时，冷却液将会经支路循环。冷却液在机体内将保持这样的循环，直到它的温度升高到可以打开节温器。

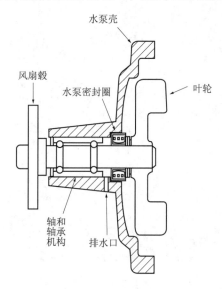

图4-26 大多数的水泵采用叶轮推动冷却液在系统内流动

（5）节温器

节温器的功用就是控制发动机的温度（图4-27）。通常节温器布置在从机体到散热器的出水管路中。当冷却液温度低于正常的工作温度时，节温器关闭，阻止冷却液进入散热器。在这种情形下，冷却液经过支路通道直接流回水泵（图4-28）。

图4-27 节温器控制着冷却液的温度

节温器在规定的华氏温度下才能打开。如果这个规定值是195℉①，那么节温器在这个温度下将开始打开。如果超过规定值20℉，节温器将完全打开。一旦节温器打开，冷却液就会进入散热器降温。节温器循环的打开和关闭是为了维持适当的发动机温度。

---

① ℉=915℃+32 ℃=摄氏温度。

节温器的工作原理是通过位于导热铜杯内的精制的石蜡和粉末金属芯块来实现的。当石蜡受热后,体积开始膨胀。这将引起推杆向外扩张,使阀门打开。

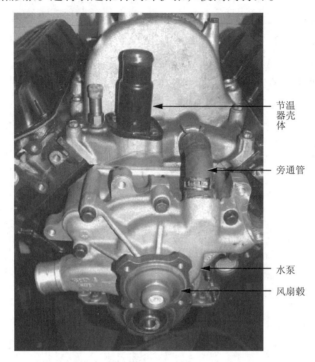

图4-28 旁通管使冷却液回到水泵

(6) 冷却风扇

为了提高散热器的散热效率,安装了冷却风扇,使空气流过散热器芯或散热管。过去在汽车速度较快时,空气经过汽车前栅流经散热器芯能够很好地移除热量。只有车速较低时,才用冷却风扇,因为此时空气流速减慢。由于现代的汽车越来越符合空气动力学,流过车栅的气流量减少,因而冷却风扇的正常工作显得越来越重要。

冷却风扇既可以由发动机机械驱动,也可以由电机驱动。现在的汽车普遍采用电动风扇,因为它们在需要时才工作,降低了发动机的负载。

(五) 润滑系统

1. 组成及功用

当发动机运行时,由于摩擦运动,部件之间会产生热量,燃烧过程也会产生热量。发动机润滑系统的主要功用就是把机油输送到如图4-29所示的各个高摩擦和高磨损的部位,并带走它们的热量;其次,运行良好的润滑系统会在运动部件表面形成油膜防止摩擦副彼此直接接触,机油分子相当于滚动在运动表面间的小轴承,这样就可以减小摩擦。润滑系统的另一个功用是吸收连杆与曲轴的冲击;发动机机油还能吸收热量并将其转移到其他区域以起到冷却作用;机油还可以增强活塞环与气缸壁之间的密封并清洗金属碎屑以及污垢。

润滑系统主要包含以下部件:油底壳或集油槽、机油滤清器、机油泵、回油孔、大功率发动机以及机油冷却器。

4-15 润滑系统功用

4-16 润滑系统组成

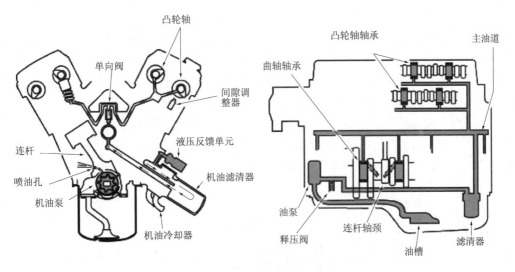

图 4-29　机油的曲线显示了润滑系统可以输送机油所到的区域

2. 各主要部件结构与功用

（1）机油泵

机油泵是润滑系统的核心部件。它能产生油压使机油在发动机内部循环流动。机油泵有两种基本类型：转子式和齿轮式。两种泵都是等排量泵。如图 4-30 所示，转子式机油泵通常都有一个四凸齿的内转子和一个五凸齿的外转子。外转子由内转子啮合转动。当凸齿转出啮合时，产生真空，机油在大气压下进入进油管。在机油被导向出油口的过程中，机油被困在凸齿间的工作腔内。当凸齿转回啮合时，机油被来自机油泵的压力压出。

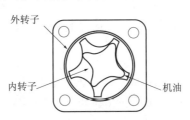

图 4-30　典型的转子式机油泵

4-17　内啮合齿轮式机油泵结构

如图 4-31 所示，齿轮泵可以采用一对相互啮合的齿轮或者两个齿轮和一个新月形的设计。两种类型的工作原理都与转子泵相同。转子式机油泵的优点是供油量大，因为它的工作腔比较大。

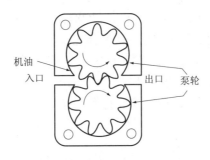

图 4-31　典型的齿轮式机油泵

4-18　外啮合齿轮式机油泵结构

（2）机油滤清器

机油在发动机内部循环的过程中会清洗内部零件产生的污垢和沉淀物。这些杂质会随同机油进入油底壳或机油箱并沉淀。当机油泵进油口从机油箱内吸取机油时，也会把这些杂质吸上来。如图 4-32 所示，进油口中有一层滤网可以滤除较大的杂质并使之返回机油箱。机油中的细小的杂质必须被滤除以防止它随同机油进入发动机。机油滤清器中含有一个由纸或纤维材料制成的滤芯可以滤除粒径在 20~30μm 之间的杂质。大多数滤清器采用全流式系统。在机油泵的压力下，机油从滤清器滤芯外围进入滤清器中心。如图 4-33 所示，一旦机油泵被堵塞，旁通阀便会打开使机油进入机体主油道。这时，机油就不能被过滤了。

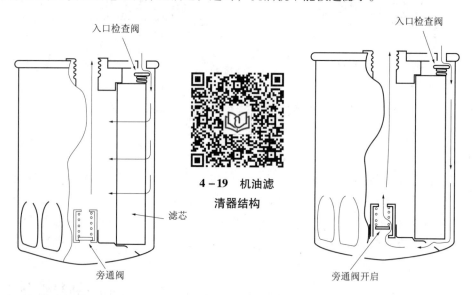

4-19 机油滤清器结构

图 4-32 机油流过机油滤清器　　图 4-33 如果机油滤清器堵塞，旁通阀开启保护发动机

（3）机油冷却器

涡轮增压的或是一些高性能发动机以及重型载货车上的发动机需要用到机油冷却器以使机油的温度维持在一个安全的水平。一般机油的温度应该在 200°F~250°F（93.3℃~121.1℃）。温度过高会使机油提前变质导致发动机提早磨损。机油冷却器看上去就像小型散热器并且经常安装在散热器附近。机油与吹过机油冷却器的空气进行热量交换。

（六）点火系统

1. 功用与组成

汽车汽油发动机点火系统经历了传统点火系统、电子点火系统、微机控制点火系统的发展过程。传统点火系统采用机械触点，容易烧蚀，点火正时不稳定，火花能量小，高速点火性能差，不能满足发动机向高转速、高压缩比、稀混合气燃烧等方面发展的要求，尤其是汽车排放的严格要求，现已基本淘汰；随着电子技术的发展，人们研制和开发了一系列高性能的电子点火系统，目前汽车上普遍采用的是无触点电子点火系统和微机控制点火系统。如图 4-34 所示，现代汽车多用微机控制点火系统，主要由电源、点火开关、点火线圈组件、传感器、电控单元 ECU、火花塞等组成。

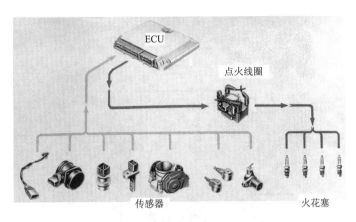

图4-34 现代汽车多用微机控制点火系

2. 各主要部件的功用

①曲轴位置传感器由 G1、G2 及 Ne 三个线圈组成，其功能是判别气缸，检测曲轴的转角，以决定点火时期的原始设定位置。

②发动机转速、进气压力（真空度）、节气门位置、水温等信号主要控制点火提前角。闭合角由点火器中的闭合角控制电路进行控制。

③ECU 的输出信号：ECU 通过曲轴位置传感器接收到 G1、G2、Ne 信号，向点火器输出 IGT、IGdA、IGdB 三个信号。

④点火器：点火器内有气缸判别、闭合角控制、恒流控制、安全信号等电路，其主要功能是接收 ECU 发出的 IGT、IGdA、IGdB 信号，并依次驱动各个点火线圈工作。另外它还向 ECU 输入安全信号（IGF）。

⑤点火线圈的功用：一般传统点火线圈的二次线圈的一端通过配电器接火花塞，一端与一次线圈相接。无分电器点火系统采用小型闭磁路的点火线圈，二次线圈的两端分别与两个气缸上的火花塞相连接。

（七）起动系统

1. 功用与组成

发动机在利用其自身的动力工作之前必须被旋转。起动系统就是利用机械部件和电力部件共同作用来起动发动机。起动系统能够将蓄电池中存储的电能转化为机械能。要完成这种转化就要使用起动机或摇转马达。

4-20 起动系统功用

起动系统如图4-35所示，包括如下部件：蓄电池、电缆电线、点火开关、启动继电器、起动机、起动机驱动器和飞轮齿圈、启动安全开关。

2. 起动系统的基本工作过程

当驱动器将点火开关转向起动位置时，蓄电池将电能供给启动继电器线圈。启动继电器线圈将电池能量传递给起动机。蓄电池电流经电磁线圈中的吸拉线圈和保位线圈，产生电磁吸力，从而吸引铁芯。铁芯牵引拨杆，使起动机小齿轮与飞轮齿圈相啮合。飞轮由螺栓固定在曲轴上。当起动机旋转时，它能使发动机的转速达到 200~250r/min。这个速度足以使四冲程发动机产生燃烧并利用其自身的动力工作，使发动机起动。

4-21 起动系统组成

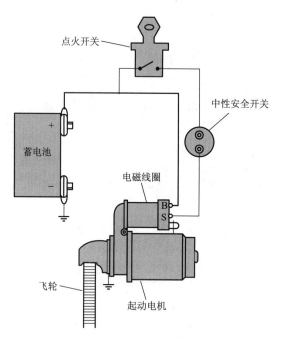

图 4-35 典型起动系统的部件

四、汽车发动机电子控制技术

汽车产业已经成为当今世界社会与经济发展的支柱产业。汽车产业的发展在很大程度上得益于汽车技术的进步。汽车诞生 100 多年来，涌现出了各种有关汽车的技术发明和专利，使汽车的面貌日新月异。现代汽车，是现代技术发展的产物，同时也是现代技术发展的动力。汽车技术的发展将更加注重节能、环保和安全。

电子技术的迅速发展和电子计算机的微型化，使汽车有可能装备各种微处理器以及各种电子元件。20 世纪 70 年代以来，汽车上出现了很多各种各样的电子产品，将一些传统的机械结构转变为性能优良、技术高精的机电一体化装置。电子技术在汽车上的应用，可以满足日益严格的法规要求，适应顾客对汽车使用的方便性、舒适性、高效性及经济性的要求。随着汽车对电子技术的依赖性越来越大，电子技术成为汽车不可缺少的一部分。

近年来，随着嵌入式系统、局域网（Controller Area Network，CAN）和数据总线（Data Bus，DB）技术的成熟，汽车电子控制系统的集成成为汽车技术发展的必然趋势。原先单一项目控制的燃油喷射控制、点火控制、排放控制、自动变速控制等，发展成为多功能的集成控制系统。例如：发动机的电子控制技术是从控制点火时刻开始的，20 世纪 90 年代初发展到汽油喷射、点火控制、排放控制等多项内容复合的发动机集中控制系统；20 世纪末又将发动机控制、驱动防滑控制系统等复合，成为动力控制系统或牵引控制系统（Traction Control System，TCS）。

控制汽车排放污染的措施，应从内燃机的结构改进着手，即进行机内净化。机内净化就是改善可燃混合气的品质和燃烧状况，抑制有害气体的产生，使排气中的有害成分减至最少。另外，实行机外净化，用设置在发动机外部的附加装置使排出的废气净化后再排入大气。

任务实施：

任务工单

任务名称：认识汽车发动机基本结构				评价	
姓名		班级		学号	
任务描述	1. 掌握汽车发动机的分类； 2. 识别发动机的类型； 3. 查阅维修手册，掌握汽车发动机结构组成； 4. 阐述汽油发动机的工作原理。				
能力目标	1. 能够阐述汽油发动机的结构组成和工作原理； 2. 能够帮助客户在实际车辆和车辆相关文件上获取车辆信息； 3. 能够就汽车发动机相关内容与客户沟通和交流。				
实施准备	1. 发动机相关文件或维修手册； 2. 教学用发动机及零部件； 3. 汇报用白板、笔、粘贴纸等。				
实施步骤	自主学习	1. 云平台学习老师发布的相关资料 2. 获取相关信息 3. 识别发动机相关部件 4. 制作发动机工作原理流程图			
	小组讨论	课中以小组形式进行讨论，完成课中任务，形成小组汇报成果			
	小组汇报	通过粘贴纸方式识别发动机配件，通过流程图方式介绍发动机工作原理			
反思					

任务4.2 认识汽车底盘与车身

任务引入： 李先生是新手客户，爱车该保养了，面对保养清单那么多的保养项目，李先生一头雾水，想了解汽车底盘与车身保养为什么需要那么多的项目？对于这些疑问，需要简单合理的进行说明，这就需要用汽车底盘与车身的基本结构和工作原理的相关知识进行解释。

学习内容： 1. 汽车底盘的组成；
     2. 汽车传动系的基本结构及工作原理；
     3. 汽车行驶系的基本结构及工作原理；
     4. 汽车转向系的基本结构及工作原理；
     5. 汽车制动系的基本结构及工作原理；
     6. 汽车车身基本组成及工作原理。

能力要求： 1. 学习和理解汽车底盘与车身结构和工作原理的能力；
     2. 能够帮助客户在实际车辆和车辆相关文件上获取车辆信息；
     3. 树立以客户为中心的理念，增强服务意识；

4. 具有与客户沟通交流的能力；

5. 具备信息搜集和处理的能力。

任务描述： 1. 获取汽车底盘与车身相关资料；

2. 自主学习汽车底盘与车身相关知识；

3. 小组讨论汽车底盘的结构、工作原理和功用；

4. 制作汽车底盘配件识别卡片；

5. 制作汽车底盘各系统工作原理图解。

相关知识：

底盘是汽车中最大的一个系统，包括传动系统、行驶系统、转向系统和制动系统四个子系统。发动机的动力经过传动系统传递到驱动轮，并使汽车前进和后退，汽车行驶轨迹和方向的稳定性由转向系统控制，汽车的减速、停车和速度控制由制动系统控制，车身与车轮的连接以及减振缓冲则由行驶系统来保证。

一、汽车传动系统的基本结构及工作原理

以目前广泛应用于普通双轴货车，并与活塞式内燃机配用的机械式传动系统为例。发动机纵向安置在汽车前部，并以后轮为驱动轮。如图 4-36 所示，发动机发出的动力依次经过离合器、变速器、万向节和传动轴组成的万向传动装置以及安装在驱动桥中的主减速器、差速器和半轴，最后传到驱动车轮。

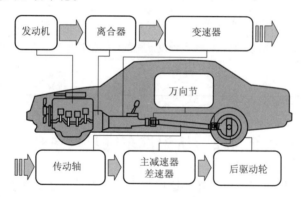

图 4-36 传动系统动力传递路线

传动系统的首要任务是与发动机协同工作，以保证汽车在各种行驶条件下正常行驶所必需的驱动力与车速，并使汽车具有良好的动力性和燃油经济性。为此，传动系统具有以下功能：用来实现汽车减速增矩、变速、倒驶、必要时中断动力传递、两侧驱动车轮具有差速作用。

（一）离合器

离合器位于发动机和变速器之间的飞轮壳内，用螺钉将离合器总成固定在飞轮后平面上，离合器的输出轴即是变速器的输入轴。在汽车从起步到行驶的整个过程中，驾驶员可根据需要踏下和松开离合器踏板，使发动机与变速器暂时分离和逐渐接合，以切断或传递发动机向变速器输入的动力，起到保证汽车平稳起步，保障换挡时工作平顺，防止传动系过载的功用。如图 4-37 所示，离合器总成的主要部分是离合器壳、

4-22 离合器基本功用

飞轮、离合器轴、摩擦片、压盘总成、分离轴承和离合器操纵机构。

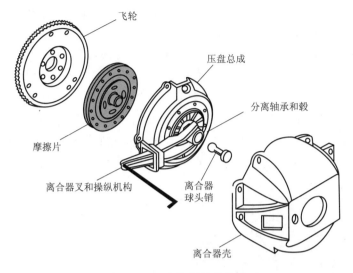

图 4-37 离合器总成构造

4-23 摩擦式离合器组成

离合器操纵机构通常有机械式或液压式两种。机械式操纵机构使用两种类型：钢索型和轴杆型。轴杆型离合器操纵机构有许多部件和支点，通过轴杆和分离杠杆将离合器踏板的运动传递到分离轴承上。在老式汽车上，支点上均设有润滑油嘴，现代的系统则采用低摩擦塑料油封和衬套。随着支点的磨损，操纵机构中过多的间隙使离合器踏板很难进行精密的间隙调节。另一种移动分离叉的装置就是液压操纵机构。当车辆的设计难以使用杠杆或钢索的时候就需要使用液压离合器操纵机构。液压系统同时还可以增大作用力，这减小了操作离合器踏板的力。液压式离合器操纵机构同制动系统的类似，是由主缸、液压管路、随动缸组成，如图4-38所示。主缸通过一根推杆连接到离合器踏板并随着离合器踏板运动。随动缸通过挠性压力软管或金属管与主缸相连。随动缸的位置是固定的，因此可以直接工作在分离叉之上。

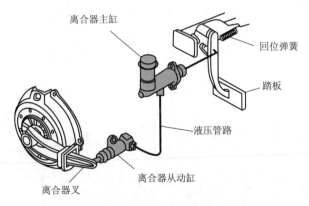

图 4-38 典型液压离合器操纵机构

4-24 变速器功用

（二）变速器

目前，汽车上广泛采用的是活塞式内燃机，其转矩变化范围较小，而汽车实际行驶的道路条件非常复杂，因此要求汽车的牵引力和行驶速度必须能够在相当大的范围内变化。另外，任何发动机的曲轴始终是向同一方向转动，而汽车实际行驶过程中常常需要倒向行驶。

因此，在汽车传动系中设置了变速器，其具体功用是：

①通过改变传动比，扩大汽车驱动力和速度的变化范围，以适应经常变化的行驶条件，同时，使发动机在最有利的条件下工作。

②在发动机旋转方向不变的条件下，使汽车能倒向行驶。

③中断发动机向驱动桥的动力传递，使发动机能够起步、怠速，满足汽车暂时停车的需要。

手动变速器由变速传动机构和变速操纵机构组成，其结构如图4-39所示。变速传动机构主要由一系列相互啮合的齿轮副及其支承轴以及壳体组成，其主要作用是改变发动机曲轴输出的转速、转矩和转动方向。变速器操纵机构应保证驾驶员能准确可靠地使变速器挂入所需要的任一挡位工作，并可随时使之退入空挡，从而改变变速器的工作状态。

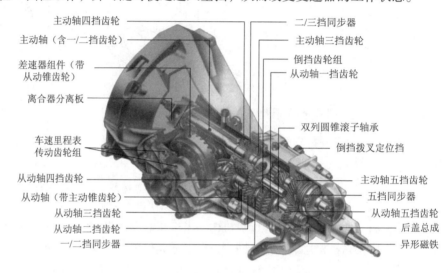

图4-39 手动变速器机构

自1939年美国通用汽车公司首次在轿车上使用自动变速器以来，自动变速器得到了很快的发展，特别是随着电子技术和电脑在汽车上的应用，自动变速器进入了迅速发展的崭新时期。电控液力自动变速器主要由液力变矩器、机械变速器、液压控制系统、冷却滤油装置、电子控制系统等组成。图4-40为电控液力自动变速器解剖图。

图4-40 电控液力自动变速器解剖图

目前，在汽车上广泛使用的自动变速器（Continuously Variable Transmission，CVT）技术即无级变速技术，采用传动带和工作直径可变的主、从动轮相配合传递动力。由于CVT

可以实现传动比的连续改变，从而得到传动系统与发动机工况的最佳匹配，提高了整车的燃油经济性和动力性，改善了驾驶员的操纵方便性和乘员的乘坐舒适性，所以它是理想的汽车传动装置。CVT一般由变速箱、电子控制系统、液压控制系统和换挡控制机构组成。图4-41为无级变速器解剖图。

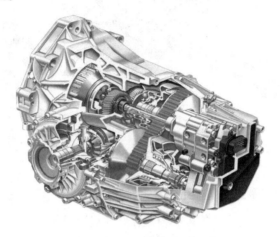

图4-41　无级变速器解剖图

（三）万向传动装置

万向传动装置的功用是在变速器和主减速器之间能适应轴线夹角变化和有轴向伸缩的前提下，可靠地传递动力。

万向传动装置一般由万向节和传动轴等组成，如图4-42所示。由于发动机与驱动装置之间的位置关系，有时需要将传动轴分成两段，在中部加装中间支承。汽车上任何一对轴线相交，并且相对位置经常发生变化的转轴之间进行动力传递，均需要用万向传动装置。

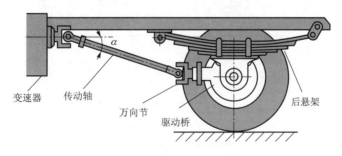

图4-42　万向传动装置的组成

（四）驱动桥

驱动桥如图4-43所示，由主减速器、差速器和半轴组成。主减速器是将万向传动装置（或变速器）传来的动力经降速增扭、改变动力传递方向后，分配到左右驱动轮，使汽车行驶，并允许左右驱动轮以不同的转速旋转。

差速器可在汽车拐弯时或在改变方向时使左右驱动车轮产生不同的转速。当汽车拐弯时，外车轮必须比内车轮行走得远些和快些。若没有对这种速度和行走上的区别进行补偿，车轮将出现打滑和滑动，引起不良运行和过度轮胎磨损。对车轮速度变化的补偿，是由差速器总成完成的。在实现这些不同速度的同时，差速器还必须继续传送转矩。

图 4-43 驱动桥的组成

半轴的功用是将差速器传来的动力传给驱动轮。因其传递的转矩较大，常制成实心轴。

二、汽车行驶系统的基本结构及工作原理

汽车行驶系统接受由传动系统传来的扭矩，并通过驱动轮与路面间附着作用，产生路面对汽车的牵引力；传递并承受路面作用于车轮上的各种反力及力矩；缓和行驶时由于路面不平对车身造成的冲击和振动，并且与转向系统很好地配合，实现汽车行驶方向的正确控制，从而保证汽车行驶平顺性和操纵稳定性。如图 4-44 所示，汽车行驶系统主要由车架、车桥、车轮和悬架组成。

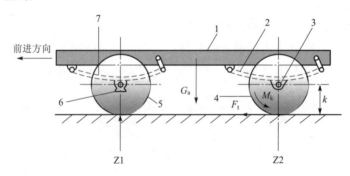

图 4-44 汽车行驶系统的组成

1—车架；2—后悬架；3—驱动桥；4—后轮；
5—前轮；6—从动桥；7—前悬架

（一）车架

1. 车架的功用及要求

汽车车架形似桥梁的一种结构，是整个汽车的基础。其功用是支承和连接汽车的各零部件和总成，并使它们保持正确的相对位置，承受来自车上和地面上的各种静、动载荷。

对车架的要求如下：

① 应满足汽车中布置的要求；

② 车架应具有足够的强度与适当的刚度，保持其上各总成和部件之间的相对位置；因为汽车在各种路况行驶过程中车架在载荷作用下可能使车架发生变形，如扭曲变形、弯曲变形等；

③其质量尽可能小，车架结构简单；

④尽可能降低汽车重心位置和获得较大的转向角，提高汽车行驶的稳定性和机动性。这一点对轿车和客车更为重要。

2. 车架的类型和构造

汽车的车架按结构形式可分为边梁式车架、中梁式车架和综合式车架几种类型。汽车绝大多数的车架为独立的，有些客车和轿车车身同时具有车架的作用即承载式车身（也称为无梁式车架）。

（1）边梁式车架

边梁式车架由两根位于两边的纵梁和若干根横梁用铆接或焊接的方法将纵梁与横梁连接而成的坚固的刚性构架。纵梁通常用低合金钢钢板冲压而成，断面形状一般为槽形，也有的做成Z字形或箱形。根据汽车形式不同和结构布置的要求，纵梁可以在水平面内或纵向平面内做成弯曲的以及等断面或非等断面的。横梁不仅用来保证车架的扭转刚度和承受纵向载荷，而且还用以支承汽车上的主要部件。图4-45为EQ1092型汽车车架，它由两根纵梁和8根横梁铆接而成。

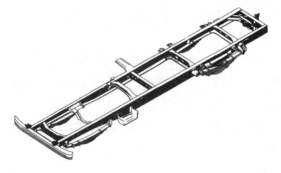

图4-45 东风EQ1092型汽车车架　　4-25 车架类型

某些越野汽车在车架纵梁前端两侧装有加长梁，以便在加长梁前端安装绞盘装置和专用的保险杠。在未装有加长梁的纵梁上，其前端两侧备有一组冲孔，以便需要加装绞盘等装置时，可以紧固左、右加长梁。

（2）中梁式车架

如图4-46所示，中梁式车架只有一根位于中央贯穿前后的纵梁，因此亦称为脊梁式车架。中梁的断面可做成管形或箱形。这种车架有较大的扭转刚度并使车轮有较大的运动空间，因此被采用在某些轿车和货车上。

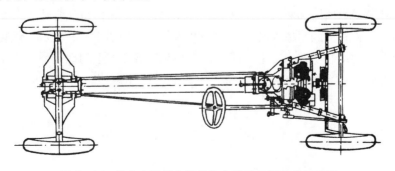

图4-46 具有中梁式车架的汽车发动机及底盘示意图

中梁式车架的优点是：能使车轮有较大的运动空间，便于采用独立悬架，从而可提高汽车的越野性；与同吨位的货车相比，其车架较轻，减小了整车质量；同时重心也较低，因此行驶的稳定性好；车架的刚度和强度较大；中梁还有封闭传动轴防尘套的作用。但是这种车架的制造工艺复杂，精度要求高，给保养和修理造成诸多不便。

（3）综合式车架

综合式车架是中梁式车架的一种变形。纵梁前段是边梁式的，用以安装发动机；中后是中梁式的，悬伸出来的支架可以固定车身（图4-47）。

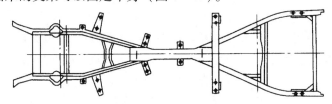

图4-47　综合式车架

近年来车架结构形式也变得多样化和复杂化。如立体结构式，该车架主要用于竞赛汽车及特种汽车。它由钢管组合焊接而成，这种车架兼有车架和车身的作用。

（4）无梁式车架

无梁式车架是用车身兼做车架，所有的零部件都安装在车身上，全部作用力由车身承受，故这种车身又称为承载式车身。这种结构的车身底板用纵梁和横梁进行加固，车身刚度较好，质量较轻，但制造要求较高，目前多用于轿车和部分客车。有的高级轿车为了提高乘坐舒适性，减轻发动机的振动，缓和汽车行驶时从路面通过悬架系统传来的冲击，常常采用独立的车架和非承载式车身。

（二）车桥

根据悬架结构的不同，车桥可分为整体式车桥和断开式车桥两种。整体式车桥多与非独立悬架配用，车桥中部是一个整体的刚性实心或空心梁（轴），通过悬架与车架相连。在轿车和小型客车上，采用的是独立悬架，此时，每个车轮单独通过悬架与车架相连。习惯上称其为断开式车桥。根据车桥上车轮的作用，车桥可分为转向桥、驱动桥、转向驱动桥和支持桥4种。一般汽车多以前桥为转向桥，后桥为驱动桥。越野汽车通常都是4×4形式，前桥为转向驱动桥。支持桥和有些汽车的转向桥均属于从动桥。

（1）转向桥

转向桥是利用车桥中的转向节使车轮可以偏转一定角度，以实现汽车的转向。它除承受垂直载荷外，还承受纵向力和侧向力及这些力造成的力矩。转向桥通常位于汽车前部，因此也常称为前桥。各种车型的整体式转向桥结构基本相同。如图4-48所示，该转向桥采用的悬架为麦弗逊式，它由装于转向节上的减震器2和套于减震器上的螺旋弹簧4组成。导向机构由下悬臂5和纵向推力杆1组成。纵向与横向推力杆外端与转向节铰接，内端与车架铰接，承担来自车轮的力并传给车架。

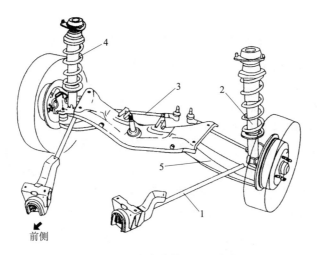

图 4-48 客车前转向桥和悬架

1—纵向推力杆；2—减震器；3—横向推力杆；4—螺旋弹簧；5—下悬臂

(2) 转向驱动桥

有些汽车的前桥既作为转向桥，又兼有驱动桥的作用，故称为转向驱动桥，一般用于全轮驱动和一些轿车上。转向驱动桥通常有主减速器和差速器。图 4-49 所示为桑塔纳 2000 轿车的前桥总成，采用的是断开式、独立悬架转向驱动桥。

车桥上端通过左、右悬架与承载式车身相连接，下端通过左、右下摆臂与固定在车身上的副车架相连接。悬架车轮轴承壳与下摆臂之间通过可移动球形接头连接，从而使前轮固定，并通过下摆臂上的长孔可调整车轮外倾角，为了减小车辆转向时的车身倾斜，在副车架与下摆臂之间还装有横向稳定器。

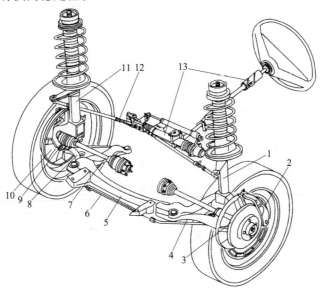

图 4-49 桑塔纳 2000 轿车的转向驱动桥（主减速器和差速器未画出）

1、11—悬架；2—前轮制动器总成；3—制动盘；4、8—下摆臂；5—副车架；
6—横向稳定器；7—传动半轴总成；9—球形接头；10—车轮轴承壳；
12—转向横拉杆；13—转向装置总成

（三）车轮

汽车车轮总成如图4-50所示，是由车轮和轮胎两大部分组成，是汽车行驶系统的重要部件。其主要功用是：①必须安全稳定地支撑车辆的质量。

②必须提供舒适的行驶质量。

③对于在不同路面上的行驶和转向，轮胎必须提供合适的摩擦力。

④在拐弯、加速和刹车时，轮胎必须承受高的应力。

当在高速公路上行驶时，轮胎的胎面必须设计成使水不附着在轮胎胎面，并且离开轮胎。这能够防止水把轮胎从路面上浮起，从而减少轮胎的摩擦力。此外，车轮和轮胎（特别是轿车轮胎）还是汽车重要的安全件。几乎所有的汽车行驶性能都与轮胎有关。

4-26 认识轮胎

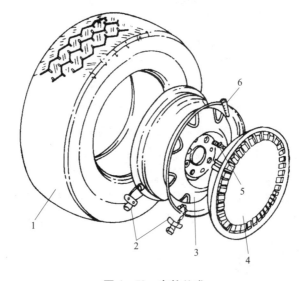

图4-50 车轮总成

1—轮胎；2—平衡块；3—车轮；4—装饰罩；5—螺栓；6—气门嘴

汽车普遍采用充气轮胎。轮胎质量的好坏直接影响汽车的各种使用性能，轮胎是汽车上最重要的机件之一。汽车轮胎应有足够的承载能力，并且汽车轮胎直接与地面接触，轮胎承受并传递与地面各方向的力，因此，轮胎必须有适宜的弹性和承受载荷的能力。同时，在其与路面直接接触的胎面部分，应具有用以增强附着作用的花纹。此外，车轮滚动时，轮胎在所承受的重力和由于道路不平而产生的冲击载荷作用下受到压缩。压缩消耗的功，在载荷去除后并不能完全回收，有一部分消耗于橡胶的内摩擦，结果使得轮胎发热。温度过高将严重地影响橡胶的性能和轮胎的组织，从而大大增加轮胎的磨损而缩短轮胎的使用寿命。近来，汽车越来越多地采用子午线轮胎，这种轮胎的帘布层帘线是径向排列的，如图4-51所示。这样排列的帘线，工作时直接受拉力，因此在承受同样的载荷时，子午线轮胎胎帘布层数可减少许多，子午线不用缓冲层，而用高强度的带束层代替。

与普通胎相比，子午线胎具有寿命长、在路面滚动时周向变形小、滑移小、更耐磨、滚动阻力小、附着性能好、胎体弹性好、接地面积大等优点。

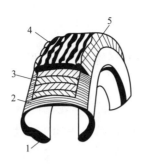

图 4-51 子午线轮胎

1—胎圈；2—帘布层；3—带速层；4—胎冠；5—胎肩

4-27 子午线轮胎结构

（四）悬架

悬架是车架（或车身）与车桥（或车轮）之间一切传力连接装置的总称。其主要功用如下：

①连接车架（或车身）和车轮，把路面作用到车轮的各种力传给车架（或车身）。

②缓和冲击、衰减振动，使乘坐舒适，具有良好的平顺性。

③保证汽车具有良好的操纵稳定性。

只有悬架系统的软、硬合适才能使车辆乘坐舒适、操纵稳定。

现代汽车的悬架虽有不同的结构形式，但一般都由弹性元件、减震器、导向机构等组成，轿车一般还有横向稳定器。悬架的组成如图 4-52 所示。

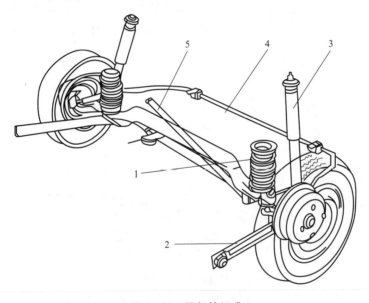

图 4-52 悬架的组成

1—弹性元件（螺旋弹簧）；2—纵向推力杆；3—减震器；
4—横向稳定器；5—横向推力杆

4-28 悬架结构

弹性元件使车架（或车身）与车桥（或车轮）之间弹性连接，可以缓和由于不平路面带来的冲击，并承受和传递垂直载荷。减震器可以衰减由于路面冲击产生的振动，使振动的振幅迅速减小。

导向机构包括纵向推力杆和横向推力杆，用于传递纵向载荷和横向载荷，并保证车轮相对于车架（或车身）的运动关系。

横向稳定器可以防止车身在转向等情况下发生过大的横向倾斜。

三、汽车转向系统的基本结构及工作原理

（一）转向系统功用

转向系统是指由驾驶员操纵，能实现转向轮偏转和回位的一套机构。当汽车需要改变行驶方向时，必须使转向轮绕主销轴线偏转一定角度，直到新的行驶方向符合驾驶员的要求时，再将转向轮恢复到直线行驶的位置。转向系统的功用是按照驾驶员的意愿改变汽车的行驶方向和保持汽车稳定的直线行驶。

（二）转向系统的类型、组成及工作过程

1. 转向系统的类型

汽车转向系统按转向动力源的不同分为机械转向系统和动力转向系统两大类。

机械转向系统以驾驶员的体力作为转向动力源。动力转向系统除了驾驶员的体力外，还以汽车的动力作为辅助转向能源，又可以分为液压式、气压式和电动式的动力转向系统。

2. 组成及工作原理

（1）机械转向系统

①基本组成。汽车机械转向系统由转向操纵机构、机械转向器和转向传动机构三大部分组成，其具体组成如图4-53所示。转向操纵机构包括转向盘、转向轴、万向节、转向传动轴；机械转向器有多种类型，轿车上常采用齿轮齿条转向器；转向传动机构包括转向摇（垂）臂、转向直（纵）拉杆、转向节臂、转向梯形臂、转向横拉杆等。

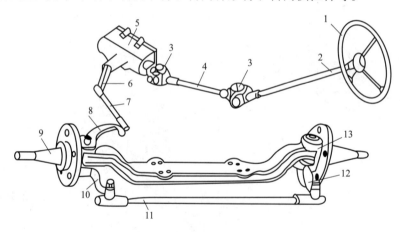

图4-53　机械转向系统示意图

1—转向盘；2—转向轴；3—转向万向节；4—转向传动轴；5—转向器；6—转向摇臂；
7—转向直拉杆；8—转向节臂；9—左转向节；10—左转向梯形臂；
11—转向横拉杆；12—右转向梯形臂；13—右转向节

②工作原理。汽车转向时，驾驶员转动转向盘，通过转向轴、转向节和转向传动轴，将转向力矩输入转向器。转向器中有1~2级啮合传动副，具有降速增矩的作用。转向器输出的转矩经转向摇臂，再通过转向直拉杆传给固定在左转向节上的转向节臂，使左转向节及装于其上的左转向轮绕主销偏转。左、右转向梯形臂的一端分别固定在左、右转向节上，另一端则与转向横拉杆以球铰链连接。当左转向节偏转时经左转向梯形臂、转向横拉杆和右转向

梯形臂的传递，右转向节及装于其上的右转向轮随之绕主销同向偏转一定的角度。

左、右转向梯形臂和转向横拉杆构成转向梯形，其作用是在汽车转向时，使左、右转向轮按一定的规律进行偏转。

（2）液压动力转向系统

在正常情况下，汽车转向所需的能量，大部分是由汽车发动机通过转向加力装置提供的，但在转向加力装置失效时还可以由驾驶员独立承担汽车的转向任务。因此，动力转向系统是在机械转向系统的基础上加设一套转向加力装置而形成的。

图4-54为一种液压式动力转向系统示意图。其中，转向油罐、转向油泵、转向控制阀和转向动力缸构成转向加力器的各部件。当驾驶员逆时针转动转向盘（左转向）时，转向摇臂带动转向直拉杆前移。直拉杆的拉力作用于转向节臂，并依次传到梯形臂和转向横拉杆，使之右移。与此同时，转向直拉杆还带动转向控制阀中的滑阀，使转向动力缸的右腔接通液面压力为零的转向油罐。转向液压泵的高压油进入转向动力缸的左腔，于是转向动力缸的活塞上受到向右的液压作用力便经推杆施加在转向横拉杆上，也使之右移。这样，驾驶员施于转向盘上很小的转向力矩，便可克服地面作用于转向轮上的转向阻力矩。

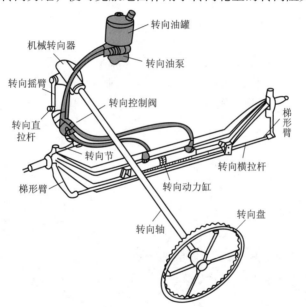

图4-54 动力转向系统示意图

4-29 循环球式转向器工作原理

为了提高控制精度，节省能源，各国都在研制新型动力转向系统，并在一些汽车上得到应用。新型动力转向系统多采用微机控制，因而又称为电子控制动力转向系统。其优点在于：控制方式简单、可靠，控制精度高，成本低，质量小。电子控制动力转向系统在低速行驶时可使转向轻便、灵活；当汽车在中高速区域转向时，又能保证提供最优的动力放大倍率和稳定的转向手感，从而提高了高速行驶的操纵稳定性。

电子控制动力转向系统是根据车速、转向情况等对转向助力实施控制，使动力转向系统在不同的行驶条件下都有最佳的放大倍率。在低速时有较大的放大倍率，可以减轻转向操纵力，使转向轻便、灵活；在高速时则适当减小放大倍率，以稳定转向手感，提高高速行驶的操纵稳定性。

电控动力转向系统主要由机械转向机构、转向助力系统和电子控制系统组成。根据转向动力源不同可分为液压式电控动力转向系统（Electric Hydraulic Power Steering，EHPS）和电动式电控动力转向系统（Electric Power Steering，EPS）。

四、汽车制动系统的基本结构及工作原理

（一）功用与组成

1. 功用

制动是指固定在与车轮或传动轴共同旋转的制成鼓或制动盘上的摩擦材料承受外压力而产生摩擦作用，使汽车减速停车或驻车，能产生这样功能的一系列专门装置称为制动系统。制动系统是组成汽车最重要的系统之一，它有四个基本功能：

① 降低汽车的行驶速度。
② 使行驶中的汽车停止运行。
③ 使已停驶的汽车保持不动。
④ 在最大制动时能够进行方向控制。

4-30 制动系统功用

2. 组成

如图4-55所示，制动系统由制动踏板、制动总泵与制动器组成。一套完整的制动系统包括行车制动——可以降低汽车的行驶速度，驻车制动——使已停驻的汽车保持不动。现今，许多新型汽车还装备了防抱死系统，大部分汽车也装有牵引力控制系统。

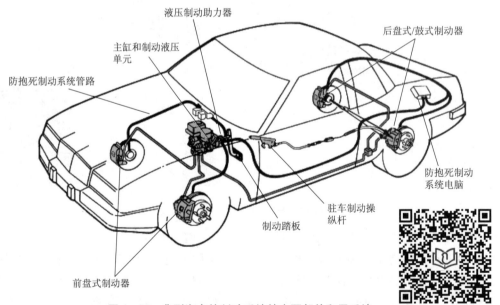

图4-55 典型汽车的制动系统的主要部件和子系统

4-31 制动系统基本组成

每套制动装置都由产生制动作用的制动器和操纵制动器的传动结构组成。它们一般由以下四个组成部分：

①供能装置：包括供给、调节制动所需能量以及改善传能介质状态的各种部件。如气压制动系统中的空气压缩机、液压制动系统中的液压泵。

②控制装置：包括产生制动动作和控制制动效果的各种部件，如制动踏板等。

③传动装置：将驾驶员或其他动力源的作用力传到制动器，同时控制制动器的工作，从而获得所需的制动力矩。包括将制动能量传输到制动器的各个部件，如制动主缸、制动轮缸等。

④制动器：产生阻碍车辆的运动或运动趋势的力的部件。

较为完善的制动系统还包括制动力调节装置以及报警装置、压力保护装置等。

（二）各部件组成

1．制动器

（1）鼓式制动器

鼓式制动器是用制动蹄片挤压随车轮同步旋转的制动鼓的内侧而获得制动力，所以又称为内部扩张双蹄鼓式制动器。鼓式车轮制动器按其制动蹄促动装置的形式可分为轮缸式车轮制动器和凸轮式车轮制动器。轮缸式车轮制动器如图4-56所示。

根据制动时两制动蹄对制动鼓的径向作用力之间的关系，鼓式制动器可分为简单非平衡式、平衡式和自增力式。

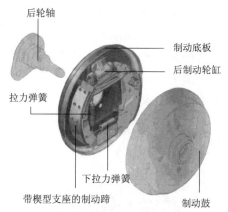

图4-56 轮缸式车轮制动器

4-32 盘式制动器类型

（2）盘式制动器

盘式制动器摩擦副中的旋转元件是以端面工作的金属圆盘，被称为制动盘。由制动盘和制动钳组成的制动器称为钳盘式制动器。汽车上使用的盘式制动器有两种：一种是定钳盘式制动器；另一种是浮动钳盘式制器。定钳盘式制动器有两个油缸分置于制动盘两侧，必须用跨越制动盘的钳内油道或外部油管来连通，使得制动钳的尺寸过大，轮辋难以安装；热负荷大时，油缸（特别是外侧油缸）和跨越制动盘的油管或轮缸中的制动液容易受热汽化；若兼用于驻车制动，则必须加装一个机械促动的驻车制动钳。这是定钳盘式制动器最大的缺点，不能适应现代汽车的使用要求，逐渐被浮动钳盘式制动器所取代。

如图4-57所示为浮动钳盘式制动器。它的旋转元件是制动盘，与车轮固装在一起旋转，以其端面为摩擦工作表面。其固定的摩擦元件是摩擦块、制动钳支架和轮缸活塞，都装在跨越制动盘两侧的钳体上，总称制动钳。制动钳用螺栓与转向节或桥壳上的凸缘固装。

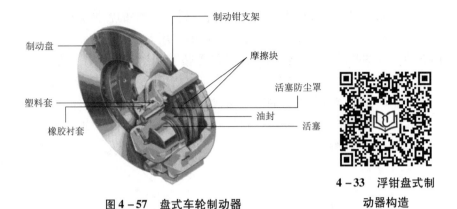

图4-57 盘式车轮制动器

4-33 浮钳盘式制动器构造

(3) 真空加力装置

汽车高速化后,采用人力液压制动的汽车,要求制动液压升高(可达10~20MPa)方能产生与车速相适应的制动力矩,靠人力制动是难以实现的。特别是盘式制动系统,因制动器无助势作用,更必须加大制动液压。

在普通的液压制动系统中,加装真空加力装置,可以减轻驾驶员施加于制动踏板上的力,增加车轮的制动力,达到操纵轻便、制动可靠的目的。

真空加力装置可分为增压式和助力式两种。增压式是通过增压器将制动主缸的液压进一步增加,增压器装在主缸之后。图4-58为助力式加压装置,它是通过助力器来帮助制动踏板对制动主缸产生推力,助力器装在踏板与主缸之间。

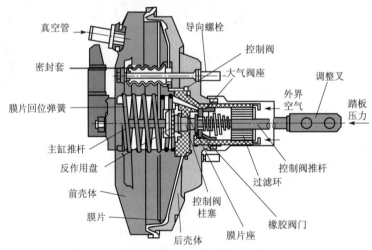

图4-58 助力式加压装置

2. 制动系统

(1) 气压制动系统

图4-59为气压式制动传动装置,它是利用压缩空气作动力源的动力式制动装置。驾驶员只需按不同的制动强度要求,控制制动踏板的行程,便可控制制动气压的大小来获得所需要的制动力。

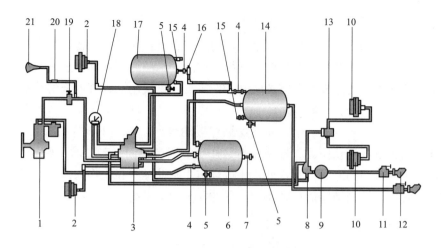

图 4-59 气压式制动传动装置

1—空气压缩机；2—前制动气室；3—双腔制动阀；4—储气罐单向阀；5—放水阀；
6—湿储气罐；7—安全阀；8—梭阀；9—挂车制动阀；10—后制动气室；11—挂车分离开关；
12—接头；13—快放阀；14—主储气罐（供前制动器）；15—低压报警器；16—取气阀；
17—主储气罐（供后制动器）；18—双针气压表；19—调压器；20—气喇叭开关；21—气喇叭

（2）液压制动系统

液压式制动传动装置是利用制动液将制动踏板力转换为制动液压力，通过管路传至车轮制动器，再将制动液压力转变为制动蹄张开的机械推力。

如图 4-60 所示，液压式制动传动装置由制动踏板、主缸推杆、制动主缸、储液罐、制动轮缸、油管、制动灯开关、指示灯等组成。

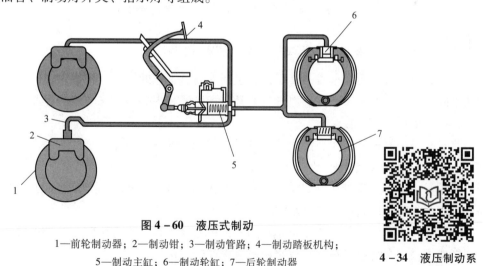

图 4-60 液压式制动

1—前轮制动器；2—制动钳；3—制动管路；4—制动踏板机构；
5—制动主缸；6—制动轮缸；7—后轮制动器

4-34 液压制动系统基本组成

3. 驻车制动机构

驻车制动器的作用是停驶后防止滑溜，坡道起步，行车制动效能失效后临时使用或配合行车制动器进行紧急制动。制动器安装在变速器或分动器之后，这类制动器称为中央制动器，其制动力矩作用在传动轴上。轿车由于底盘结构空间的限制或前轮驱动的原因，在后轮制动器中加装必要的机构，使之兼充驻车制动器，即为复合式制动器。

带驻车制动机构的鼓式制动器进行驻车制动时,将手动驻车制动操纵杆拉到制动位置,使驻车制动杠杆的下端向前拉,使之以平头销为支点顺时针转动。在传动过程中,其中间支点推动制动杠杆左移,将前制动蹄推向制动鼓,前制动蹄压靠到制动鼓上之后,推杆停止运动,则制动杠杆的中间支点成为其继续转动的新支点。于是制动杠杆的上端右移,使后制动蹄压靠到制动鼓上,进行驻车制动。

解除制动时,如图4-61所示,先将操纵杆扳动少许,再压下操纵杆端头的压杆按钮,将操纵杆向下推到解除制动位置,杠杆在弹簧作用下回位,回位弹簧将两蹄拉回。推杆内、外弹簧除可将两蹄拉回到原始位置之外,还可以防止制动推杆在工作时窜动,碰撞制动蹄而发出噪声。这种以车轮制动器兼作驻车制动器的驻车制动系统可用于应急制动。

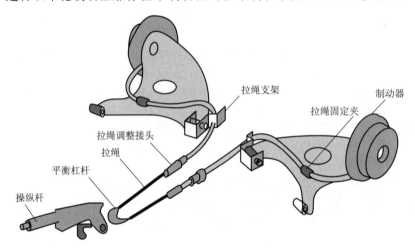

图4-61 带驻车制动机构鼓式制动传动机构

五、汽车车身系统基本机构及工作原理技术

汽车车身一般是指白车身及其附件,包括驾驶员工作的场所、乘客乘坐的空间、货物装载的空间以及汽车的覆盖部分。白车身通常是指已经装焊好但尚未喷漆的白皮车身。

(一)汽车车身特点

汽车车身是汽车上四大总成之一,它是现代制造技术水平、生产组织水平的具体体现,其特点主要有以下几个方面。

①质量大。车身质量在整车质量中占很大比例,载货汽车占到整车质量的20%~30%,轿车、客车占整车质量的40%~60%。

②尺寸大。在汽车各总成中,车身的外形尺寸最大,几乎等于整车的外形尺寸。

③成本高。车身造价在整车成本中占有很高的比例。

④投资大,制造车身所需的厂房面积和工装设备的投资也占有很高的比例。

⑤车身的强度和刚度直接影响汽车的使用寿命。

⑥车身的外形与内部布置对汽车的性能有很大影响。车身的外形与汽车空气动力学直接相关从而影响到汽车的动力性、经济性和操纵稳定性;车身内部布置和结构则影响汽车的操作轻便性、安全性、舒适性以及维修方便性。

⑦车身造型决定汽车的外观,是汽车商品价值的重要决定因素之一。

⑧设计工作量大，车身设计工作占汽车设计工作量的很大部分，从新车的规划阶段就开始进行车身设计，并同其他总成的设计保持密切联系，一直持续到新车开始生产为止。轿车和客车设计中的整车总布置就是以车身总布置为主体。

汽车车身设计是一门新兴的、集成度高、牵涉面广的专门学问。车身是汽车上最古老的总成，最早的汽车是装有动力的、能自动行走的"没有马的马车"。因此可以说在没有汽车的时候就有车身了，然而车身设计作为一门专门的技术，则是后起之秀，因为现代汽车是沿着"发动机—底盘—车身"这样一条道路逐步完善和发展起来的。车身设计技术伴随着汽车的发展历史，在传统的机械工程学中逐步综合了空气动力学、人体工程学、工业设计（造型）、计算机技术等学科领域内的最新成果和相关内容。

（二）轿车车身

轿车车身在汽车车身中最为复杂，如图4-62所示。

4-35 汽车的车门与车身

图4-62 别克整体式承载车身

从外形和结构上看，轿车车身壳体由许多具有空间曲面外形的大型覆盖件（如顶盖、发动机机罩、翼子板等）所组成，对于轿车整车外形来说，既要求其整体美观协调，又必须保证其必要的流线型；从设计上看，对大型覆盖件的互换性和装配准确度也有较严格的要求，必须保证其工艺性要求；车身的涉及面也远远超出一般机械产品的范畴。另外，其设计制造资金投入之巨、技术含量之高、生产工艺之复杂、管理之精细，真正体现了汽车工业是带动整个基础工业水平上台阶的重要支柱产业，其发展状况直接反映出一个国家的科技和工业水平。

1. 轿车车身的分类

轿车车身外形除了考虑空气动力学及美学的因素以外，还与一些功能性的要求分不开，如座椅的位置与数量、车门的数量、顶盖的变化以及发动机、行李厢、燃料箱、备胎的布置等，从而形成了造型迥异、种类繁多的轿车车身。从外形上看，轿车车身可分为以下几种，如图4-63所示。

（1）折背式车身

折背式车身背部通常有条折线条，也被称为浮桥式、船型、三厢式等。其主要特征是，车身由明显的头部、中部、尾部三部分组成，通常布置成双排座，可乘坐4~5人。这种车型按照车门数可分为二门式和四门式；按中柱的有无可分为普通型和硬顶型。

（2）直背式车身

直背式车身后风窗与行李箱连接近似平直，与折背式相比更趋于流线型，有利于降低空气阻力,并使行李厢的空间加大。该造型在中、小型轿车中采用较多,又被称为快背式车身、溜背式车身等。

(3) 舱背式车身

舱背式车身比折背式车身的顶盖长,后背的角度比直背式小,后行李箱与后窗演变成一个整体的背部车门,又被称为半背式车身。

(4) 短背式车身

短背式车身由于背部很短而使整车长度缩短,减小了车身质量。从空气动力学角度看,可减少偏摆力矩,提高行驶稳定性,又被称为鸭尾式车身。

(5) 变形车身

轿车有很多变形车,其改变部分主要是车身。例如,去掉顶盖或带有活动篷的敞篷车;使折背式车身顶盖延到车尾的两厢式旅行车;使驾驶员座椅前移的一厢旅行车等各种形式的变形。

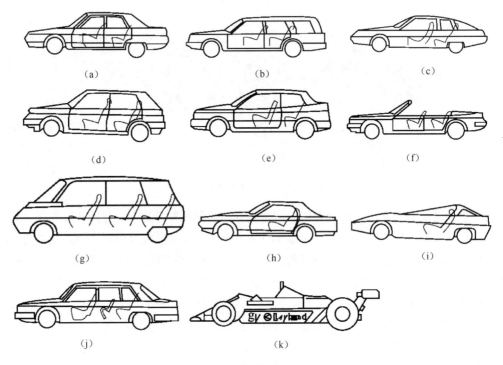

图 4-63 轿车车身的种类

(a) 折背式;(b) 两厢式旅行车;(c) 直背式;(d) 舱背式;(e) 短背式;
(f) 敞篷式;(g) 厢式旅行车;(h) 两门式;(i) 运动车;(j) 三排轿车

(三) 车身电子控制系统

车身电子技术包括汽车安全、舒适性控制和信息通信系统,主要有用于增强汽车的安全、舒适和方便性的安全气囊、安全带、中央防盗门锁、自适应空调、座椅控制、自动车窗和满足多种用电设备需求的电源管理系统等。

1. 电动车窗

电动车窗系统由车窗、车窗玻璃升降器、电动机、开关等装置组成。电动车窗最主要的组成是车窗玻璃升降器,目前使用的有电动交叉臂式玻璃升降器(图 4-64)、电动钢丝绳式玻璃升降器和电动齿轮式玻璃升降器等几种。

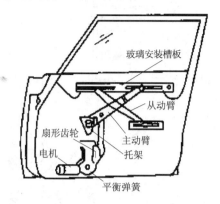

图4-64 电动交叉臂式玻璃升降器示意图　　4-36 电动车窗组成

电动车窗的驱动装置由永磁双向电动机和蜗轮蜗杆减速器组成，现代汽车的每个车窗都装有一个电动机，通过开关控制它的电流方向，使车窗升或降。

所有车窗系统都装有两套控制开关。一套装在驾驶侧门中部或变速器换挡杆的后部，为总开关，由驾驶员控制每个车窗的升降。另一套分别装在每个车窗中部，为分开关，可由乘客进行操纵，如图4-65所示。

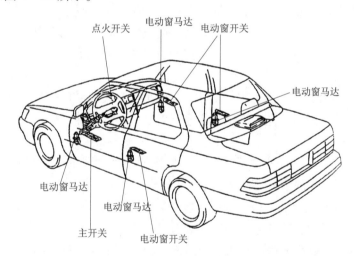

图4-65 轿车电动车窗控制开关的布置示意图

为防止电路过载，电路或电动机内装有一个或多个热敏断路开关，用来控制电流。当车窗完全关闭或由于结冰而使车窗玻璃不能自如运动时，即使操纵的开关没有断开，热敏开关也会自动断路。

有的车上还专门装有一个延时开关，在点火开关断开以后约1min内，或在车门打开以前，仍有电流供应，使驾驶员和乘客能有时间关闭车窗及操纵其他辅助设备。

当电动车窗玻璃升降器中的直流永磁电动机接通额定电流后，转轴输出转矩，经蜗轮蜗杆减速后，再由缓冲联轴器传递到卷丝筒，带动卷丝筒旋转，使钢丝绳拉动安装在玻璃托架上的滑动支架在导轨中上下运动，达到车窗玻璃升降的目的。

电动车窗玻璃升降器组合开关，如图4-66所示。位于手动排挡杆前面的平台上。

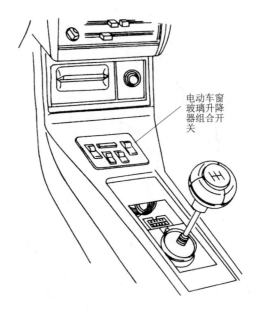

图 4-66 电动车窗玻璃升降器组合开关

2. 电动天窗

车窗有利于车厢内的通风换气,车厢内的空气状况直接影响到乘坐的舒适性。没有天窗的汽车是靠打开侧窗或空调来换气的,但是新鲜空气仍然较难流入车内。侧窗在不能使空气交换量增加的同时,还会使车外的尘土、噪声灌进车内。还会使车内产生空气漩涡、风噪、增加阻力,使汽车的油耗增加。

加装天窗能使混浊的空气迅速排出车外,完成车内空气的循环;减少汽车空调的使用时间,节省油耗;车厢内光线明亮,沐浴在阳光下驾驶,心情格外舒畅。

(1) 天窗的种类

①按驱动方式分类有手动和电动之别。一般来说,外掀式的手动天窗多用于经济型轿车,而内藏式的电动天窗则多用于商务车、高档车。

②按面板材质分类有玻璃面板、金属面板和复合面板。

③按开启方式分类是体现天窗特点的主要分类方式。

ⓐ外掀式天窗。开启后天窗向车顶的外后方升起,采用绿水晶玻璃制成,可阻隔99.9%的紫外线和96%以上的热能;分电动和手动两种形式;具有防夹功能和自动关闭功能;配有可拆式遮阳板。此类天窗主要安装在夏利、捷达、富康、奥拓、普通桑塔纳等中小型轿车上。

ⓑ内藏式天窗。开启后可以保持不同的弧度。采用绿水晶玻璃制成,可阻隔99.9%的紫外线和96%以上的热能;具有防夹功能和自动关闭功能;配有独立的内藏式太阳挡板。此类天窗多用于别克、桑塔纳2000、帕萨特、奥迪、红旗等大中型轿车上。

ⓒ敞篷式天窗。在开启后天窗完全打开,敞开的空间大。使用三层高品质的特殊材料组合而成,具有防紫外线和隔热的效果。此款天窗非常前卫,适合年轻人驾驶。与前两款天窗相比,敞篷式天窗的密闭防尘效果要略差一些。

④按结构形式分类。

ⓐ手推式天窗。这种天窗的打开或关闭都是手动完成的,结构简单,与公共汽车上的天

窗类似，只不过天窗的制造材料和精密程度高一些。

ⓑ上掀外滑式天窗。这种天窗以手为动力，打开时先将天窗推起，然后以滑动方式将天窗全部打开；关闭时，先滑动到原启动的位置，然后再拉下、关闭。

ⓒ电动全开式智慧型天窗。这种天窗以电动机作为动力，采用自动控制，结构较为复杂，并具有自动关闭防盗系统（发动机熄火后自动关闭天窗，具有防盗功能）。电动全开式智慧型天窗还具有自动防夹系统，能够确保使用者不被天窗机构夹着，只要轻点按键，便可轻易打开或关闭天窗。

ⓓ滑动式机舱型天窗。这种天窗结构特殊，采用战斗机机舱式结构，用滑动方式进行打开或关闭，其结构非常独特新颖。

（2）电动天窗的结构

电动天窗主要由滑动机构、驱动机构、控制系统和开关等组成。

电动天窗滑动机构主要由导向块、导向销、连杆、托架和前、后枕座等组成；驱动机构主要由电动机、传动机构、滑动螺杆等组成。

电动机通过传动装置向天窗的开闭提供动力，能双向转动，即通过改变电流的方向以改变电动机的旋转方向，实现天窗的开闭。

不同种类的天窗其结构也不尽相同，下面以电动外倾式天窗为例将天窗的基本结构进行介绍。

①滑动机构。滑动机构主要由玻璃面板、导向板、导向块、导向槽、导向销、撑架及滑槽等组成，如图4-67（a）所示。当车顶面板打开时，后导向板由于滑动线缆的作用向车辆后方推出。两个导向销分别沿着导向槽移动，把面板端向下方引出，落入车顶下部，然后，将电缆压紧，向车辆后方滑动。当面板关闭时，后导向板进一步向车辆前方移动，导向销沿着导向槽移动，面板以前导向板为去点转动，把后端部倾斜向上升高。

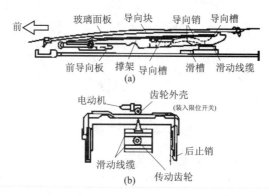

图4-67 电动天窗的基本结构
（a）断面构造；（b）驱动机构

②驱动机构。电动外倾式天窗的驱动机构由电动机、传动齿轮、滑动线缆等组成，如图4-67（b）所示。电动机输出的转矩通过传动齿轮传递给螺旋齿轮式线缆，从而带动后导向板滑动。后导向板利用电动机的正、反转作向前、向后的交替运动。在电动机齿轮外壳内部有两个利用凸轮进行工作的限位开关。

③控制部分和限位开关。天窗控制开关由滑动开关和倾斜开关两部分组合而成。滑动开关的

功用是控制滑动机构的驱动电动机电路的接通与切断,用"开"(open)和"关"(close)表示;倾斜开关主要控制可动部分车顶的斜升和斜降,用"升"(up)和"降"(down)表示。

限位开关主要是用来检测天窗所处的位置。限位开关靠凸轮转动来实现断开和闭合。凸轮安装在驱动机构的动力输出端。当电动机将动力输出时,通过驱动齿轮和滑动螺杆减速以后带动凸轮转动,于是凸轮周边的凸起部位触动开关使其开闭,以实现对天窗的自动控制。

控制系统是一个数字控制电路,并设有定时器、蜂鸣器和继电器等,其作用是接收开关输入的信息,通过数字电路进行逻辑运算,确定继电器的动作,控制天窗开、闭。

3. 电动后视镜

后视镜是用来反映车辆后方、侧方和下方的情况,使驾驶员能够看清必要的间接视界,是汽车重要的安全部件。后视镜分外后视镜和内后视镜。内后视镜安装在车身内部,驾驶员可方便地对其进行调节;而外后视镜安装在车身外部,有的安装在车门上,有的安装在前翼子板上,距离驾驶员较远,调整它的位置比较困难,尤其是前排乘客车门一侧的后视镜。因此,部分汽车尤其是轿车都把后视镜做成电动的以便驾驶员可通过遥控开关操纵,对镜面的角度进行上下、左右调节,调节范围为20°~30°。

图4-37 电动后视镜功用

图4-68所示为轿车电动后视镜总成结构,通常由活动镜片和镜片后的驱动机构组成,驱动机构包括永磁双向微型电机、减速齿轮、离合器等。每个电动后视镜的背后都装有两套电机驱动机构,可以获得两顺两反四种电流,即可使镜面产生上、下、左、右四种运动,以获得不同方位的位置调整。通常,垂直方向的运动由一个电动机控制,水平方向的倾斜运动由另一个电动机操纵。

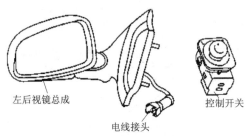

图4-68 电动后视镜

控制开关安装在左前门内侧把手上方。当点火开关置ON时,将控制开关球型钮旋转,以选择所需要调整的后视镜。在控制开关面板上印有L、R,L表示左侧后视镜,R表示右侧后视镜,中间则是停止操作。选择好需要调整的后视镜后,只要上、下、左、右摇动开关的球型钮,就可以调整后视镜反射面的空间角度。调整工作完毕,可将开关转回中间位置以防误碰。有的电动后视镜还可带有电动折合、镜面加热除霜、驾驶姿势存储等功能。

电动后视镜由镜面玻璃(反射面)、双电动机、连接件、传动机构与壳体等组成。控制开关由旋转开关、摇动开关及线束等组成。

4. 电动车椅

电动座椅又称动力座椅,它可非常轻松、方便地对汽车座椅的前、后靠背的角度以及头枕的高度等作电动调节,使驾驶员和乘客的座椅获得理想的位置。电动座椅按运动方向有只能作前后移动的两向移动座椅；除能前后移动外，还可以升降的四向移动座椅以及除具有四向移动座椅功能外，座椅前部和后部还能分别升降的六向移动座椅。调节功能如图 4-69 所示。

图 4-69 电动座椅的调节功能

现代轿车的电动座椅是由坐垫、靠背、靠枕、骨架、悬挂和调节机构等组成。其中调节机构由控制器、可逆性直流电动机和传动部件组成，是电动座椅中最复杂和最关键的部分，可逆性直流电动机必须体积小，负荷能力大；而机械传动部件在运行时要求有良好的平稳性，噪声要低。控制器的控制键钮设置在驾驶者操纵方便的地方，一般在门内侧的扶手上面。有些轿车的控制器还设有微电脑，有存储记忆能力，只要按下某一记忆键钮，即可自动将电动座椅调整到存储的位置上。

目前先进的调节机构可以调节座椅的水平移动和垂直移动，靠背的角度移动和靠枕的高度移动，即所谓"六向可调式"。乘员可以根据自己的身材将座椅调整到最舒适的位置。结构如图 4-70 所示。

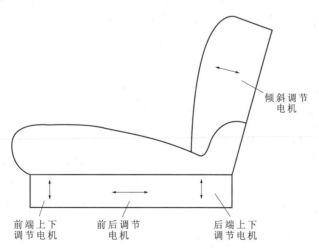

图 4-70 装有四个调节电机的电动座椅示意图

4-38 电动座椅结构及工作过程

5. 中央门锁系统

当驾驶员侧的车门锁住或打开时，其他几个门（包括后车门或行李舱）都能同时自动锁住或打开，而不必像过去必须对各个门进行单独操作，同时乘客仍可利用车门的机械式弹簧锁开关车门。因此使用十分方便和安全，在各类汽车特别是轿车上得到广泛的应用。当驾驶员用锁扣或钥匙锁定左前门时，其他三个车门及行李舱门也同时被锁好，打开时可单独开左前车门，也可同时打开所有车门及行李舱门。

（1）中央门锁的组成

中央门锁一般由门锁执行器（闭锁器）、连杆操纵机构、控制器和控制开关等组成。如图4-71所示。

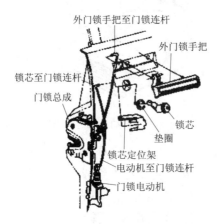

图4-71 中央门锁系统的组成

（2）门锁执行器

门锁执行器用于拨动车门门锁装置的锁扣，使门开锁或闭锁，常用的有电磁式和电机式两种。图4-72所示为双线圈电磁式门锁执行器结构原理，分别对锁门线圈和开门线圈进行通电即可使门闭锁和开锁。图4-73所示为电机式门锁执行器结构，它由双向永磁电动机以及齿轮和齿条等组成，电机旋转带动齿条伸出或缩回完成开锁或闭锁动作。

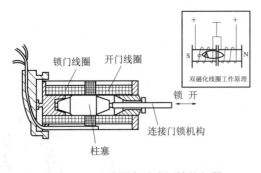

图4-72 双线圈电磁式门锁执行器

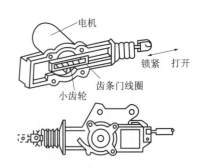

图4-73 电机式门锁执行器

任务实施：

任务工单

任务名称：认识汽车底盘与车身		评价	
姓名		班级	学号
任务描述	1. 认识汽车底盘的组成； 2. 识别汽车底盘各系统的零部件； 3. 查阅维修手册，掌握汽车底盘的结构组成； 4. 阐述汽车底盘各系统的工作原理； 5. 阐述汽车车身的组成及特点。		
能力目标	1. 能够阐述汽车底盘与车身的结构组成和工作原理； 2. 能够帮助客户在实际车辆和车辆相关文件上获取车辆信息； 3. 能够就汽车底盘和车身相关内容与客户沟通和交流。		
实施准备	1. 汽车底盘与车身相关文件或维修手册； 2. 教学用汽车底盘及零部件； 3. 教学用车辆； 4. 汇报用白板、笔、粘贴纸等。		
实施步骤	自主学习	1. 云平台学习老师发布的相关资料； 2. 获取相关信息； 3. 识别汽车底盘相关部件； 4. 制作汽车底盘各系统工作原理流图解； 5. 识别汽车车身类型。	
	小组讨论	课中以小组形式进行讨论，完成课中任务，形成小组汇报成果	
	小组汇报	通过粘贴纸方式识别汽车底盘配件，通过流程图方式介绍汽车底盘各系统工作原理	
反思			

任务4.3 认识汽车电气系统

任务引入：李先生是新手客户，想购买一辆新车，面对各个档次的车辆，不同车型的各种配置，李先生一头雾水，想了解汽车都有哪些电器配置？都有什么作用？对于某一车型的电器如何使用？对于这些疑问，需要简单合理的进行说明，这就需要用汽车电器的组成和工作原理的相关知识进行解释。

学习内容：1. 汽车电气系统的组成；
     2. 汽车照明与信号系统的基本结构及工作原理；
     3. 汽车仪表的基本结构及工作原理。

能力要求：1. 学习和理解汽车电气系统组成和工作原理的能力；
     2. 能够帮助客户在实际车辆和车辆相关文件上获取车辆信息；

3. 树立以客户为中心的理念，增强服务意识；

4. 具有与客户沟通交流的能力；

5. 具备信息搜集和处理的能力。

任务描述：1. 获取汽车电器相关资料；

2. 自主学习汽车电器相关知识；

3. 小组讨论汽车电气系统的组成、工作原理和功用；

4. 制作汽车电器配件识别卡片。

相关知识：

汽车电气设备是汽车的重要组成部分之一，其性能的好坏直接影响到汽车的动力性、经济性、可靠性、安全性、排气净化及舒适性。例如，为使汽车发动机获得最高的经济性，需靠点火系统在最适当的时间点火；为使发动机可靠起动，需采用电动起动机；为保证汽车工作可靠、行驶安全，则有赖于各种指示仪表、信号装置和照明等电器的正常工作。

多年来，汽车电气设备在汽车工业中发挥了极其重要的作用，并将继续发挥其应有的作用。基础电气设备将向继续提高品质、提高性能的方向发展，辅助电气将向进一步拓展种类、扩大应用范围的方向发展。

汽车电气设备组成的系统称为汽车电气系统。与其他电气系统不同，汽车电气系统（或称汽车电路）具有双电源、低压直流、单线并联、负极搭铁等特点，并且汽车电路由相对独立的分支系统组成。汽车电路一般包括电源电路、起动电路、点火电路、照明与信号电路、仪表与报警电路、辅助装置电路等。

一、电源系统

汽车电源由蓄电池和发电机并联组成，用于向汽车点火系统、起动系统、灯光、信号等全车电气设备供电。

在发动机起动时，蓄电池向起动机、点火系统等用电设备供电。当发动机起动后，转速大于一定值时，由发电机向全车电气设备供电，并同时给蓄电池充电。当汽车上的用电设备同时启用，所需功率超过发电机的额定功率时，蓄电池和发电机同时向用电设备供电。当发动机低速运转或不运转时，发电机发出电压很低或不发电时，由蓄电池向全车电气设备供电。

如图 4-74 为电源电路，由发电机、电压调节器、蓄电池和用电设备组成。

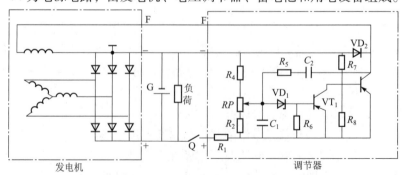

图 4-74 电源电路

（一）蓄电池

1. 蓄电池的功用

汽车电池是一种提供和储存电能的电化学设备。当接上外接负载后，例如起动电机，能量的转化就开始了，并在回路中产生电流。电能是由浸在电解液当中不同的两电极间的化学反应产生的。

4-39 蓄电池功用

当电池放电时（电流从电池内流出），电池就将化学能转化为电能。通过这种变化，电池释放出了储存的能量。当电池充电时（电流从充电系统流经电池），电能转化为化学能。正因为如此，电池可以在需要的时候储存能量。

蓄电池作为一种能量转换装置，其功用有：发动机起动时，向起动机供给200~600A的起动电流（柴油机达1 000A），同时向点火系统供电；发电机不发电或电压较低时向用电设备供电；发电机超载时，协助发电机供电；发电机端电压高于蓄电池电动势时，将发电机的电能转变为化学能储存起来；吸收发电机的过电压，保护车用电子元件。蓄电池还是ECU内存的不间断电源。

2. 蓄电池的构造

汽车用的铅酸蓄电池构造见图4-75所示，它是在盛有稀硫酸的容器中插入两组极板而构成的电能储存器，由极板、隔板、外壳、电解液等部分组成。容器分为3格或6格，每格里装有电解液，正负极板组浸入电解液中成为单格电池。每个单格电池的标称电压为2V，3格串联起来成为6V蓄电池，6格串联起来成为12V蓄电池。

4-40 电源系统的组成

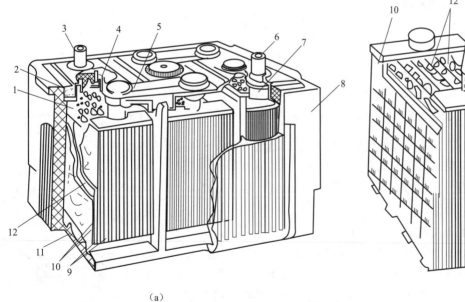

（a） （b）

图4-75 蓄电池的构造

（a）整体结构；（b）单格结构

1—护板；2—封料；3—负极接线柱；4—加液孔螺塞；5—连接条；6—正极接线柱；
7—电极衬套；8—外壳；9—正极板；10—负极板；11—肋条；12—隔板

（二）交流发电机

1. 发电机

交流发电机是汽车上的电源之一，它与电压调节器互相配合工作，其主要任务是对除起动机以外的所有用电设备供电，并向蓄电池充电。发电机有交流发电机和直流发电机两种。很长时期以来，汽车上采用的是换向式直流发电机。汽车用交流发电机是随着半导体整流技术的出现而发展起来的，目前主要有硅整流交流发电机、感应子式交流发电机等几种，其中以硅整流交流发电机应用最为普遍，已基本取代了传统的直流发电机。

4-41 免维护蓄电池结构

硅整流交流发电机主要由转子、定子、硅整流器和端盖等4个部分组成。转子用来建立磁场，定子中产生的交变电动势，经过硅整流器整流后输出直流电。交流发电机的构造如图4-76所示。

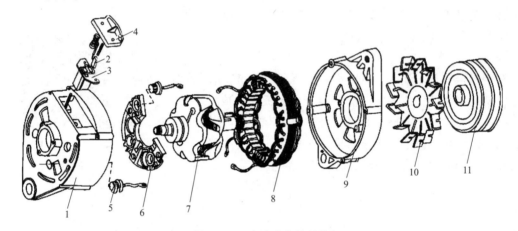

图4-76 交流发电机结构

1—后端盖；2—电刷架；3—电刷；4—电刷弹簧压盖；5—硅二极管；
6—散热板；7—转子；8—定子总成；9—前端盖；10—风扇；11—带轮

2. 电压调节器

交流发电机调节器是把交流发电机的输出电压调节在规定范围内的控制装置，又称为电压调节器，简称调节器。汽车采用有触点式调节器和电子式调节器两大类。由于有触点式调节器存在体积大、结构复杂、触点振动频率低、触点易烧蚀及故障率高等缺点，现在已被电子式调节器所替代。

（1）交流发电机调节器的作用

汽车用交流发电机是由发动机按固定的传动比驱动旋转，其转速高低取决于发动机转速。在汽车行驶过程中，由于发动机转速随时都在发生变化，那么发电机转速随之改变，发电机输出电压必然随转速的变化而变化。因此，发电机必须有一个自动的电压调节器。交流发电机调节器的作用就是当发动机转速变化时，自动对发电机的电压进行调节，使发电机的电压稳定，以满足汽车用电设备的要求。

4-42 交流发电机结构

（2）电压调节器工作原理与调节方法

由于发电机的电动势及端电压与磁极磁通成正比关系，因此当发电机转速变化时，如果要保持发电机电动势及端电压恒定,就必须相应的改变磁极磁通。磁极磁通量的多少取决于磁场电流的大小。在发电机转速变化时,只要自动调节磁场电流,就能使发电机电压保持恒定。调节器的调节原理:通过调节磁场电流因而改变磁极磁通,来使发电机输出电压保持恒定。汽车用发电机电压调节器基本原理如图4-77所示。调节器动作的控制参数为发电机电压,即当发电机的电压达设定的上限值U_2时,调节器动作,使磁场绕组的励磁电流I_f下降或者断流,从而减弱磁极磁通,致使发电机电压下降;当发电机电压下降至设定的下限值U_1时,调节器又动作,使励磁电流增大,磁通加强,发电机电压又上升;当发电机的电压上升至U_2时又重复上述过程,使发电机的电压在设定的范围内脉动,得到一个稳定的平均电压值。发电机在某一转速下调节器起作用后的电压波形如图4-78所示。

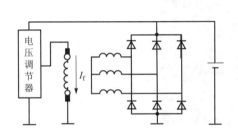 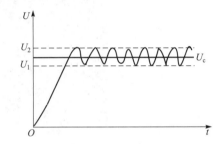

图4-77 发电机电压调节器原理　　　　图4-78 发电机电压调节器工作时的电压波形

二、照明与信号系统

(一) 前照灯

汽车灯光照明系统是汽车安全行驶的必备系统之一。根据安装部位的不同可以分为:汽车前部照明、汽车后部照明和汽车内部照明。

汽车前部照明主要包括前照灯、雾灯、转向信号灯、停车灯、示宽灯、白天行驶灯。现代汽车通常装备组合式的前部照明灯具,如图4-79所示。

4-43 前照灯组成

图4-79 汽车前部照明

1—停车灯;2—远光灯;3—近光灯;4—转向灯;5—前雾灯;6—前照灯组

在汽车前部照明中,前照灯的作用最为重要,所以世界各国都以法律的形式规定了前照灯的照明标准。前照灯必须保证车前有明亮而均匀的照明，使驾驶员能够看清车前100 m以内路面上的情况。随着现代汽车行驶速度的不断提高，对前照灯的要求也越来越高，现代汽车前照灯的照明距离应达到200~250 m。另外，前照灯应具有防止眩目的装置，以免夜间会车时，使对方驾驶员炫目而造成交通事故。

LED前照灯目前在世界范围内仍处于研制阶段，日本小糸车灯公司、德国海拉公司纷纷推出了概念型产品，而丰田2008款雷克萨斯LS600Ch成为世界上第一个部分应用LED前大灯的车型，该款LED前照灯也成了世界第一只商用化的LED前照灯。随后AudiR8车型又推出了全LED前照灯（图4-80），第一时间使LED前照灯所有功能变成现实。

图4-80　LED大灯

LED灯有其明显的优势：

①能量转化效率高，能耗低，LED车灯响应快，使用寿命长。

②通过LED集成光源的配置，并与相关光学部件配合，远光照度值最大可达到288lx，远光灯照度可达到200m以上。

③在灯具结构造型方面，由于LED光源体积非常小，使灯内布局更随意，LED可采用多光源组合形式，这将完全改变汽车前照灯的形状和布置方式。过去用卤素灯或氙气灯光源无法实现的概念车造型，使用LED光源都能得以完美的实现。例如，LED光源可以使用多颗光源排列，多只反射镜或透镜进行光学设计，让灯具更加紧凑。设计师们可以使用两颗LED组合成近光灯，也可以用更多的模块来组合出近光灯，而这些模块可以完全地服从造型设计师的要求。

④LED前照灯全部采用LED冷光源，发热量低，灯腔内温差变化不大。

（二）其他照明设备

汽车除了前照灯、雾灯、倒车灯等外部照明设备之外，还有车内照明系统，包括发动机舱照明、驾驶舱照明、后备厢照明。其中有不乏人性化的设计，提高了汽车的舒适性、安全性和操作的方便性。

1. 雾灯

雾灯分为前雾灯和后雾灯，前雾灯通常用两只，后雾灯通常用一只。雾灯的安装位置比前照灯稍低，一般离地面约50cm，射出的光线倾斜度大，光色为黄色或橙色（黄色光波较长，透雾性好）。

雾灯主要有光源和反射镜，结构和前照灯有很多相似的地方。雾灯设计主要是用来改善雾天、雪天、雨天或尘土天气时的路面照明，对雾灯的穿透性和照射量就提出了很高的要求。针对穿透性通常使用白色或黄色的光源，提高灯光的穿透能力。对于照射量通常使用大功率的卤素灯泡或氙气灯泡，配合优秀的反射镜或 PES 模式，提高照射量。

通过优化反光镜结构，使光线通过反射镜直接生成形状一定的光束而无需借助特殊成型的透镜；还能产生设置良好的明暗分界（向不同方向投射的光线分隔线），而不必依靠另外的光屏做分隔。光线的多重导向就是 CD 技术的基础。前雾灯的灯泡被深深罩住（图 4-81），因而照射量大增，散布宽度也最大。

2. 示宽灯和尾灯

示宽灯（俗称前小灯），装在汽车前部两侧的边缘，在汽车夜间行驶时，标示汽车的宽度。

尾灯，装在汽车的尾部，夜间行驶时，用来警示后面的车辆，以便保持一定的距离。

3. 牌照灯和倒车灯

牌照灯用来照亮汽车牌照，倒车灯则用来照亮车后路面，并警告车后的车辆和行人，表示该车正在倒车。

4. 车内照明设备

车身控制模块的门控灯电源电压电路向顶灯、尾门灯和门控灯提供电池电压。当车门打开时，车门未关开关触点闭合，向车身控制模块提供打开车门输入。车身控制模块向开关处于 AUTO 位置的车内灯提供电压。车内灯开关处于 ON 位置时，接收接地。

如果提升门在所有模块关闭后打开，顶灯不会启亮。一旦车身控制模块停止工作，提升门未关开关输入到车身控制模块也不能使车身控制模块工作，所以顶灯不会启亮。一旦车身控制模块接收到使其工作的输入，如遥控开关或车门把手的信号，提升门打开时，顶灯将启亮。如果驾驶员疏忽使车内灯启亮，车身控制模块将在 20min 后将其关闭。如果点火开关置于 ON 位置或在所有车门关闭约 20s 后，门控灯立即关闭。

发动机舱灯和后备厢照明灯都由舱门门控开关控制，当发动机舱或后备厢打开时灯亮，关闭时灯灭。

室内照明灯如图 4-82 所示，有开、关、门控三个挡位。开关挡可以实现灯光的手动控制，当放在 AUTO 挡时，打开车门，即可开启。

图 4-81 雾灯

图 4-82 顶灯和阅读灯

（三）汽车信号系统

汽车外部的照明信号灯除了前照灯、雾灯、转向灯外还有制动灯、倒车灯、示宽灯等，通常都集中安装在前照灯灯组和尾灯灯组中。汽车的尾灯灯组通常包含制动灯、尾灯（后示宽灯、后停车灯）、倒车灯、转向灯、后雾灯，如图 4-83 所示。

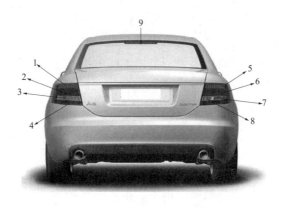

图4-83 汽车尾灯灯组

1—左制动灯；2—左尾灯；3—左转向灯；4—后雾灯；
5—右制动灯；6—右尾灯；7—右转向灯；8—倒车；9—高位制动灯

4-44 照明系统组成

1. 转向信号装置

汽车转向信号灯主要用来指示汽车的转向方向，其灯光信号采用闪烁的方式，用来指示车辆左转或右转，以引起其他车辆和行人的注意，提高车辆的行驶安全性。如遇特别情况，所有转向信号灯同时闪烁，作为危险警告信号。

转向灯通常装在前照灯灯组和尾灯灯组内，如图4-84所示。有的车型还装配有侧转向灯，安装在汽车的侧面或后视镜上，如图4-85所示。

图4-84 转向灯

1—转向灯

图4-85 侧转向灯

1—转向灯；2—侧转向灯

2. 驻车灯

驻车灯或称作停车灯用来确保其他车辆和行人能看到停放着的车辆。左右两侧各一个可以标示出车的宽度，也会称作前示宽灯。有关法规规定车辆宽度超过1 600mm，必须安装侧标志灯，宽度超过2 100mm的必须安装示廓灯，侧标志灯和示廓灯装在车辆的侧面，可以代替作为前驻车灯使用。驻车灯通常使用W5W的小功率白炽灯灯泡，所以又称作前小灯。在灯光开关一挡的时候工作（图4-86中央的为灯光开关）。

图 4-86 灯光开关

3. 日间行车灯

日间行车灯（Daytime Running Light，简称 DRL）是使车辆在白天行驶时更容易被识别的灯具，装在车身前部。为了让其他车辆或行人跟容易看到车辆开过来，属于信号灯。

日间行车灯要满足基本的亮度要求，但也不能太亮，以免干扰他人。日间行车灯的最大功效不是美观，而是提供车辆的辨识性，在国外行车开启头灯，可降低 12.4% 的车辆意外，同时也可降低 26.4% 的车祸死亡概率。为提高行车安全性，欧盟规定自 2011 年起，欧盟境内所有新车必须安装日间行车灯。

日间行车灯大多采用的是卤素灯泡，但随着科技的进步，更多地开始采用 LED 作为日间行车灯的光源，能降低达 35% 的电力消耗，可提高电瓶的使用寿命。

当汽车发动机一起动，日间行车灯则自动开启，并不断增加亮度以引起路上其他机动车、非机动车以及行人的注意。当夜幕降临，驾驶者手动打开近光灯后，日间行车灯则自动熄灭。

4. 倒车灯

倒车灯在倒车的时候照亮车后的区域。手动变速器通常将倒挡等开关装在挡杆倒挡的位置，当挂上倒挡时挡杆顶开倒挡灯开关；自动变速器通常通过多功能开关给控制电脑倒挡的挡位信号，由电脑控制倒车灯电路。倒车灯只有在倒挡的时候才工作。

当变速器置于倒车挡时，倒车灯开关闭合，发动机控制模块（ECM）发送数据信息至车身控制模块（BCM）。该信息指示选挡杆处于倒车挡位置。BCM 向倒车灯施加电池电压，倒车灯永久接地。一旦驾驶员将选挡杆移出倒车挡位置，ECM 将通过数据发送信息，请求 BCM 断开倒车灯控制电路的电池电压。

5. 制动灯

制动灯亮警告后面车辆该车正处于制动状态，制动灯为红色。制动灯开关装在制动踏板下或制动主缸上，发动机、变速器、ABS 自动系统都需要制动灯开关信号，用以反映汽车是否处于制动状态，是一个很重要的开关信号。当灯光的控制模块接收到制动灯开关信号时，接通制动灯电路。为了提高制动灯的醒目程度，欧洲规定新型车辆必须装备中央高位制动灯（图 4-83）。

4-45 制动灯作用

6. 尾灯

尾灯主要用来帮助夜间行车时后方车辆看清前方车辆，灯光为红色，起到警示的作用。尾灯由灯光开关控制，只要打开灯光开关，无论在几挡尾灯一直亮。停车时打开尾灯，起到停车灯的作用,同时还可以显示车辆的宽度,所以尾灯还被称作停车灯或示宽灯。尾灯通常和制动灯装在一起。制动灯的亮度通常要大于尾灯的亮度,可以使用双丝的白炽灯,尾灯工作时用功率小的灯丝,制动灯工作时用功率大的灯丝。也有车辆使用两个灯泡,直接通过车灯控制单元调节灯泡的亮度,安装 LED 灯的尾灯/制动灯也是这样控制。

7. 后雾灯

后雾灯是汽车的标配部件,用于在能见度差的情况下告知后面车辆的驾驶员前面有车。后雾灯用白色或红色。相关法规规定后雾灯必须和前照灯或前雾灯同时工作,而且前雾灯工作时可以关断后雾灯,所以在车上有前雾灯开关和后雾灯开关。如果只有一个开关说明该车只装配了后雾灯,前雾灯需加装。雾灯开关如图 4 - 87 所示。

图 4 - 87 雾灯开关(装在方向盘左调节杆上)
1—后雾灯挡;2—前雾灯挡;3—雾灯关闭

三、汽车仪表

随着现代电子工业的快速发展,汽车仪表从传统的基于机械力工作的机械式,到基于电测原理的模拟电子式,又发展到最新的步进电动机全数字式,汽车仪表技术一直在不断地进步和提高,汽车工况综合信息系统可以说是第四代汽车仪表。

传统的机电式汽车仪表及各种报警装置虽然能向驾驶员提供诸如充电情况、机油压力、冷却水温度、燃油储量、制动系统压力、发动机转速、汽车速度和里程等信息,但随着汽车排放、节能、安全和舒适性等使用性能的不断提高,传统的仪表及报警装置所能提供的信息量已远远不能满足现代汽车新技术、高速度的要求。汽车电子控制技术的发展,要求汽车能够更迅速、更准确地处理包含各种电子控制装置在内的更多种信息,并通过汽车电子仪表显示出来,使驾驶员及时了解并掌握汽车的运行状态,妥善处理各种情况。

随着现代电子显示技术的迅速发展,汽车电子仪表将逐步取代常规的机电仪表,并正向"综合信息系统"的方向发展,其功能将不局限于现在的车速、里程、发动机转速、油量、水温、机油压力的指示,还能具备提供安全运行状态所需的多种信息的功能,如轮胎气压、制动装置、安全气囊等。多功能、高精度、高灵敏度、读数直观的电子数字显示及图像显示的仪表正不断地在汽车上得到应用。驾驶员信息系统作为汽车 CAN 总线上的一个节点,可以在仪表盘上显示汽车运行状态的各种数据,并具有汽车诊断数据接口,读取保存的数据,可以分析汽车的运行情况,也可以作为汽车黑匣子使用。

现代汽车仪表有分装式仪表、电子组合仪表、智能组合仪表和综合信息系统等。分装式汽车仪表具有各自独立的电路，有良好的磁屏蔽和热隔离，相互间影响较小，便于维修。缺点是所有仪表加在一起所占据的空间太大，且互相拥挤，安装不方便。有些汽车采用电子组合仪表，其结构紧凑，便于安装和接线，缺点是各仪表间磁效应和热效应相互影响，易引起附加误差，因此要采取一定的磁屏蔽和热隔离措施，还要进行相应的补偿。如图4-88所示为迈腾车电子组合仪表。该电子组合仪表电路额定电压为12V，负极搭铁，用插接器连接。

4-46 读懂汽车的仪表盘

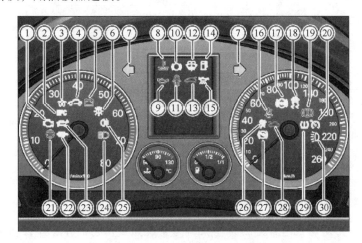

图4-88 迈腾车电子组合仪表

1—废气排放指示灯；2—EPC指示灯；3—预热及故障指示灯；4—防盗指示灯；
5—发电机指示灯；6—灯泡检测指示灯；7—转向信号机指示灯；8—冷却液温度及液位指示灯；
9—机油压力报警灯；10—制动衬片磨损指示灯；11—车门指示灯；12—风窗清洗液液位报警灯；
13—后备厢开启指示灯；14—燃油油位报警；15—机油油位报警；16—安全带未系报警；
17—ABS警报灯；18—ASR或ESP；19—手刹车、制动液位、制动系统；20—定速巡航；
21—电动助力转向；22—柴油车颗粒净化器报警灯；23—油箱盖开启报警灯；24—远光灯；
25—后雾灯指示灯；26—安全气囊或燃爆式安全带故障指示灯；27—制动踏板；
28—发动机仓盖未关指示灯；29—轮胎压力报警灯；30—日间行车灯

任务实施：

任务工单

任务名称：认识汽车电器系统		评价	
姓名		班级		学号	
任务描述	1. 认识汽车电器系统的组成； 2. 识别汽车电器系统的零部件； 3. 查阅维修手册，掌握汽车各电器的结构组成； 4. 阐述汽车电器各系统的工作原理； 5. 阐述汽车各个电器的作用。		

续表

能力目标	1. 能够阐述汽车电器系统的组成和工作原理； 2. 能够帮助客户在实际车辆和车辆相关文件上获取车辆信息； 3. 能够就汽车电器相关内容与客户沟通和交流。	
实施准备	1. 汽车电器相关文件或维修手册； 2. 教学用汽车电器零部件； 3. 教学用车辆； 4. 汇报用白板、笔、粘贴纸等。	
实施步骤	自主学习	1. 云平台学习老师发布的相关资料； 2. 获取相关信息； 3. 识别汽车电器相关部件； 4. 制作汽车电器各系统工作原理图解。
	小组讨论	课中以小组形式进行讨论，完成课中任务，形成小组汇报成果。
	小组汇报	通过粘贴纸方式识别汽车电器配件，通过粘贴纸的方式介绍汽车各电器系统的组成和作用。
反思		

思考题

1. 什么是发动机？发动机通常是由哪些机构与系统组成？它们各有什么功用？
2. 按照发动机和各个总成相对位置的不同，现代汽车的布置形式通常有哪几种？
3. 为什么说柴油机高压共轨技术是未来柴油机电控燃油喷射系统的发展方向？
4. 什么是发动机的工作循环？四冲程汽油发动机的工作循环是怎么进行的？它与四冲程柴油发动机的工作循环有什么不同？
5. 四冲程汽油发动机与四冲程柴油发动机相比较，各有哪些优缺点？
6. 简述汽车底盘各系统的组成与功用。
7. 简述汽车电器系统的组成与功用。

项目五 探索新型汽车技术

课程任务与能力矩阵		
项目名称	任务名称	进度描述
项目五 探索新型汽车技术	任务5.1 认识电动汽车	汽车运用与维修1+X初级/智能新能源汽车1+X初级
	任务5.2 认识混合动力汽车	汽车运用与维修1+X中级/智能新能源汽车1+X中级
	任务5.3 认识燃料电池汽车	汽车运用与维修1+X初级/智能新能源汽车1+X初级
	任务5.4 认识代用燃料汽车	汽车运用与维修1+X高级/智能新能源汽车1+X高级
	任务5.5 认识太阳能汽车	汽车运用与维修1+X高级/智能新能源汽车1+X高级
	任务5.6 认识智能网联汽车	汽车运用与维修1+X高级/智能新能源汽车1+X高级

"新能源汽车"这一概念,是相对于传统汽油车和柴油车而言的,是指用非汽油和非柴油燃料发动机或新能源作动力替代或部分替代传统内燃机作动力的汽车。新能源汽车有电动汽车、天然气汽车、液化石油气汽车、甲醇汽车或氢气汽车等。

任务5.1 认识电动汽车

任务引入:张先生有购买一辆电动汽车的想法,请你向张先生介绍一下电动汽车的优缺点、各部分的结构等相关知识,以便张先生作出更适合自己的选择。

5-1 电动汽车的定义

学习内容:1. 电动汽车的概念;
2. 电动汽车的特点;
3. 电动汽车的结构。

能力要求:1. 能够向客户介绍或解答电动汽车基本知识;
2. 树立以客户为中心的理念,增强服务意识;

　　3. 具有与客户沟通交流的能力；
　　4. 具备信息搜集和处理的能力。

任务描述： 1. 收集电动汽车相关资料；
　　2. 自主学习电动汽车相关知识；
　　3. 小组讨论电动汽车的结构及其和传统汽车的异同；
　　4. 制作电动汽车的结构名称卡片。

相关知识：

一、电动汽车的概念

　　电动汽车（Electric Vehicle，EV）是利用蓄电池存储的能量使电机转动，并将转动力传递给车轮，使车辆行驶。电动汽车和内燃机汽车一样历史悠久，它诞生于19世纪70年代。1873年，英国人罗伯特·戴维森研制成功第一辆具有实用价值的用蓄电池驱动的电动汽车，而电动汽车没有能够得到发展，竞争不过汽油车是因为当时蓄电池能量密度低、使用寿命短、充电时间长，每一次充电后的行驶路程太短。

　　近年来人们所关注的电动汽车和这类汽车有所不同，它是指从车载电源获取电力，以电机驱动行驶，同时满足道路交通安全法规等各项要求的电动汽车。电动汽车和电动叉车及普通的电瓶车是有区别的，它能在道路上快速而机动地行驶。

　　电动汽车是全部或部分由电能驱动，电机作为动力系统的汽车，它包括纯电动汽车、混合动力电动汽车和燃料电池汽车三种类型。

　　电动汽车的一个共同特点是汽车完全或部分由电力通过电机驱动，能够实现低排放和零排放。

二、电动汽车的特点

　　电动汽车能广泛地利用各种能源（油、煤、太阳能、水力能等可以转换为电能的能源）；能量的利用率高。具有以下特点：

5-2　电动汽车优缺点

①节能

　　首先是不需要石油类燃料；其次，在夜间充电可填补用电低谷时发电厂多余的供电量；此外电动机的耗能效率高达75%（而内燃机只有15%）。

②污染小

　　电动车行驶时不排放有害废气（称为"零排放"）。蓄电池在制造过程中或充电过程中仍会因化学反应而产生污染物，但比内燃机汽车的排气污染物更易控制。

③特殊环境下的优点

　　内燃机汽车无法在缺氧的条件下工作，而电动车则最适用于月球、太空、海底、真空等环境。

④其他

　　操作方便（电动车没有离合器、不必换挡），起动容易，行驶噪声小。但动力电池价格较贵，续航能力存在欠缺，充电速度慢，且充电桩数量仍存在缺口。

三、电动汽车各部分结构

电动汽车由车载电源、电池管理系统、驱动系统、控制系统、车身及底盘、安全保护系统等组成,如图 5-1 所示。电力驱动及控制系统是电动汽车的核心,也是区别于内燃机汽车的最大不同点。电力驱动及控制系统由驱动电动机、车载电源和电动机的调速控制装置等组成。电动汽车的其他装置基本与内燃机汽车相同。

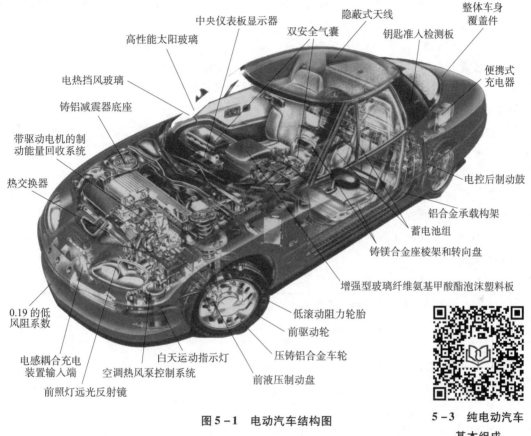

图 5-1 电动汽车结构图

5-3 纯电动汽车基本组成

(一)车载电源

电动汽车由电力驱动及控制系统、驱动力传动系统等组成。电力驱动及控制系统是电动汽车的核心,也是区别于内燃机汽车的最大不同点。电力驱动及控制系统由驱动电动机、电源和电动机的调速控制装置等组成。电动汽车的其他装置基本与内燃机汽车相同。

车载电源是为电动汽车的驱动电动机提供电能的装置。目前,电动汽车上应用最广泛的电源是锂离子电池。正在发展的电源主要有钠离子电池、燃料电池、飞轮电池等,这些新型电源的应用,为电动汽车的发展开辟了广阔的前景。

(二)驱动电动机

驱动电动机的作用是将电源的电能转化为机械能,产生转动力矩,通过传动装置驱动汽车车轮。

(三)电动机调速控制装置

电动机调速控制装置的作用是控制电动机的电压或电流,以达到控制电动机转矩大小和旋转方向,是为电动汽车的变速和方向变换设置的。

(四)传动装置

电动汽车传动装置的作用是将电动机的驱动转矩传给汽车的驱动轴。当采用电动机驱动时,传动装置的多数部件常常可以去掉,如离合器、变速器、差速器等。因为电动机可以带负载起动,所以无需传统汽车的离合器。因为驱动电机的旋向可以通过电路控制实现变换,所以无需变速器中的倒挡。当采用电动机无级调速控制时,电动汽车可以忽略传统汽车的变速器。当采用轮毂电机或轮边电机驱动汽车时,可以使不同的电机转速不同,实现电子差速,从而可以去掉差速器。

(五)行驶装置

行驶装置与一般汽车的构成相同,由车轮、轮胎和悬架等组成。行驶装置的作用是将电动机的驱动力矩通过车轮变成对地面的作用力,驱动车轮行走。

(六)转向装置

电动汽车的转向装置的作用和结构与普通汽车相同,有机械转向、液压转向和液压助力转向等类型,目前还出现了电子控制的液压助力转向。

(七)制动装置

制动装置的作用是使汽车迅速减速或停车。通常由制动器及其操纵装置组成。与普通汽车不同的是,在电动汽车上,一般还有电磁制动装置,它是一个利用汽车行驶的动能发电的发电机,使减速制动时的能量转换成对蓄电池充电的电流,从而得到再生利用。

任务实施:

任务工单

任务名称:介绍电动汽车基本知识			评价	
姓名		班级		学号	
任务描述	1. 收集电动汽车相关资料; 2. 自主学习电动汽车相关知识; 3. 小组讨论电动汽车的结构及其和传统汽车的异同; 4. 制作电动汽车的结构名称卡片。			
能力目标	1. 能够向客户介绍或解答电动汽车基本知识; 2. 树立以客户为中心的理念,增强服务意识; 3. 具有与客户沟通交流的能力; 4. 具备信息搜集和处理的能力。			
实施准备	1. 教学用车辆; 2. 手机; 3. 汇报用白板、粘贴纸、笔等。			
实施步骤	自主学习	1. 通过云平台学习教师发布的相关资料 2. 通过手机搜集相关信息 3. 个人总结电动汽车的优缺点、各部分的作用		
	小组讨论	课中以小组形式进行讨论,完成课中任务,形成小组汇报成果		
	小组汇报	通过角色扮演的方式利用教学用车辆向客户介绍电动汽车基本知识。		
反思				

任务 5.2　认识混合动力汽车

任务引入：客户李女士有购买一辆混合动力汽车的想法，但她对混合动力汽车所知甚少，作为销售顾问的你，能向李女士普及一下混合动力汽车的相关知识吗？以便她能选择一款适合自己的混合动力汽车。

学习内容：1. 混合动力汽车的组成；
　　　　　　2. 混合动力汽车的工作特点；
　　　　　　3. 混合动力汽车的类型。

能力要求：1. 能够向客户介绍或解答混合动力汽车基本知识；
　　　　　　2. 树立以客户为中心的理念，增强服务意识；
　　　　　　3. 具有与客户沟通交流的能力；
　　　　　　4. 具备信息搜集和处理的能力。

任务描述：1. 收集混合动力汽车相关资料；
　　　　　　2. 自主学习混合动力汽车相关知识；
　　　　　　3. 小组讨论不同类型混合动力汽车的特点及应用场景；
　　　　　　4. 制作混合动力汽车的结构名称卡片。

相关知识：

由于当前电动汽车用的电池性能还不理想，价格较贵、续航能力存在欠缺，充电速度慢，且充电桩数量仍存在缺口。混合动力汽车是弥补了纯电动汽车的不足而诞生的，它将电池和汽油内燃机共用，既克服纯电动汽车续驶里程较短、补充能量速度慢的缺点又减少排放污染。

一、混合动力汽车的组成

混合动力汽车由小排量燃油发动机、发电机、电池组、驱动电机、控制器和电器设备等组成（图 5-2）。

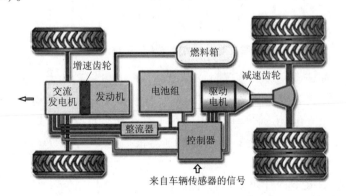

图 5-2　混合动力汽车结构示意图

5-4　混合动力汽车基本组成

二、混合动力汽车的工作特点

在日常行驶过程中,电脑根据实际情况选择最佳油—电工作模式工作。在市区慢速行驶时,靠电动机提供动力,停车等待时甚至连电动机也停止工作,不消耗动力,而电动机起动快、扭矩大的优点正适合城市走走停停的使用场景。只有在蓄电池快耗尽时发动机才会工作,但此时发动机只为蓄电池充电,燃油消耗特别少。在高速公路巡航行驶时,系统会关闭电动机只选择发动机工作。此时发动机处于连续工作状态,燃油经济性最佳,加上混合动力选用的发动机是小排量,所以比一般汽车更省油。加速时电动机与发动机联合工作,加速性能相当出色。当踩下刹车作减速时,系统会把多余的动能转化为电能储存到蓄电池中。发动机持续工作时间长,动力性好,而电动机无污染、低噪声,二者可取长补短,汽车的热效率可提高10%以上,废气排放可改善30%以上。

三、混合动力汽车的类型

混合动力汽车按照能量合成的形式主要分为串联式、并联式和混联式三种。

(一)串联式混合动力汽车

如图5-3所示,串联式混合动力汽车由发动机、发电机、电动机、电池组和控制器组成,它们之间用串联的方式组成SHEV的动力单元系统。载荷小时由电池驱动电动机带动车轮转动,载荷大时则由发动机带动发电机发电驱动电动机。

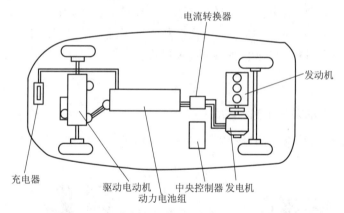

图5-3 串联式混合动力汽车驱动系统示意图

当电动车处起动、加速、爬坡的工况时,发动机—发电机组和动力电池组共同向电动机提供电能;当车辆处于低速、滑行、怠速的工况时,则由动力电池组驱动电动机,由发动机—发电机组向动力电池组充电。这种串联式电动车不管在什么工况下,最终都要由电动机来驱动车轮。动力电池充电和放电电流的大小由控制器根据电动机驱动功率的变化情况进行控制。

串联式混合动力电动汽车具有如下性能特点:

①发动机工作状态不受汽车行驶工况的影响,始终在其最佳的工作区域内稳定运行,因此,发动机具有良好的经济性和低的排放指标。

②由于有电池进行驱动功率"调峰",发动机的功率只需满足汽车在某一速度下稳定运行工况所需的功率,因此可选择功率较小的发动机。

③发动机与驱动桥之间无机械连接，因此，对发动机的转速无任何要求，发动机的选择范围较大。

④发动机与电动机之间无机械连接，整车的结构布置自由度较大。

⑤发动机的输出需全部转化为电能再变为驱动汽车的机械能，需要功率足够大的发电机和电动机。

⑥既要起到良好的发电机输出功率平衡作用，又要避免电池出现过充电或过放电，就需要较大的电池容量。

⑦发电机将机械能量转变为电能、电动机将电能转变为机械能、电池的充电和放电都有能量损失，因此发动机输出的能量利用率比较低。

串联式混合动力电动汽车发动机能保持在最佳工作区域内稳定运行这一特点的优越性主要表现在低速、加速等运行工况，而在汽车中、高速行驶时，由于其电传动效率低，抵消了发动机油耗低的优点，因此串联式混合动力电动汽车更适用于在市内低速运行的工况。在繁华的市区，汽车在起步和低速时还可以关闭发动机，只利用电池进行功率输出，使汽车达到零排放的要求。

（二）并联式混合动力汽车

如图5-4所示，并联式混合动力汽车的组成和串联式基本相同，但它没有单独的发电机，电动机既可以作电动机又可以作发电机使用，又称为电动—发电机组。它是发动机和电动机以机械能叠加的方式驱动汽车，发动机与电动机分属两套系统，可以分别独立地向汽车传动系统提供扭矩，在不同的路面上既可以共同驱动又可以单独驱动。

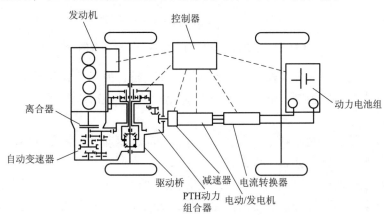

图5-4 并联式混合动力汽车驱动系统示意图

由于没有单独的发电机，发动机可以直接通过传动机构驱动车轮，因此该装置更接近传统的汽车驱动系统，得到比较广泛的应用。

并联式混合动力电动汽车具有如下性能特点：

① 并联式混合动力汽车的燃油经济性比串联式的好。

② 有电动机进行"调峰"作用，发动机的功率也可适当减小。

③ 当电动机只是作为辅助驱动系统时，功率可以比较小。

④ 比较小的电池容量即可满足使用要求，因为有发电机补充电能。

⑤ 发动机的排污比串联式的高。

⑥ 并联式驱动系统其传动机构较为复杂。

并联式驱动系统最适合于汽车在中、高速稳定行驶的工况。而在其他的行驶工况，由于发动机不在其最佳的工作区域内运行，发动机的油耗和排污指标不如串联式。并联式混合动力电动汽车也可实现零排放控制，在繁华的市区低速行驶时，可通过关闭发动机和使离合器分离，也可以使汽车以纯电动方式运行。但这样就需要功率足够大的电动机，所需的电池容量也相应要大。

（三）混联式混合动力汽车

如图5-5所示，混联式混合动力汽车驱动系统由发动机、发电机、电动机、电池组、控制器等组成，是串联式与并联式的综合。

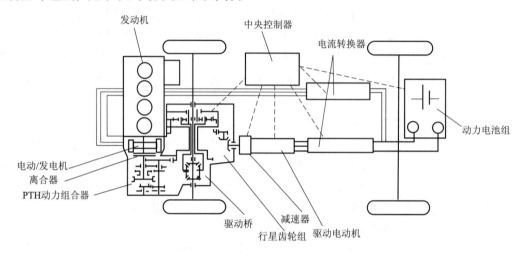

图5-5 混联式混合动力汽车驱动系统示意图

发动机发出的功率一部分通过机械传动输送给驱动桥，另一部分则驱动发电机发电。发电机发出的电能由控制器控制，输送给电动机或电池，电动机产生的驱动力矩通过动力复合装置传送给驱动桥。

混联式驱动系统的控制原则是：在汽车低速行驶时，驱动系统主要以串联方式工作；当汽车高速稳定行驶时，则以并联工作方式为主。

混联式驱动系统的结构形式和控制方式充分发挥了串联式和并联式的优点，能够使发动机、发电机、电动机等部件进行更多的优化匹配，从而在结构上保证了在更复杂的工况下使系统工作在最优状态，因此更容易实现排放和油耗的控制目标。

与并联式相比，混联式的动力复合形式更复杂，因此对动力复合装置的要求更高。目前的混联式结构一般以行星齿轮作为动力复合装置的基本构架。

对于三种不同形式的混合动力汽车可根据不同用途择优选用。如用于城市公交或出租汽车，可开发串联式混合动力电动汽车；若用于长途客货运输的汽车，则开发并联式的混合动力电动汽车较为合适；家庭用车或用途比较复杂的其他车辆，则用混联式的混合动力电动汽车。

由于混合动力汽车仍然需要消耗燃油，且构造复杂，成本较高，因此混合动力型汽车只是一种过渡产品，一旦高能电池及快速充电问题得到解决，混合动力汽车最终将被纯电动汽车所取代。

任务实施：

任务工单

任务名称：介绍混合动力汽车基本知识			评价	
姓名		班级	学号	
任务描述	1. 收集混合动力汽车相关资料； 2. 自主学习混合动力汽车相关知识； 3. 小组讨论不同类型混合动力汽车的特点及应用场景； 4. 制作混合动力汽车的结构名称卡片。			
能力目标	1. 能够向客户介绍或解答混合动力汽车基本知识； 2. 树立以客户为中心的理念，增强服务意识； 3. 具有与客户沟通交流的能力； 4. 具备信息搜集和处理的能力。			
实施准备	1. 教学用车辆； 2. 手机； 3. 汇报用白板、粘贴纸、笔等。			
实施步骤	自主学习	1. 通过云平台学习教师发布的相关资料 2. 通过手机搜集相关信息 3. 个人总结各种类型混合动力汽车的特点及应用场景 4. 制作混合动力汽车的结构名称卡片		
	小组讨论	课中以小组形式进行讨论，完成课中任务，形成小组汇报成果		
	小组汇报	通过角色扮演的方式利用教学用车辆向客户介绍混合动力汽车基本知识。		
反思				

任务5.3 认识燃料电池汽车

任务引入：客户张先生有购买一辆燃料电池汽车的想法，但他对燃料电池汽车所知甚少，作为销售顾问的你，能向张先生普及一下燃料电池汽车的相关知识吗？以便他能做出更适合自己的选择。

学习内容：1. 燃料电池的概念及特点；
　　　　　　2. 燃料电池汽车的类型；
　　　　　　3. 燃料电池汽车的结构及工作原理。

能力要求：1. 能够向客户介绍或解答燃料电池汽车基本知识；
　　　　　　2. 树立以客户为中心的理念，增强服务意识；
　　　　　　3. 具有与客户沟通交流的能力；
　　　　　　4. 具备信息搜集和处理的能力。

任务描述：1. 收集燃料电池及燃料电池汽车相关资料；
　　　　　　2. 自主学习燃料电池及燃料电池汽车相关知识；

3. 小组讨论燃料电池的工作原理及燃料电池汽车各部分的功能；
4. 制作燃料电池汽车动力系统各部分名称卡片。

相关知识：

采用燃料电池作为电源的电动汽车称为燃料电池汽车（Fuel Cell Electric Vehicle，简称 FCEV）。FCEV 一般以质子交换膜燃料电池（PEMFC）作为车载能量源。

一、燃料电池

燃料电池电动汽车核心部件燃料电池的电能是通过氢气和氧气的化学作用（而不是经过燃烧）直接变成电能。燃料电池十分复杂，涉及化学热力学、电化学、电催化、材料科学、电力系统及自动控制等学科的有关理论。

燃料电池的发明始于 1893 年，由英国人戈尔夫（W. R. Grove）发明，由于当时无法做到提高单位体积或单位重量的发电量（比容量）而没能得到实际应用。现在的燃料电池是 100 多年后由英国人布朗士·贝肯（Francis Bacon）总结和整理后发明，并于 1952 年取得专利权。所以燃料电池又称贝肯电池。

燃料电池是一种将燃料和氧化剂的化学能直接转换成电能的电化学反应装置。燃料可以是氢气、甲醇、石油气、甲烷及其它能分解出氢的烃类化合物。目前大多数燃料电池汽车使用压缩氢气或液化氢气作为燃料。一个单体燃料电池由阳极、阴极、电解质和隔膜构成。它的发电原理与化学电源一样，电极提供电子转移的场所，阳极催化燃料（如氢气等），阴极催化氧化剂（如氧等）的还原过程；导电离子在将阴阳极分开的电解质内迁移，电子通过外电路作功并构成电的回路，如图 5-6 所示。

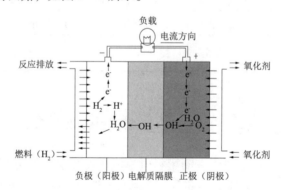

图 5-6 氢燃料电池的组成与原理

燃料电池直接将燃料和氧化剂的化学能转换为电能，不受卡诺热机循环的限制，只要提供燃料即可发电，其优点是：①转换效率高；②节能、绿色、环保；③运行平稳，无振动和噪声；④结构简单；⑤使用寿命长。缺点是：①燃料种类单一；②密封要求高；③成本高；④需配备辅助电池。

二、燃料电池汽车的类型

（一）按燃料特点分类

燃料电池汽车按燃料特点可分为直接燃料电池汽车和重整燃料电池汽车两种。

1. 直接燃料电池汽车

直接燃料电池汽车的燃料主要是氢气。直接燃料电池汽车排放无污染,被认为是最理想的汽车,但存在氢的制取和存储困难等缺点。

2. 重整燃料电池汽车

重整燃料电池汽车的燃料主要有汽油、天然气、甲醇、甲烷、液化石油气等。重整燃料电池汽车的结构比氢燃料电池汽车复杂得多。

(二)按燃料氢的存储方式分类

燃料电池汽车按燃料氢的存储方式可分为压缩氢燃料电池汽车、液氢燃料电池汽车和合金(碳纳米管)吸附氢燃料电池汽车三种。

(三)按供电配置不同分类

燃料电池汽车按供电配置不同,可分为纯燃料电池驱动(PFC)式、燃料电池与辅助蓄电池联合驱动(FC+B)式、燃料电池与超级电容联合驱动(FC+C)式、燃料电池与辅助蓄电池和超级电容联合驱动(FC+B+C)式四种。

1. 纯燃料电池驱动(PFC)式燃料电池汽车

纯燃料电池驱动的燃料电池汽车只有燃料电池一个动力源,汽车的所有功率负荷都由燃料电池承担。纯燃料电池驱动的燃料电池汽车的动力系统结构如图5-7所示。

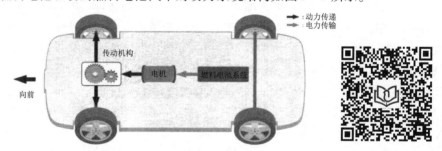

图5-7 纯燃料电池驱动的燃料电池汽车的动力系统结构

5-5 气体燃料汽车简介

2. 燃料电池与辅助蓄电池联合驱动(FC+B)式燃料电池汽车

燃料电池与辅助蓄电池联合驱动的燃料电池汽车的动力系统结构如图5-8所示。该结构是典型的串联式混合动力结构。在该动力系统结构中,燃料电池和蓄电池一起为电机提供能量,电机将电能转化成机械能传给传动系统,从而驱动汽车行驶;在汽车制动时,电机变成发电机,蓄电池将储存回馈的能量。

在燃料电池和蓄电池电池联合供能时,燃料电池的能量输出变化较为平缓,随时间变化波动较小,而能量需求变化的高频部分由蓄电池分担。

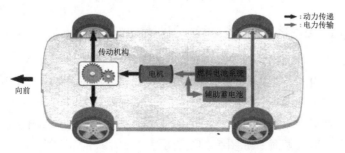

图5-8 纯燃料电池驱动的燃料电池汽车的动力系统结构

3. 燃料电池与超级电容联合驱动（FC+C）式燃料电池汽车

燃料电池+超级电容的结构和燃料电池+蓄电池结构相似，只是把辅助蓄电池换成超级电容，如5-9所示。相对于辅助蓄电池，超级电容充放电效率高，能量损失小，功率密度大，回收制动能量方面比辅助蓄电池有优势，循环寿命长，但是超级电容的能量密度较小，随着超级电容技术的不断发展，这种结构将成为一种新的重要研究方向。

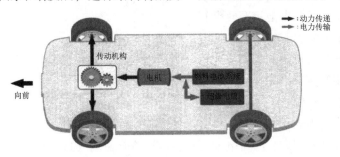

图5-9 燃料电池+超级电容结构的动力系统

4. 燃料电池与辅助蓄电池和超级电容联合驱动（FC+B+C）式燃料电池汽车

燃料电池+辅助蓄电池+超级电容联合驱动的电动汽车的动力系统结构如图5-10所示，该结构也为并联式混合动力结构。在该动力系统结构中，燃料电池、辅助蓄电池和超级电容一起为电机提供电能，电机将电能转化成机械能经传动系统传给车轮，从而驱动汽车行驶；在汽车制动时，进入能量回收模式，驱动电机变成发电机，发电产生的电能回馈储存到辅助蓄电池和超级电容中。在燃料电池、辅助蓄电池和超级电容联合供电时，燃料电池的电能输出较为平缓，随时间变化波动较小，而电能需求变化的低频部分由辅助蓄电池承担，能量需求变化的高频部分由超级电容承担。在这种结构中，各动力源的分工更加明细，使它们发挥各自的优势。

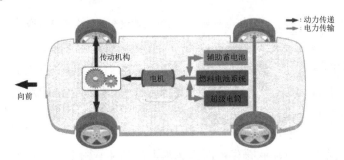

图5-10 燃料电池与辅助蓄电池和超级电容联合驱动（FC+B+C）式燃料电池汽车

三、燃料电池汽车的基本结构与工作原理

（一）基本结构

现在的燃料电池电动汽绝大多数采用的是混合式燃料电池驱动系统，将燃料电池与辅助动力源相结合，燃料电池可以只满足持续功率需求，借助辅助动力源提供加速、爬坡等工况所需的峰值功率，而且在制动时可以将回馈的能量储存在辅助动力源中。混合式燃料电池驱动系统有并联式和串联式两种，如图5-11所示。

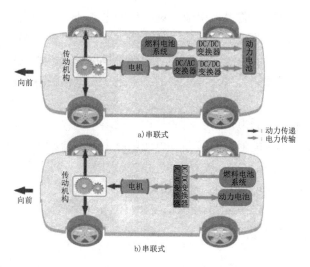

图 5-11 混合式燃料电池电动汽车驱动系统结构框图

混合式燃料电池电动汽车的动力系统主要由燃料电池系统、辅助动力源、DC/DC 变换器、DC/AC 逆变器、电机和动力电控系统等组成。

1. 燃料电池系统

燃料电池电动汽车中的燃料电池系统主要由燃料电池组、氢气供给系统、氧气供给系统、气体加湿系统、反应生成物的处理系统、冷却系统和电能转换系统等组成。5-12 是奥迪 h-tron quattro concept 车型的氢燃料电池系统，只有这些辅助系统匹配恰当和运转正常，才能保证燃料电池系统正常运转，保证电能的输出。

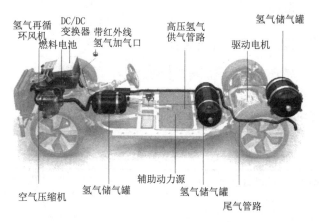

图 5-12 奥迪 h-tron quattro concept 车型的氢燃料电池系统

2. 辅助动力源

在燃料电池电动汽车上燃料电池发动机是主要电源，另外还配备有辅助动力源。根据燃料电池电动汽车的设计方案不同，其所采用的辅助动力源也有所不同，可以用蓄电池组）飞轮储能器或超大容量电容器等共同组成双电源系统。

在具有双电源系统的燃料电池电动汽车上，驱动电机的电源可以出现以下几种驱动模式：

①车辆起动时，驱动电机的电源由辅助动力源提供。

②车辆行驶时，由燃料电池系统提供驱动所需全部电能，多余的电能储存到辅助动力源中。

③在车辆加速和爬坡时，若燃料电池系统提供的电能还不足以满足燃料电池电动汽车驱动功率要求，则由辅助动力源提供额外的电能，增大驱动电机的功率或转速，满足车辆的动力要求。此时，形成燃料电池系统与辅助动力源同时供电的双电源的供电模式。

④储存制动时反馈的电能，以及向车辆的各种电子、电器设备提供所需要的电能。

3. DC/DC 变换器

燃料电池电动汽车采用的电源有各自的特性，燃料电池仅提供直流电，电压和电流随输出电流的变化而变化。燃料电池没有接受外电源的充电，电流的方向只是单向流动。

燃料电池电动汽车中的 DC/DC 变换器的主要实现以下三个功能：

①调节燃料电池的输出电压；

②调节整车能量分配；

③稳定整车直流母线电压。

4. 电机

燃料电池电动汽车驱动用的电机主要有直流电机、交流电机、永磁电机和开关磁阻电机等。电机的选型必须结合整车开发目标，综合考虑电机的特性。

（二）工作原理

燃料电池汽车的工作原理是，作为燃料的氢在汽车搭载的燃料电池中，与大气中的氧气发生氧化还原化学反应，产生出电能来带动电机工作，再由电机带动汽车中的机械传动结构，进而带动汽车的前桥（或后桥）等行走机构工作，从而驱动电动汽车前进。

燃料电池汽车的核心部件燃料电池，通过氢气和氧气的化学作用，而不是经过燃烧，直接变成电能动力。燃料电池的反应结果会产生极少的二氧化碳和氮氧化物，副产品主要产生水，因此被称为绿色新型环保汽车。

四、燃料电池汽车的优点与缺点

燃料电池汽车具有热效率高、零污染或超低污染、在宽广的范围内保持高效率、过载能力强、配置灵活、机动性大、充分利用现有服务设施等优点。但燃料电池汽车辅助设备复杂、占用体积大、起动时间长、系统耐振动能力需进一步提高。

任务实施：

任务工单

任务名称：介绍燃料电池汽车基本知识				评价	
姓名		班级		学号	
任务描述	1. 收集燃料电池及燃料电池汽车相关资料； 2. 自主学习燃料电池及燃料电池汽车相关知识； 3. 小组讨论燃料电池的工作原理及燃料电池汽车各部分的功能； 4. 制作燃料电池汽车动力系统各部分名称卡片。				
能力目标	1. 能够向客户介绍或解答燃料电池汽车基本知识； 2. 树立以客户为中心的理念，增强服务意识； 3. 具有与客户沟通交流的能力； 4. 具备信息搜集和处理的能力。				

续表		
实施准备	1. 教学用车辆； 2. 手机； 3. 汇报用白板、粘贴纸、笔等。	
实施步骤	自主学习	1. 通过云平台学习教师发布的相关资料 2. 通过手机搜集相关信息 3. 个人总结燃料电池的工作原理及燃料电池汽车各部分的功能 4. 制作燃料电池汽车动力系统各部分名称卡片
	小组讨论	课中以小组形式进行讨论，完成课中任务，形成小组汇报成果
	小组汇报	通过角色扮演的方式利用教学用车辆向客户介绍燃料电池汽车基本知识。
反思		

任务 5.4　认识代用燃料汽车

任务引入：大一新生开学后，有部分同学加入了汽车爱好者协会，作为学长的你能给新加入的同学普及一下代用燃料汽车的基础知识吗？

学习内容：1. 天然气汽车的特点及结构；

2. 生物柴油汽车的特点及发展意义；

3. 乙醇汽油的特点。

能力要求：1. 能够向他人介绍或解答天然气汽车、生物柴油汽车、乙醇汽油的基本知识；

2. 树立以客户为中心的理念，增强服务意识；

3. 具有与客户沟通交流的能力；

4. 具备信息搜集和处理的能力。

任务描述：1. 收集天然气汽车、生物柴油汽车和乙醇汽油相关资料；

2. 自主学习天然气汽车、生物柴油汽车和乙醇汽油相关知识；

3. 小组讨论天然气汽车、生物柴油汽车和乙醇汽油的特点；

4. 制作天然气汽车的结构名称卡片。

相关知识：

一、天然气汽车

天然气（CNG）汽车（图5-13）是以油改天然气为燃料的一种气体燃料汽车。天然气甲烷含量一般在90%以上，是一种很好的汽车发动机燃料。车用压缩天然气的压力一般在20MPa左右，可由天然气经过脱水、脱硫净化处理后，经多级加压制得，其使用时的状态为气体。

图 5-13 天然气（CNG）汽车

（一）天然气汽车的特点

①燃烧稳定，不会产生爆燃，并且冷、热起动方便。

②压缩天然气的储运、减压、燃烧都在严格的密封状态下进行，不易发生泄漏。另外，储气瓶经过各种特殊的破坏性试验，安全可靠。

③压缩天然气燃烧安全，积炭少，减少了气阻和爆燃，有利于延长发动机各部件的使用寿命，减少维修保养次数，从而可大幅度降低维修保养成本。

④可减少发动机的机油消耗量。

⑤使用压缩天然气与使用汽油相比，可大幅度降低一氧化碳、二氧化硫、二氧化碳等的排放，并且没有苯、铅等致癌和有毒物质危害人体健康。

（二）天然气汽车的结构

天然气汽车采用定型汽车改装，如图 5-14 所示，在保留原车供油系统的情况下，增加了一套车用压缩天然气转换装置。

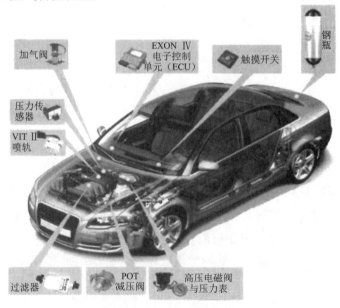

图 5-14 天然气汽车的结构

改装部分由以下三个系统组成。

1. 天然气系统

天然气系统主要由充气阀、高压截止阀、天然气钢瓶（图 5-15）、高压管线、高压插头、压力表、压力传感器及气量显示器等组成。

图 5-15 天然气钢瓶

天然气钢瓶的瓶口处安装有易熔塞和爆破片两种安全装置，当气瓶温度超过 100℃ 或压力超过 26MPa 时，安全装置会自动破裂卸压，减压阀上设有安全阀；气瓶及高压管线安装时，均有防振胶垫，卡箍牢固。因此，该系统在使用中是安全可靠的。

2. 燃气供给系统

燃气供给系统主要由燃气高压电磁阀、三级组合式减压阀和混合器等组成。

汽车以 CNG 做燃料时，天然气经三级减压后，通过混合器与空气混合进入气缸，压缩汽车以 CNG 做燃料时，天然气经三级减压后，通过混合器与空气混合进入气缸，压缩天然气由额定进气气压减为负压，其真空度为 49~69kPa。减压阀与混合器配合可满足发动机不同工况下对混合气体浓度的要求。减压阀总成设有怠速阀，用以供给发动机怠速用气；压缩机减压过程中要膨胀做功对外吸热，因此，在减压阀上还设有利用发动机循环水的加温装置。

3. 油气燃料转换系统

油气燃料转换系统主要由三位油气转换开关（图 5-16）、点火时间转换器、汽油电磁阀等组成。

图 5-16 三位油气转换开关

为提高操作性能，驾驶室内设置有油气燃料转换开关，用来统一控制油气电磁阀及点火时间转换器，点火时间转换器通过电路系统自动转换两种燃料的不同点火提前角；仪表板上气量显示器的 4 个绿灯显示气瓶的储气量；燃料转换开关上还设有供气按钮。因此，该系统功能齐全，操作非常方便。当燃料转换开关置于"天然气"位置时，电磁阀打开，汽油阀关断，储气瓶中的天然气流经总气阀、过滤器、电磁阀进入减压器，经多级减压至负压，再通过动力阀进入混合器，与空气过滤器中来的空气混合并点燃推动发动机曲轴转动。

混合器可在减压器的调节下，根据发动机不同工况下产生的不同真空度，自动调节供气量和空气与天然气均匀混合，满足发动机的供能要求。动力阀可改变天然气低压管的横截面面积，调节混合气阀的关断，原车供油系统恢复正常供油状态，发动机正常运转。控制系统主要由燃料转换开关组成，通过控制汽油电磁阀和燃气电磁阀的开关，实现供油与供气的选择。

天然气汽车的工作原理与汽油汽车一致。简而言之，天然气在四冲程发动机的气缸中与空气混合，通过火花塞点火，推动活塞上下移动。虽然天然气的可燃性和点火温度与汽油存在一些差别，但天然气汽车采用的是与汽油汽车基本一致的运行方式。

二、生物柴油汽车

生物柴油是指以油料作物、野生油料植物、工程微藻等水生植物油脂以及动物油脂、餐饮废油等为原料，通过酯交换工艺制成的有机脂肪酸酯类燃料。生物柴油汽车就是指使用全部或部分的生物柴油作为燃料的汽车。

生物柴油的学名叫"FAME"，即脂肪酸甲基脂，它可以作为汽车的一种替代燃料，直接用于汽车动力上。生物柴油可以以100%浓度用于柴油发动机，目前世界上主要的生物柴油还是将生物油与矿物油调和使用。行业上生物柴油的规模应用普遍为 B5（5%的生物柴油 + 95%的标准柴油）～B20（20%的生物柴油 + 80%的标准柴油）。

（一）生物柴油汽车的优点

①优异的环保性。生物柴油燃烧产生的 SO_2 和硫化物排放量低；不含芳香族烷烃；氧含量高，CO 的排放与普通柴油相比减少约 90%，无毒。

②高度的安全性。目前世界各地生产的生物柴油闪点均高于130℃，具备极好的热稳定性和抗爆性，在运输、储存和使用方面安全性很高。

③优异的低温起动性。无添加剂冷滤点达 -20℃，可确保在低温环境下正常起动。

④好的可燃性和润滑性。生物柴油的十六烷值一般不低于石化柴油，燃烧性能优于普通石化柴油；其润滑性也很好，可以降低喷油泵、发动机缸体和连杆的磨损率，延长发动机使用寿命。

（二）生物柴油汽车的缺点

①燃烧效果差。生物柴油的黏度约为2#石化柴油的12倍，影响喷射时程，导致喷射效果不佳。生物柴油的低挥发性易造成燃烧不完全，影响汽车燃烧效率。

②制取成本较高。消耗大量耕地资源，与石化柴油相比，加工制取的工艺较复杂。

③氧化安定性差。给实际使用和储存都造成了很大的困难。

（三）发展生物柴油汽车的意义

①保障石油安全，解决能源危机。

②生态环境友好，符合低碳理念。

③原料来源广泛，社会效益好。

④优化能源产业结构，促进农业发展。

（四）生物柴油汽车的发展现状

美国是最早研究生物柴油的国家。1983 年美国科学家 Graham Quick 首先将菜籽油甲酯用于发动机，并把来自动物或植物可再生的脂肪酸单酯定义为生物柴油（Biodiesel）。

美国对生物柴油的关注始于 1990 年的"空气清洁法案"，美国能源署及环保署要求联邦政府部门车辆部分使用生物柴油代替石化柴油。2005 年 3 月美国海军要求其符合条件的车船均使用 B20 燃料，许多联邦政府、州政府和地方政府相继效仿，如今大部分政府车辆、公共汽车和校车已经用上了 B20 生物柴油。

德国作为欧盟的代表已成为全球最大的生物柴油生产国。自从 2004 年初德国政府授权常规柴油中强制加入最多 5% 的生物柴油，生物柴油产业迎来了发展浪潮。德国 CHOREN 是世界上生物合成柴油和煤间接转化油生产领域的先驱者。

在欧洲，各大汽车制造商如奥迪、大众、奔驰、菲亚特等，均允许在其各款柴油轿车和载货车中使用满足欧盟标准 EN14214：2001 - 09 的生物柴油，并保证同样给予用户相应车辆的机械保证和保养。

我国生物柴油发展较晚，系统研究始于中国科学院的"八五"重点科研项目"燃料油植物的研究与应用术"。2007 年颁布的《柴油机燃料调合用生物柴油（BD100）国家标准》（2014 年更新为 GB/T 20828 - 2014《柴油机燃料调合用生物柴油（BD100)》），使得生物柴油作为替代能源有了正式身份，但该标准只是一种化学品的产品标准。

三、乙醇燃料汽车

专门设计或改造的、使用乙醇作为燃料的汽车称为乙醇燃料汽车。乙醇燃料已成为国际上普遍公认的可减少环境污染和取代化石燃料的主要资源。乙醇与普通汽油的性能接近，与汽油一样，适用于火花点火式发动机。与汽油相比，其热值低、辛烷值高、含氧。

由于热值低，一般来说，乙醇燃料汽车行驶同样的里程需要更多的燃料。但是，由于辛烷值高，如果采用专门设计的高压缩比发动机，燃烧的热效率就会有所提高，则可以适当补偿热值低的缺陷。由于含氧，燃烧的时候就可以比汽油少消耗一点氧气，导致发动机燃料与空气相混配的比例与使用汽油不同。由此可见，要充分发挥乙醇的性能，需要设计专门的发动机。

但是，汽车一般不会使用纯乙醇作为燃料，因为纯乙醇在气化时需要更多的热量（气化潜热大），这样，汽车在冷天时的起动性能不好，故通常在汽油中加入一定量的乙醇作为燃料使用。一般最高使用 E85 乙醇汽油，即含 85% 乙醇和 15% 的汽油的混合燃料。世界上使用乙醇最多的是 E22 乙醇汽油。这样大比例的乙醇汽油，就需要使用专门设计的发动机。

车用乙醇汽油（国外称汽油醇），是在汽油中加入 10% 的变性乙醇，可使汽油的辛烷值提高 3%，氧含量增加 3.5%，大大改善了汽油的使用性能，燃烧将更彻底，是一种节能环保型燃料。美国、巴西已大量使用乙醇汽油，各方面收到了巨大效益，我国为了解决能源、农业、环境问题，正积极准备试行乙醇汽油政策。

车用乙醇汽油是指在汽油组分油中，按体积比加入一定比例的变性燃料乙醇混配而成的一种新型清洁车用燃料。

乙醇汽油的特点：①增加了汽油中的氧含量，使燃烧更充分，有效地减少了尾气中有害物质的排放；②可有效提高汽油的标号，使发动机运行平稳；③有效消除了火花塞、气门、活塞顶部及排气管、消声器部位积炭的形成，可以延长主要部件的使用寿命。

乙醇燃料汽车一般只能使用专门的乙醇燃料，燃料成分一旦发生变化，汽车就不能很好地工作。这给用户带来了许多不便，用户需要一种能使用多种比例乙醇的乙醇汽油车，所以就出现了灵活燃料汽车。这种汽车装有自动识别燃料成分的传感器，然后通过发动机电控系统自动调节燃料混配系统，调制出适合发动机燃烧的混合气，同时也控制点火系统等一些相关系统做出相应的调整，使发动机最大限度地工作在最佳的状况，并发挥燃料的性能。这种汽车一般可以使用从100%汽油到100%乙醇的各种配比的乙醇汽油。

巴西是全球最早发展乙醇汽车的国家。根据巴西法律规定，巴西所有加油站出售的汽油也必须添加25%的乙醇燃料。因此，巴西公路上跑的基本上都是乙醇汽油汽车。经过近30年的努力，巴西已成为世界上唯一不供应纯汽油的国家，也是世界上发展替代能源、采用乙醇为汽车燃料最为成功的国家之一。

在2000年以前，我国开展乙醇燃料研究及应用工作的机构并不多。但是随着，越来越多的人开始关注能源短缺与环境压力，乙醇汽油的已经广泛应用。

任务实施：

任务工单

任务名称：介绍代用燃料汽车基本知识		评价	
姓名		班级		学号	

任务描述	1. 收集天然气汽车、生物柴油汽车和乙醇汽油相关资料； 2. 自主学习天然气汽车、生物柴油汽车和乙醇汽油相关知识； 3. 小组讨论天然气汽车、生物柴油汽车和乙醇汽油的特点； 4. 制作天然气汽车的结构名称卡片。		
能力目标	1. 能够向同学、朋友介绍或解答天然气汽车、生物柴油汽车、乙醇汽油的基本知识； 2. 树立以客户为中心的理念，增强服务意识； 3. 具有与客户沟通交流的能力； 4. 具备信息搜集和处理的能力。		
实施准备	1. 教学用车辆； 2. 手机； 3. 汇报用白板、粘贴纸、笔等。		
实施步骤	自主学习	1. 通过云平台学习教师发布的相关资料 2. 通过手机搜集相关信息 3. 个人总结天然气汽车、生物柴油汽车、乙醇汽油的基本知识	
	小组讨论	课中以小组形式进行讨论，完成课中任务，形成小组汇报成果	
	小组汇报	利用教学用车辆向同学介绍天然气汽车、生物柴油汽车、乙醇汽油的基本知识。	
反思			

任务 5.5　认识太阳能汽车

任务引入：小张是今年新入学的汽车专业学生，现在系部组织新生参观实训场地，他对实训室中的太阳能汽车非常感兴趣，作为学长的你能给他介绍一下太阳能汽车的基本知识吗？

学习内容：1. 太阳能在汽车上的应用方式；
　　　　　　2. 太阳能汽车的特点；
　　　　　　3. 太阳能汽车的结构及各部分的作用。

能力要求：1. 能够向新入学的同学或朋友介绍太阳能汽车的基本知识；
　　　　　　2. 树立以客户为中心的理念，增强服务意识；
　　　　　　3. 具有与客户沟通交流的能力；
　　　　　　4. 具备信息搜集和处理的能力。

任务描述：1. 收集太阳能电池及太阳能汽车相关资料；
　　　　　　2. 自主学习太阳能电池及太阳能汽车相关知识；
　　　　　　3. 小组讨论太阳能电池的工作原理、太阳能在汽车中的应用方式及太阳能汽车的特点。

相关知识：

太阳能汽车是利用太阳能电池将太阳能直接转化为电能，再利用电机驱动汽车的一种新型汽车，如图 5-17 所示。在光照情况下，通过光伏发电技术产生电流，并可以直接或者协同动力电池同时供电来驱动电机，或将多余的能量储存在动力电池中以便在阳光不足环境下利用。相比传统热机驱动的汽车，太阳能汽车不会向大气中排放废气，真正做到了零排放。另外，与石油燃料相比，太阳能取之不尽，用之不竭。

图 5-17　太阳能汽车

5-6　太阳能电动汽车简介

一、太阳能在汽车上的应用

到目前为止，太阳能在汽车上的应用主要有两个方面：一是作为驱动力；二是用作汽车辅助设备的能源。

（一）太阳能作为驱动力

太阳能作为驱动力，一般采用太阳能电池吸收太阳能，再转化为电能驱动汽车运行。按照应用太阳能的程度又可分为如下两种形式：

1. 太阳能作为第一驱动力驱动汽车

完全用太阳能为驱动力代替传统燃油，是几代汽车工作者的梦想。1982年澳大利亚人汉斯和帕金用玻璃纤维和铝制成了一部"静静的完成者"太阳能汽车。车顶部装有能吸收太阳能的装置，给两个电池充电，电池再给发动机提供电力。12月19日，两人驾驶着这辆车，从澳大利亚西海岸的珀思出发，横穿澳大利亚大陆，于1983年1月7日到达东海岸的悉尼，实现了一次伟大的创举。这种太阳能汽车与传统的汽车不论在外观还是运行原理上都有很大的不同，太阳能汽车已经没有发动机、底盘、驱动、变速箱等构件，而是由太阳能电池板、储电器和电机组成。利用贴在车体外表的太阳电池板，将太阳能直接转换成电能，再通过电能的消耗，驱动车辆行驶，车的行驶快慢只要控制输入电机的电流就可以解决。目前此类太阳车的车速最高能达到100km/h以上，而无太阳光最大续行能力也在100km左右。

还有一种概念上的太阳能汽车，这种汽车在车体上没有安装光伏电池板，而只是配置蓄电池，而电能全部来自专门的太阳能发电装置。优点是外观与现有车辆类似，没有"另类"的感觉，缺点是要经常到太阳能电站充电，当然续行能力也受到限制。

2. 太阳能和其它能量混合驱动汽车

太阳能辐射强度较弱，光伏电池板造价昂贵，加之蓄电池容量和天气的限制，使得完全靠太阳能驱动的汽车的实用性受到极大的限制，不利于推广。因此就出现了一种采用太阳能和其它能量混合驱动的汽车。

复合能源汽车外观与传统汽车相似，只是在车表面加装了部分太阳能吸收装置，比如车顶电池板，用于给蓄电池充电或直接作为动力源。这种汽车既有汽油发动机，又有电动机，汽油发动机驱动前轮，蓄电池给电动机供电驱动后轮。电动机用于低速行驶。当车速达到某一速度以后，汽油发动机起动，电动机脱离驱动轴，汽车便像普通汽车一样行驶。

由于采用了混合驱动形式，带来了诸多好处。首先，因为有汽油发动机驱动，所以蓄电池不会过放电，蓄电池的容量只要满足一天使用即可，与全用蓄电池的车相比，其容量可减少一半，也减轻了车重；其次，城市中大多数车辆都处在低速行驶状态下，采用电机驱动可最大可能的降低城市局部污染。

（二）太阳能作为汽车辅助设备的能源

传统的小轿车，功率一般在几十千瓦左右，而太阳辐射功率至多1kW/m2，目前的光电转换效率小于30%。因此全部用太阳能驱动传统的轿车，需要几十平方米的接收面积，显然难以达到。但在传统汽车上可以用太阳能作为辅助动力，以减少常规燃料的消耗，而且现代汽车的电器化程度日益提高，各辅助设备的耗电量也因此急剧增加。这方面的应用主要有以下几种形式：

1. 太阳能用作汽车蓄电池的辅助充电能源

在轿车上加装太阳电池后，可在车辆停止使用时，继续为电池充电，从而避免电池过度放电，节约能源。

日本应庆大学设计了一款叫做Luciole（萤火虫）的概念车，它的颜色像萤火虫。这款车曾在北京展览过,车顶上贴有近一平方米的转换效率较高的光伏板,作用是辅助给12伏的电池充电,当12伏电池充满后,12伏电池又会给主电池充电。电池充满电时,这辆概念车能行驶800公里。

2. 用于驱动风扇和汽车空调等系统

汽车在阳光下停泊,由于车内空气不流通,使得车体成了收集太阳能的温室,造成车内温度升高,使车内释放大量的有害物质,从而使车内空气品质变糟。若加装太阳能装置,比如加装太阳能风扇等,则可以为车辆在停泊期间无能耗提供新风并降温,保证车辆再次上路时有良好的空气品质。

汽车天窗的玻璃下方设置有太阳能电池,太阳能电池与设置的控制单元输入端相连接,输入端连接车辆空调系统的温度传感器,同时输入端还与蓄电池和点火器相连接。玻璃下方的太阳能电池吸收太阳能,经汽车天窗控制单元可对蓄电池进行充电,保证蓄电池的电能充足,同时延长蓄电池的使用寿命。而太阳能天窗带给消费者的最直接好处是,在夏天高温天气里,汽车在烈日下停车熄火,完全没有能源供给时,能自动调节车内温度。利用内置在天窗内部的太阳能集电板依靠阳光所产生的电力,经过控制系统来驱动鼓风机,将车厢外的冷空气导入车内,驱除车内热气,达到降温的目的。当驾驶者及乘员再打开车门及坐在座位上,不会感觉热浪袭人、闷热难耐,汽车的空调系统可以在最短时间内将车内温度降至舒适的程度。同时可以改善车内的空气状况,冬天也可以减少车内前挡风玻璃的结霜。根据资料显示,与没有通风降温的车型相比,安装了太阳能天窗的汽车驾驶室内的温度最高降低20℃。利用太阳能供电,节能降温,十分有效地减少了汽车内由热所产生的"孤岛"效应。

目前国内销售的车型当中,奔驰E级,奥迪A8、A6L、A4、途锐等部分车型都已配备了太阳能天窗。

二、太阳能汽车的特点

①能量来自于太阳,有太阳的地方就有太阳能,物美价廉,取之不尽用之不竭;
②零排放,零污染;
③与传统燃油车相比,结构简单;
④高度依赖太阳,续航里程短;
⑤太阳能转化装置的造价高。

三、太阳能汽车的结构

太阳能汽车主要由太阳能电池、控制器、电机驱动系统及一些机械装置等组成,具体结构如图5-18所示。

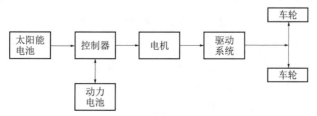

图5-18 太阳能汽车的结构

（一）太阳能电池

太阳能电池将太阳光变成电能，是太阳能汽车的能量源泉。通常由一定数量的单体电池串联或并联组成电池方阵，是太阳能汽车的核心组件，如图5-19所示。

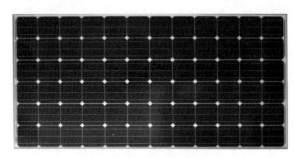

图5-19　太阳能电池

太阳能电池依据所用半导体材料不同，通常分为硅电池、硫化镉电池、砷化镓电池等，其中最常用的是硅太阳能电池。通常，硅太阳能电池能把10%~15%的太阳能转变成电能。它既使用方便，经久耐用，又很干净，不污染环境，是比较理想的一种电源。只是光电转换的比率小了一些。近年来，美国已研制成光电转换率达35%的高性能太阳能电池。澳大利亚用激光技术制成的太阳能电池，其光电转换率达24.2%，而且成本与柴油发电相当。这些都为光电池在汽车上的应用开辟了广阔的前景。

（二）控制器

控制器主要实现对太阳能电池组进行管理和对电机的控制，其作用与电动汽车控制系统相同。

（三）动力电池

太阳能汽车使用的动力电池类型和纯电动汽车相同。

（四）电机

太阳能汽车可以使用交流异步电机、永磁同步电机、直流电机等类型的电机进行驱动。

（五）驱动系统

太阳能汽车的驱动系统与纯电动汽车基本相同。

任务实施：

任务工单

任务名称：介绍太阳能汽车基本知识			评价	
姓名		班级		学号	
任务描述	1. 收集太阳能电池及太阳能汽车相关资料； 2. 自主学习太阳能电池及太阳能汽车相关知识； 3. 小组讨论太阳能电池的工作原理、太阳能在汽车中的应用方式及太阳能汽车的特点。			
能力目标	1. 能够向新入学的同学或朋友介绍太阳能汽车的基本知识； 2. 树立以客户为中心的理念，增强服务意识； 3. 具有与客户沟通交流的能力； 4. 具备信息搜集和处理的能力。			

续表

实施准备	1. 教学用车辆； 2. 手机； 3. 汇报用白板、粘贴纸、笔等。	
实施步骤	自主学习	1. 通过云平台学习教师发布的相关资料 2. 通过手机搜集相关信息 3. 个人总结太阳能电池的工作原理、太阳能在汽车中的应用方式及太阳能汽车的特点
	小组讨论	课中以小组形式进行讨论，完成课中任务，形成小组汇报成果
	小组汇报	通过角色扮演的方式利用教学用车辆向新入学的同学或朋友介绍太阳能汽车基本知识。
反思		

任务5.6 认识智能网联汽车

任务引入：大一新生开学后，有部分同学加入了汽车爱好者协会，作为学长的你能给新加入的同学普及一下什么是智能网联汽车、智能网联汽车涉及了哪些关键技术、我国的智能网联汽车的发展现状吗？

学习内容：1. 智能网联汽车的定义；
　　　　　　2. 智能网联汽车的关键技术；
　　　　　　3. 我国智能网联汽车的发展现状。

能力要求：1. 能够向同学、朋友、客户介绍或解答智能网联汽车基本知识；
　　　　　　2. 树立以客户为中心的理念，增强服务意识；
　　　　　　3. 具有与客户沟通交流的能力；
　　　　　　4. 具备信息搜集和处理的能力。

任务描述：1. 收集智能网联汽车相关资料；
　　　　　　2. 自主学习智能网联汽车相关知识；
　　　　　　3. 小组讨论智能网联汽车的关键技术；
　　　　　　4. 展望智能网联汽车能给人们的生活带来哪些便利。

相关知识：

一、智能网联汽车定义

根据《国家车联网产业标准体系建设指南》对智能网联汽车定义：智能网联汽车是指搭载先进的车载传感器、控制器、执行器等装置，并融合现代通信与网络技术，实现车与X（人、车、路、云端等）智能信息交换、共享，具备复杂环境感知、智能决策、协同控制等功能，可实现"安全、高效、舒适、节能"行驶，并最终可实现替代人来操作的新一代汽车。

智能网联汽车是一种跨技术、跨产业领域的新兴汽车体系，不同角度、不同背景对它的理解是有差异的，各国对于智能网联汽车的定义不同，叫法也不尽相同，但终极目标是一样的，即可上路安全行驶的无人驾驶汽车。

智能网联汽车更侧重于解决安全、节能、环保等制约产业发展的核心问题，其本身具备自主的环境感知能力，其聚焦点是在车上，发展重点是提高汽车安全性。

从狭义讲，智能网联汽车是搭载先进的车载传感器、控制器、执行器等装置，并融合现代通信与网络技术，实现 V2X 智能信息交换共享，具备复杂的环境感知、智能决策、协同控制和执行等功能，可实现安全、舒适、节能、高效行驶，并最终可替代人来操作的新一代汽车。

从广义讲，智能网联汽车是以车辆为主体和主要节点，融合现代通信和网络技术，使车辆与外部节点实现信息共享和协同控制，以达到车辆安全、有序、高效、节能行驶的新一代多车辆系统。

二、智能网联汽车的关键技术

智能网联汽车智能驾驶的核心技术由环境感知层、智能决策层以及控制和执行层组成。

（一）环境感知层

环境感知层的主要功能是通过车载环境感知技术、卫星定位技术、4G/5G 及 V2X 无线通信技术等，实现对车辆自身属性和车辆外在属性（如道路、车辆和行人等）静、动态信息的提取和收集，并向智能决策层输送信息。这是智能网联汽车实现各种功能的前提，图 5-20 是智能网联汽车中的 V2X 系统示意图。

图 5-20 智能网联汽车中的 V2X 系统示意图

环境感知技术包括机器视觉图像识别技术、雷达（激光、毫米波、超声波）周边障碍物检测技术、车辆网络通信技术、多源信息融合技术、传感器冗余设计技术等。

（二）智能决策层

智能决策层的主要功能是接收环境感知层的信息并进行融合，对道路、车辆、行人、交通标志和交通信号等进行识别，决策分析和判断车辆驾驶模式和将要执行的操作，并向控制和执行层输送指令。智能决策层是智能网联汽车实现各种功能的核心。

智能决策技术包括风险建模技术、全局路径规划技术、局部路径规划技术、驾驶模式分析技术等。

（三）控制和执行层

控制执行层的主要功能是根据功能决策层的指令对车辆进行操作和协调，为联网车辆提供道路交通信息、安全信息、娱乐信息、救援信息、商务办公、在线消费等，以保护汽车安全、舒适驾驶。比较传统车辆，智能网联汽车在功能上主要增加了环境感知和定位系统、无线通信系统、车辆自组织网络系统和先进的驾驶辅助系统。

控制执行技术包括驱动/制动控制、转向控制、基于驱动/制动/转向/悬架的集成底盘控制、车队列协同和车辆道路协调控制、人机交互技术等。

（四）其它关键技术

云平台和大数据技术包括智能网联汽车云平台架构和数据交互标准、云操作系统、数据高效存储和检索技术、大数据关联分析和数据挖掘技术等。

信息安全技术包括汽车信息安全建模技术、通信加密机制、证书管理、密钥管理、汽车信息安全测试方法、信息安全漏洞应急机制等。

高精地图和高精度定位技术包括高精地图数据模型和采集方式标准化技术、交换格式和物理存储技术、基于卫星定位系统和差分增强的高精度定位技术、多源辅助定位技术等。

三、我国智能网联汽车的发展现状

2016 年，工信部组织行业加紧制定智能网联汽车的发展战略、技术路线图和标准体系，交通部在实行"两客一微"车辆管理方面也已经为智能交通管理积累了丰富经验。

2018 年 3 月 1 日上午，由上海市经信委、市公安局和市交通委联合制订的《上海市智能网联汽车道路测试管理办法（试行）》正式发布，全国首批智能网联汽车开放道路测试号牌发放。上汽集团和蔚来汽车拿到本市第一批智能网联汽车开放道路测试号牌，当天下午，两家公司研发的智能网联汽车就从位于嘉定的国家智能网联汽车（上海）试点示范区科普体验区（E-Zone）发车，在博园路展开首次道路测试。12 月，天津市交通运输委、市工业和信息化局和市公安局联合启动天津市智能网联汽车道路测试，天津市西青区和东丽区开放了首批智能网联测试道路。同时，天津卡达克数据有限公司和北京百度网讯科技有限公司获得了天津市首批路测牌照。

2020 年，中国 L2 级智能网联乘用车的市场渗透率达到 15%，L3 级自动驾驶车型在特定场景下开展测试验证。高精度摄像头、激光雷达等感知设备已达到国际先进水平、为多款主流车型供货，智能驾驶（MDC）计算平台、车规级 AI 芯片在多个车型上进行装车应用。多地加快部署 5G 通信、路侧联网设备等基础设施，加大交通设备数字化改造力度，开展车路协同试点，支持企业进行载人载物示范应用。

2020 年 2 月，中央网信办等 11 部门联合发布《智能汽车创新发展战略》，明确提出要确保用户信息、车辆信息、测绘地理信息等数据安全可控。完善数据安全管理制度，加强监督检查，开展数据风险、数据出境安全等评估。12 月，住房和城乡建设部、工业和信息化部联合发布《开展智慧城市基础设施与智能网联汽车协同发展》文件。

2021年2月24日，《国家综合立体交通网规划纲要》印发，提出建设融合感知平台，推动智能网联车与现代数字城市协同发展。

2021年4月，为进一步推动智能网联汽车产业健康有序发展，加强道路机动车辆生产企业及产品准入管理，工信部组织起草了《智能网联汽车生产企业及产品准入管理指南（试行）》，提出了智能网联汽车功能安全、预期功能安全、网络与数据安全及车联网卡实名等有关要求，目前正在向社会公开征求意见。

2021年5月6日，住建部官网公布智慧城市基础设施与智能网联汽车（"双智"）协同发展首批示范城市，北京、上海、广州、武汉、长沙、无锡6市入选。

2021年7月13日，中国互联网协会发布了《中国互联网发展报告（2021）》，在车联网领域，2020年智能网联汽车的销量超过了303万辆，同比增长了107%。车联网为汽车工业产业的升级提供了驱动力，已被提到国家战略的高度，我国车联网标准体系建设已经基本完成。

2021年7月27日，工业和信息化部、公安部、交通运输部、印发了《智能网联汽车道路测试与示范应用管理规范（试行）》的通知。

任务实施：

任务工单

任务名称：介绍智能网联汽车基本知识			评价	
姓名		班级	学号	
任务描述		1. 收集智能网联汽车相关资料； 2. 自主学习智能网联汽车相关知识； 3. 小组讨论智能网联汽车的关键技术； 4. 展望智能网联汽车能给人们的生活带来哪些便利。		
能力目标		1. 能够向同学、朋友、客户介绍或解答智能网联汽车基本知识； 2. 树立以客户为中心的理念，增强服务意识； 3. 具有与客户沟通交流的能力； 4. 具备信息搜集和处理的能力。		
实施准备		1. 教学用车辆； 2. 手机； 3. 汇报用白板、粘贴纸、笔等。		
实施步骤	自主学习	1. 通过云平台学习教师发布的相关资料 2. 通过手机搜集相关信息 3. 个人总结什么是智能网联汽车、智能网联汽车涉及了哪些关键技术、智能网联汽车能给人们的生活带来哪些便利		
	小组讨论	课中以小组形式进行讨论，完成课中任务，形成小组汇报成果		
	小组汇报	向同学介绍什么是智能网联汽车、智能网联汽车涉及了哪些关键技术、我国的智能网联汽车的发展现状、智能网联汽车能给人们的生活带来哪些便利。		
反思				

思考题

1. 电池的工作原理是什么？燃料电池汽车有何优缺点？
2. 混合动力电动汽车的工作原理及其优缺点。
3. 汽车使用的清洁燃料有哪些？它们各有什么优缺点？
4. 智能汽车的含义是什么？各国的研究状况如何？

拓展阅读

拓展科技视野

项目六

探索汽车与社会之间的关系

课程任务与能力矩阵		
项目名称	任务名称	进度描述
项目六 探索汽车与社会	任务 6.1 探索汽车对人类的影响	汽车运用与维修 1+X 中级/智能新能源汽车 1+X 初级
	任务 6.2 探索汽车产生的公害	汽车运用与维修 1+X 初级/智能新能源汽车 1+X 初级

汽车，作为现代文明的标志性产物之一，诞生于 19 世纪的最后 10 年，曾经是速度和效率的象征。汽车制造业在世界范围内迅速崛起，汽车逐渐进入大众消费领域，成为人们的日常交通工具。然而，随着汽车数量越来越多、使用越来越广，汽车给人们带来了快捷和便利的同时也伴随着对地球环境的污染和破坏、对能源的无休止利用和开采等一系列问题。本项目将从汽车与人类、汽车与环境等方面来讲述汽车对我们生活的影响。

任务 6.1 探索汽车对人类的影响

任务引入：大一新生开学后，有部分同学加入了汽车爱好者协会，作为学长的你能给新加入的同学普及一下汽车对人类社会产生了哪些影响吗？

学习内容：1. 汽车对人类生活方式的影响；
     2. 汽车带来的交通堵塞；
     3. 汽车带来的能源问题。

能力要求：1. 能够向他人介绍汽车对人类生活方式、交通、能源产生的影响；
     2. 树立以客户为中心的理念，增强服务意识；
     3. 具有与客户沟通交流的能力；
     4. 具备信息搜集和处理的能力

任务描述：1. 收集汽车与生活方式、汽车与交通堵塞、汽车与能源相关资料；
　　　　　2. 自主学习汽车与生活方式、汽车与交通堵塞、汽车与能源相关知识；
　　　　　3. 小组讨论汽车对人类生活方式、交通、能源产生的影响。

相关知识：

一、汽车与生活方式

汽车的发明发展改变了人们生产和生活的方式，成为精神文明建设与文化传播的重要载体，人们也在发达的汽车工业中感受到了国民自豪感。中国汽车的普及不仅彻底改变了中国一些地区的面貌，而且也改变了人们的生活方式、生活观念和生活质量，在一定程度上也改变了中国的形象。

汽车进入家庭后，人们纷纷离开拥挤嘈杂的大城市，住到郊外去寻求田园般的生活。即使是依然生活在都市中的人们，也可以在闲暇时间全家到郊外去郊游，而不必每次都带孩子到公园去。城市郊区的房价，要大大低于市中心的房价，也是促使人们离开城市的重要原因。汽车使人们离开了密集的大城市，改善了居住条件和生活环境。城市中的人口密度大大下降，由城市人口密集而带来的住房问题、交通问题、环境问题等，都因为汽车的普及而有所改善。可以说，汽车促进了城乡生产企业和居民区布局的合理化。

二、汽车与交通堵塞

交通的要素是安全和畅通。但是从 20 世纪 60—70 年代起，世界经济进入了一个高速增长的时期，汽车保有量急剧增加，导致了已有的道路远远满足不了经济快速发展的需要，交通状况变得日益恶化。根据美国一家交通信息分析公司 INRIX 公布的最新分析数据，美国人 2018 年在堵车路上浪费的金钱总额达到 870 亿美元，合每人 1348 美元。在中国广州市，居民为交通堵塞所付出的经济代价值：每年耗费 1.5 亿小时，减少生产总值 117 亿元人民币，相当于整个生产总值的 7%。在全国范围内保守的估计交通堵塞造成的经济损失每年至少有 1 000 亿元人民币。解决交通堵塞问题有着重大的经济利益和社会意义。

为了有效地解决交通阻塞问题，在扩建必要的道路网的同时，世界各国都在不断地探索新的方法，进行了大量的研究工作，其中美国、欧洲和日本所做的工作引人注目。到了 20 世纪 90 年代，计算机技术、信息技术、通信技术和电子控制技术飞速发展，人们意识到利用这些新技术把车辆、道路和使用者紧密地结合起来，将会更有效地解决交通阻塞问题，而且对交通事故的应急处理、环境保护和节约能源等都有显著效果。于是，人们充分利用系统的观点，来重新审视运输系统，进而导致智能运输系统的诞生。

智能运输系统（Intelligent Transportation Systems，ITS）是将先进的信息技术、计算机技术、数据通信技术、传感器技术、电子控制技术、自动控制技术、运筹学、人工智能等学科成果综合运用于交通运输、服务控制和车辆制造，加强了车辆、道路和使用者之间的联系，从而形成一种定时、准确、高效的综合运输系统。智能运输系统主要由五个子系统构成：即先进的交通信息系统；先进的交通管理系统；先进的车辆系统；先进的公共运输系统；商用车辆运营系统。智能运输系统的研究已走过 30 多年的历程，美国、欧洲和日本已成为世界智能运输系统三大基地。同时，另外一些国家和地区的智能运输系统研究也有相当规模，如澳大利亚、韩国、新加坡、中国的香港等。20 世纪 90 年代初，我国学者开始关注国际上智能运输系统的发展,1995年以后,我国关于智能运输系统的研究、试验和国际交流日益频繁。交通部已将智能运输系统列入中长期规划,同时,交通部公路科学研究所和东南大学也都分别成立了智能运输系统工程研究中心,专门进行智能运输系统研究。

解决交通阻塞的一种发展趋势,是在汽车上安装自动导航系统。自动导航系统的用途是由车载GPS(全球卫星定位系统)接收机监测车辆当前位置,并将数据与用户自定义的目的地比较,参照电子地图计算行驶路线,并实时将信息提供给驾车者。车载导航设备自带电子地图,定位和导航功能全部由车载设备来完成。现在我们也可以用智能手机进行导航,智能手机中的电子地图数据能得到及时更新。

通过汽车自动导航系统,车主可以在系统显示的电子地图上直接选取目标地点,或将目的地名称输入到系统中。根据输入设备的不同,有不同的地名输入方法,依靠键盘或触摸屏可实现几乎全部的操纵功能。存储在内置存储器中的电子地图,是汽车导航系统中至关重要的一部分。电子地图的信息库包括地理、道路和交通管制等信息,并与地点对应存储了相关的经纬度信息。当主机从GPS接收机得到经过筛选和计算确定的当前点经纬度数值,然后通过与电子地图数据的对照,确定车辆当前所在的地点。一般来说,导航系统会将定义目的地时车辆的当前位置默认为出发点,当目的地确定后,导航系统根据电子地图上存储的地图信息,自动计算出一条最佳的推荐路线。推荐的路线将以醒目的方式显示在屏幕地图中,同时屏幕上即时显示出车辆的当前位置,以作为参照。如果行驶过程中车辆偏离了推荐的路线,系统会自动更改原有路线,并以车辆当前点为出发点重新计算最佳路线,并将修正后的路线作为新的推荐路线。

三、汽车与能源

(一)石油危机

首先,汽车的发展引起了能源消耗。1854年,美国打出了世界上第一口油井,曾在数千年的人类史中闪烁着零星火光的黑色液体,终于点燃了石油工业。仅仅100年之后,由石油和煤支撑起的现代文明社会,已经清楚地察觉文明之下的危机:地球历经千万年乃至上亿年历史累积而成的宝藏,在这样的消耗速度下将会迅速枯竭,大气污染和酸雨等环境问题也困扰着人们。"能源革命"的呼声从20世纪60年代起就日渐高涨,而那正是石油消费量超过煤炭,成为新一代主体能源的时候。

在历史上,曾有多次石油危机导致全球性经济衰退的严重情况。1973年10月第四次中东战争爆发,为打击以色列及其支持者,石油输出国组织的阿拉伯成员国当年12月宣布收回原油标价权,并将其基准原油价格从每桶3.011美元提高到10.651美元,使油价猛然上涨了两倍多,从而触发了第二次世界大战之后最严重的全球经济危机。持续3年的能源危机对发达国家的经济造成了严重的冲击。在这场危机中,美国的工业生产下降了14%,日本的工业生产下降了20%以上,所有工业化国家的经济增长都明显放慢。

1978年年底,世界第二大石油出口国伊朗的政局发生剧烈变化,引发第二次石油危机。此时又爆发了两伊战争,石油产量受到影响,从每天580万桶骤降到100万桶以下,打破了当时全球原油市场上供求关系的脆弱平衡。随着产量剧减,全球市场上每天都有560万桶的缺口。油价在1979年开始暴涨,从每桶13美元猛增至1980年的34美元。这种状态持续了半年多,此次危机成为20世纪70年代末西方经济全面衰退的一个主要诱因。

1990年8月初，伊拉克攻占科威特之后，伊拉克遭受国际经济制裁，使得伊拉克的原油供应中断，国际油价因而急升至每桶42美元的高点。美国经济在1990年第三季度加速陷入衰退，拖累全球GDP增长率在1991年跌破2%。

时至今日，世界经济大体上仍然是化石燃料依赖型的，石油、煤和天然气占世界初级能源消费总量的85%左右，剩下的部分主要是水电和核电，真正的可再生清洁能源如风能、太阳能等所占比例不到3%。世界能源需求仍在以1.5%~2%的年率增长，而地质学家预测说，石油和天然气价格将大幅度上升，再也不会回落。如果到时候还没有找到真正能够取代石油的新能源，必将出现大面积的经济恐慌，许多国家正为此不断付出政治和资金上的代价。

2001年以来，中国石油消费高速增长。据海关总署发布的数据，2007年我国共进口原油163亿吨，同比前年增长12.4%；进口成品油3 380万吨，同比前年下跌7.1%。以此数据计算，我国石油依存度已近50%。然而我国的石油储藏量和开采量非常有限，石油的需求越来越多地依靠进口。据统计，1996年我国成了世界第三大石油消费国，而到2003年，已成为世界第二大石油进口国，而且按目前汽车工业发展的趋势，我国的石油进口量还将继续增大。2021年，我国原油进口对外依存度为72%。汽车给中国的能源安全带来了很大的压力，而且这个压力还在增大。

（二）耕地资源的消耗

其次，随着汽车保有量的增加，需要占用土地来建设更多的道路、停车场及配套基础设施，而中国人口众多，就人均拥有土地资源来看，我国是世界上最为贫乏的国家，汽车的过度发展必将进一步减少我们赖以生存的耕地。据有关部门统计，我国人均耕地面积从1986年的0.0913公顷①降低到了1995年的0.0787公顷，不到联合国规定的人均耕地最低标准的三分之一。如果我国未来汽车保有量达到日本的水平的话，即每两人拥有一辆汽车，那么汽车保有量将达到7亿。按照欧洲和日本标准，每辆汽车消耗的土地面积为0.3亩，这将消耗2.1亿亩的土地。而我国现有耕地面积只有19.18亿亩，因而耕地资源短缺问题将非常严峻。

除此之外，洗车消耗大量的水，加剧了城市，尤其是大城市水资源紧张的局面。

（三）缓减能源紧张的措施

1. 寻求替代能源

由于全球石油资源紧张，汽车开始寻找各种替代能源，如天然气等，而这些资源都是不可再生的，过多的消耗将导致人类的后代无能源可用。

（1）燃料电池

燃料电池汽车被认为是当今汽油燃料汽车最好的替代物。在宇宙中，氢气是最为丰富的元素，石油供应却是有限的。截止2019年底，全球探明可采石油储量共计1211亿吨，预计还可开采30到40年。这意味着，现在最有效率的汽油、电力混合汽车将来有一天也会失去能源来源。与纯电力的汽车不同，燃料电池车不需要充电，它们可以达到150km/h的速度。全球的汽车制造商都在投资发展燃料电池车和混合燃料汽车，这是为了在日益严格的防污染法规下赢得更多的顾客。如果一切按计划进行，燃料电池汽车将在下一个10年里取代汽油

---

① 1公顷=0.01km²。

能源的汽车。美国通用汽车公司技术发展部副主席拉里·贝恩说："我们需要找到一个方式将它改变为一个高增长、高利润的工业，让它成为一个时尚的商业"。通用称：依靠燃料电池，他们会再次迎来经济的高增长。本田公司2002年10月7日宣布他们已经向洛杉矶出售了第一辆燃料电池车。丰田公司被看成是环保汽车技术的领导者，在1997年，该公司把第一款混合汽油电力汽车"Prius"投入了市场。

(2) 二甲醚

二甲醚作为绿色新能源，可解决优质石油资源供应不足的矛盾。二甲醚作为燃料，其自身含氧，能够充分燃烧，不析碳，无残液，是一种理想的清洁燃料。作为环保产品，二甲醚又可解决污染大气环境的煤烟尘和汽车尾气排放超标等问题。二甲醚具有可燃性好、液化压力低、燃烧值高、无毒性等优点。它可替代石油液化气作为民用燃料，也可作为汽油、柴油的替代品，成为新型车用燃料。二甲醚可直接作为汽车燃料，其燃烧效果比甲醇好，除具有甲醇燃料的优点外，还克服了低温启动性和加速性能差的缺点。据美国有关资料报道，二甲醚具有较高的燃烧值，是柴油发动机的理想燃料。美国一些机构对二甲醚替代柴油做了大量工作，进行了燃烧性能对比试验。在中型载货汽车上的试验研究结果显示，二甲醚和柴油在热效率、碳氢化合物、CO的排放上是具有可比性的。

(3) 甲醇

甲醇作为汽油发动机和柴油发动机常规燃料的替代品。甲醇汽车与汽油车相比，污染物全面下降，一氧化碳减少50%~70%，碳氢减少20%~50%，氮氧化合物下降30%~50%，运行费用也比汽油低。甲醇是化学工业的基本材料，广泛地应用于农药、染料、制革等行业。甲醇含氧量高，燃烧效率高，1L甲醇行驶的里程是1L汽油的80%。甲醇又可催化、汽化做燃料，这一优点使得甲醇成为赛车的原料。甲醇还可以作为燃料电池的燃料。燃料电池能量转换率高，实际效率已达到40%~60%，是汽油车内燃机的2.5倍，且无污染物排放，成为汽车动力的主要发展方向。燃料电池常用氢气做燃料，因氢气储运不方便、使用成本高，实际大多采用甲醇做燃料。甲醇可以从许多不同的资源和生物废物中提取，如可以利用家庭和工业有机垃圾生产。

(4) 天然气

天然气汽车的一个突出优点是有害物质排放较少，特别是与传统燃料相比，大大减少了甲醚排放产生臭氧的可能性。优化的天然气发动机的有害物排放量已经大大低于目前世界上最严格的排放法规限制；另一个优点是天然气储备量丰富。按照目前石油的消耗速度，石油可以供应大约40年。考虑到原油的发现和新的开发技术的采用及焦油沙层和油母页岩的开发，石油工业甚至还能维持100多年。与此相对照的是，全世界已探明的天然气资源则分布在全世界各地。按照今天的消耗速度，可以使用约60年。如果把未探明的储量计算在内，天然气的使用年限可以提高到170年。

以气体燃料驱动的汽车发动机不能说成是新技术，因为早在100年前开发的第一台内燃机就是气体燃料驱动的。世界天然气汽车协会（IANGV）发布2018年世界天然气汽车的最新统计数据。全球87个国家与地区的天然气汽车保有量约为2616万辆，加气站保有量超过3.1万座。其中我国天然气汽车保有量约为608万辆，加气站保有量超过8400座，排名第一。

2. 政策引导

过去几十年发生的几次严重的石油危机，迫使主要进口国积极寻找替代能源，开发节能技术。当时的欧洲与日本的汽车凭借其节油的品质打入了美国汽车市场,尤其是日本的汽车一举占领了美国小型汽车的市场。

在石油危机后,美国政府认识到美国汽车必须减少油耗。美国政府制订了有史以来第一个油耗法规"轿车平均油耗法"(英文简称CAFE),强制性限制汽车的油耗,规定任何汽车生产厂家生产的各种轿车,其平均油耗必须低于18.1L/km。但是,靠法规并没有限制生产和购买高油耗的汽车,人们认为,有钱的人仍然在购买高油耗汽车,还在浪费能源。因此,美国政府对豪华轿车(售价高于3万美元)征收10%的奢侈税,并出台了"油老虎税法"。

我国也相继出台了相关的政策来引导消费。(财税〔2009〕12号)财政部、国家税务总局下发了《财政部、国家税务总局关于减征1.6L及以下排量乘用车车辆购置税的通知》,明确要求从2009年1月20日至12月31日购置1.6L及以下排量乘用车,暂减按5%的税率征收车辆购置税。这次国家调整消费税目的非常明确:继续"抑大扬小"。抑制大排量汽车的生产和消费,鼓励小排量汽车的生产和消费,从而降低汽柴油消耗、减少空气污染,体现国家节能减排的政策目的。2004年11月起国内部分省市推广乙醇汽油,在一定程度上可以缓减目前的能源紧缺状况。

任务实施:

任务工单

任务名称:介绍汽车对人类生活方式、交通、能源产生的影响				
姓名		班级		学号
任务描述	1. 收集汽车与生活方式、汽车与交通堵塞、汽车与能源相关资料; 2. 自主学习汽车与生活方式、汽车与交通堵塞、汽车与能源相关知识; 3. 小组讨论汽车对人类生活方式、交通、能源产生的影响。			
能力目标	1. 能够向他人介绍汽车对人类生活方式、交通、能源产生的影响; 2. 树立以客户为中心的理念,增强服务意识; 3. 具有与客户沟通交流的能力; 4. 具备信息搜集和处理的能力。			
实施准备	1. 手机; 2. 汇报用白板、粘贴纸、笔等。			
实施步骤	自主学习	1. 通过云平台学习教师发布的相关资料 2. 通过手机搜集相关信息 3. 个人总结汽车对人类生活方式、交通、能源产生的影响		
	小组讨论	课中以小组形式进行讨论,完成课中任务,形成小组汇报成果		
	小组汇报	向同学阐述汽车对人类生活方式、交通、能源带来了哪些的影响		
反思				

任务 6.2 探索汽车产生的公害

任务引入：大一新生开学后，有部分同学加入了汽车爱好者协会，作为学长的你能给新加入的同学普及一下汽车产生了哪些公害吗？

学习内容：1. 汽车工业对环境产生的影响；
2. 汽车排放对环境产生的影响；
3. 汽车噪声对环境产生的影响；
4. 报废汽车对环境产生的影响；
5. 汽车的电波危害；
6. 汽车对道路交通安全产生的影响。

能力要求：1. 能够向他人介绍汽车产生了哪些公害；
2. 树立以客户为中心的理念，增强服务意识；
3. 具有与客户沟通交流的能力；
4. 具备信息搜集和处理的能力。

任务描述：1. 收集汽车工业、汽车排放、汽车噪声及报废汽车对环境产生的影响相关资料；
2. 收集汽车的电波危害及汽车对道路交通安全产生的影响相关资料；
3. 自主学习汽车工业、汽车排放、汽车噪声及报废汽车对环境产生的影响相关知识；
4. 自主学习汽车的电波危害及汽车对道路交通安全产生的影响相关知识；
5. 小组讨论汽车工业、汽车排放、汽车噪声及报废汽车对环境产生的影响，汽车的电波危害及汽车对道路交通安全产生的影响。

相关知识：

汽车的诞生和发展给人类社会带来了便利，历经百年的汽车已经深入到人类生活的方方面面，成为现代文明的象征。在我们享受汽车带来的便利，欣欣然准备走入"汽车社会"时，不得不忍受汽车给人类社会带来的种种伤痛。目前全世界平均不到10个人占有一辆汽车，地球的资源与环境已经不堪重负，为汽车的快速发展付出了沉重的代价。当汽车成为多数人的出行工具时，汽车的发展是对自然一种严重挑战。汽车犹如双刃剑，同时也给社会带来很多隐患，如环境污染、交通安全、能源消耗等。汽车发展的过程也是人类不断地认识和解决这些问题的过程。

一、汽车工业与环境

汽车把人们带进了现代生活，但是汽车在造福人类的同时，也给人类社会以及人们赖以生存的环境带来了巨大威胁。其次，随着汽车工业的发展，汽车及零部件的制造过程消耗钢铁等大量资源，汽车保有量的不断增加消耗石油等大量资源，汽车的排放污染、噪声污染，在很多城市已经成了造成污染的罪魁祸首；汽车造成的交通事故，使世界每年逾20万人、我国每年逾7万人命丧车轮下，远超过战争造成的人身伤害；汽车对石油的大量消耗，加速了世界石油资源危机；节约资源保护我们赖以生存的环境已是刻不容缓的事情。

（一）汽车工业占用大量土地

汽车工业的快速扩张，使大片农田变成了汽车厂、汽车零部件厂和汽车 4S 店。我们国家汽车工业发展也是如此，为满足竞争需要，频繁被征的土地上建起了各汽车生产企业的第二、第三工厂…和功能俱全的 4S 店，一个汽车 4S 店就要占地 0.67 公顷。

新世纪的开端，汽车工业加速对农田的占有，汽车与农作物对农田的竞争越演越烈，发展为"汽车与农作物争夺土地"的"战斗"。

公路侵占农田的现象在工业化国家里比比皆是。而现在，越来越多的发展中国家饥饿人口的农田正在成为牺牲品，使我们不仅对未来汽车扮演的角色产生疑问。

在工业化国家里，上百万公顷的农田被铺成公路和停车场。在美国，平均每辆汽车需要 700 平方米的路面和停车位。美国汽车大军中每增加 5 辆，就会有一个足球场大小的土地被铺成沥青。平坦的、排水良好的土地适合耕种也适合铺路，通常出于这个原因，农田被铺成了石块和沥青，可是，一旦改为公路，土地就很难恢复耕种了。正像环境专家 RupertCutler 说的那样："沥青是土地最后的作物"。

拥有 2.14 亿辆机动车的美国拥有 630 万 km 公路，足以环绕地球赤道 157 圈。此外，汽车还需要停车场。想象一下 2.14 亿辆汽车和卡车的停车场该有多大，如果很难想象的话，就先想一下 1000 辆汽车的停车场面积，再将这个面积乘以 21.4 万倍。

在发展中国家，汽车队伍还很小，公路修建刚刚起步，农田供不应求。然而世界汽车大军中每年新增加的 1 100 万辆汽车越来越多地出现在发展中国家。这意味着，在饥荒连连的国家里，在种植着小麦稻谷的土地上，汽车与农作物之间的战争已经爆发了。在拥有世界人口 38% 的中国和印度，这种冲突的结果将影响全世界的粮食安全。

如果有一天中国达到日本人均拥有汽车比例的话，即平均每 2 人拥有 1 辆汽车，按目前的人口数量计算，中国将有 7 亿辆汽车。尽管这个假设看起来有点牵强，但是我们还是要提醒自己，中国目前在钢铁产量、化肥消费量和猪肉生产量上已经超过了美国。中国是一个巨大的经济体，从 1980 年起，它就成为世界上经济增长最快的国家。截止 2022 年 3 月底，中国机动车保有量已经超过了 4.02 亿辆。

假设中国像欧洲和日本一样，每辆汽车占用 200 m^2 路面，7 亿辆汽车需要 1400 万公顷土地，这些汽车用地大部分来自于农田。这个数字超过了中国稻田的总面积（2300 万公顷）的一半，其中大部分稻田一年种植两季作物，大米产量为 1.35 亿吨，是粮食的主要来源。中国南方的农民因为汽车而每丧失 1 公顷双季稻田，他们的大米产量就会双倍的减少。

印度的情况也类似。印度的土地面积相当于中国的 1/3，人口为 14 亿，2021 年有 3600 万辆汽车。迅速发展的城市和乡村已经在吞噬着农田，加上铺路，印度也面临着严重的农田减少问题。到 2050 年，印度预计突破 16 亿人口，以沥青路面覆盖珍贵的农田将无法负担新增人口的需求。

土地紧张的现象存在于中国、印度和其他一些人口稠密的国家，如：印尼、孟加拉国、巴基斯坦、伊朗、埃及和墨西哥，土地无法在满足以汽车为主的运输系统的同时满足粮食供应。汽车与农作物对农田的争夺也将演化成贫富竞争，那些负担得起汽车的人和那些无法购买足够粮食而挣扎的人之间的斗争。

汽车刺激了中国道路的增长。2021 年末全国公路总里程 528.07 万公里，比 2020 年末增加 8.26 万公里。公路密度 55.01 公里/百平方公里，增加 0.86 公里/百平方公里。全国四级及以上等级公路里程506.19万公里，比2020年末增加11.74万公里，占公路总里程比重为95.9%、提高0.7个百分点。其中，二级及以上等级公路里程72.36万公里、增加2.13万公里，占公路总里程比重为13.7%、提高0.2个百分点；高速公路里程16.91万公里、增加0.81万公里，国家高速公路里程11.70万公里、增加0.40万公里。高速公路是资本密集性、占用资源极大的产品。

大量汽车的保有，需要大量的车位，大量的车位需要大量的土地。一家权威咨询公司提供的数据，按照国际经验，城市机动车拥有量与停车位之比达到1∶1.3，就可以很好地满足机动车出行的停车需求，而北京市为例，北京市城八区目前机动车数量与停车泊位数量之比约为1∶0.5。截止2022年3月底年北京机动车保有量超600万辆，这意味着北京需的停车泊位数约为300万个。

在土地紧张的世界里必须重新评估汽车的未来，应该为全体居民交通考虑设计运输系统，而不是只为少数的富人着想，这样做才不会威胁粮食安全。当1994年北京宣布下一个十年中将把汽车工业作为发展重点的时候，中国科学院的经济学家们就曾经递交过白皮书反对这一决定。他们指出了中国不能发展汽车运输系统的几个原因，第一条就是中国没有足够的农田既解决人口吃饭问题又为汽车提供足够的土地。

科学家小组建议，中国不应该发展公路、停车场等汽车基础设施，而应该集中发展最先进的轻轨火车。作为自行车和汽车的延伸，它可以比拥挤的汽车系统为更多的人提供交通便利，并且可以保护农田。

还有许多条反对到处建设汽车运输系统的理由，包括气候变化、空气污染和交通拥挤，但是仅仅土地损失这一条就足够了。在今天60亿世界人口的基础上，到21世纪中，有近30亿人口将要出生在土地无法满足口粮和供应汽车的发展中国家里。未来的粮食安全取决于今天的交通预算的调整——少投资于高速公路建设，多投资于铁路和自行车建设。

（二）汽车生产消耗大量资源

汽车制造是资源密集型产业，据统计，生产100万辆汽车，需要钢材110万吨，塑料6万吨、油漆2.5万吨以及600万条轮胎。全世界每年用于汽车制造上的金属材料、陶瓷、玻璃等就超过6 000万吨。同时，机动车的燃料消耗又成为无情吞噬石油资源的无底洞。目前，汽车使用的汽油约占全球汽油消费量的1/3。美国、加拿大、日本和西欧地区生产的汽油还不到全球供应量的1/4，但他们每年合计消费的汽油却远远超过世界汽油产量的一半。

近年来，我国汽车市场发展迅速，已成为全球第二大汽车市场。2009年，我国汽车保有量突破6 900万辆，产销量双双突破1 300万辆，石油年消耗量将会达到1.2亿吨。

就效率而言，传统汽车的能源转化效率只有17%，对于宝贵紧张的石油资源又是巨大的浪费。

而世界石油能源的储备相当有限。多数权威性石油组织估计，目前已探明石油储量只能支持世界石油消耗30～40年（按目前每年耗用30亿～32亿吨水平）。未来可能发生的石油危机迫使人们做出努力，一方面要求现有内燃机提高效率，降低单位功率油耗；一方面开辟新途径，或者找到替代石油的新燃料，或者找到取代内燃机，不用石油的新动力机（例如电动机系统）。

截止2021年底我国机动车保有量已达到3.95亿辆，其中汽车保有量超过到3.02亿辆。汽车就像人体中不断新生——死亡——增殖的细胞一样，不断地被制造——消费——淘汰着，它加快了人类社会发展的新陈代谢，然而却耗竭着地球资源的生命。

（三）原油的污染

随着汽车工业的飞速发展，全球对燃油的需求也越来越高。我们知道，汽车燃料主要来源于石油，但原油在开采、运输、装卸、加工和使用过程中，由于泄漏和排放引起污染事件不断地发生。据不完全统计，全世界在石油的开采、运输及使用过程中，因各种原因泄漏的原油每年高达100万吨，油田开采过程中排放的各种含油废水达300万吨。石油是多组分的复杂混合物，包含脂肪族烃、烯烃、芳烃类化合物，还含有N、O、S、金属和各种杂环化合物、重质沥青化合物等上百种成分，分子量范围极广。石油中所含的稠环芳香烃、有毒重金属可通过生物富集和食物链传递给人，危害人体健康；石油中所含的轻芳香烃物质及其衍生物（PAN）能沉入深海中，给海底生态造成灭顶之灾，多环芳香烃碳氢化合物则是最常见的原油污染团块的基本成分之一。

1. 原油冶炼对人体的危害

石油冶炼产生的废气漂浮着多种有毒有害气体和金属粉尘，当大气中的二氧化硫浓度达到10%以上时就会强烈地刺激和腐蚀人的呼吸器官，引起气管和支气管的反射性挛缩，使管腔缩小，黏膜分泌物过多，呼吸阻力增加，换气量减少。严重时会造成喉痉挛，甚至使人窒息死亡。特别是当大气中的二氧化硫吸附在漂浮的金属粉尘中时，就能随粉尘侵入人体的肺泡。如果人类长年累月地吸入这种被二氧化硫及各种金属粉尘污染的空气，呼吸器官就会受到损害，很多人患有呼吸系统疾病，如支气管炎、哮喘、肺气肿、肺癌等。原油冶炼对人类健康的影响通过介绍发生在日本的"四日市哮喘病"来让大家有个直观的了解。

四日市位于日本东部伊势湾海岸，因历史上曾每隔4天有一次集市而得名。四日市原本是一个人口不过25万的小城市，市内建有纺织厂和窑厂。由于四日市临海，交通方便，很快成为发展石油工业的窗口。1955年，四日市的第一座炼油厂建成后，其他一些相关企业纷纷上马，石油联合企业逐渐形成规模。1957年，昭石石油公司所属的四日市炼油厂投资186亿日元，1959年，这个石油公司中心企业开始投产，四日市很快发展成为一个"石油联合企业城"。然而，正当人们对这个即将带来滚滚财源的大型企业艳羡不已时，可怕的公害病却已悄然潜入了人们的生活中。

从1959年开始，昔日洁净的城市上空变得污浊起来。每到春天，在邻近石油联合企业的盐滨地区，居民住宅周围弥漫着恶臭，甚至在炎热的夏天也不能开窗通风换气。由于工业废水排入伊势湾，水产发臭不能食用；石油冶炼产生的废气使天空终年烟雾弥漫。全市平均每月每平方千米降尘量为14t（最多达30t），大气二氧化硫含量浓度超过标准5~6倍，大气中烟雾厚达500m。1964年，该市有3天烟雾不散，致使一些哮喘病患者痛苦地死去。1967年，又有一些哮喘病患者因不堪忍受疾病的折磨而自杀。1970年，哮喘病患者人数达500多人。1972年，达817人，死亡10余人。到1979年10月底，确认患有大气污染性疾病的患者人数为775 491人。由于四日市呼吸系统病症患者大多一离开大气污染环境，病症就会得到缓解，所以把这种病统称为"四日市哮喘病"。

2. 原油对海洋的主要危害

石油漂浮在海面上，迅速扩散形成油膜，可通过扩散、蒸发、溶解、乳化、光降解以及生物降解和吸收等进行迁移、转化。油类可黏附在鱼鳃上，使鱼窒息，抑制水鸟产卵和孵化，破坏其羽毛的不透水性，降低水产品质量。油膜形成可阻碍水体的复氧作用，影响海洋浮游生物生长，破坏海洋生态平衡，此外还可破坏海滨风景，影响海滨美学价值。

3. 原油对土壤的主要危害

（1）破坏土壤

石油物质进入土壤后，会引起土壤理化特性的变化，如堵塞了土壤的孔隙结构，破坏土壤结构，使土壤的透水性降低；其富含的反应基能够与土壤中的无机氮、磷结合并限制硝化作用和脱磷酸作用，从而使土壤的有效磷、氮含量减少，导致土壤有机质的碳氮比和碳磷比的变化。由于这些变化，一方面恶化了土壤微生物的生存环境，另一方面石油自身对土壤中微生物也具有一定的负面影响，进而导致了反映土壤活性的微生物数量减少，微生物群落和微生物群系发生变化，使得未污染的土壤环境中微生物的五大功能明显降低，土壤的活性降低甚至没有活性，破坏土壤微生态环境。

（2）污染水体

土壤中的石油向下渗漏污染地下水，或被雨水携带污染地表水体，影响用水安全和农作物安全。长期使用含油污水灌溉，农作物正常生长发育受阻，抗倒伏、抗病虫害的能力降低，直接导致粮食的减产，而芳香族化合物等有毒有害物质在农作物中产生残留、富集效应，并通过食物链危及人类健康。如沈抚灌渠上游污灌区水稻出现生长缓慢、烂根、粒瘪等现象，出产的大米有浓重的石油味，感官指标极差。正因这些危害使得很多影响周围环境的加油站关闭，如20世纪90年代初，北京安家楼加油站和六里屯加油站均发生过严重漏油事故，使附近自来水厂一度停止运行。

（3）污染空气

土壤中的石油向空气中挥发、扩散和转移，使空气质量下降，直接影响人体健康、生命安危和后代繁衍。某些脂溶性物质能侵蚀中枢神经系统；一些挥发性组分在紫外线照射下与氧作用形成有毒性气体，危害人和动物的呼吸系统；多环芳烃类物质影响肝、肾和心血管系统等的正常功能，甚至引起癌变。

石油污染的隐蔽性大，潜伏期长，涉及面广，治理困难，危害日益凸现，已成为不容忽视的环境问题。

（四）汽车生产过程排放大量污染

汽车在使用前的污染主要是指汽车在制造过程中所产生的一些污染。那我们来看一下汽车的制造过程，如图6-1所示。

钢铁锻造过程中造成的污染主要是由于冷却锅炉后的废水直接排放，造成水的热污染。水温可影响水的密度、黏度、蒸气压、表面张力等。物理特性在化学方面可影响水中的溶解度、化学反应速率及气体交换率，在生物方面可影响生物的活动及生化反应速率。而工业的冷却用水中，常常放入冷却剂来帮助改善其冷却效果。因此，工厂排出的废水中，常会带有化学药剂，造成水中的生物大量死亡。

轮胎的主要材料是橡胶，包括天然橡胶和合成橡胶。合成橡胶来自石油提炼，因此价格易受油价波动影响，产量约占总产量的60%。天然橡胶则是由三叶橡胶树所分泌的乳汁，经由凝固、加工等过程而得，产量约占总产量的40%。汽车工业尤其是轮胎的用量占天然橡胶使用量的一半以上，因此汽车工业的发展动向与橡胶的行情具有一定的关系。轮胎制造过程中含大量硫化物的烟气会排放于大气中，造成酸雨现象，将使动物、植物死亡，毁损建筑物，也会使湖泊、河川、土壤酸化等。砍伐原始林，利用橡树提炼橡胶、制造橡胶，加硫

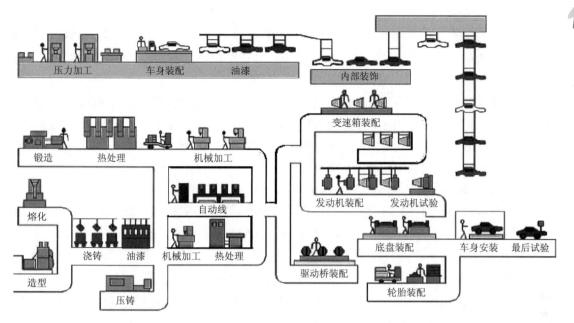

图 6-1 汽车的制造过程

化物、灰胶、磨剂，制造过程产生的废气、灰尘等都将危害地球环境。

近年来随着电子业的发展，在汽车中也加装了许多电子器材，如倒车雷达、小型剧院组、卫星导航等，以提高行车的舒适度与安全，但是这些汽车电子器材的制造也会造成相当的污染。

二、汽车排放与环境

（一）尾气排放污染物的成分

作为一种无以替代的现代交通工具，汽车同时也是一个流动的污染源。在大气污染中，一些有害成分主要来自汽车排放的尾气。城市空气污染物主要有：一氧化碳（CO）、氮氧化物（NO_x）、碳氢化合物（HC）、光化学烟雾、铅化物和碳烟颗粒物（PM）等。汽车尾气是燃油在发动机气缸内燃烧做功后从排气管放出的废气。根据有关分析，汽车尾气中各种气体成分有1 000多种，其中对人体健康危害最大的有一氧化碳、碳氢化合物和氮氧化物等。这些有害物质不断造成人们的呼吸道疾病、生理机能障碍以及鼻黏膜组织病变，急性污染中毒甚至会导致心脏病恶化而猝死。同时，其中所含的多种致癌物质进入人体会产生持续刺激，可能引发癌症。

1. 一氧化碳

一氧化碳（CO）是城市大气中数量最多的污染物（约占大气污染物总量的三分之一）。发达国家城市空气中的一氧化碳有90%是由汽车排放的。

对于内燃机发动机，一氧化碳（CO）是因为空气不足或其他原因造成不完全燃烧时产生的。一氧化碳是无色无味的气体，吸入人体后，易与血液中的血红蛋白结合，其亲和能力较氧大210倍，故很快形成碳氧血色素，使血液丧失输氧能力，致使人体缺氧，引起头痛、头晕、呕吐等中毒症状，严重时造成死亡。

2. 氮氧化合物

城市中的氮氧化物（NO_x）大部分来源于矿物燃料的燃烧过程，包括燃煤和燃油锅炉以及汽车内燃机的排放。汽车排放的氮氧化物所占的比例很高，美国为32%~55%，日本东京为36%。

氮氧化合物是被高温燃气氧化成的NO、NO_2等氮氧化合物的总称，它在高温富氧状态下容易生成。氮氧化合物由于氧化程度的不同呈白色、黄色到暗褐色。氮氧化合物进入肺后，形成亚硝酸和硝酸，对肺组织产生很强的刺激作用，引起肺炎、肺水肿，吸入高浓度的氮氧化合物后甚至会引起中枢神经的瘫痪。

3. 碳氢化合物

碳氢化合物（HC）的来源很大一部分来自汽车尾气中的未燃部分及汽油挥发排放，约占有害污染物的55%。近来研究表明，汽车排气中的高分子重芳香烃可使人致癌。

4. 光化学烟雾

汽车尾气中的重要成分——氮氧化物（NO_x）和碳氢化合物（HC）在大气环境中受强烈的太阳紫外线照射后产生一种新的二次污染物——光化学烟雾，在这种复杂的光化学反应过程中，主要生成光化学氧化剂（主要是O_3）及其他多种复杂的化合物，统称光化学烟雾。

光化学烟雾刺激人的眼、鼻、气管和肺等器官，使人发生眼红流泪、气喘咳嗽、头晕恶心等症状。

5. 铅化物

作为抗爆剂的四乙基铅加入汽油中，目的是为了减少汽油爆燃的倾向。但含铅汽油燃烧后会生成铅化物，以颗粒状排入大气。铅对人体十分有害，当人体吸入含铅微粒的大气时，将阻碍血液中的红细胞的生长，使心、肺等处发生病变；侵入大脑时，引起头痛、神经麻痹等症状。另外，铅还会引起汽车催化反应器的催化剂中毒，使其失效。

6. 碳烟等颗粒物

由于汽油、柴油燃烧不充分，排放出的尾气中含有大量直径等于或小于$2.5\mu m$的细微颗粒物。这些细微粒子很容易随着呼吸进入人体肺部，又被称为"入肺颗粒物"。其中，有30%~50%元素碳（碳黑）和有机碳，这些细粒子长期飘浮在空气中，使空气变得浑浊，对阳光有散射作用，使空气能见度下降。有机碳中大部分为挥发性有机化合物，在紫外线照射下，产生氧化反应，变成醛、酮类化合物，还会生成过氧乙酰硝酸酯和臭氧等氧化物，是形成光化学烟雾的主要条件。

（二）汽车排放污染物的危害

1. 对个人健康的危害

二氧化硫、二氧化氮等气体和悬浮粒子可刺激呼吸系统、眼睛，做成不适；高浓度时可引发心脏病及呼吸系统疾病。一氧化碳与身体血红蛋白结合，形成不易分解的碳氧血红蛋白，影响血液运送氧气的能力，严重者会因心脏衰竭或窒息而致死。二氧化氮在阳光下与空气中的碳氢化合物产生化学作用，形成对流层臭氧和过氧乙酰硝酸酯（光化学烟雾的主要成分）。尤其是多环性芳香化合物可致癌。铅影响人的神经系统，令儿童智力发展迟缓。汽车废气对人类健康的影响可以通过下面的空气污染事件，让大家有个直观的了解。

洛杉矶是世界上第一个出现严重光化学污染事件的城市。洛杉矶盆地位于美国的西海岸，它既是一个有名的汽车城，也是有名的烟雾城。洛杉矶首次光化学烟雾发生在20世纪40年代，当时洛杉矶的800多万辆汽车是产生空气污染的最大元凶。洛杉矶的居民和游客饱尝这种烟雾之苦，它刺激眼睛、灼伤喉咙和肺部，引起胸闷，其影响对人体健康是长期的。有调查表明，洛杉矶长大的儿童肺功能因此下降了10%～15%。仅1950年—1951年，美国因大气污染造成的损失就达15亿美元。1955年，因呼吸系统衰竭死亡的65岁以上的老人达400多人；1970年，约有75%以上的市民患上了红眼病。这就是最早出现的新型大气污染事件——光化学烟雾污染事件。汽车废气可影响男性生育。意大利那不勒斯大学的医学研究人员，对85名在高速公路收费站工作的男性进行了研究，发现他们的精子数量与同一地区其他中青年男性没有差别，但精子活力减弱，因而他们的生育能力也相应下降。在这项研究中，高速公路收费站的从业人员都接受过全面体检，83%的男性已婚，其中已婚的71人中有7人婚后没有生育后代。男性如果每天暴露在汽车废气环境中6小时，他们体内的雄性激素水平不会发生改变，但精子的活动能力却会下降，从而影响受精能力。约三分之一的女性不孕症是由于男方精子数量和质量异常造成的。男性精子数量，如果每毫升精液中少于2 000万精子，则生育力极差。精子活力减弱，形态异常也会影响男性的生育能力。

  1971年，日本东京也发生较严重的光化学烟雾事件，使一些学生中毒昏迷。与此同时，日本的其他城市也发生了类似的事件。此后，日本的一些大城市连续不断出现光化学烟雾事件。日本环保部门对东京几个城市污染排放的主要污染物进行调查发现，汽车排放的CO、NOX、HC这三种污染物占总排放量的80%，可见，汽车排放的尾气是产生光化学烟雾的罪魁祸首。

  1997年夏季，拥有80万辆汽车的智利首都圣地亚哥也发生光化学烟雾事件。由于光化学烟雾的作用，迫使政府对该市实行紧急状态：学校停课、工厂停工、影院歇业，孩子、孕妇和老人被劝告不要外出，使智利首都圣地亚哥处于"半瘫痪状态"。在北美、英国、澳大利亚和欧洲地区也先后出现这种烟雾。

  墨西哥城有2200万人口，3.5万家工厂和400万辆汽车。由于地处海拔2250米的高原，墨西哥城空气中的氧气浓度只有海平面的1/4。这意味着燃料的燃烧效率非常低，加之当地的亚热带气候，墨西哥城光照充足，导致光化学反应强烈，臭氧浓度特别高。1992年11月墨西哥城西部臭氧浓度达到令人震惊的1200微克/立方米，在这些月份里，臭氧浓度几乎每天都超过世界卫生组织（WHO）的指导值，其中半数以上的日子超过WHO指导值的2倍。墨西哥城最严重的污染是以臭氧为标志的光化学污染。导致光化学反应产生臭氧的前体物包括挥发性有机物、氮氧化物及一氧化碳。

  泰国首都曼谷的空气污染问题主要是悬浮颗粒物，特别是可吸入颗粒物，以及一氧化碳和铅。这些空气污染问题主要发生在曼谷的交通主干道附近区域，其浓度足以对人体健康产生严重影响。世界卫生组织规定的年平均铅浓度范围是0.5～1.0μg/m³，曼谷的大气中铅浓度已达到2.0μg/m³以上，而铅的来源主要是机动车使用含铅汽油造成的。

  研究表明，汽车废气增加心脏病患病率。据瑞典《每日新闻》报道，斯德哥尔摩省环境卫生部门公布的一项研究表明，汽车废气能增加罹患心脏病的概率。这一研究结果是在对斯德哥尔摩省所有空气污染源头进行跟踪，并对这些污染源头涉及的区域内所有居民区居民健康状况进行抽样调查后得出的。调查结果显示，一个最近30年内居住在交通繁忙地区的人，要比同一时期居住在交通较少区域的人患心脏病的概率高出50%。造成这一结果的原因可能有两个,一是长期的空气污染对肺的影响最后会危害体内心血管功能,二是空气污染对人体呼吸系统的影响会改变心跳频率,从而危害心脏功能。

2. 对生态系统的破坏

烟尘等粒子覆盖植物的叶片,阻碍植物吸收阳光,因此降低光合作用的效率。二氧化硫、二氧化氮溶于空气中的水分,形成酸雨、酸雾、酸雪,或直接溶于水体(湖泊、溪涧),降低水土酸碱度,使植物和水中生物死亡。二氧化硫能直接杀死地衣。

雅典是一个人口超过400万的城市,一面临萨罗尼克海湾,三面环山,复杂的地理气候条件使得污染物在雅典盆地不易扩散。20世纪70年代末以来,雅典市区的汽车尾气排放量大大增加,在这里,地中海气候常出现逆温,阳光强烈,气温较高,再加上风速比较小,所以在大气中很容易出现高浓度的污染物,特别有利于臭氧和二氧化氮的形成。以1991年为例,空气质量超过健康标准对人体健康构成危害的天数高达180天,而且臭氧和二氧化氮浓度较高,又多出现于夏季高温时节,整个生态系统受到严重破坏。

3. 对社会的影响

酸雨侵蚀金属及大理石建筑、雕像,毁坏户外文物、艺术品。给因空气污染而致病的人口造成医疗负担。光化学烟雾降低能见度,影响旅游业及对空中交通造成危险。酸雨降低土壤酸碱度,降低农产品收成。

由此可见,汽车尾气已经对人类生存和城市环境构成了严重威胁。

(三)汽车排放公害控制措施

汽车尾气污染的防治可以从两方面入手:一是控制技术,主要是提高燃油的燃烧率,安装防污染处理设备和开发新型汽车;二是行政管理手段,严格汽车排放标准,采取报废更新,及时淘汰旧车。

1. 加强汽车技术改进,减少尾气污染

(1)改变汽车的动力

治理汽车尾气污染的最根本和最终的途径是改变汽车的动力。

在使用新动力的汽车中,采用电动汽车或其他代用燃料汽车可使汽车不产生或只产生很少的污染气体。

目前,电动汽车是最被看好的零污染汽车。电动汽车是通过高能蓄电池中的直流电转换成交流电,驱动电机旋转,从而带动汽车行驶。由于没有汽油发动机的燃烧、膨胀、排气等过程,电动汽车不像普通汽车那样排放含有铅、硫、氮的氧化物等有害气体,同时噪声比同等动力的普通汽车低得多。

甲醇汽车是另一种新型环保汽车,它是以酒精类的甲醇作为燃料的汽车。甲醇汽车的最高时速、马力等性能与普通汽车差不多,但排出废气中的铅、氮的氧化物也减少一半,并且基本不冒黑烟。燃料用的甲醇来源很广,可以从天然气、劣质煤、油砂、木屑等凡是能产生一氧化碳和氢气的物质中提炼。研制和发展环保型汽车,可以减少对环境的污染,而且甲醇生产有工艺简单、设备少、运输方便等特点。

另外,汽车的代用燃料还可采用二甲醚、天然气等。

(2)改善现有的汽车动力装置和燃油质量。

尽量采用柴油机。单纯从污染的角度看,柴油车、汽油车都有污染,但在不采取任何措施的情况下,汽油车的污染更严重。这是因为在所有的污染物中,汽油车的一氧化碳(CO)、二氧化碳（CO_2）、碳氢（CH）化合物排放量都比柴油车大，氮氧化物（NO_x）则基本处于同一量级，只有碳烟颗粒柴油车比汽油车多。随着中冷增压、缸内直喷、共轨等技术的应用，柴油机的技术水平已经有了飞跃式发展，排污技术也日渐成熟。

采用无铅汽油可减少汽油尾气中毒性物质的排放量。有铅汽油中的抗爆剂——四乙基铅，它具有很高的挥发性，甚至在0℃时就开始挥发，而挥发出的铅粉末，以蒸汽及烟的形式存在空气中。

改善燃烧室结构，对汽车发动机采用曲轴箱通风系统、废气再循环、蒸发排放控制系统等新设计，均可大大减少污染物的排放。

另外，在发动机调试时采取相应减少喷油提前角，改善喷油器的质量措施，也可减少汽车污染物的生成。

实际上，采用设计优良的发动机、采用新材料、提高燃油质量等虽然都能使汽车排气污染减少，但是不可能达到"零排放"。

（3）发动机机外尾气净化措施

目前，广泛采用一些先进的机外净化技术对汽车产生的废气进行净化以减少污染，此途径可以达到较好的效果。机外净化技术就是在汽车的排气系统中安装各种净化装置，采用物理的、化学的方法减少排气中的污染物。可分为催化器，热反应器和过滤收集器等两类。前者多用于汽油机汽车，后者多用于柴油机汽车。

2. 提高汽车尾气排放标准

鉴于汽车尾气的危害，人们认识到需要对汽车尾气排放加以法规限制。

1960年，美国加利福尼亚成立了第一个防止大气污染的加州大气资源局（CARB），并于1966年率先实施了防止大气污染的法规。

1970年，美国议员马斯基提出了"大气净化法"（也称为"马斯基法"）。"马斯基法"要求从1975年起，强行控制减少汽车排放的有害物质。这一法规虽经美国通用等几大公司以技术上存在问题为理由提出延期，但终于在1976年6月正式生效。现在，"马斯基法"已被很多国家参照实施。

目前，国外执行的汽车排放标准主要有欧、美、日三大体系，其中以欧洲标准应用较广。

为遏制交通污染，欧盟1992年推行了"欧Ⅰ"汽车尾气排放标准，1996年实施了"欧Ⅱ"汽车尾气排放限值，2000年出台了"欧Ⅲ"标准，逐步加大了限制二氧化碳气体排放量的力度。2005年1月，欧盟启用"欧Ⅳ"汽车尾气排放标准，要求各成员国修改有关立法，以税收政策惩罚尾气超标的汽车。根据"欧Ⅳ"标准，柴油发动机汽车尾气排放的颗粒物每千米必须在25mg以内。标准还要求各成员国为柴油车增加特殊的过滤装置，减少颗粒物对空气的污染。欧盟最近出台的法令要求，每辆上路行驶的车辆必须装有"车载检测系统"，在排放超标时提醒驾驶者及时进厂维修，不必等到每年一度的检验。"欧Ⅴ"标准，适用于2011年1月1日及以后注册的新车。"欧Ⅵ"标准，适用于2015年1月1日及以后注册的新车。"欧Ⅵ"标准标准强制规定了对于柴油发动机所产生的氮氧化物减排67%的目标，同时对汽油发动机的细颗粒物排放量作出了限制。

自20世纪90年代以来，我国的汽车尾气治理提上日程，治理步伐不断提速。目前，我国已制订了环境质量标准、污染物排放标准、污染物控制标准等。1993年，我国颁布相当于欧洲20世纪70年代的汽车尾气排放标准；2000年1月1日该标准提高为欧洲90年代初的标准，即"欧Ⅰ"标准，不达标的汽车不得生产销售。2000年9月，新修订的《大气污染防治法》有关控制汽车尾气排放的内容专门设了一章，从生产、销售、使用、进口等主要环节进行监督管理。2003年，北京和上海相继实施国家机动车第二阶段排放标准，该标准相当于"欧Ⅱ"排放标准。我国从2008年起执行"欧Ⅲ"排放标准，2010年执行"欧Ⅳ"排放标准。国五标准是2017年1月1日实行的，现在执行国六标准。

3. 加强对在用车的管理可减少和消除汽车尾气对大气环境的污染

加强在用车的维护保养。在用车检查和维护制度（I/M制度）对于减少汽车污染非常重要。应通过制订严格合理的I/M制度、改进检测与维修设备、明确管理部门职权、加强人员技术培训等方面的工作，进一步完善我国的I/M制度，使其发挥出应有的功效。

另外，还需通过合理方式加速老旧车辆的淘汰。老旧汽车排放控制水平较低，随着车辆使用时间的延长，其排放性能还会进一步恶化。由于自然淘汰速度太慢，而强制淘汰又难以公平合理，因此，采取合理的措施加速老旧车辆的淘汰就显得尤为重要。今后，既要严格执行汽车报废标准，也要借鉴国际经验，通过经济等方面的手段引导大家淘汰老旧汽车。

西方发达国家，包括汽车保有量很大的美国、德国等，政府并没有制订强制汽车按使用年限或累计行驶里程淘汰的政策或规定。但这些国家的汽车更新速度是比较快的。它们的做法是，当车辆达不到政府规定的排放标准和安全标准要求时，不允许上路行驶。在下述一些情况下，车辆管理部门将汽车作为自动淘汰处理：一是车辆经过修理后，仍然达不到政府规定的强制标准；二是修理费用过高，车主自动放弃原有车辆；三是当超标车辆在规定的时限内没有再次进行检测（例如半年）等。

4. 减少汽车使用量可减少汽车尾气的污染

鼓励发展公共交通，减少汽车使用量是控制汽车尾气污染的途径之一。因此，要大力发展包括公共汽车、地铁、城铁在内的公共交通，并且提高公交的运行速度，以减少汽车的使用量。

三、汽车噪声与环境

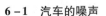

6-1 汽车的噪声

噪声是汽车带来的第二大公害。人们长时间接触噪声，会耳鸣、多梦、心慌及烦躁，或直接引起听力下降甚至耳聋。噪声，常伤人于无形之中。

（一）汽车噪声来源

轿车的噪声主要有三个来源：一是汽车机械部件本身产生的噪声，例如发动机和驱动桥等；二是轮胎噪声；三是气流噪声（风噪）。这三个来源是随着速度不同而依次出现的，因此有人将它们划分为三类噪声：由轿车驱动系统引起的噪声称为第一类噪声，一般轿车起动时就会产生（例如发动机的运转噪声）并随车速增大而增大；当车速升高至100km/h左右，轮胎的噪声随之增大，当车速超过100km/h，风噪则会随着车速的增加迅速增加，被称为第二类噪声。经过测定，轿车在高速区间，风噪的声级会以车速的5~7次幂增强，而第二类噪声仅以车速的3~4次幂增强。轿车速度在120km/h左右时，迅速增强的第三类噪声与第二类噪声的声级相同，当轿车速度再继续增加，第三类噪声就会超过其他噪声成为主要的噪声了。对于第一、二类噪声，可以通过改善部件的工艺、外形，通过路面试验而寻求解决方案，而对于第三类噪声，必须要通过样车模型的风洞试验，再经过优化设计才能寻求到降噪的解决方案。

噪声用声压级表示，单位为分贝（dB）。把声强频率约为1 000Hz所引起的最弱声音，即年轻人听觉开始的声音强度规定为0dB。噪声的定量表示必须注明噪声级。所谓噪声级，就是在选定的声压计修正电路下，对不同频率信号进行不同程度的衰减，使测量值接近人耳的感觉，分为A、B、C三级。

从未来的发展趋势看，为减少汽车噪声对环境的影响，行驶噪声的限制措施会强制执行；同时也会通过改变交通流量以改变区域交通形态来降低噪声；此外，研究开发电动汽车、混合动力汽车也是降低噪声的有效措施；道路修建方面，公路的形状、结构铺装面材料等方面的改善也会起到积极作用。

（二）汽车噪声的危害

在城市中，交通噪声约占各种声源的70%。噪声具有局部性、暂时性和多发性的特点。噪声不仅会影响听力，还对人的心血管系统、神经系统、内分泌系统产生不利影响，所以有人称噪声为"致人死命的慢性毒药"。噪声给人带来生理上和心理上的危害主要有以下几方面：

1. 干扰休息和睡眠，影响工作效率

休息和睡眠是人们消除疲劳、恢复体力和维持健康的必要条件。但噪声使人不得安宁，难以休息和入睡。当人辗转不能入睡时，便会心态紧张，呼吸急促，脉搏跳动加剧，大脑兴奋不止，第二天就会感到疲倦或四肢无力，从而影响到工作和学习，久而久之就会得神经衰弱症，表现为失眠、耳鸣、疲劳。人进入睡眠之后，即使40～50dB较轻的噪声干扰，也会从熟睡状态变成半熟睡状态。人在熟睡状态时，大脑活动是缓慢而有规律的，能够得到充分的休息；而半熟睡状态时，大脑仍处于紧张、活跃的阶段，这就会使人得不到充分的休息和体力的恢复。

研究发现，噪声超过85dB，会使人感到心烦意乱，人们会感觉到吵闹，因而无法专心地工作，结果会导致工作效率降低。

2. 损伤听觉、视觉器官

我们都有这样的经验，从飞机里下来或从锻压车间出来，耳朵总是嗡嗡作响，甚至听不清对方说话的声音，过一会儿才会恢复，这种现象叫做听觉疲劳，是人体听觉器官对外界环境的一种保护性反应。如果人长时间遭受强烈噪声作用，听力就会减弱，进而导致听觉器官的器质性损伤，造成听力下降。

强的噪声可以引起耳部的不适，如耳鸣、耳痛、听力损伤。据测定，超过115dB的噪声还会造成耳聋。据临床医学统计，若在80dB以上噪声环境中生活，造成耳聋的概率可达50%。噪声对儿童身心健康危害更大。因儿童发育尚未成熟，各组织器官十分娇嫩和脆弱，不论是体内的胎儿还是刚出世的孩子，噪声均可损伤听觉器官，使听力减退或丧失。据统计，当今世界上有7 000多万耳聋者，其中相当部分是由噪声所致。专家研究已经证明，家庭室内噪声是造成儿童聋哑的主要原因，若在85dB以上噪声中生活，耳聋者可达5%。噪声对视力的损害。人们只知道噪声影响听力，其实噪声还影响视力。试验表明：当噪声强度达到90dB时，人的视觉细胞敏感性下降，识别弱光反应时间延长；噪声达到95dB时，有40%的人瞳孔放大，视模糊；而噪声达到115dB时，多数人的眼球对光亮度的适应都有不同程度的减弱。因此，长时间处于噪声环境中的人很容易发生眼疲劳、眼痛、眼花和视物流泪等眼损伤现象。同时，噪声还会使色觉、视野发生异常。调查发现噪声对红、蓝、白三色视野缩小80%。

3. 对人体的生理影响

噪声是一种恶性刺激物，长期作用于人的中枢神经系统，可使大脑皮层的兴奋和抑制失调，条件反射异常，出现头晕、头痛、耳鸣、多梦、失眠、心慌、记忆力减退、注意力不集中等症状，严重者可产生精神错乱。这种症状，药物治疗疗效很差，但当脱离噪声环境时，症状就会明显好转。噪声可引起植物神经系统功能紊乱，表现在血压升高或降低，心率改变，心脏病加剧。噪声会使人唾液、胃液分泌减少，胃酸降低，胃蠕动减弱，食欲不振，引起胃溃疡。噪声对人的内分泌机能也会产生影响。噪声对儿童的智力发育也有不利影响，据调查，3岁前儿童生活在75dB的噪声环境里，他们的心脑功能发育都会受到不同程度的损害。在噪声环境下生活的儿童，智力发育水平要比安静条件下生活的儿童低20%。噪声对人的心理影响主要是使人烦恼、激动、易怒，甚至失去理智。此外，噪声还对动物、建筑物有损害。在噪声下的植物也生长不好，有的甚至死亡。

噪声是心血管疾病的危险因子，噪声会加速心脏衰老，增加心肌梗死发病率。医学专家经人体和动物实验证明，长期接触噪声可使体内肾上腺分泌增加，从而使血压上升，在平均70dB的噪声中长期生活的人，可使其心肌梗死发病率增加30%左右，特别是夜间噪声会使发病率更高。调查发现，生活在高速公路旁的居民，心肌梗死率增加了30%左右。调查1 101名纺织女工，高血压发病率为7.2%，其中接触强度达100dB噪声者，高血压发病率达15.2%。

噪声还可以引起如神经系统功能紊乱、精神障碍、内分泌紊乱等症状甚至事故率升高。高噪声的工作环境，可使人出现头晕、头痛、失眠、多梦、全身乏力、记忆力减退以及恐惧、易怒、自卑甚至精神错乱。在日本，曾有过因为受不了火车噪声的刺激而精神错乱，最后自杀的例子。

相关的噪声污染事件也屡有报道。1960年11月，日本广岛市的一男子被附近工厂发出的噪声折磨得烦恼万分，以致最后刺杀了工厂主。无独有偶，1961年7月，一名日本青年来到东京找工作，由于住在铁路附近，日夜被频繁过往的客货车的噪声折磨，患了失眠症，不堪忍受痛苦，终于自杀身亡。同年10月，东京都品川区的一个家庭，母子3人因忍受不了附近建筑器材厂发出的噪声，试图自杀，未遂。中国也是噪声污染比较严重的国家，全国有近2/3的城市居民在噪声超标的环境中生活和工作着，对噪声污染的投诉占环境污染投诉的近40%。

（三）汽车噪声的控制

1. 加强噪声法规建设

在噪声法规方面，欧、美、日等一些发达国家和地区都已颁布了汽车噪声法规，规定了汽车噪声限值和相应的测试规范，同时，还制订了大量的包括发动机等在内的总成噪声试验标准。1964年国际标准化组织（ISO）制定了汽车噪声测定标准《声学—道路车辆加速噪声测量—工程法》（ISOR—362—1964），现为（ISO 362—1—2015）。我国也于1979年颁布了《机动车辆允许噪声》（GB 1495—1979）和对应的《机动车辆噪声测量方法》（GB 1496—1979），进入20世纪80年代，又陆续颁布了汽油机、柴油机等噪声限值及测量方法等标准。

2. 改进汽车技术，降低汽车噪声

在汽车技术方面，目前汽车上采用排气消声器控制噪声，排气消声器是具有吸声衬里或特殊形式的气流管道，可有效地降低气流噪声的装置。为了减少发动机辐射噪声，汽车生产厂家对发动机和驾驶室都安装了吸音隔音装置，并对发动机机罩进行必要的隔音处理，这一切都能有效地降低汽车加速行驶车外噪声。为了防止发动机噪声和轮胎噪声窜入乘员厢，工程师除了尽量减少噪声源外，也在车厢的密封结构上下功夫，尤其是前围板和地板的密封隔音性能。

发动机表面辐射噪声由燃烧噪声和机械噪声两大类构成，是发动机内部的燃烧及机械振动所产生的噪声。燃烧噪声是指气缸燃烧压力通过活塞、连杆、曲轴、缸体等途径向外辐射产生的噪声；机械噪声是指活塞、齿轮、配气机构等运动件之间机械撞击产生的振动噪声。一般情况下，低转速时燃烧噪声占主导地位，高转速时机械噪声占主导地位，两者是密切相关，相互影响的。实践表明，减少振动是降低噪声的根本措施。增加发动机结构的刚度和阻尼，是减少表面振动的方法，从而达到降低噪声的目的。

轮胎在路面滚动产生的噪声也是很大的。有关研究表明，在干燥路面上，当汽车时速达到100km/h时，轮胎噪声成为整车噪声的重要噪声源。而在湿路面上，即使车速低，轮胎噪声也会盖过其他噪声成为最主要的噪声源。轮胎噪声来自泵气效应和轮胎振动。所谓泵气效应是指轮胎高速滚动时引起轮胎变形，使得轮胎花纹与路面之间的空气受压挤，随着轮胎滚动，空气又在轮胎离开接触面时被释放，这样连续的"压挤释放"，空气就迸发出噪声，而且车速越快噪声越大，车辆越重噪声越大。轮胎振动与轮胎的刚度和阻尼有关，刚度增大（例如轮胎帘布层数目增加），阻尼减少，轮胎的振动就会增大，噪声也就大了。要降低轮胎的噪声，胎面可采用多种花纹节距，采用高阻尼橡胶材料，调整好轮胎的负载平衡以减少自激振动等。

3. 从道路规划和建设方面控制汽车噪声

将现有的道路路面改造成低噪声路面，可以降低车辆轮胎与路面的摩擦噪声。低噪声路面已有很多年的发展历史，它是一种多孔性路面材料，一般由沥青材料和有一定颗粒直径的颗粒物组成，保持一定孔隙率。普通的混凝土路面的空隙率为3%~6%，而低噪声路面的空隙率可达到15%~20%，因此保证了路面的高声吸收特性，低噪声路面通常的降噪效果是3~6dB。近年来在德国、英国、瑞典、日本等已经达到工程化应用。

绿化降噪也是目前控制汽车噪声较好的一种措施。对道路两侧地面进行绿化，包括树木绿化和地面绿化，不仅可以有效改善城市生态环境，而且有利于减低交通噪声。绿化减噪主要是植物对声波的反射和吸收作用，植物本身是一种多孔材料，具有一定的声吸收功能，由于植物的吸收，可以减小声波的能量，使噪声减弱。

道路和临街建筑应尽量保持合理的距离，实在无法避开时，应扩大与人居建筑之间缓冲区的距离。可建立道路绿化缓冲带、建立适宜的防噪隔声屏障等，这也是控制交通噪声技术措施之一。声屏障的主要功能是阻挡声音的传播，将大部分声能反射回去，仅使部分声能绕射过去，在屏障的后面形成一个声影区，从而使噪声降低。

四、报废汽车与环境

汽车的使用寿命一般只有10~15年，那么汽车废弃后的命运将会如何呢？图6-2为汽车废弃后续处理流程图。

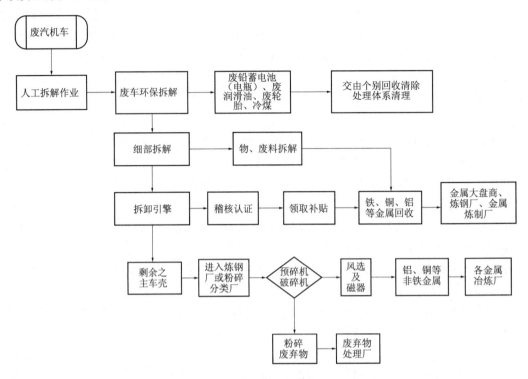

图 6-2　汽车废弃后续处理流程图

传统废车处理方式是将废车车壳直接交由熔炼工厂熔炼，由于其废车车壳中仍残存着车体烤漆及夹杂着部分废弃物无法去除，将无可避免地造成了环境污染。真正合乎环保要求的废车整车粉碎分类处理方式的废车处理厂很少，其处理能力也与实际需求有着很大的落差。由于民间设置废车粉碎分类厂根本无利可图，所以无法企望民间厂商投资兴建，因此，应由政府主动出资兴建废车粉碎分类厂，以建立完整的废车回收清除处理体系。

所以，一台车辆，不管是前身还是后续处理，都跟社会息息相关，让我们不得不提高警惕。

五、汽车的电波危害

在汽车电气设备中有很多导线、线圈等电气元件，它们具有不同的电容和电感。而任何一个具有电感和电容的闭合回路都会形成振荡。因此，在汽车的电气设备中有很多的振荡回路。当火花放电时，就会产生高频振荡以电磁波的形式放射到空中，切割无线电、电视广播等通信设备的天线，从而引起干扰。在汽车的电气设备中，点火系统的干扰最为严重，此外还有发电机、调节器、刮水器以及灯开关等。

控制电波公害主要是限制汽车点火系统产生的电波杂音强度。为此，很多国家对汽车（或汽车内燃机）点火系统的电波杂音强度制订了标准，在标准中还规定了测量仪器和测量方法。

电波公害虽然没有像排气公害和噪声对人们生活环境影响那么严重，但它被认为是涉及广泛的由汽车引起的弊病，同样引起了人们的普遍重视。

六、汽车与道路交通安全

(一) 交通事故的种类与典型案例

汽车是一种高速行驶的交通工具,本身具有较大的质量,在行驶中如果控制不当,很容易发生交通事故。第一次世界大战中有 2 000 万人丧失生命,第二次世界大战有 3 600 万人化为硝烟,然而自第一辆汽车问世至今,已经有 4 000 多万人惨死在飞转的车轮之下。痛苦的是这一残酷的事实通常被人们所忽略,现在,全世界每天有 3 000 多人死于道路交通伤害,在交通事故中受伤的人数更多。因道路交通伤害引起的 85% 的死亡以及 90% 的伤残发生在中、低收入国家,其中主要影响的是弱势道路使用者,例如,行人、骑自行车的人、骑摩托车的人、老年人、孩子,尤其是贫困人群。道路交通伤害给中、低收入国家造成的损失占其国民生产总值的 1%~2%,比这些国家接受的开发援助资金还要多。而对于遭受道路交通伤害的家庭,除了要承受巨大的精神伤痛,还因为收入方面的损失、医疗丧葬的花费、对残疾亲人的长期照顾等原因,往往会陷于贫困境地。

道路交通伤害是一个重要但又被忽视的社会公共问题,必须协同努力开展持续有效的预防工作。人们每天所面对的各种问题中,道路交通伤害是最复杂也是最有危险的。如果不采取有力的预防措施,道路交通伤害预计将成为全球疾病与伤害负担的主要原因之一。

1. 交通事故的种类

交通事故基本上可分为碰撞、碾压、刮擦、翻车、坠车、爆炸和失火七种,表 6-1 对道路交通事故的种类及表现方式进行了详细的分析。根据统计,在各类交通事故中,无论是事故次数、人员伤亡数,还是经济损失,碰撞交通事故占到相应总数的 2/3 以上。

表 6-1 道路交通事故的种类及表现方式

种类	交通事故参与者	表现方式	相对强者	相对弱者
碰撞	机动车、非机动车、行人、其他物体	正面、侧面、追尾碰撞(机动车与非机动车相互间;机动车或非机动车与行人;车辆与其他物体之间)	车辆(机动车或非机动车)	行人
碾压	机动车、骑车人、行人	推碾、压过	机动车	骑车人和行人
刮擦	机动车、非机动车、行人等	车刮车、车刮人、车刮物、乘员被玻璃击伤或甩出车外	车辆(机动车或非机动车)	行人等
翻车	机动车、非机动车	侧翻、滚翻		
坠车		车辆跌落到与路面有一定高度差的路外,如坠落桥下、坠入山涧等事故		
失火		车辆在行驶过程中由于乘员使用明火或违章直流供油、发动机回火、电路故障而引起的火灾		

2. 典型案例

世界上每天都会有各类的交通事故产生,最大的一次公路交通事故应该是在 2000 年 11 月 5 日,尼日利亚发生了一起世界有史以来伤亡最惨重的公路交通事故,一辆满载汽油的油罐车突然冲进一列停在路旁等候通过的轿车车队,当场发生剧烈的爆炸,造成近 200 人死亡、数百人受伤。

纵观种种交通事故,引发的原因多种多样,但最常见的不外乎有机动车驾驶员违章驾驶引起的、行人不遵守交通规则引起,当然还有因为道路、环境因素或机动车机械失灵引起的。

(1) 违章引起碰撞

2006 年 8 月 14 日下午,在北京丰台区大红门桥附近,因违章超车造成一起严重的交通事故,无辜被撞的两厢夏利车被撞成一厢车,图 6-3 为事故现场。

图 6-3 违章停车引起碰撞事故现场

当时,一辆大型货车"泰脱拉"因两证皆无在禁行区域被民警查获,大货车所属单位的夏利车跟在后面,两车停在最右侧应急车道。在违章车辆等待处理时,一辆金杯车超过前方车后违章驶入应急车道时才发现前面停着一辆夏利车,采取措施已晚,直接撞向夏利车后部,夏利车径直冲进了自家单位的大货车肚子底下,只一瞬间工夫,这辆两厢车被硬生生地挤成了一厢车,车完全损毁,所幸的是司机和一名乘车人虽受伤但无生命危险。

(2) 坠落

2006 年 10 月 1 日下午,重庆市一辆满载乘客的 711 公共汽车在行驶至嘉陵江石门大桥大弯道处时驶向大桥左侧,冲上路沿,撞坏大桥护栏后坠落桥下地面,酿成 50 人伤亡的特大交通事故。据有关部门介绍,由于前一辆 711 公共汽车需要加油,便将车上的乘客转到了事故车辆上,所以造成该车严重超载,行驶过程中失去控制。该起交通事故最后造成 30 人死亡,21 人受伤,其中重伤 11 人,图 6-4 为事故现场。

图6-4 坠落事故现场

（3）翻车

2006年12月3日，台湾高雄市鼎金小学家长会租用出游的游览车在台南县梅岭风景区往楠西乡路上，失控翻落20米深的山沟下，车内45人，22人死亡、23人轻重伤，这是台湾20年来死亡人数最多的一次交通意外，图6-5为事故现场。

图6-5 台湾梅岭交通事故

（4）追尾

2006年8月26日凌晨，京珠高速公路广东韶关段发生一起重大交通事故，一辆大客车追尾撞上一辆在主车道上因故停下维修的大货车，造成大客车上17名乘客死亡，33人不同程度受伤。据交警部门调查，当时满载矿石的湖南大货车在京珠高速上爆胎，被迫在主车道停下维修，货车司机没有竖立警示牌，而河南大客车司机在高速行驶中意图超车，结果处理不当，撞上大货车，图6-6是追尾事故现场。

图6-6 追尾事故现场

(二) 道路交通事故原因分析

人、车、路、环境构成了道路交通的四个要素,其中人是最关键的因素,是核心。分析道路交通事故的原因也就是与这四个要素相关。调查研究显示,造成交通事故的原因92.9%是人的因素,其中违章驾驶(如超速行驶、疲劳驾驶、客车超员、酒后驾车等)占69.7%,骑自行车人与行人不遵守交通规则也是主要原因,车辆和道路因素加起来不足5%。

2005年,全国机动车驾驶人员交通肇事417 355起,造成91 062人死亡,分别占总数的92.7%和92.2%。因非机动车驾驶人、乘车人及行人过错导致交通事故20 090起,造成4 207人死亡,分别占总数的4.5%和4.3%。因超速行驶导致16 015人死亡;疲劳驾驶导致2 566人死亡;违法超车、会车导致6 871人死亡;违法占道行驶导致4 488人死亡;超员客车交通事故导致3 039人死亡。

我国学者对中国与国外交通事故原因及综合治理进行了比较。20世纪90年代初美国车祸50%与饮酒有关,行人醉酒占25%,在规定了血液酒精浓度(BAC)为0.05%~0.1%后,因饮酒发生致死性车祸的案例有了明显下降。我国禁止司机饮酒,因此驾驶员饮酒发生的事故致死相对较少,占总事故率的0.29%~1.4%。研究发现车速平方与车祸致伤率成比例,因此各国城市及高速公路均限速行驶。还有1/4的车祸致死者是被抛出车外所致,故保证使用安全带可使死亡率降低15%~55%。

最近,国外研究明显发现约3/4的车祸发生在1/4的驾驶员中。这些人白天容易打盹,驾驶时注意力不集中,判断力、反应和应变能力降低,警觉性下降,控制力减低,这种情况可能是鼾声在作祟。打鼾的人群发病率高达14%~24%,男性多于女性,发病年龄以30~50岁者为多。研究显示,约有1/4的打鼾者发生阻塞性睡眠呼吸暂停综合征,超过20~30万人受到反复发生窒息威胁。而在这些人中,到医院就诊的人数不足1万人,绝大多数人知晓率、就诊率、诊疗率均低。1989年美国在计算机驾驶模拟装置上的比较证实:睡眠呼吸暂停综合征患者驾驶时,反应时间和刹车时间较慢,向侧面偏向较多,比醉酒的人偏轨距离还要远。发达国家经过30多年的多项调查研究证实,患有睡眠呼吸暂停的司机车祸发生率是正常人的3~7倍,并占了恶性事故的80%。为此,美国、加拿大、瑞典等发达国家对此已做了相关的法律规定,对患有该疾患驾驶员在未经有效治疗的情况下禁止开车,否则将追究其法律责任,结果是近10年来其车祸发生率明显下降。

我国研究也表明，有6%～8%的驾驶员存在事故的倾向，而他们造成的车祸占了总车祸的30%～40%。我国初步调查显示，睡眠呼吸暂停综合征成年人发病率为3%～4%，为一种常见并具有潜在危害的疾病。因此，应对驾驶员进行相关知识的普及宣传，改变人们以往认为"打鼾"是睡得香的传统的错误观念，使他们的疾患及时得到诊断和有效治疗。同时，还应制订相关的法律法规，从根本上防止有关事故的发生。

另外，预防事故新机制的作用还没有充分发挥，还缺乏针对性和有效性；监督部门履行职责不够、监管不力；一部分驾驶员安全意识淡薄，职业道德素质低下；道路基础设施薄弱，事故隐患整治不力；公路运输体制改革滞后，不适应市场经济条件下运输快速发展的要求；农村运力不足，非法营运、违章载客屡禁不止等都是造成交通事故的原因。

（三）交通事故的有效治理

我国人多路少，混合交通严重，很多道路上人车混杂；另外，道路等级低，结构不合理，规划有问题；同时，交通参与者的素质普遍比较低；再加上某些车辆性能比较差，因此，我国交通事故的防治工作难度更大。

1. 道路交通事故是可以预防的

道路交通事故是可以预防的，通过政府和其他部门的通力合作，采取诸如限制行车速度、严禁酒后驾车、系安全带以及安装儿童安全设备、加强紧急救护体系、推动设计更为安全的车辆和规定交通安全的标准等措施，可以挽救许多生命。

法国汽车普及率很高，但交通事故率却很低。法国政府和交管部门降低交通事故有"五大法宝"，即严格的驾照考试制度、良好的道路状况、完备的交通标志和交通信息提示、对酒后驾驶等违章行为的严厉惩处、对提高汽车安全性能的重视。

常有人说，法国警察可能是世界上最不严厉的警察，这是因为人性化的管理模式在当地深入人心，警方并不把处罚作为交通管理的目的。但是，法国警察对严重超速和酒后（吸毒后）开车却非常严厉，因为这两者通常是恶性交通事故的主要原因。法国法律规定，超速50km/h以上被视为犯罪行为，严重超速者将被判以3个月监禁及3 750欧元罚款。一旦被查出酒后（吸毒后）开车，司机至少被罚6个驾驶分（法国驾照实行终身制，12个驾驶分被罚光时司机必须重新考驾照），严重的则被当场吊销驾照。如果是酒后（吸毒后）驾车导致过失杀人，则会被判处7年监禁和10万欧元罚款。法国司机大多对这些处罚措施了如指掌，在参加朋友聚会或宴会等需要喝酒的活动时，多数人都能自觉坐出租车前往。

2. "学为所用"的驾照考试制度

在法国考驾照，须通过交通法规考试和道路驾驶考试。交通法规学习通常需历时半年，考题涉及交通法规的每个细节和汽车机械常识。路考则在马路上进行，只要出现一个明显失误就会被判不及格。由于对司机的交通知识和驾驶技术要求很高，能在两项考试中均一次通过的法国人实在不多。但也正因被迫熟读交通法规，并且从一开始学车就在实际道路上驾驶，法国新司机的事故率并不比老司机高。

3. 好的道路条件

法国不仅道路状况好，更难得的是其交通标志设置在世界上也堪称首屈一指。什么地方需要让行，什么路段禁止超车，什么道路需要减速，一切都标得清清楚楚。最难能可贵的是，即使在巴黎这样的大都市，几乎每个交叉路口都设有指示近、中、远目的地的醒目路标,外来司机不至于因找路分散注意力而造成事故。

4. 保证车辆行驶状况

在法国,负责车检的是各私营车检中心,而非交管部门。车主根据具体车况,须定期将爱车送到车检中心做全面检查。检测人员认可车况后必须在有关单据上签字,检测过的车如在一定期限内因车况问题导致事故,检测人员将负法律责任。这一制度使作为执法者的交管部门与车检服务商的角色严格分离,而私营车检中心也会因法律责任重大而对车辆加以严格检测,从而保证上路车辆都是"安全车"。

5. 注重提高汽车的安全性能

汽车安全性能主要包括主动安全性和被动安全性两个方面。

(1) 主动安全性

在汽车设计中注意良好而充分的视野。使用过程中做好日常维护、定期检查,保证汽车四轮定位的准确性、制动系统有效性和轮胎的磨损状况,行车过程中时刻注意汽车安全警报系统等。现在汽车采用的主动安全系统主要是 ABS 制动防抱死系统,不至于发生甩尾失控的危险状况。目前,安装 ABS 的轿车已经相当普遍,随着对汽车安全性能的要求越来越高,一些中、高级的轿车已经不满足于 ABS,还安装了 ASR(又称牵引力控制系统)或者 ESP(电控行驶平稳系统),使汽车的安全性能进一步提高。

(2) 被动安全性

被动安全性就是一旦事故发生时,汽车保护内部乘员及外部人员的安全程度。一旦发生汽车撞人事故,车内车外都是同等无价的生命。因此,被动安全性必须要考虑两方面的问题:一是汽车外部安全性,它包括一切旨在减轻事故中汽车对外部人员的伤害而专门设计与汽车有关的措施。例如,塑性保险杠、凹进式流水槽,内藏式门把手,减少凸出物体,物体外形采用圆弧形,增大点接触面等。二是汽车内部安全性,它包括一切旨在减少在事故中作用于车内乘员的冲击力,事故发生后能提供足够的生存空间而专门设计的防范措施。例如,车厢的变形程度、乘员的生存空间尺寸、约束装置(安全带)、转向装置、乘员的解救等。

我国在减少交通事故方面一则可学习借鉴别国的经验,引入"4E"科学策略,即国际上通称的"教育(Education)、工程(Engineering)、执法(Enforce Law)和急救(Emergency treatment)"四大措施。"教育"主要是指交通安全教育,包括学校教育和社会教育;"工程"是指交通工程建设;"执法"是指严格执行交通法规;"急救"是指加强交通急救体系建设。二则根据我国的实际情况,从以下几方面采取积极有效的措施来减少交通事故的发生:

①建立建全交通法制。
②加强公安交通管理队伍建设。
③科学组织交通流。
④严格纠正和处理交通违章。
⑤加强驾驶员管理。
⑥提高汽车的安全性能。
⑦不断改善道路条件。
⑧广泛开展交通安全教育。
⑨提高交通事故急救水平。

⑩加强交通安全的科研工作。

总之，只要多管齐下，综合治理，依靠现代交通安全管理机制，就能实现道路交通事故和人员伤亡人数的明显减少，真正使人、车、路协调发展，道路交通安全状况步入良性循环的轨道。

任务实施：

任务工单

任务名称：介绍汽车产生的公害		评价	
姓名		班级		学号	
任务描述	1. 收集汽车工业、汽车排放、汽车噪声及报废汽车对环境产生的影响相关资料； 2. 收集汽车的电波危害及汽车对道路交通安全产生的影响相关资料； 3. 自主学习汽车工业、汽车排放、汽车噪声及报废汽车对环境产生的影响相关知识； 4. 自主学习汽车的电波危害及汽车对道路交通安全产生的影响相关知识； 5. 小组讨论汽车工业、汽车排放、汽车噪声及报废汽车对环境产生的影响，汽车的电波危害及汽车对道路交通安全产生的影响。		
能力目标	1. 能够向他人介绍汽车产生了哪些公害； 2. 树立以客户为中心的理念，增强服务意识； 3. 具有与客户沟通交流的能力； 4. 具备信息搜集和处理的能力。		
实施准备	1. 手机； 2. 汇报用白板、粘贴纸、笔等。		
实施步骤	自主学习	1. 通过云平台学习教师发布的相关资料 2. 通过手机搜集相关信息 3. 个人总结汽车工业、汽车排放、汽车噪声及报废汽车对环境产生的影响，汽车的电波危害及汽车对道路交通安全产生的影响	
	小组讨论	课中以小组形式进行讨论，完成课中任务，形成小组汇报成果	
	小组汇报	向同学阐述汽车工业、汽车排放、汽车噪声及报废汽车对环境产生了哪些影响，汽车的电波危害及汽车对道路交通安全产生了哪些影响	
反思			

思考题

1. 简述汽车对人类生活的影响。
2. 现阶段缓减能源紧张的措施有哪些？
3. 简述汽车在生产中、使用中及报废后各环节对环境的污染。
4. 噪声的危害有哪些，现阶段如何有效地控制交通噪声？
5. 交通事故的种类有哪些，如何有效地控制交通事故的发生？

项目七 汽车选购与使用

课程任务与能力矩阵

项目名称	任务名称	进度描述
项目七 汽车选购与使用	任务7.1 汽车选购	汽车运用与维修1+X初级/智能新能源汽车1+X初级
	任务7.2 新车的挑选验收	汽车运用与维修1+X初级/智能新能源汽车1+X初级
	任务7.3 汽车驾驶	汽车运用与维修1+X初级/智能新能源汽车1+X初级
	任务7.4 汽车磨合	汽车运用与维修1+X中级/智能新能源汽车1+X初级
	任务7.5 汽车维护	汽车运用与维修1+X中级/智能新能源汽车1+X初级

任务7.1 汽车选购

任务引入：假如你是汽车4S店的一名销售人员，有客户进店打算买车，该如何向他推荐符合他需求的汽车，怎么介绍汽车的不同配置？汽车选购时需要注意哪些问题，以及汽车售出后如何提供售后服务？这就需要我们简单认识汽车的选购知识。

学习内容：1. 购车时注意事项；

2. 购车配置的选择；

3. 汽车颜色的选择；

4. 汽车性能与售后服务的比较。

能力要求：1. 掌握汽车选购时考虑的因素；

2. 能够帮助客户选择符合客户需要的车型；

3. 树立以客户为中心的理念，增强服务意识；

4. 具有与客户沟通交流的能力；

5. 具备信息搜集和处理的能力。

任务描述： 1. 掌握选购汽车的基本原则；
2. 查阅各种车型配置信息；
3. 掌握汽车性能参数及其含义；
4. 阐述选购汽车过程中的注意事项。

相关知识：

随着我国人民生活质量的不断提高，人们对汽车的需求越来越强烈，汽车也正走向人们的家庭。目前，汽车市场上的车型种类繁多，从几万元的二手车到几百万元的高档豪华轿车都可以找到，一方面给购车者提供了广阔的选择天地，可以货比三家，尽心挑选；另一方面，对于大部分不熟悉汽车市场、第一次购车的准车主来说，又感到茫然失措，面对各式各样的汽车，反而眼花缭乱，不知选择哪一种车型好，因此，了解一些汽车的车型选择常识是很有必要的。

一、购车时注意事项

1. 选购汽车的基本原则

消费者购买和使用汽车时，通常要考虑的基本原则如下。

①实用性原则。主要是考虑使用对象及要求，如自用或他用、货运或客运、大批量运输或零散运输。一般来说，对于批量大、运距长的货物，用大吨位车辆；对于一些专门性的运输，要考虑使用专用车辆；对于客运，短途时为求方便快捷，用中小型车辆；长途时则用高速、舒适性好的大型车辆。

②安全性原则。安全性对于运输生产来说是极为重要的，除了要保证符合国家规定的安全法规外，还要对车辆的使用性能有全面的了解，因为操作方便性、使用可靠性都对安全有明显的影响。

③经济原则。所谓经济，就是选用的车辆在使用中的各项费用较低。

④高效原则。购买货运或客运汽车，则要考虑影响汽车运输生产率的诸多要素，如载重量、平均技术速度、装卸条件等。

2. 购车预算

首先考虑自己的购车经济能力，也就是把购车金额设定在一定的能接受的范围内，然后再将所有在此范围的汽车列出，根据有关资料进行对比、评估，价格档次量力而行，选出心目中理想的汽车。

经过买前的精打细算，结合自己的收入水平，就可以在一定的价格范围内挑选自己喜爱的车型。买车图的是实用、方便，因此应量力而行，量入为出，以避免日后养车力不从心。经济实力较强的，可以实行一步到位，选购档次较高、性能先进、安全系统完备的车型；收入中等而无法一步到位的，可以选择一些中低档的过渡车型，这样既可享受用车之便，又不增加太多的负担。待将来具备了相应的经济实力，再量力更换。

3. 综合各种车型对比，确定车型品牌

价位定好，用车目的确定后，便应广泛地收集各种车型的介绍，以便进入选车最重要的步骤——对比车辆性能、配备、外观等，确定适合自己的品牌。

购车应以自己的需要为出发点：公务用车讲究大方、庄重，多选择厢体宽敞、颜色浓重、气派高雅、外型敦厚的车型；家庭用车应注重省油、占地少，选择时，可偏重于外型小

巧、卡通、颜色鲜艳、富于浪漫情趣的车型；旅游用车应突出越野性，不妨在一些动力强劲、形式粗犷、格调奔放、个性独特的车型中多做考虑。

选定车型前，亲自操驾试开以亲身感受体验车的各项性能及感觉是否称心如意、为己所需。如果活动范围通常在市区或近郊区，就应首先考虑那些外型尺寸小、排量小的迷你车。这样既经济实惠，又不用为寻找停车位而发愁；如果时常在高速公路上行驶，这时不妨考虑一下中级轿车了，至于喜欢跋山涉水驾车郊游且追求粗犷豪放的人士，越野车当为首选。

经济型人士选择车型品牌时应多从使用角度考虑，可选择节省燃油、售后网点多、配件易买且相对便宜的品牌，这样在使用、维修、保养等方面会轻松许多。

4. 付款方式

根据自身的财务状况，决定车款是一次付清还是分期付清。如果欲利用分期付款结算，还应多打听银行的贷款利率问题，充分了解相关的汽车消费政策，结合实际确定付款方式。

许多汽车厂商为促销及提高市场占有率，除了降低售价外，还制订了分期付款、零首付、零利息分期付款、以租代买等灵活机动的销售方案，对于消费者来说具有较大的选择空间。选择什么样的付款方式，买主应平衡资金状况、收入水平、收入稳定性及近期的大额款项支出计划等综合因素。储备资金较为富余，不会因购车支出影响到其他方面消费计划的可选择一次性付款，这样不仅可获得较好的价格，而且今后也不必考虑余款的支付；如富余资金有限或需用于其他方面的使用或周转，选择分期付款较为合适。但需提供相应价值的担保凭据，如房产、债券、存折等，并且要充分估算分期支出能力和制订相应细致的资金使用计划。

5. 其他因素

选购新车最后应考虑的因素尚有购车的时机、汇率的变化等。

购车的时机是一个相当微妙的问题。例如，在新旧年份交替之际，库存车通常要被清出，售价较为便宜。若准备购买进口车，则要随时注意汇率的变化及关税的税率，这两项因素将直接影响车价的涨跌幅度。

车主在买车前最好按轻重缓急顺序列出表格，经一段比较、评估，选出适合自己的车型。

二、购车配置的选择

现如今，汽车已经进入普通百姓家庭。在买车之前，消费者为买到自己中意的爱车，除关注车的性能、外观以外，往往也很关心车的配置。新车层出不穷，给车安装的配置更是让人眼花缭乱。有很多准车主们在面对这些配置时无所适从，究竟哪些配置是普通家用经济型轿车必备的？配置高价格便宜的车性价比就一定高吗？

1. 汽车配置的多样性

按功能的不同，我们可以把汽车的配置分为安全性配置、舒适性配置和便利性配置三大类。

安全性配置一般是指提高车辆安全性能的装备，分为主动安全性配置和被动安全性配置两种。主动安全性配置，简单地说就是那些可以防患于未然的安全装置，现在10万左右家用轿车上普遍装备的ABS和EBD都是属于主动安全性配置。车辆级别越高，主动安全性配置也越丰富，这些配置往往也是厂家市场宣传的重点，如宝来的ASR（驱动防滑系统）、速腾、凯旋的ESP（电子稳定程序）等。

所谓的被动安全装置，则是指车子发生意外后，对乘坐人员或车本身起被动保护作用的装置，如安全带、安全气囊、安全转向柱、车轮防盗螺栓、发动机防盗系统等。

舒适性配置，顾名思义，是指提高驾乘者舒适性的装备。常见的舒适性配置有：天窗、CD音响、车载DVD、空调、座椅加热、冷藏箱、巡航定速、中央扶手、电动腰部支撑、灰尘花粉过滤器、绿色隔热玻璃等。

便利性配置是指简化操作程序，减少操作动作或降低操作难度的装备。常见的便利性配置包括：卫星导航系统、助力转向、自动雨刮器、智能全自动空调、遥控中央门锁、动力转向系统、电控后视镜、电动调节座椅、电动遮阳帘、可折叠后座椅、后备厢及车门遥控开启装置、语音提示等。

2. 汽车配置的选择

盲目追求高配置，是国内汽车消费，特别是高档车消费的一大特点。很多车型，销售最好的往往都是那些配置最高的，消费者在选择车型时，比的往往也是谁的配置多，大家挂在嘴上的所谓"性价比"实际上变成了"配置价格比"。但是实际使用过程中，又有多少配置是我们经常用得上的呢？比如，有些车配置了座椅记忆功能和带记忆功能电动外后视镜。如果是私车又是一个人开，有个电动调节座椅和电动调节外后视镜就足够了，座椅位置的记忆功能显然就有点多余了。再比如，现在民用卫星导航风头正劲，很多车型都装备了车载GPS。到一个陌生的地方，开车路不熟使用卫星导航本来是个很方便的事，但由于目前国内配套的民用电子地图效果并不是很好、更新速度慢、系统操作复杂，所以在多数车上卫星导航基本上只是一个豪华的摆设。另外，像定速巡航、加热座椅这些配置，只能在某些特定环境下发挥其应有的功能，要是买车就为了上班、下班，那估计花大把银子买来的这个设备也就是一个摆设。

列举这么多的配置是想说明，车要按照自己的需要去买，很多没必要的配置是需要付出更多血汗钱的。而且，在油价飞涨的今天，一切豪华电子设备的使用，都是要以增加油耗为代价的。所以一定要看清楚这些配置，冷静考虑这些配置到底有没有用，今后在用车过程中用到的概率到底有多少，再考虑一下为这些配置花钱划算不划算，对于以车代步的工薪阶层来说，能节省一些是一些。

需要注意的是，家庭用车挑选配置，首要的应该是安全性配置。除了国家强制要求的安全带外，最好还要有ABS、前安全气囊，车身的安全防撞设计则是必需的。其次是考虑舒适性配置。尽量挑选自己认为最实用的舒适性配置，没有必要为一些难得一用的配置买单。一些善于把握消费者心理的厂家和经销商，往往在看得见的舒适性配置上下足了功夫，如中央扶手、遥控钥匙、真皮座椅等，用它们博得消费者的欢心。但殊不知有些厂家往往在看不见的配置上投机取巧，能不配的就不配，能用低档的就不用先进的。同样是ABS，有些车配备的可能就是较低级的双通道式；同样是发动机电子防盗，简单的继电器式就要比电子芯片式差很多。国产中低档车型的原装CD机、音响喇叭效果都很一般，相同价位到配件市场里买一套装上，效果则要好很多，因此在选车时对原车音响设备其实并不必过于在意。至于便利性配置，可以放在最后考虑，但并不是说便利性配置不重要。像室外温度计、多功能折叠座椅、可遥控开启的车门，甚至是杯架，这些看似简单的配置都会为日后的使用带来极大方便，相同价位下，当然是多多益善了。

随便翻翻某一款车的配置表，我们不难发现厂家对车辆款型的划分除了发动机排量和变速器外，大多都以舒适性和便利性配置进行区别。比如手动 1.6 升伊兰特有标准型和豪华型两款，厂家定价分别为 11.28 万和 12.38 万，两者价格相差 1.1 万元之多。从配置表上看，豪华型比标准型多出的配置有：倒车雷达、电动天窗、外后视镜加热功能、淡蓝色 VDO 仪表盘、4/6 可拆分折叠后座椅、后座水杯架、座椅高度调节功能、座椅腰垫、后座中央扶手、遥控钥匙及防盗报警、手机免提/语音提示功能、灯光提示点火钥匙孔、行车电脑，一共十几项配置。其中，手机免提功能只有特定款型手机方可使用，因此此项配置基本用不上。倒车雷达和遥控钥匙及防盗报警可以另行安装，总安装费用在 1 千元以内。除去价值 3 千元的电动天窗以外，剩余的全部配置价值在 7 千元左右。单独对驾驶员来说，座椅高度调节功能、座椅腰垫、行车电脑是最为实用的装置，4/6 可拆分折叠后座椅、后座水杯架、后座中央扶手等则是更适合家庭用户的配置。具体选择两款配置车型的哪一款，就要看自己的喜好和用途了。

3. 理性看待配置变化

配置高表明汽车的功能齐全，能更全面地满足车主的需求。实际上，配置的高低完全取决于个人的喜好，但汽车的基本配置却是必不可少的。

如安全性方面，要有 ABS、安全气囊与完善的制动系统，以确保行车过程中的安全；动力性方面，汽车功率、扭矩、最高时速、排放性等。在操作舒适性方面，则依据车主自己的习惯而定，但有些配置在提供了便利性的同时，却牺牲了耐用性，比如自动空调使用方便，但使用寿命比不上手动空调。

另外，有些厂家为增强车的功能性，装有倒车雷达、前障碍物雷达，但它们只起到提示作用，并不能真正起到避免碰撞的作用，因此，可根据自身情况看需不需要。而车身装有的高档 DVD 等就更是豪华摆设了，很少有人在车里看电视，而开车时看又不安全，将大笔钱花在这些使用率很低的内部配置上无疑是种浪费。

三、汽车颜色的选择

汽车是人们经常接触的一种重要的交通工具，随着汽车工业的发展和汽车数量的不断增加，汽车的色彩对城市和道路的美化，对人们的精神感染已成为不容忽视的问题。此外，研究驾驶员的色觉从而为他们提供舒适安全的操作环境也是十分重要的。

人们的视觉之所以能感知自然界中的物体，都得益于阳光笼罩万物，使各种物体呈现出不同的色泽，换句话说，所有的物体都是染色的形，人们就是根据不同表面的不同色泽来感知物体。在汽车颜色方面，"非彩色" 色系包括了白色、黑色和灰色，这是汽车的主流色。"非彩色" 色系在现在和未来仍然保持优势。过去，红色、黄色是消防车和抢险车的颜色，在其他车辆上用这些颜色是受限制的。但现在国内任何一座城市，汽车的颜色可谓五花八门，这充分反映了汽车颜色的变迁和当今车主日益张扬的个性。

1. 汽车颜色的含义

汽车车身颜色，不论对使用者还是对外界，或对车辆的视觉感及对人类的心理感觉，都非常重要。

例如，看见黄橙色就会联想起太阳与火，看见蓝紫色就会联想起广阔的海洋、幽远的天空；又如看见红色就会联想起流血牺牲，看见绿色就会联想起生机勃勃的原野。这些都说明了黄色是 "太阳的色彩"，蓝色是 "远的色彩"，红色象征革命，绿色象征欣欣向荣。像这样联系的例子,在人的日常生活实践中和各种文学艺术作品中真是不胜枚举。

(1) 银灰色

最能反映汽车本质的颜色。看见银灰色就想起了金属材料,这种颜色给人感觉整体感很强,美国杜邦的调查结果显示,银色汽车最具人气。波罗的反射银是销售最好的颜色;宝来、千里马的销售中,银灰色都走势良好;奥迪 A4 的颜色中,银灰色也最具有运动感。

(2) 白色

白色给人以明快、活泼、大方的感觉。白色是中间色,给人以清洁朴实的感觉,容易与外界环境相吻合而协调,白色车身较耐脏,路上泥浆或污物溅上后不易看出。另外,白色是膨胀色,容易使小车显大。日本车在 20 世纪 80 年代,有白色代表高级的说法,白色车的销量曾经占到总销量的 70%。另外,白色车相对中性,对性别要求不高。

(3) 黑色

一种矛盾的颜色,既代表保守和自尊,又代表新潮和性感,给人以庄重、尊贵、严肃的感觉。黑色也是中间色,容易与外界环境相吻合。但黑色汽车车身反而不耐脏,有一点灰尘就能看出来。黑色一直是公务车最受青睐的颜色,高档车黑色气派十足,但低档车最好不要选用黑色,除非标新立异。

(4) 红色

红色包括大红、枣红,给人以跳跃、兴奋、欢乐的感觉。红色是放大色,同样可使小车显大。红色是别致又理想的颜色,跑车或运动型车非常适合。

(5) 蓝色

安静的色调,但是感觉非常收敛,个性不张扬,如同地球的深邃和大海的包容。如果你选择高尔夫,蓝色是最能体现其内涵的颜色,但蓝色不耐脏。

(6) 黄色

黄色给人以欢快、温暖、活泼的感觉。黄色是扩大色,在环境视野中很显眼,跑车选用黄色非常适合,小型车用黄色也非常适合。出租车和工程抢险车的黄色,一是便于管理,二是便于人们早早地发现。香槟色是黄色派生出来的金属漆颜色,现在大行其道。

(7) 绿色

浅淡且颜色鲜艳的绿色有较好的可视性,这是大自然中森林的色彩,也是春天的色彩。绿色的金属漆也一改以前冰冷的色调,以温暖的面貌出现。

2. 颜色与安全

安全行车与汽车色彩有一定的关系。在心理学上,人们将深蓝色和深绿色叫做收缩色或后褪色,看起来比实际小。将黄色、红色叫做膨胀色或进攻色,看起来比实际大,且不论远近都很显眼。如果有红色、蓝色、黄色、绿色共四部车与观察者保持相同的距离,看上去红色车和黄色车要离观察者近一些,而蓝色和绿色的轿车看上去离观察者较远。发生事故的轿车中,蓝色和绿色的最多,黄色的最少。银灰色车子不但看上去有品位,而且遭遇车祸的概率也比其他颜色的车子低得多,银灰色是浅颜色中最能避免车祸的,特别是在晚上,因为这种颜色可以反射灯光,更容易令其他驾驶人员注意到。由此可见汽车颜色和安全有一定的联系。

20 世纪 50 年代,日本的汽车多为深蓝色或深绿色,傍晚和下雨天难以被对面汽车发现,常发生撞车事故,但在汽车色彩改为黄色的地区,交通事故明显地减少了。

在美国，有人曾调查了 2 408 辆出事故的汽车，结果显示：蓝色和绿色居首，分别为 25% 和 20%；黄色最低，仅为 2%。据此，美国的中型汽车就减少了蓝色和绿色。由此可见，从安全的角度考虑，汽车的色彩最好选择黄色或红色，白色、银灰色也是安全色较佳的选择。

汽车内饰的颜色选择也同样影响着行车安全，因为，不同的颜色选取对驾驶员的情绪具有一定的影响。内饰采用明快的配色，能给人以宽敞、舒适的感觉。夏天最好采用冷色，冬天最好采用暖色，这样可以调节冷暖感觉。暗色给人以重的感觉，明色给人以轻的感觉。红色内饰容易引起视觉疲劳，浅绿色内饰可放松视觉神经，利用不同颜色的座椅布套调节车内颜色，花钱不多，但效果显著。

四、汽车性能比较

衡量一辆汽车质量的高低，技术性能是重要的依据。其中动力性、经济性是主要指标。当然，在评价汽车质量的同时还必须考虑销售价格以及消费者个人自身的需要。购买汽车时有四个衡量指标必须考虑。

1. 动力性

汽车的动力性指标主要由最高车速、加速能力和最大爬坡度来表示，是汽车使用性能中最基本和最重要的性能。在我国，这些指标是汽车制造厂根据国家规定的试验标准，通过样车测试得出来的。

2. 经济性

汽车的经济性指标主要由耗油量来表示，是汽车使用性能中重要的性能。尤其我国 2009 年 1 月 1 日实施了燃油税，汽车的耗油量参数就有特别的意义。耗油量参数是指汽车行驶百公里消耗的燃油量，单位为 L/100km。在我国这些指标是汽车制造厂根据国家规定的试验标准，通过样车测试得出来的。它包括等速百公里油耗和循环油耗。

等速百公里油耗指在平坦硬实的路面上，汽车以最高挡分别以不同车速等速行驶这段路程，往返一次取平均值，记录下油耗量，即可获得不同车速下汽车的百公里耗油量。将每个车速段的耗油量用点连起来，就会发现是一条开口向上的抛物线，最凹点就是耗油量最低的车速段，也就是"经济车速"。一些厂家以这个经济车速作为耗油量参数，实际上也是作为参考值而已，因为一般用户是很难做得到的，原因与前面所述的"加速时间"道理一样。

循环油耗指在一段指定的典型路段内汽车以等速、加速和减速等三种工况行驶时的耗油量。有些还要计入起动和怠速等工况的耗油量，然后折算成百公里耗油量。一般而言，循环油耗与等速百公里油耗（指定车速）加权平均取得综合油耗值，就比较客观地反映了汽车的耗油量。一些汽车技术性能表上将循环油耗标注为"城市油耗"，而将等速百公里油耗标注为"等速油耗"。

3. 性价比

性能价格比指的是产品本身具有的特性和功能与其单个产品价格之间的比率关系，也就是说要根据产品的性能来决定产品的价值，这是以产品性能为主要衡量标准的比较方法。家用车是一种集美观、动力性、舒适性和安全性于一身的特殊商品。用户购买家用车，必然综合考虑外观造型、技术性能、安全性能等各种因素。一辆轿车的安全性较差，即使价格再低,成熟的用户也绝不会动心;安全保证、技术性能俱佳的轿车,即使价格贵一点,用户也会掏腰包,因为它物有所值。

4. 利价比

利益的比较是立体化的,既要考虑性能,还要满足需要,更要注重实效。比如你需要的是私家日常代步车,安全和舒适就应该是首要的选择标准;如果你需要的是家务和商务兼用车,三厢轿车就比两厢轿车更适合要求。

性能价格比看重的是性能指标,利益价格比看重实用功效;性能价格比以比较产品为核心;利益价格比以自身需要为核心;性能价格比是刚性的单向比较,利益价格比是柔性的双向比较。

通过利益和价格的比较关系,可以发现在选择车辆时需要细致划分,综合考虑各项因素:性能、质量、服务、品牌缺一不可。汽车作为近两万个零配件组合而成的运动的载体,性能固然重要,质量更是关键,服务才是保障,品牌就是价值。你不可能把这些选全了,所以只能选择最适合自己的。

五、汽车售后服务比较

车辆购买后的售后服务是购车需要考虑的一个非常重要的环节,车辆在购置后的保养和维护要延续几年到十几年,良好快捷的售后服务会带来很多的便利。汽车售后服务主要包括六大部分:技术咨询;维修养护、故障救援;保险理赔;保修;服务质量跟踪、信息反馈;服务质量投诉、纠纷处理。

1. 比较维修服务

对比售后服务,一是要了解所在区域所购买的汽车的专业维修点,维修点多,说明厂家重视售后服务,同时我们可以选择的余地比较大;二是要看这些专业维修点的维修水平、服务态度、价格标准。

2. 比较汽车的保修期

汽车在保修期内,只要不是车主的人为因素,厂家负责免费维修的。保修期分保修年数和行驶里程数两种,要分析比较。对于出租车、营运车而言,一年可能跑十几万千米,其着眼当然是放在保修的里程数上,保修期一年10万千米对于他们非常有利。而对私家车而言,一年下来,也就是2万千米左右,那么选择5年10万千米则是实实在在的。这些都可以作为选车时的一个考虑因素。

随着销售业务的竞争越来越激烈,销售的利润已经越来越单薄,这时各个厂家、4S店的竞争重点已经转移到了售后服务内容、售后服务质量的竞争。因此,顾客在准备购车时还应该从售后服务站的规模,设备,服务态度以及后续的维修保养、维修费用各方面进行综合的分析。

任务实施:

任务工单

任务名称:汽车选购			评价	
姓名		班级	学号	

续表

任务描述	1. 掌握选购汽车的基本原则； 2. 查阅各种车型配置信息； 3. 掌握汽车性能参数及其含义； 4. 阐述选购汽车过程中的注意事项。	
能力目标	1. 能够阐述选购汽车的注意事项； 2. 能够帮助推荐符合客户需求的车辆； 3. 能够就选购汽车相关内容与客户沟通和交流。	
实施准备	1. 实训车辆； 2. 实训汽车配置文件或宣传册； 3. 汇报用白板、笔、粘贴纸等。	
实施步骤	自主学习	1. 云平台学习老师发布的相关资料； 2. 获取相关信息； 3. 识别车辆配置相关信息； 4. 完成车型配置对比分析。
	小组讨论	课中以小组形式进行讨论，完成课中任务，形成小组汇报成果
	小组汇报	通过配置对比方式分析不同车型的优势，向客户介绍汽车的配置。
反思		

任务7.2 新车的挑选验收

任务引入：李女士在某汽车4S店购买了一辆新车，交车时需要注意哪些问题？交车之后又该如何进行入户、上牌照，需要携带什么证件材料？通过本次任务的学习，相信你会对这些问题有所了解。

学习内容：1. 新车验收；

     2. 新车入户流程；

     3. 新车上牌。

能力要求：1. 掌握汽车验收的检查流程和注意事项；

     2. 能够帮助客户查验新车；

     3. 树立以客户为中心的理念，增强服务意识；

     4. 具有与客户沟通交流的能力；

     5. 具备信息搜集和处理的能力。

任务描述：1. 对新车静态进行检查；

     2. 启动汽车，对新车进行检查；

     3. 记录新车检查验收中出现的问题；

     4. 检查新车购车资料手续。

相关知识：

汽车的挑选和验收是选购汽车的主要环节，是一项复杂的工作。关系到驾驶安全的变速箱和行走系统检查、制动检查、灯光检查都是汽车验收的重要内容。购车资料关系到车辆入户，后期保养维修也是汽车验收必须一一核对的内容。

一、新车验收

（一）起动前的车外检查

（1）车身平整度

检查车身钢板、保险杠的平整度，不应该出现不正常的凹陷、凸起。车体防擦条及装饰线应平直，过渡圆滑，接口处缝隙一致。

（2）车身漆面

顺光、逆光仔细察看各处漆面，尤其是一些容易在运输过程中被剐蹭的部位。车表面颜色应该协调、均匀、饱满、平整和光滑，无针孔、麻点、皱皮、鼓泡、流痕和划痕等现象，异色边界应分色清晰，同时还应该确认没有经过补漆。最好要求4S店洗车，洗干净以后再次检查钣金喷漆，因为脏车不容易看出来。

（3）车窗玻璃

检查玻璃有无损伤和划痕，重点检查前挡风玻璃的视觉效果。前挡风玻璃必须具有良好的透光性，不能出现气泡、折射率等异常的区域。

（4）车身装配

检查前机器盖、后备厢盖、车门、油箱盖、大灯、尾灯等处的缝隙是否均匀，同邻近位置的车身是否处于同一平面，有无错位等现象。检查各处开启、关闭时是否顺畅，声音是否正常，可以适当多开关几次。此时，一并检查各处密封条是否完好、均匀、平整，各门把手或开关是否方便、可靠。

（5）轮胎部分

检查备胎与其他4个轮胎规格和花纹等是否相同。查看轮胎是否完好，没有磨损，有无裂痕起泡现象。查看轮毂是否干净、完美，没有凹陷、划痕。还应该询问或者实测胎压，保证轮胎处于正常胎压且四轮气压一致。轮胎气压符合要求时，在车前观看车身、保险杠等对称部位离地高度应一致。此时，还应该从侧面推、拉轮胎上侧，感觉不松旷。如果是盘式制动器，还应该检查制动盘是否完好，不应有明显磨损和污物。

（6）后备厢

后备厢空间是否干净、内侧衬板是否平整，如果是遥控开启或是车内开启方式的，应该多检查一下开启是否顺利和上锁后是否可用。一般都会把灭火器、随车工具、备胎放在车内，通常由衬板进行隔离，应该注意检查，看看是否齐全、固定可靠。后备箱内安装多碟CD换碟机的还应该检查换碟机，最好放上几张光盘，以便测试音像使用。

（7）发动机舱

打开发动机罩，查看发动机及附件有无油污、灰尘，尤其是缸盖与缸体接合处、机油滤清器接口处、空调压缩机、转向助力泵、传动轴等结合缝隙处有无渗漏。检查各种液面（冷却液、发动机机油、制动液、转向助力液、电解液、制冷剂、玻璃水等）是否处于最高和最低刻度之间的正常值范围内。检查电瓶线是否已经进行固定，不能松动，否则将影响电路的可靠性。

（8）底盘部分

检查汽车有无（冷却液、润滑液、制动液、电解液及制冷液、油路）泄漏现象。此时，一并检查机器各部位是否有漏油现象。如果发生泄漏，从车辆长时间停放的地面上、底盘上的一些管路和凸起处可以看到渗漏、油渍的痕迹。如果条件允许的话，到车底下看看底盘是否有刮碰伤痕，管路是否有明显不合理的地方。

（9）减震检查

用手按压汽车前后左右4个角，松手后跳动不多于2次，表示减震器性能良好。

以上各部分检查效果，可能同对汽车的深入了解有关，如果自己对汽车的知识不是很多，建议请经验丰富的人陪同。如果对销售商的信誉十分的相信，可以省去其中除车身漆面以外的大部分检查，因为销售商在进货后理论上应该已经都检查过了，但是漆面的个别划伤是难免的。当然，如果您还可以进一步检查例如排气管固定是否可靠、油箱开锁是否可靠等内容。

(二) 起动前的车内检查

（1）洁净程度

检查车内各处的洁净程度，应该没有任何脏东西，尤其是角落等处，如果比较脏则可能是别人挑剩下的或者有问题调整过的车。同时应该检查所有饰面是否含有破损的地方，如中控台、座椅、车顶、车地面等。

（2）座椅

座椅表面应清洁、完好，乘坐时应该基本舒适，不应该感觉到座椅内有异物影响乘坐。如果座椅可以进行多方向调节，应该进行调整测试，必须能够达到各个方向的限位点，且调整过程能够保持平顺、无异响。如果后座可以进行折叠，应该检查折叠的效果。如果座椅可以放倒一定角度，应该进行角度方面的调整测试。如果头枕可调也应该调整检查。

（3）中控台

检查中控各部分是否完整、按键是否可用（车还没有点火，基本上可以随便按），表面是否整洁，不应该有划痕和污迹。带有遮阳板、化妆镜的可以一并检查。对于车内其他按键也一并在点火前进行初步检查，如中控门锁、窗、后排空调开关、方向盘上的转向、灯光等。

（4）储物空间

检查车内每一个储物空间的整洁度，和开启、锁闭的可靠性。目前车内储物空间很多，尽量不要遗漏，如中控台部分的多个储物盒、车门、座椅下面和后面、前后中央扶手等。

（5）保险带

仔细检查每一条保险带拉开、自动回收、锁止的可靠性，应该平稳顺畅。模拟并检查保险带在发生作用时的可靠性，就是用手特别迅速地拉动保险带。如果是高低可调的保险带，还应该进行调整测试。

以上为车内的部分检查，主要是目前轿车更多地采用了电动调节方式，很多功能在没有点火前无法测试（例如电动调节座椅、车窗、后视镜）。同时，绝大部分轿车已经开始采用电子油门、转向助力、辅助刹车，在点火前这些助力都没有打开，所以如果遇到打不动方向等问题请不要使用蛮力。这些地方一般都属于非技术性小问题，因此销售商和生产商一般关注都不多，容易出现或多或少的问题，因此请您务必仔细检查。之所以建议大家在点火前对各个按键进行测试，主要是大部分车在没有点火前按键还没有起作用，不用担心按错键而影响到功能。在汽车点火后，请大家不要随便乱动不知用途的按键，务必在熟读说明书后再对这些功能键进行功能试验。

（三）起动后的静止检查

1. 发动机的检查

起动发动机，在冷起动时注意转速表指针的变化。正常情况下指针应打到1 200转左右，然后正常平顺的滑落至800转。观察各种仪表及报警装置工作是否正常，当水温和机油压力正常时，要通过对发动机的声音和反应进行检查，首先听怠速的声音，应该是平稳而且连续的，不应该有金属敲击声和其他异响。

（1）远听发动机声音

这个只能凭感觉了。操作方法是，起动相邻的两辆车，你站在中间位置，离两车距离相等，你感觉到声音大的淘汰（是明显大于别的车），可以转个身再听，以免你两耳听力不同出现错觉。

（2）细听发动机声音

可以打开前盖，用螺丝刀一端顶在发动机上，另一端顶在耳朵上听声音。这样能听见发动机内部的声音是否有杂音，比如环子声、敲缸声、气门的嘀嘀声等。好发动机只有一种"呼噜呼噜"声，不会有其他的杂音。不过这种方法要靠平时有意识地进行经验积累，一句两句说不清楚，总之就是多听些车好了。

有人能帮忙时，要他踩油门提升发动机转速你再听声音。然后要用块布（就是前面说的抹布，毕竟是新车，要干净些的）堵住排气口，假如发动机声音明显变沉并几秒钟就熄火，就是好车，否则就是什么地方漏气。

下车观察排气管排烟是否正常，将手伸到排气口感觉一下排气是否连续，正常的应该使掌心有点潮湿但不应有机油味，然后听一听慢加油的发动机声音是否连续和有无异响，最后听急加速的声音和发动机对油门的反应是否准确和迅速，还要注意慢收油和快收油时发动机的反应是否干净，如有滞后或者高速哨声，应该是有问题。丢油门（放松加速踏板）怠速是否稳定。原地静止时，发动机转速达到3 500转是否会有不同的轰鸣声。加油门使发动机转数达到满刻度的2/3，让有经验之人在外听声是否有杂音及共振，确认共振区的大小，当然该区是越小越好。

2. 仪表盘

仪表盘是否清楚、各指示灯及转速、速度、油表、水温表、里程表、时钟、电压表等是否正常。有一些自检灯只在启动时闪几下，启动时请留意。通常有ABS、刹车、车门开启提示、机油警示、刹车片过薄警示、水温异常、油温异常、未系安全带、灯光、转向等多个指示灯，而其中大部分正常行驶时应该是不亮的，一般当有红色警示灯亮时就应该多注意了。应该注意里程表，对于新车而言，行驶里程应该越少越好（场内移动过程中也会行驶一部分里程）。对于带有行车电脑的，还应该逐项检查行车电脑显示是否正常、稳定、可靠。

（四）车内部分

①仪表板外观及功能。

②手刹拉杆作用。

③杂物箱外观及手套开关作用。

④里程表越少越好。检查里程表有无记录数字,其数值,"0km"顾名思义就是几乎没有跑过的新车。当然,"0km"并不是指里程表上显示的数字绝对"0",一般认为,里程表在60km以下的,都可以认为是"0km"。因为汽车厂家在试车、进出库、装载时要消耗一定的里程。值得注意的是,有的经销商为了保证新车的"0km",采取断开液晶里程表电路或拔掉机械传动式里程表软轴的方法来"蒙"消费者。所以,消费者在选购车辆时要眼亮心明,不要相信仪表上的数据,通过观察轮胎的磨损和底盘的清洁程度可以知道,你要的车是否做过样车,还可以看看脚踏板的清洁程度来验证。也可以请有专业知识的人通过观察热车机油的含金属屑量和轮胎的磨损痕迹来判断是否是"0km"新车。

⑤门内饰板及扶手,摇把色泽配合,外观(刮伤,皱)。

⑥座椅安全带动作功能。

⑦电(手)动窗,中央门锁,开关的动作情形及顺滑度。检查自动车窗升降和稳定。检查玻璃自动上升一半左右时,用手用点力下按,玻璃会自动缩回的功能。要多次尝试各车窗下降时是否会冲底。注意:用钥匙手动打开司机车门时拧住停2秒,看全车的车窗玻璃是否能自动落下或升起。

⑧烟灰缸动作。

⑨座椅外观及性能。

⑩车顶把手,顶饰板及压(饰)条外观固定。

⑪遮阳板,电(手)动后照镜作动及开关。

⑫后座包裹板,音响喇叭座外观。

⑬内饰件是否有粗糙处,各组件间安装是否紧固,有无松动。

⑭地毯平整,扣牢,定位。

⑮检查汽车喇叭,应该是高低音产生的鸣笛。

⑯坐好后,手放在方向盘上,左脚踏离合器踏板,应感觉轻松自如,并有一小段自由行程;右脚踩下制动踏板不放,其应保持一定高度,若其缓慢下移,则表示制动系统有泄漏现象;油门踏板不应有犯卡、沉重、不回位的现象,腿、脚放在油门踏板上时,应自然舒适,这样才能保证长途驾驶不疲劳。

(五)灯光及开关

①大灯(远灯、近灯)。

②方向灯、故障警告灯(前、后、左、右)。

③尾灯、牌照灯。

④雾灯及除雾线。

⑤刹车灯(第三刹车灯)、倒车灯。

⑥室内灯、阅读灯、门灯、行李箱灯。

⑦引擎室工作灯。

⑧仪表照明警告及指示灯。

(六)空调及音响

①A/C开关、风量开关。

②冷热调节功能开关(热度、冷度)。

③试驾时关闭空调，选择内循环，检查各风口是否有热气漏进来。如果有，证明内循环系统存在问题。
④室内、室外通气开关动作及出风口作用。
⑤音响（音量、音质、选台、照明、显示器、天线、卡带动作等）。
⑥电子时钟时刻调整。

（七）行驶检查

在销售人员的陪同下，将车开到比较宽阔的地方以慢速行驶，感觉有无异常现象，排挡是否顺滑，转向是否灵敏，行驶中车身有无异响等。

（1）离合器的检查

①冷车时：踩住离合器挂各个挡位，务必要求各挡都很顺畅；
②冷车时：踩住离合挂各挡，然后松开离合要求能摘挡。有的挡位松了离合摘的很费劲，这就是车与车之间要对比的；
③热车时，许多经销商不允许挑车时发动机热车挂挡，不管他，坚持这么做。重复①的程序；
④热车时不挂挡，狠踩刹车，务必细心体会刹车踏板能踩下去的深浅变化。要求次次深浅相同，但是不能踩到触底，否则就是要调整了；
⑤注意起步前进的时候是否有尖叫声。

（2）变速箱和行走系统检查

建议变速器一定要路试，特别是高速挡位在 3 000 转时入挡应该非常轻松而且准确才对，如果遇到迟滞或者需要用力最好不要。行走系统要在路试时注意找反射面听声音，是否有异响。

（3）制动系统检查

制动应分为高速制动和一般制动，高速制动应该反应强烈并不跑偏，一般制动应该柔和而准确。

转向可以在行驶中试试是否反应准确和灵敏度高低，一定要试试最小半径掉头，听听是否有摩擦的声音，并检查左右的转向角，一般左右的是不一样的，助力转向打到最大转向角后应该回一点，避免长时间打开助力泵最大角造成助力泵损坏。

试车时遇上、下立交桥可感觉一下加速和动力情况；通过加、减挡位，轻打方向盘，感觉转向系统是否满意；正常行驶时方向应不跑偏，能自动维持直线行驶，转弯后可以基本自行回正（90%）；车辆掉头，左右转向打到极限时车轮应无异响。

注意在行驶的时候车身是否会发出咯吱咯吱的响声，好像沙发质量很差的那种声音。行驶时关闭空调，选择内循环，检查各风口是否有热气漏进来。

（八）其他

在验车时还应当清点随车的工具和附件是否齐全，特别是使用说明书是否齐全。还应当仔细对照说明书，进行设施和配置的检查，对着说明书检查各种按钮、开关是否都有效。要不厌其烦地一个一个测试。

（九）购车资料的核对

①购车发票：购车发票是购车时最重要的证明，同时也是汽车上户时的凭证之一，所以在购车时您务必向经销商索要购车发票，并要确认其有效性。

②车辆合格证：合格证是汽车另一个重要的凭证，也是汽车上户时必备的证件。只有具有合格证的汽车才符合国家对机动车装备质量及有关标准的要求。

③三包服务卡：根据有关规定，汽车在一定时间和行驶里程内，若因制造质量问题导致的故障或损坏，凭三包服务卡可以享受厂家的无偿服务。不过像灯泡、橡胶等汽车易损件不包括在内。

④车辆使用说明书：用户必须按照车辆使用说明书的要求合理使用车辆。若不按使用说明书的要求使用而造成的车辆损害，厂家不负责三包。使用说明书同时注明了车辆的主要技术参数和维护调校所必需的技术数据，是修车时的参照文本。

⑤其他文件或附件：有些车辆发动机有单独的使用说明书，有些车辆的某些选装设备有专门的要求或规定，这时消费者都要向经销商索要有关凭证。

⑥核对铭牌：核对铭牌上的排气量、出厂年月、车架号、发动机号等内容，合格证上的号码必须要与车上的发动机号、车架号一致。

以上部分的各项单据、凭证、资料必须认真检查，如果发现有任何的遗漏、错误都必须要求销售商立刻解决，否则将影响您上牌照、日后的保修等内容。对于规模较大的4S经销商而言，理论上以上各项资料不会有问题，但对于那些不是非常正规的经销商而言，请您务必仔细检查，以免由于文字或者其他方面的原因使您掉进车商的陷阱。

二、新车入户流程

一般来讲，新车在购买后，就要进行入户等相关手续的办理，新车入库具体的过程包括以下一些方面：

1. 开取停车泊位证明

购车前，购车者需先到户口所在地（单位则为办公所在地）安委会开取可停放车辆的证明，再去交通大队换正式的停车泊位证明——即通常说的占地证明（远郊区县除外）。

2. 验证

购车后，由售车单位开发票到市工商局所属的机动车市场管理所办理验证手续，并加盖验证章，进口车还需交验有经销商提供的海关货物进口证明或罚没证明书，商验证明书及相关的申领牌照手续。

3. 办移位证

没牌照的车不能上路，因此验证后本地居民还得到当地交通大队办理车辆移动证。

4. 验车

新车须经车辆检测场"体检"合格才能领牌。验车场由车管所指定。

5. 缴纳附加费

汽车为高档消费品，因此你还必须到交通部门指定的车辆购置附加费征稽管理处缴纳购置附加费。

6. 上保险

汽车出事故较高，容易给他人带来伤害。因此购买新车必须承保第三者责任险。你可在保险公司或保险代理处缴纳保费。

7. 领取车牌照

以上程序完成后，就可以到指定的车管所领牌，领牌需带购车发票、车辆合格证、身份证及以上三证的复印件、保险单、购置附加费证、验车合格的机动车登记表及停车泊位证明。单位购车还须带上"控办"证明、法人代码，并须在机动车登记表上加盖单位公章。诸证齐备方可领取车牌照、临时行车执照和"检"字牌。私车牌须车主本人亲自前往，他人不能代领。

8. 新车登记备案

到车主所在地安委会为新车登记备案。

9. 领取正式行车执照

准备新车照片两张，3日后凭照片、临时行车执照、备案卡、养路费凭证到取牌照的车管所换正式行车执照。

10. 领取"税"字

在附加费征稽处建档，并在附加费证上加盖"已建档"戳记，然后去所在地税局缴纳车船使用税，领取"税"字牌。这样，你就可以放心地正式上路行驶了。

三、汽车上牌

（一）申报材料

①车主身份证明：个人的提供车主身份证（身份证不清楚的需要提供户口簿）的原件和复印件；外地身份证明的要提供本地的暂住证明；单位的要提供单位代码证书原件及复印件加盖公章。

②全国统一购车发票（注册登记联）。

③车辆合格证。

④第三者保险副本（有效期一年以上）。

⑤填写《机动车注册登记转入申请表》，单位表内加盖公章，私人车主签字。

⑥机动车参数表（与公告一致）。

⑦附加税完税证明或免税证明。

⑧党政机关、事业单位、国有和国有控股企业提供控购证明（9座含9座以下小型客车）。

⑨由代理人办理的，需出具代理人有效的身份证明原件及复印件。

（二）审核审批

①到咨询台领取并填写《机动车注册登记转入申请表》。

②持手续到认定岗认定车辆。

③将全部资料提交到新车注册受理窗口，领取《机动车登记受理凭证》（下文简称《受理凭证》）。

④将《受理凭证》交到新车注册复核岗复核盖章（须检验的车辆，检车后到此窗口）。

（三）办理注册

①复核后持《受理凭证》到收费窗口交牌照及照相费用。

②持《受理凭证》、发票到牌照岗领取、安装牌照、照相，领取《驾驶证、行车证待办凭证》。

③按《驾驶证、行车证待办凭证》签注的日期到领证窗口领取机动车登记证书、行驶证。

任务实施：

任务工单

任务名称：新车的挑选验收			评价	
姓名		班级	学号	
任务描述	1. 对新车静态进行检查； 2. 启动汽车，对新车进行检查； 3. 记录新车检查验收中出现的问题； 4. 检查新车购车资料手续。			
能力目标	1. 掌握汽车验收的检查流程和注意事项； 2. 能够帮助客户查验新车； 3. 树立以客户为中心的理念，增强服务意识； 4. 具有与客户沟通交流的能力； 5. 具备信息搜集和处理的能力。			
实施准备	1. 实训车辆； 2. 新车检查项目清单； 3. 汇报用白板、笔、粘贴纸等。			
实施步骤	自主学习	1. 云平台学习老师发布的相关资料； 2. 获取相关信息； 3. 对车辆进行静态和动态检查； 4. 完成车辆检查项目。		
	小组讨论	课中以小组形式进行讨论，完成课中任务，形成小组汇报成果		
	小组汇报	通过对车辆进行检查验收，汇报检查结果。		
反思				

任务7.3　汽车驾驶

任务引入：王先生是一名汽车新手，在日常汽车使用中如何驾驶才能更省油？如果汽车驾驶过程中车辆遇到紧急情况，又该怎么应急处理？当王先生行驶在特殊道路条件下或者特殊天气情况，需要注意哪些驾驶技巧及注意事项呢？这就需要我们掌握汽车驾驶的相关知识。

学习内容：1. 汽车道路驾驶应急处理；
　　　　　　2. 汽车驾驶节油技术；
　　　　　　3. 特殊道路条件下的驾驶技术；
　　　　　　4. 特殊气候条件下的驾驶技术。

能力要求：1. 掌握汽车紧急情况下的处理方法；
　　　　　　2. 能够养成良好的驾驶习惯；
　　　　　　3. 树立以安全为中心的理念，提高安全驾驶意识；

4. 具有与客户沟通交流的能力；

5. 具备信息搜集和处理的能力。

任务描述：1. 对汽车胎压进行检查；

2. 启动汽车，在合适时机进行换挡；

3. 模拟紧急情况下处理办法；

4. 总结汽车应急处理注意事项。

相关知识：

一、汽车道路驾驶应急处理

7-1 新手驾车指南

紧急情况处置的原则：

①遇紧急情况避险时，应沉着冷静，坚持先避人后避物的处理原则。

②在车速较高可能与前方车辆发生碰撞时，驾驶员应先制动减速，后转向避让。

③高速时急转向，极易造成车辆侧滑相撞或在离心力作用下倾翻的事故。

④当前轮制动抱死时，驾驶员转动转向盘并不能改变车辆行进方向。

1. 爆胎应急处理

①发现轮胎漏气时，驾驶员应紧握转向盘，慢慢制动减速，极力控制行驶方向，尽快驶离行车道。驶离主车道时，不可采用紧急制动，以免造成交通事故。

②后轮胎爆裂时，驾驶员应保持镇定，双手紧握转向盘，极力控制车辆保持直线行驶，减速停车。

③驾驶员意识到前轮胎爆裂时，应双手紧握转向盘，松开加速踏板，极力控制车辆直线行驶。前轮爆胎时，危险较大，驾驶员一定要极力控制转向盘，迅速抢挂低速挡。前轮爆裂已出现转向时，驾驶员不要过度矫正，应在控制住方向的情况下，轻踏制动踏板，使车辆缓慢减速。

④行车中发生爆胎时，驾驶员尽量采用"抢挡"的方法，利用发动机制动使车辆缓慢减速，切忌慌乱中急踏制动踏板，以避免车辆横甩发生更大的险情。

⑤行车中轮胎突然爆裂时的正确做法是保持镇静，缓抬加速踏板，紧握转向盘，控制车辆直线行驶，待车速降低后，再轻踏制动踏板。

⑥轮胎气压过低时，高速行驶轮胎会出现波浪变形，温度升高而导致爆胎。

2. 转向不灵、失控时的应急处理

①驾驶员发现转向不灵时，正确的做法是尽快减速，在安全地点停车，查明原因。

②装有动力转向的车辆，驾驶员突然发现转向困难，操作费力，应尽快减速，选择安全地点停车，查明原因。

③转向失控后，若车辆偏离直线行驶方向，应果断地连续踩踏、放松制动踏板，使车辆尽快减速停车。

④当车辆转向失控，行驶方向偏离，事故已经无可避免时，应尽快减速，极力缩短停车距离，减轻撞车力度。

⑤高速行驶的车辆，在转向失控的情况下使用紧急制动，很容易造成翻车。

⑥转向突然失控后，若车辆和前方道路情况允许保持直线行驶时，不可使用紧急制动。

3. 车辆着火应急措施

①发动机着火，正确的做法是迅速关闭发动机，用覆盖法灭火或者用灭火器灭火。

②车辆燃油着火时，可用于灭火的是路边沙土、棉衣、工作服等。

③救火时的正确做法是脱去所穿的化纤服装，注意保护暴露在外面的皮肤，不要张嘴呼吸或高声呐喊。

④使用灭火器灭火时的正确做法是人要站在上风处，尽量远离火源，灭火器瞄准火源。

⑤车辆发生火灾时，应设法将车辆停在远离城镇、建筑物、树木、车辆及易燃物的空旷地带，及时把事故情况和地点通报给救援机构。

⑥含酒精的防冻液着火时，可立即用水浇泼着火部位，以冲淡酒精防冻液的浓度。

⑦驾驶员在逃离火灾时，应关闭点火开关、电源总开头和百叶窗，并设法关闭油箱开关。

4. 交通事故应急处理

①行车中与其他车辆有迎面碰撞可能时，应先向右侧稍转方向，随即适量回转，并迅速踩踏制动踏板。

②行车中与其他车辆已不可避免地发生正面碰撞时，应紧急制动，以减少正面碰撞力。在迎面相撞发生的瞬间，迅速放开转向盘，并抬起双腿身体侧卧于右侧座上，避免身体被转向盘抵住。

③车辆发生撞击的位置不在驾驶员一侧或撞击力量较小时，正确的做法是紧握转向盘，两腿向前蹬，身体向后紧靠座椅。

④车辆撞击无法避免时，驾驶员应当尽力避免侧面相撞。

5. 制动突然失灵时的应急处理

①行车中制动突然失灵时，驾驶员要沉着镇静，握紧转向盘，利用"抢挡"或驻车制动进行减速，利用发动机制动控制车速。

②下坡路制动突然失灵时，可采用的办法是将车辆向上坡道方向行驶；用车身靠向路旁的岩石或树林碰擦（或用前保险杠侧面撞击山坡）；利用道路边专设的避险车道停车。

③制动失灵后，驾驶员应立即寻找并冲入紧急避险车道；停车后，拉紧驻车制动器，以防溜动发生二次险情。

④制动突然失灵，避让障碍物时，要掌握"先避人，后避物"的原则。

⑤出现制动失效后，应以控制方向为第一应急措施，再设法控制车速。

6. 车辆落水后的应急处置

①车辆行驶中突然落水，由于外部水的压力较大很难开启车门时，应当在车落稳后，开启车窗或敲碎侧窗玻璃游出。

②车辆落水后，驾驶员自救的正确方法是迅速用手动方式开启车门；等待水浸满驾驶室，使内外水压相等；用大塑料袋套在头上，将脖子扎紧。

③当车辆不慎落水后，驾驶员应保持冷静，并告知乘员不要慌张，做好深呼吸，待水快浸满车厢时，开启车门或摇开车窗逃生，只要浮出水面，就会有更多的获救希望。

7. 高速公路紧急避险

①在高速公路行驶中，发现前方有人或动物突然横穿时，应果断采取损失小的避让措施，避让措施不应超过必要的限度，造成不应有的损害。

②在高速公路上发生紧急情况，不要轻易急转方向避让，应采取制动减速，使车辆在碰撞前处于停止或低速行进状态，以减小碰撞损坏程度。如果急转向，极易造成侧滑相撞或在离心力作用下翻滚的事故。

③雨天在高速公路行驶时，随着车速的增加，轮胎与路面之间形成水膜，轮胎悬浮，附着力变小，容易发生"滑水"现象。在高速公路行车避免发生"滑水"现象的正确措施是避免使用花纹沟槽浅的轮胎，不要使用气压过低的轮胎，要控制车速，尽量低速行驶。雨天车辆在高速公路行驶发生"滑水"现象时，应握紧方向，逐渐降低车速。

④在高速公路遇突然情况必须停车时，应迅速逐渐向右变更车道停车，严禁在行车道停车。

⑤车辆在高速公路发生故障需停车检查时，应在紧急停车带停车。紧急停车时，驾乘人员应迅速转移至车辆右后侧护栏以外路边，等候救援。

⑥车辆如果因故障不能离开高速公路行车道时，正确的做法是立即开启危险报警闪光灯；在行驶方向后方150m处设立警告标志；在夜间需开启示宽灯和尾灯。

⑦在高速公路除遇异常情况停车外，应选择服务区停车。

⑧大雾天在高速公路遇事故不能继续行驶时，正确的做法是开启危险报警闪光灯和尾灯；尽快从右侧离开车辆；尽量站到防护栏以外。

⑨车辆在高速公路意外碰撞护栏时，有效的保护措施是握紧转向盘，适当修正。

二、汽车驾驶节油技术

1. 良好的驾驶习惯

见空当就抢的驾驶习惯，在行车中尤其是交通不畅、等红灯、变换车道时经常见到。相邻车道刚有了点空当，这边一辆车就突然加速挤过去了，过去了就不得不踩刹车。过了一会儿，这边车道有空当，便一踩油门又挤回来了。等一出信号，便急加速、急停车四五次。这似乎显得很潇洒、很威风、很有生气，不过代价是油耗大大增加了。增加多少？专家们曾做过加速行驶油耗试验，让车辆匀速行驶进入测试路段后，试车员将油门踩到底行驶，完成规定距离的行驶后，发现油耗比匀速行驶增加了2~3倍。

7-2 节油之道

提示：起步停车是驾驶的主要程序，也是节油的关键环节之一。因此要特别注意，起步时尽量要稳，特别是在遇到红绿灯时更是如此，千万不要与其他的车暗中较劲比谁起步快。

2. 正确掌握变速时机

低挡高速长距离行车的习惯多发生在初学驾驶者身上，也常发生在驾车易走神儿的人身上。三挡长距离高速行车，比四挡正常行车油耗要增加10%，而如果用二挡代替三挡行车，油耗还会增加。有些人直到发动机转数超过规定很多后才加挡，这也会造成燃油浪费。

提示：现代汽车对换挡都有规定，发动机转速必须达到规定转数后才许加挡，这是从保护发动机的角度出发。专家们认为，低挡高速肯定费油，高挡低速肯定省油。

3. 经济车速运行

世界上各个国家对普通路面的最高车速几乎都有限制，美国是55mile/h（88.5km/h），路况好的路段放宽到65mile/h（105km/h）。因此，美国车以及进入美国市场的车型在设计上都遵循：在90km/h时油耗最低。这就是我们所说的经济时速。

每一款车都有经济时速，低于这个速度或高于这个速度油耗就会上升，再超过一定的速度后，油耗会大幅度上升。我国高速公路限速为110km/h。部分路段允许达到120km/h。但很多人在高速公路上行驶时，都会大大超过这个速度，既不安全，又不经济。如别克GS型轿车在时速70km/h时，油耗为6.47L/100km；而时速达到120km/h时，油耗则上升到9.46L/100km；如果达到其200km/h最高车速时，油耗还会大幅度上升。

提示：首先弄准您的爱车的经济时速，然后严格控制，在这个速度行驶时最省油。

4. 合适的轮胎气压

如果轮胎充气不足，耗油量也会增加。中型的胎压为：前轮0.2MPa，后轮0.25MPa。如果轮胎磨损严重时，就会经常出现打滑现象，增加耗油量。必要时可更换新的轮胎。

5. 暖机后起步

发动机冷态起动时，由于机油的黏度大，各运动件之间的摩擦阻力大，要起步的话，势必要轰大油门。如果通过暖机，将温度提升到50℃以上时，机油的黏度会明显下降，起步所需的转速也可降低。暖机起步也有利于减少机件的磨损。

6. 留意路面环境

留意路面环境的目的是为了适当地制动和加速。不过无论加速或制动，都是浪费燃料的举动。行驶途中不使用制动，这才最省油。制动说明你加油过多，能量则通过制动而浪费了。明白这点后，下一步是在可能情况下少用制动，这取决于你能否掌握一些路面环境的信息，例如在20个车位前已发现有慢速行驶的车或红灯信号，此时便没必要再加油了，反正不到数秒便要停下来。上述只是典型的例子，日常驾驶所遇到的情况数不胜数，应牢记：多留意路面环境，少用制动，方为省油上策。

三、特殊道路条件下的驾驶技术

1. 山路驾车

连续的弯路是山路的主要特色之一。在转弯时会产生离心作用，上坡时车速较慢，离心作用较弱，同时车身重心后移，令转向不足的程度减小，车头方向会比较好控制；下坡时，情况正好相反，由于车速快，离心作用强，车身重心前移，转向不足的程度增加。在这种情况下，汽车如果不能在入弯前有效减速，甩出车道的可能性便较大。

要过一个弯，路线的选择很重要。一般选择外-内-外的过弯路线。过上坡弯路时，一般采用稍松油门，或将变速箱挂入低挡，以保证加速时的牵引力。

正确控制转向盘也是非常重要的。要尽量避免反手打转向盘或双手交叉的动作，因为这样不利于修正行车路线。正确的动作是，在转弯时以一手拉、一手推的交替方式操作转向盘。

汽车下坡时，由于前面所述的原因，转向不足的情况比较明显。因此在下坡弯路上要做到充分减速，一是频繁踩制动踏板，二是将挡位置于2挡或3挡，最好是两种方式同时采用，充分利用发动机制动降低车速。下坡转弯时，前轮与路面间的附着力的大小非常关键。因此，除了不宜猛踩刹车之外，还应避免突然打转向盘这类危险动作。

在山路上行车，若遇到前车较慢，不要轻易超车。还有一点不可忽视，就是你后方可能有速度更快的车打算超过你。这时候最好先估计一下前、后和自己三辆车之间的互动关系，并打转向灯示意前、后车辆，超车后及时回到正常行驶路线。

2. 乡村土路驾车

乡村土路，路面状况差，路窄且坑洼不平。晴天，特别是久旱天气干燥时，路面上尘土飞扬，细尘土被带走后，路面上便出现乱石和坑洼。雨天，特别是久晴遇上连阴雨时，土壤浸泡成饱和状态，路面上积水、泥泞、沟壑随处可见，甚至造成路肩塌陷。因此，驾驶员在乡村土路上行车时必须了解各种气候和条件下的路面特点，掌握安全行车要领，确保行车安全。

（1）控制车速

土路上坑洼、碎石等障碍物较多，行驶速度不能过快，否则车振动加剧，不仅造成车辆传动系、行走系等机件损坏，而且直接威胁行车安全。特别是雨天在有积水和泥泞的路段行车，更要稳住油门，控制车速，用中低挡通过。注意在通过溜滑地段时，不得加减挡位变速和紧急制动，即使需减速也要靠减小油门来控制。

（2）选择路面

路面上有坑洼、乱石时，应考虑到车辆的离地面间隙，转动方向盘小心避让。在通过松软、泥泞积水路段时，应特别谨慎，必要时应下车观察，当判明车轮确实不会陷入泥土中时，方可挂低挡缓缓一气通过。新开通的土路，若路面有车辙，应尽量沿着车辙行驶，不可盲目冒险。

（3）谨慎下坡

无论是晴天还是雨天，下坡时都应选择中低速挡位，减小油门缓缓下坡，不得空挡溜坡。因为土路上坑洼、乱石较多，情况复杂，下坡途中常需制动减速来避让，特别是有些土路下坡途中有急弯，若空挡溜坡，制动时极易造成车辆跑偏、横甩甚至翻车的重大事故。

（4）安全会车

行车中不要与前车跟得太近，以免晴天被前车扬起的灰尘或雨天溅起的泥水遮挡视线。遇有会车时，应注意观察路面。特别是久雨后不要太靠近路肩，必要时停车避让。交会时不要乱打方向和踩制动，以免车辆侧滑产生碰撞事故。

（5）预防侧滑

当前轮侧滑时，应稳住油门，纠正方向驶出。当后轮侧滑时，应将方向盘朝侧滑方向转动，待后轮摆正后再驶回路中。遇下坡中后轮侧滑时，可适当点一下油门，提高车速，待侧滑消除后再按原车速行驶。

3. 隧道驾车

①进入前要注意交通标志或交通信息板，特别是限速标志。汽车从洞外路段驶入时，人眼对黑暗适应时间需要七八秒，此时驾驶员的视力下降，因而必须减速。有些长隧道，前半部分路段为上坡，后半部分为下坡，由于这种纵坡结构，汽车驶出隧道的平均速度比驶入平均速度高 5~10km/h。此外，夜间隧道行车，由于隧道内有照明灯，隧道内比外部明亮，驾驶员也不要提高行驶速度。在隧道内行车不能凭直觉判断车速，一定要通过车速表确认行驶速度，同时还应注意保持相应的车距。

②通过一般道路的单车道隧道时，应随时观察对方有无来车，开启前后车灯，一般不宜鸣笛。通过高速公路上的隧道，也应开灯行驶，目的是标明车辆的位置，确定车距，防止追尾事故。

③一般道路的双车道隧道，应靠道路右侧以正常速度行驶，不得在洞内变换车道，更不

准随意超车。

④由于各级公路的隧道都比洞外路面窄，特别是路肩的宽度是以最小基本宽度为设计基准的。因此，隧道内严禁随意停车，以免交通阻塞。若汽车抛锚于隧道内，应立即通知道口，设法将车辆拖出隧道，不得在洞内检修。

⑤控制好汽车方向，严加注意隧道内的交通状况。驾驶员在进入前要尽量通过各种手段了解隧道内的交通状况，以确保行车安全。另外，隧道的出入口外是气流变化较大的地方，特别是在高速公路上，受侧向气流的影响，常常产生较大的侧向力，使汽车突然改变行驶方向。

4. 涉水驾车

汽车涉水时，要保证发动机运转正常，转向和制动机构灵敏，挂低速挡平稳开进水中，避免大轰油门或猛冲，以防止水花溅入发动机而熄火；行车中要稳住油门，一气儿通过水面，尽量避免中途换挡或急转弯，遇水底有泥沙时，更要注意做到这一点；到没有水的路段后，要空踩几脚刹车，以免刹车失灵发生追尾事故。

如水底有流沙、车轮打滑空转时，要马上停车，不可勉强通过，更不能半联动地猛踩油门踏板。要在发动机不熄火的情况下，组织人将车推出去，避免越陷越深。

行驶中要尽量注视远处固定目标，双手握住方向盘向前直行，切不可注视水流或浪花，以免晃乱视线产生错觉，使车辆偏离正常路线而发生意外。

多车涉水时，绝不能同时下水，要等前车到达对岸后，后车再下水，以防止前车因故障停车，迫使后车也停在水中而进退两难。

通过经水流冲击后情况不明的漫水路面或桥面时，要先查明是否形成塌陷、缺口，否则极易造成翻车。

四、特殊气候条件下的驾驶技术

1. 雨天驾车

首先，雨天千万不要开快车，更不要猛拐弯。

其次，要打开前后雾灯。雨大时即使在白天也要开灯，最好打开前、后开雾灯，要将雨刷调到最快。

再次，不要加速超车。雨中行车，要随时注意前车的行驶速度和方向，绝不可因前车速度慢而加速超车。尤其是在高速公路上，由于各车道的车速相对较高，司机的视角变窄，加上路面湿滑，强行越线超车时，稍动方向就很容易造成车轮打滑，极易造成与其他车辆发生剐蹭，引发车辆侧翻等意外事故。

最后，一旦失控先要镇定。越过沟坎和下坡时特别容易失控。一旦感觉失控，要先保持镇定。先别踩刹车，也别乱打方向而应及时收油，保持原状跑一小段，待轮子重新抓地，马上控制方向。

2. 雾天驾车

在雾中行车，应打开雾灯、近光灯，但别开远光灯。远光灯的光线高挑，被大雾折射后容易射入对向行驶的驾驶员眼中，使其视线模糊。一些不讲道德的大车司机碰到小车司机用远光晃人的情况，常会不管不顾地冲过去别对方一下。在这种情况下，吃亏的只能是小车。

勤按喇叭，警告行人和车辆。听到其他车的喇叭声，应当立刻鸣笛回应，示意己车的位置。

在雾中尽量低速行驶，与前车保持足够的安全车距。气温低、湿度大的时候，路面极易形成薄霜，避免紧急制动。跟在大车后面走是不错的办法。大车司机对道路熟悉，驾驶经验丰富。有老司机在前面领路，处理问题，后车只需要跟着就可以了。但别被车速与可视距离蒙蔽，一味盯着前车，越开越快，甚至南辕北辙。

在大雾中，可以尽量利用残存的视距，盯住路中的分道线行驶。但一定注意不要轧线行驶，否则对向会车将很危险。

遇到大雾时，被水汽凝结的风挡曲面会使你仅有的视线更加受损。对面来车射出的灯光也会如礼花般灿烂。可以考虑使用雨刷，刷去凝结在前风挡上的水汽。

3. 雪天驾车

（1）起步慢抬离合缓加油

如果在起步时出现车轮打滑的现象，可挂入比平时高一级的挡位，如小轿车可用二挡起步，货车空车时用三挡、重车时用二挡起步。离合器松开的比往常要慢，调整传动力的大小最好用半离合的幅度来解决。油门比平时起步时要小，只要发动机不熄火就行。一旦车轮已经转动起来，立即换入低一级挡位，就可以正常加油走了。这些都要求驾驶员换挡动作要快，油门、离合器、挡位配合要准确。

（2）行车中保持低速平稳

由于制动距离会随着车速的提高而加大，所以控制车速和与前车保持较大的安全距离是冰雪路面行车的关键。一般来说，多高的行驶速度，就要保持多长的安全行车距离，如 30km/h 的速度，就要保持 30m 长的距离。因为驾驶员从发现情况到踏下制动踏板的时间最快也要 0.03s，而机械反应时间也需要 8.33m 的距离。所以，如果车辆行驶速度过快，两车之间的安全距离越小，一旦遇紧急情况后果不堪设想。

（3）路面上禁忌急打方向盘

当需要转向时，也要先减速，适当加大转弯半径并慢打方向盘。双手握住方向盘操作要匀顺缓和，否则就会发生侧滑。这是因为转向过猛、转向轮横向偏移，造成车辆前轮阻力突然加大，在惯性的作用下车尾向外甩出的现象。特别是在郊区的山区公路上，有时冰雪路面是间断的，打方向时，最好提前采取措施在间断处完成。如果在冰雪路面打急方向，很可能因侧滑横在路上或冲出路基发生重大交通事故。

（4）正确使用刹车

没 ABS 设备的车，冰雪路面减速停车时，应先快速逐个减挡利用发动机的"牵阻力"减速，再反复快点踏制动踏板平稳停车。

有 ABS 设备的车，也可换到低速挡，先期利用发动机的"牵阻力"减速，但是刹车必须一次踩到底，同时控制好方向盘，千万别用"点刹"的方法，否则 ABS 不发挥作用，反而易发生危险。

另外，有无 ABS 的车在雪地上都不要空挡行驶，刹车时靠雪的阻力和发动机阻力减速。在冰上，靠减挡、拖挡制动即使打滑，因驱动轮有动力，同时受力，远比空挡打滑好得多，而且轮胎不易抱死。

（5）保持横向的安全距离

冰雪路面行车进出主路、通过十字路口、左右转弯、双方会车，以及遇有行人和自行车时，要充分顾及他人，礼貌让行，始终保持较大的横向安全距离，一般不要闪灯鸣笛催促，否则会给他人精神上造成恐慌。有时，自行车和行人可能会在混合路段的非机动车道内或胡同的两侧，因路滑不慎摔倒，驾驶员宁可停车让行，也不要抢道行驶，随时避免可能发生的人身伤亡事故。

任务实施：

任务工单

任务名称：汽车驾驶			评价	
姓名		班级		学号	
任务描述	1. 对汽车胎压进行检查、更换备胎； 2. 启动汽车，在合适时机进行换挡； 3. 模拟紧急情况下处理办法； 4. 总结汽车应急处理注意事项。			
能力目标	1. 掌握汽车紧急情况下的处理方法； 2. 能够养成良好的驾驶习惯； 3. 树立以安全为中心的理念，提高安全驾驶意识； 4. 具有与客户沟通交流的能力； 5. 具备信息搜集和处理的能力。			
实施准备	1. 实训车辆、胎压表、备胎； 2. 汇报用白板、笔、粘贴纸等。			
实施步骤	自主学习	1. 云平台学习老师发布的相关资料； 2. 获取汽车应急处理办法； 3. 对车辆进行胎压检查，更换备胎； 4. 模拟汽车紧急情况处理方法。		
	小组讨论	课中以小组形式进行讨论，完成课中任务，形成小组汇报成果。		
	小组汇报	汇报轮胎胎压和备胎更换方法，简述汽车紧急情况处理。		
反思				

任务7.4　汽车磨合

任务引入： 王先生在购车时，4S店销售人员告诉他，新车买后需要磨合，但王先生不知道什么是汽车磨合，汽车该怎么进行科学的磨合？在汽车磨合期，对汽车进行维护需要注意哪些问题呢？通过本次任务的学习，相信你会帮他回答以上这些疑问。

学习内容： 1. 汽车磨合的意义；
2. 汽车磨合期的特点；
3. 汽车磨合期的方法；
4. 汽车磨合期的维护。

能力要求： 1. 分析汽车磨合期的必要性；

  2. 能够掌握汽车磨合期的基本方法；
  3. 能够掌握汽车磨合期的维护；
  4. 具有与客户沟通交流的能力。

任务描述：1. 介绍新车磨合的基本方法；
     2. 对新车磨合前期进行维护；
     3. 对新车磨合中期进行维护；
     4. 对新车磨合后期进行维护。

相关知识：

一、汽车磨合的意义

  磨合也叫走合，磨合期是指在汽车运行初期改善零件摩擦表面的几何形状和表面层物理机械性能的过程，新车（包括大修后的汽车）最初的使用阶段称为磨合期。不同车辆在说明书中规定的新车磨合期的里程略有不同，如桑塔纳轿车磨合期里程为 1 100～1 500 km，富康轿车磨合期里程为 1 500～2 500km。虽然各车型的磨合期有所不同，但汽车磨合期的正确运用和维护，与延长汽车的使用寿命、提高汽车行驶可靠性、提高燃料经济性、发挥汽车使用性能有很大关系。

  磨合期的实质是使汽车向正常使用阶段过渡，在使用的过程中对相互配合的零件摩擦表面进行走合加工的工艺过程，是改善零件表面几何形状和表面物理机械性能的过程。

  新车或大修后的汽车尽管经过了生产磨合，但是零件加工表面仍存在微观和宏观的几何形状偏差（粗糙度、圆度、圆柱度、直线度等），此外，总成及部件装配也有一定的允许误差。因此，新配合件表面的实际接触面积比计算面积小得多（按加工质量不同，实际接触面积小，新配合件表面的实际单位压力要比理论计算值大得多）。在这种情况下，汽车若以全负荷运行，零件摩擦表面的单位压力会很大，将导致润滑油膜被破坏和局部温度升高，使零件迅速磨损和破坏。因此，汽车有必要设置磨合期。

二、汽车磨合期的特点

1. 磨合期磨损速度快

  磨合期零件磨损量增加较快。主要原因是：零件表面存在着微观和宏观的几何形状偏差；相配合零件间表面粗糙度不适应其工作要求；总成及部件的装配存在误差等。此时汽车若以全负荷工作，零件摩擦表面的单位压力很大，破坏润滑油膜，形成干摩擦或半干摩擦，加之新装配零件间隙较小，表面凹凸部分嵌合紧密，相对运动中构成磨料磨损，使磨损加剧。其次，因间隙小摩擦表面温度高，使润滑油黏度降低造成润滑不良。上述原因导致零件磨损量增长较快，所以磨合期磨损速度快。经过磨合期，使相配合的摩擦表面进行一次磨合加工，使表面不平的部分被磨去，逐渐形成比较光滑而耐磨的工作表面，这样零件就能较好地承受正常的工作负荷。

2. 行驶故障较多

  磨合期故障较多是由于零件或总成加工装配质量不佳，紧固件松动，或者因使用不当未执行磨合规范等。磨合期故障为发动机过热，拉缸烧瓦，摩擦片不能全面接触出现制动不灵等。

3. 油耗量高

磨合期由于摩擦阻力加大，行驶速度控制较低，所以，油耗量偏高。

4. 润滑油易变质

磨合期零件表面和润滑油的温度高，同时配合零件间的金属磨屑被润滑油带入曲轴箱，在油底壳中起催化作用，使润滑油氧化变质。因此，磨合期对润滑油有换油规定，一般首次行驶2 500km时，需更换发动机油底壳润滑油，若发现润滑油杂质过多或变质严重，应缩短换油里程。

三、汽车磨合期的方法

总的磨合原则是发动机转速及车速由低到高，负荷由小到大，变速器各挡位应进行适当时间磨合，及时更换润滑油，注意发现和排除异常现象。磨合期时间随车型有所不同，按使用说明书要求进行，如，轿车一般在1 500～2 500km。

1. 汽车磨合注意事项

汽车在磨合期间，应让车速反复在低速和高速之间变化。磨合时车速应该在20～90km/h之间变化，偶尔超过90km/h，但时间不要过长，对发动机也有好处。这样做的目的是让发动机在各种车速下能得到磨合，使之各零部件能够充分的舒展，以均衡的性能表现。在城市道路或环路有条件的情况下车速不要太保守，一些车出于安全考虑，最高车速很少超过90km/h，这样车速不快，特别是夏季，车头进风口的风量不够大，不能充分冷却水箱，导致水温偏高，从而使电子扇强制起动。起动一段时间后，水温下降，电子扇停转，之后水温又会重新上升，从而导致电子扇反复起动，这样会使发动机负荷加大，增加油耗又缩短电子扇的使用寿命。正确的办法是保持一定车速，更多地利用自然风来冷却，降低电子扇的起动频率。低排量的车在夏季应少使用空调系统，车注意尽量不要满载，遇上坡路段时应较低的挡位，行驶途中不要急加速，尽量避免紧急制动等不好的习惯。

2. 磨合期的基本要求

在汽车磨合期驾驶中，应遵循以下基本原则，这是磨合期的基本要求。

（1）减载

汽车在磨合期内装载量不能超过额定载荷的75%。新车在装载时应低于规定的载重量或人数，更不能超载，因为超载会加重发动机、变速器、传动系统、悬挂系统等部件的负担，加重磨损，对车辆造成损害。

（2）限速

高速度下行驶将使发动机和传动机件的负荷增多，因此在磨合期内车速应控制在规定范围内。新车各配合部分没有经过磨合，不适合立即跑高速。因此一般待新车行驶1 500～2 000km的磨合期后再跑高速比较适宜。新车完成磨合后，可渐渐提高至全速。

需要指出的是：新车200km内不宜跑高速，因为轮胎、刹车还没磨合，影响制动。

（3）柔和驾驶

由于机件之间尚属于磨合期，过大的负荷和过高的速度，都会加剧对零件的冲击。机件不仅无法降低粗糙度，还会对零件造成损伤。大力踩油门急加速，实际上是让发动机工作在瞬间大负荷下，如果零件表面啮合不好，很容易由于冲击造成磨损。因此，汽车在磨合期应注意尽量不要紧急刹车，力争做到慢起动，缓停车。

(4)适时换挡

变速挡要经常变速，磨合期的车辆在行驶时应循序渐进，以最低挡起步，逐步加挡位，切不可使用高挡位低速行驶，或低挡位高速行驶。另外需要勤换挡位，不要长时间使用一个挡位行车。行进中要注意发动机、变速器、驱动器的工作状况及温度变化，掌握车况变化。

四、汽车磨合期的维护

汽车在磨合期实施的维护称为磨合期维护。磨合期的维护一般分为磨合前期、磨合中期和磨合后期的维护。

1. 新车磨合前期维护

磨合前期维护是为了防止汽车出现事故和损伤，保证顺利地完成磨合期。其主要内容如下：

①清洗全车，检查各部位的连接及紧固情况。
②检查散热器的存水量，并检查冷却系各部位有无漏水现象。
③检查发动机、空气滤清器、变速器、后桥、转向器、制动器和各种助力器用油的数量和质量，视需要添加或更换，并检查各部位有无漏油现象。
④检查变速器各挡位能否正确接合。
⑤检查转向机构各部位有无松旷和发卡现象。
⑥检查电气设备、灯光和仪表工作是否正常，并检查蓄电池电液密度与液面高度。
⑦检查和调整轮胎气压是否符合标准。
⑧检查制动效能（制动距离，有无跑偏和发咬现象），如果不符合要求，应查明原因，并及时排除故障。

2. 新车磨合中期维护

①应在平坦良好的路面上行驶。
②正确驾驶，平稳地接合离合器，及时换挡，严禁硬撑、猛冲和急剧制动。
③速度限制：一挡不超过5km/h，二挡不超过10km/h，三挡不超过15km/h，四挡不超过25km/h，五挡不超过40km/h。
④载重限制：磨合期内不允许拖带挂车，装载质量不得超过3 500kg。
⑤经常注意变速器、后桥、轮毂及制动鼓的温度，如有严重发热时，应找出原因，予以调整或修理。
⑥应特别注意机油压力和控制发动机冷却水的正常温度。
⑦磨合2 000km后，应按规定力矩和顺序拧紧气缸盖及进、排气歧管螺栓、螺母。
⑧磨合5 000km后，应在热车状态更换发动机机油，以免发动机内遗留未清洗干净的铁屑、脏物等堵塞油道，刮伤轴瓦。

3. 新车磨合后期维护

①清洗发动机油底壳，按规定力矩检查连杆螺栓和主轴承盖螺栓的紧固情况。
②清洗粗滤器滤芯，并更换发动机润滑油。
③清洗变速器、后桥、转向器，并更换润滑油。
④紧固前、后悬架的U形螺栓螺母（满载时进行），检查后钢板弹簧固定端的螺栓及U形螺栓的紧固螺母有无松动。

⑤按规定力矩紧固转向机构中带有开口销的螺母。
⑥按规定力矩检查并紧固制动底板的紧定螺栓螺母。
⑦按规定力矩检查紧固底盘的传动部分的各部连接。
⑧检查并紧固车身、车厢各部的连接。
⑨按使用说明书的规定,仔细调整点火正时,调整发动机车速和检查气门间隙。
⑩按一级维护作业项目进行润滑和维护。

任务实施:

任务工单

任务名称:汽车磨合		评价	
姓名	班级		学号	
任务描述	1. 介绍新车磨合的基本方法; 2. 对新车磨合前期进行维护; 3. 对新车磨合中期进行维护; 4. 对新车磨合后期进行维护。			
能力目标	1. 分析汽车磨合期的必要性; 2. 能够掌握汽车磨合期的基本方法; 3. 能够掌握汽车磨合期的维护; 4. 具有与客户沟通交流的能力。			
实施准备	1. 实训车辆、检测仪器设备; 2. 拆装工具; 3. 汇报用白板、笔、粘贴纸等。			
实施步骤	自主学习	1. 云平台学习老师发布的相关资料; 2. 获取汽车磨合的方法; 3. 对车辆磨合前、中、后期进行维护; 4. 总结汽车磨合期维护的注意事项。		
	小组讨论	课中以小组形式进行讨论,完成课中任务,形成小组汇报成果。		
	小组汇报	介绍设置汽车磨合期的必要性,汇报汽车磨合期维护结果。		
反思				

任务7.5 汽车维护

任务引入:王先生要对车进行保养,作为一名汽车4S店维修技师,你需要告诉王先生汽车需要维护保养哪些项目,以及每个项目按规范怎么进行保养?汽车保养后,你又该如何向王先生讲解汽车在保养周期和停驶期间的养护措施?通过本节任务的学习,我们对汽车维护的知识会有更深入的认识。

学习内容:1. 汽车保养的基本内涵;
  2. 汽车日常维护方法;

3. 汽车保养周期及保养内容；
4. 汽车的主要系统保养；
5. 汽车停驶期间的养护措施。

能力要求： 1. 了解汽车保养的基本内涵；
2. 能够掌握汽车日常保养的方法；
3. 能够根据保养周期，对汽车主要系统进行保养；
4. 具有与客户沟通交流的能力。

任务描述： 1. 对汽车进行日常维护；
2. 对汽车发动机机油进行检查更换；
3. 对汽车发动机冷却液进行检查添加；
4. 对汽车刹车油进行检查保养。

相关知识：

一、汽车保养的基本内涵

汽车在行驶过程中，由于机件磨损、自然腐蚀和其他原因，技术性能将有所下降，如长期缺乏必要的维护，不仅车本身的寿命会缩短，还会成为影响交通安全的一大隐患。

所谓汽车保养是指保持和恢复汽车的技术性能，保证汽车具有良好的使用性和可靠性。及时正确的保养会使汽车的使用寿命延长，安全性能提高。

我们平时所说的汽车保养，主要是从保持汽车良好的技术状态，延长汽车的使用寿命方面进行的工作。其内容包括汽车美容护理等知识，概括起来讲，主要有以下三个方面的内涵：

1. 车体保养

车体保养又习惯称为汽车美容。主要目的是清除车体外和车体内的各种氧化和腐蚀，然后加以保护，尽量突出车的"美"。它主要包括：车漆保养，坐垫、地毯保养，保险杠、车裙保养，仪表台保养，电镀加工保养，皮革塑料保养，轮胎、轮毂保养，挡风玻璃保养，底盘保养，发动机外表保养等。

2. 车内保养

车体保养是为了使车永葆青春，而车内保养的目的则是让汽车行驶几十万千米无大修，保证汽车处在最佳的技术状态。它主要包括：润滑系统、燃油系统、冷却系统、制动系统、化油器（喷油嘴）的保养等。

3. 车体翻新

如深划痕的诊断、治理，多材料保险杠修复，轮毂（盖）的硬伤修复，皮革、化纤的材料翻新，发动机的颜色翻新等。

汽车保养分为定期保养和非定期保养两大类，定期保养有日常保养、一级保养、二级保养；非定期保养有磨合期保养和季节性保养。汽车保养的主要工作不外乎清洁、检查、紧定、调整和润滑等内容。但随着科学技术和汽车工业的发展，以计算机为主的各种先进技术在汽车上广泛应用，使未来的汽车逐渐走向智能化，因而汽车保养的内容又被赋予了新的内涵。

汽车保养是一项技术性比较高的复杂工作，单靠司机本人难以完成，需要到汽维修企业去进行。保养汽车时一定要选择技术力量雄厚、服务质量可靠、信誉好的维修企业，而不要嫌麻烦、图省钱而不保养汽车，以免因小失大。

二、日常维护

日常性维护是定期保养的基础，是以清洁、补给和检查为主要内容。日常性维护由驾驶员在车辆的日常使用中完成。

7-3 汽车的日常保养

1. 空气滤清器的维护

使用中，应保持良好的畅通性。当滤芯堵塞时，会使发动机冒黑烟、无力和油耗增加。维护时，将滤芯从空气滤清器中取出，用手或木棒轻轻敲击或用小于300kPa（3bar）的压缩空气从里往外吹，将尘土除掉，同时将滤清器壳内的灰尘清除掉。不要用湿布擦拭滤芯。装复中，注意所有连接处的密封性。

2. 雨刮和玻璃清洗装置的维护

雨刮和玻璃清洗装置主要用来清洁挡风玻璃，保持良好的视线。若使用维护不当，会造成挡风玻璃损坏。应经常检查雨刮片的状况，当发现雨刮片和挡风玻璃接触不好时，应及时更换。冬天积雪过厚时不要直接用雨刮除雪。应经常保持洗涤液罐中有足够的洗涤液。为了获得最佳洗涤效果，请使用指定的洗涤液。加注时，谨防混入杂质，切勿加入一般洗涤剂。为了避免冬天液体冻结，在寒冷条件下，应加入具有相应防冻性能的洗涤液。

3. 蓄电池的维护

蓄电池的状况与车辆的使用有着直接的关系，应经常保持蓄电池的外壳干燥、清洁、避免因此产生的漏电现象。

经常保持盖子上的通气孔畅通，经常检查蓄电池液面高度。缺液时，应及时补充蒸馏水。严禁敲击接线柱，应在接线柱和接头表面涂上凡士林或润滑脂，以防止腐蚀；车辆一个月以上不用，需拔下蓄电池负极电缆。

蓄电池如长期放置容易亏电，需要定时充电，以免影响蓄电池的使用寿命。尤其在秋季必须使蓄电池保持充足电状态，以防电解液比重下降而造成蓄电池结冰。

4. 保险丝的更换

更换保险丝要注意换上相同容量的保险丝（即换上相同颜色的保险丝）。

5. 轮胎的维护

富康轿车装用的是无内胎轮胎。应经常检查轮胎的气压是否符合标准（包括备胎）；轮胎表面是否正常，是否有不正常的磨损、开裂和鼓包。拆装轮胎应在轮胎拆装机上进行并做动平衡检验。装配时，小红点标记朝外。严禁手工直接拆装轮胎。

更换车轮时要注意不要同一车轴上用轮胎牌号、新旧不同的车轮。

三、汽车保养周期及保养内容

在汽车的使用期限内，为了使汽车取得更好的使用效果，车主应严格遵守保养规范。

目前，国产轿车的保养间隔周期为10 000km，新车处于磨合期，首次保养里程较短，为1 500~2 500km。

汽车的保养需到特约维修站进行。保养的内容主要包括检查汽车工况，补充或更换相关油液。汽车行驶过程中，有些油液和部件超过期限必须更换，详见表7-1汽车相关部件定期保养表。

表 7-1 汽车相关部件定期保养表

名　称	使用期限
发动机机油	1 年或 10 000km
机油滤清器	1 年或 10 000km
汽油滤清器	2 年或 20 000km
冷却液	2 年
制动液	2 年
空气滤清器滤芯	3 年或 30 000km
花粉滤清器滤芯	30 000km
火花塞	30 000km
发动机正时皮带	60 000km
安全带和安全气囊	10 年

另外，必须要注意，每次长途出车前、每一个月、在两次更换发动机机油期间或每行驶 2 000km，车主应自行检查车况、补充相关油液。

1. 发动机机油的检查

应在水平地面上，待发动机停机至少 10min 后作检查。拔出机油标尺，油面应位于标尺上最低（MIN）和最高（MAX）两刻线之间。缺油时，应立即补充机油，否则会损坏发动机。加注时取出机油标尺，加注后再次检查油面高度。

发动机消耗机油是正常的。机油消耗在很大程度上取决于负载和发动机的转速，根据不同的驾驶方式，机油消耗可达 0.5L/1 000km。

2. 冷却液液面的检查

液面应位于水箱上最低（MIN）和最高（MAX）两刻线之间。热机检查时，应停机等候 15 分钟后才能进行，以免烫伤。补充冷却液时，如果补充的量超过 1L，则应到特约维修站检修；经常要补充冷却液，表示冷却系统有故障，应尽早检查原因。更换冷却液应由指定服务站进行。

3. 制动液液面的检查

应定期检查制动液液面。液面应位于制动液罐最低（MIN）和最高（MAX）标记之间。如果在行驶过程中指示灯亮，应立即停车检修。

4. 动力转向液液面的检查

发动机停机时检查液面高度，液面应位于制动液罐最低（MIN）和最高（MAX）标记之间。

5. 轮胎状况及气压

为了保证安全行驶，使轮胎始终保持在良好的状态下是非常重要的。轮胎的充气压力应始终符合厂家推荐的数值，应定期（如每月一次）进行检查，在长途行驶前要系统地进行检查，包括备胎的气压。检查必须在轮胎冷状态下进行。更换轮胎时，不要在同一车轴上使用品牌、型号、花纹不同，新旧程度差异大的轮胎。

四、汽车的主要系统保养

根据汽车养护行业的实际情况，可将汽车保养系统分为六大部分，并可对下列的六大系统进行特别养护。

1. 润滑系统的深化保养

润滑系统主要作用就是对汽车发动机的各个部件进行有效的润滑，以防过度磨损。在常规情况下，汽车每行驶 5 000 ~ 10 000km 时就需清洗保养一次，在遇到发动机噪声过大，加速无力，水温过高时也需清洗保养一次。清洗发动机内部的油泥和其他积物，避免机油高温下的氧化、稠化，减少发动机部件的磨损，延长发动机寿命，提高发动机动力。

2. 燃油系统的清洗保养（即清洗喷嘴、气门积碳）

常规情况下，汽车每行驶 10 000 ~ 15 000km 时需清洗保养一次，或当发现发动机喘抖，迟滞和加速不良，冒黑烟、无力、费油时清洗保养 1 次。清除系统内部的胶质和积碳，防止有害的腐蚀发生，避免并制止密封件和水箱的渗漏，彻底更换旧的冷却液。

3. 冷却系统的清洗保养

一般情况下，汽车在冬夏换季时应清洗保养一次，正常行驶中每 6 ~ 8 个月清洗保养一次，或者遇水温过高、漏水、开锅时清洗保养一次。清除导致发动机过热的痕迹和水垢，防止有害的腐蚀发生，避免并制止密封件和水箱的渗漏，彻底更换旧的冷却液。

4. 变速箱的清洗保养（自动变速箱）

常规情况下，汽车每行驶 20 000 ~ 25 000km 时清洗保养一次，或遇变速箱打滑、水温偏高、换挡迟缓、系统渗漏时清洗保养一次。清除有害的油泥和漆膜沉积物，恢复密封垫和 O 型圈的弹性，使变速箱换挡平顺，提高动力输出，彻底更换旧的自动变速箱油。

5. 动力转向系统的清洗保养

汽车每行驶 40 000 ~ 45 000km 清洗需保养一次，或遇转向困难、系统渗漏、更换动力转向机配件后，也须清洗保养一次。清除系统中有害的油泥、漆膜，消除低温时的转向困难，制止并预防动力转向液的渗漏，清除转向噪声，彻底更换旧的制动转向液。

6. 制动系统的清洗保养

汽车每行驶 50 000km 清洗保养一次，或遇 ABS 反应过早、过慢时清洗保养一次。清除系统中有害的油泥漆膜，清除超高温或超低温时工作失灵的危险，有效防止制动液变质过期，彻底更换旧的制动液。

五、汽车停驶期间的养护措施

一些车主可能会因为一些特殊的原因，使自己的爱车闲置一段时间。不过，车闲人可不能闲。长期停驶的车辆，会因为受到大气侵蚀而使各总成和机构的技术状况逐渐变坏，以致失去原有的技术性能。为了减轻这种不良影响，车主应该经常对停驶的车辆进行必要的养护工作，以使其处于良好的性能状况。

1. 防止金属生锈

锈蚀主要是空气中的水分、氧气以及腐蚀性物质的共同作用造成的。因此，对于长期停驶的汽车，应保持金属表面清洁。停放车辆的车库内应经常保持通风，使空气相对湿度保持在70%以下。需及时清除汽车上的灰尘、脏物和水分。在易锈蚀的部位和机件表面应涂以机油、润滑脂或者用油纸包扎起来。对于各总成机构上的孔隙,应加以密封,避免空气、水分和灰尘进入内部。

2. 防止橡胶制品的老化变质

汽车上的橡胶制品,如轮胎、传动带以及防尘罩等,经常会发生老化、膨胀或者为形现象,致使性能变坏,使用寿命变短。

橡胶制品老化,主要是由于橡胶属于不饱和的高分子碳氢化合物,容易吸收空气中的氧而氧化,同时硫化橡胶还有一定的透气性,使氧气容易进入内部起氧化作用。特别是直射阳光,能促使橡胶迅速老化。橡胶制品被汽油、机油污染后,会导致体积膨胀,胶质变松,弹性下降。为防止橡胶制品的老化,应避免阳光直接照射及矿物油接触。

3. 防止棉麻制品的霉烂

棉麻制品都很容易吸收水分,特别是在潮湿地区和阴雨季节,更易受潮霉变。因此车主应对车上的棉麻制品经常检查,适时晾晒,保持干燥。

4. 防止汽油的抗爆性能降低

汽油的抗爆性能决定于汽油辛烷值的高低。汽车长期停驶,汽油的辛烷值会随着轻质成分的损失和胶质含量的增加而下降,从而使其抗爆性随之降低。因此,汽油油箱要严密封闭,并且避免温度过高。汽油储存的时间最好不要太长。

5. 经常检查发动机的工作状况

每月至少起动发动机一次,怠速运转 4~5min,检查发动机的运转情况。如有异常现象,需及时调整、维修。

另外,还要经常检查蓄电池。蓄电池的电量必须充足,必要时应对蓄电池充电。

任务实施:

任务工单

任务名称:汽车维护			评价	
姓名		班级	学号	
任务描述	1. 对汽车进行日常维护; 2. 对汽车发动机机油进行检查更换; 3. 对汽车发动机冷却液进行检查添加; 4. 对汽车刹车油进行检查保养。			
能力目标	1. 了解汽车保养的基本内涵; 2. 能够掌握汽车日常保养的方法; 3. 能够根据保养周期,对汽车主要系统进行保养; 4. 具有与客户沟通交流的能力。			
实施准备	1. 实训车辆、检测仪器设备; 2. 拆装工具,机油、冷却液、刹车油等; 3. 汇报用白板、笔、粘贴纸等。			

续表

实施步骤	自主学习	1. 云平台学习老师发布的相关资料； 2. 获取汽车主要系统维护的方法； 3. 对汽车主要系统进行检查保养； 4. 总结汽车主要系统维护保养的基本步骤。
	小组讨论	课中以小组形式进行讨论，完成课中任务，形成小组汇报成果。
	小组汇报	描述汽车主要系统维护保养的基本步骤，形成书面报告。
反思		

思考题

1. 从汽车安全的角度出发，汽车的色彩最好选择什么颜色？
2. 如何从汽车使用说明书上区分出汽车的动力性能与经济性能。
3. 简述新车起动前的验收事项。
4. 调查一辆排量在1.6L以下的家用轿车一年的各种使用费用。
5. 调研一辆汽车，了解车主在购车后是如何进行新车磨合的。
6. 调研一位公交车驾驶员，他是如何进行日常保养的。
7. 简述汽车磨合期的主要特点。
8. 叙述雾天行车的技巧。

8 项目八

研究汽车品性文化

课程任务与能力矩阵		
项目名称	任务名称	进度描述
项目八 研究汽车品性文化	任务8.1 认识世界著名汽车公司及商标	汽车运用与维修1+X初级/智能新能源汽车1+X初级
	任务8.2 认识中国主要汽车公司及商标	汽车运用与维修1+X初级/智能新能源汽车1+X初级
	任务8.3 讲述汽车名人	汽车运用与维修1+X初级/智能新能源汽车1+X初级

人们在制造和使用汽车的实践活动中，形成的一套行为方式、习俗、法规、价值观念等构成了汽车文化。汽车文化以汽车产品为载体并与之结合，影响着人们的思想观点和行为。在汽车的设计、生产和使用中，从汽车外表到内饰，从风格到质量，都深深打下了文化的烙印。世界著名汽车生产厂家和著名人物对形成汽车文化起直接作用，他们赋予汽车性能、质量和内涵。汽车厂家的企业文化和产品品牌文化是汽车文化的重要内容。也可以说，在众多产品中，汽车品牌商标最具文化内涵。汽车厂家对其产品品牌名称以及车标极具匠心的设计，体现了企业的文化和精神。中国优秀传统文化、非物质文化博大精深，对人的精神、心性、人的价值、生命意义、存在方式、生存样态、行为方式、思维方式，以及深沉的民族心理结构都产生了持久影响，越来越多的中国元素融入到汽车设计当中。

任务8.1 认识世界著名汽车公司及商标

任务引入：在我们的生活中，大家会见到许许多多、各种各样的轿车，这些轿车的品牌大家是否都知道呢？世界上著名的汽车公司又有哪些？以及这些公司的商标图像都是怎么样的？要想熟悉以上这些知识，就需要我们一同来学习一下世界著名的汽车公司及商标的内容。

8-1 汽车商标知多少

学习内容：1. 世界著名汽车公司的发展简史；
　　　　　2. 世界著名汽车公司商标内涵；
　　　　　3. 世界著名汽车公司所属品牌；
能力要求：1. 具备信息搜集和处理的能力。
　　　　　2. 能够学习和掌握世界著名汽车公司发展简史的能力；
　　　　　2. 能够阐述世界著名公司的发展简史、所属品牌及商标的内涵；
　　　　　3. 具有良好的交流沟通表达的能力；
任务描述：1. 获取世界著名汽车公司的相关资料
　　　　　2. 自主学习世界著名汽车公司的相关知识
　　　　　3. 小组讨论世界著名公司的发展简史、所属品牌及商标的内涵
　　　　　4. 制作世界著名汽车公司商标识别卡片

相关知识：

一、戴姆勒－奔驰公司

1. 戴姆勒－奔驰汽车公司简介

（1）戴姆勒－奔驰汽车公司发展简史

戴姆勒－奔驰汽车公司是世界十大汽车公司之一。创立于1926年，公司总部设在德国斯图加特市，创始人是卡尔·本茨和戈特利布·戴姆勒。它的前身是1886年成立的奔驰汽车厂和戴姆勒汽车厂。1926年两厂合并后，叫戴姆勒－奔驰汽车公司，中文翻译简称奔驰汽车公司。

从1926年至今，公司不追求汽车产量的扩大，而只追求生产出高质量、高性能的高级别汽车产品。在世界十大汽车公司中，奔驰公司产量最小，不到100万辆，但它的利润和销售额却名列前五名。

1998年6月，世界上两大知名汽车业巨头德国戴姆勒－奔驰公司和美国克莱斯勒公司宣告合并。

2007年5月14日，戴姆勒－克莱斯勒公司在其总部所在地，德国南部城市斯图加特举行新闻发布会，宣布美国投资大亨瑟伯勒斯（Cerberus）资金管理投资公司出资55亿欧元购买克莱斯勒公司80.1%的股份，这标志着在经历了9年的"婚姻"后，德国和美国两大汽车公司的合并正式宣告破裂。

（2）戴姆勒－奔驰汽车公司标志

1886年，戈特利布·戴姆勒和卡尔·本茨同时发明了汽车。1909年6月，戴姆勒公司登记了三叉星作为轿车的标志，象征着陆上、水上和空中的机械化。1916年在它的四周加上了一个圆圈，在圆的上方镶嵌了4个小星，下面有梅赛德斯"Mercedes"字样。"梅赛德斯"是幸福的意思，意为戴姆勒生产的汽车将为车主们带来幸福。

奔驰公司的商标最初是月桂枝包围的奔驰（Benz）字样。1926年两家最古老的公司合并，自然也将商标合在一起，中间是三叉星，上面是MERCEDES（梅赛德斯），下面是BENZ（奔驰），两家之间用月桂枝连接。

今天，奔驰汽车的标志是简化了的形似汽车方向盘的一个环形圈围着一颗三叉星。三叉星表示在陆海空领域全方位的机动性，环形图显示其营销全球的发展势头，喻示向海陆空发

展。图 8-1 为奔驰标志演化过程。

图 8-1　奔驰标志演化过程

2. 戴姆勒-奔驰汽车公司所属汽车品牌简介

戴姆勒-奔驰汽车公司所属汽车品牌有：梅赛德斯-奔驰（Mercedes-Benz）、迈巴赫（Maybach）、精灵（Smart）。

（1）梅赛德斯-奔驰

梅赛德斯-奔驰是德国的奔驰汽车公司的著名品牌。每一辆梅赛德斯-奔驰轿车都体现了这个品牌独特的设计理念。从 S 级到 E 级、C 级、SL、SLK、CLK、CLS 或者 M 级，无论是哪一款流行车型，只要看一眼就足以令人相信，梅赛德斯-奔驰不仅代表各种类型汽车的最高制造境界，而且标志着设计质量的最高水平。其标志为三叉星。

（2）迈巴赫

迈巴赫是汽车历史上一个充满传奇色彩的品牌，巧夺天工的设计和无与伦比的精湛的制造技术使它在上个世纪初成为代表德国汽车工业最高水平的杰作。迈巴赫品牌首创于 20 世纪 20 年代。被誉为"设计之王"的威廉·迈巴赫（Wilhelm Maybach）不但是戴姆勒-奔驰公司的三位主要创始人之一，更是世界首辆梅赛德斯-奔驰汽车的发明者之一。1919 年，难舍汽车梦想的威廉·迈巴赫与其子卡尔·迈巴赫（Carl Maybach）共同缔造了"迈巴赫"这一传奇品牌，象征着完美和昂贵的轿车。

具有传奇色彩的品牌标志由两个交叉的 M，围绕在一个球面三角形里组成。品牌创建伊始的两个 M 代表的是迈巴赫汽车的缩写，而现在两个 M 代表的是迈巴赫制造的缩写。车标如图 8-2 所示。

图 8-2　迈巴赫

（3）精灵（Smart）

Smart 是梅赛德斯-奔驰汽车所属品牌，于 1998 年在欧洲首次面世。迄今为止，已有超过 90 万辆 smart 汽车在全球 37 个国家售出。2008 年第十届北京国际汽车展，Smart 首次登陆中国。

Smart 是梅赛德斯-奔驰（Mercedes-Benz）汽车公司和世界手表业巨头斯沃琪（Swatch）公司创意合作的产物，字母 S 代表斯沃琪公司，M 代表梅赛德斯公司，而 art 是艺术的意思，在英语中 Smart 有灵敏、聪慧的意义。车标如图 8-3 所示。

图 8-3　精灵

二、大众汽车集团

1. 大众汽车集团简介

（1）大众汽车集团发展简史

大众汽车集团是世界十大汽车公司之一。1938 年创建于德国的沃尔夫斯堡（Wolfsbrug），创始人是世界著名的汽车设计大师波尔舍。大众汽车公司是一个在全世界许多国家都有生产厂的跨国汽车集团，大众汽车顾名思义是为大众生产的汽车。

1934年1月17日，波尔舍向德国政府提出一份为大众设计生产汽车的建议书，此项建议得到了希特勒政府的批准和支持。波尔舍随后在沃尔斯堡的大众汽车城里组建了一个由34万人入股的大众汽车股份公司，第一批"甲壳虫"汽车问世，但仅仅生产了630辆就因第二次世界大战而停产。

由于"甲壳虫"车价格低廉，很快风靡德国和欧洲，1955年，"甲壳虫"汽车出口到100多个国家。

1985年3月，大众集团宣布进入中国市场，与中方合资组建上海大众，大众集团控股50%，也成为第一个进入中国市场的外国汽车企业，直到今天上海大众生产的桑塔纳轿车依然占据中国汽车市场的最大份额。到1981年"甲壳虫"汽车停产时，已经累计生产2 000万辆，打破了福特T型车的世界纪录。

随着"甲壳虫"汽车的畅销，大众汽车公司也成长为一个强大的世界汽车生产集团，它在西班牙和墨西哥等许多国家都建立起汽车生产厂和销售公司。继"甲壳虫"汽车后，大众公司在1980年实现四轮连续驱动小客车大批量生产，推出了20世纪80年代世界最畅销的高尔夫汽车，从而成为欧洲最大的汽车商。

（2）大众汽车集团标志

Volks Wagen是公司的标志，意为大众使用的汽车，标志中的"V"和"W"为全称中头一个字母。标志是由三个用中指和食指做出的"V"组成，表示大众公司及其产品"必胜—必胜—必胜"。图8-4所示为大众汽车车标。

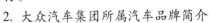

图8-4 大众

2. 大众汽车集团所属汽车品牌简介

大众汽车公司在全世界有13家生产性子公司，海外有7个销售公司，23个其他公司。国内子公司主要是大众和奥迪公司，国外有西班牙、墨西哥、斯柯达和上海大众公司等。其主要产品有：大众（Volks Wage）、奥迪（Audi）、宾利（Bentley）、兰博基尼（Lamborghini）、布加迪（Bugatti）、西亚特（Seat）、斯柯达（Skoda）等。

（1）奥迪

奥迪汽车公司现为大众汽车公司的子公司，总部设在德国的英戈尔施塔特，年产轿车约45万辆。奥迪是德国历史最悠久的汽车制造商之一。

奥迪的车标为四个圆环，代表着合并前的四家公司——奥迪、小奇迹（DKW）、霍希（Horch）和漫游者（Wanderer）合并成的汽车联盟公司。图8-5所示为奥迪车标。

图8-5 奥迪

（2）宾利

宾利又被翻译作本特利，是世界上最为豪华和昂贵的汽车品牌之一，其创始人是Waltar Owen Bentley，一直被众人尊称为W. O.先生。他于1920年创建了自己的汽车公司，开始设计制造他多年来梦寐以求的运动车。1931年由罗尔斯—罗伊斯公司将本特利公司买下来。兼并

图8-6 宾利

后的本特利公司也生产豪华轿车。

宾利的标志是以公司名的第一个字母"B"为主体,生出一对翅膀,似凌空翱翔的雄鹰,此标志一直沿用至今,过去曾用过一个展翅飞翔的"B"标志。图 8-6 所示为宾利车标。

(3) 兰博基尼

兰博基尼汽车有限公司是一家坐落于意大利圣亚加塔·波隆尼的超级跑车制造公司。创始人为费鲁吉欧·兰博基尼。作为全球顶级跑车制造商及欧洲奢侈品标志之一,兰博基尼一贯秉承将极致速度与时尚风格融为一体的品牌理念,不断创新并寻求全新品牌突破。

兰博基尼的标志是一头充满力量、正向对方攻击的斗牛,这与兰博基尼大马力高性能跑车的特性相吻合,同时也体现了创始人兰博基尼斗牛般不甘示弱的脾性。公牛车标很好地诠释了这一与众不同的汽车品牌的所有特点——挑战极限、高傲不凡、豪放不羁。图 8-7 所示为兰博基尼车标。

图 8-7 兰博基尼

(4) 布加迪

布加迪是世界著名的老牌运动车品牌,1909 年意大利人埃托里·布加迪在德国创建布加迪公司,专门生产运动跑车和高级豪华轿车。

布加迪的产品,做工精湛,性能卓越,它的每一辆轿车都可誉为世界名车,1956 年停产。1991 年意大利工业家罗曼诺·阿蒂奥利买得布加迪商标所有权,在意大利重建布加迪汽车公司,重新生产高性能、高质量的运动车及轿车。布加迪总计生产汽车 7 000 余辆。

布加迪商标中的英文字母即布加迪,上部 EB 即为埃托里·布加迪英文拼音的缩写,周围一圈小圆点象征滚珠轴承,底色为红色。图 8-8 所示为布加迪车标。

图 8-8 布加迪

(5) 西亚特

西亚特是西班牙最大的汽车公司,1950 年成立于巴塞罗那。现在属于德国大众汽车公司子公司。西亚特汽车公司成立之初,以生产意大利菲亚特汽车公司的车型为主,1983 年,德国大众汽车公司买下了西亚特的大部分股份,与另一合资者共同经营西亚特汽车公司,使西亚特成为大众汽车公司的子公司。

目前西亚特多是以中、小型轿车为主。比较知名的品牌轿车有 Cordoba、Ibiza 等。

图 8-9 西亚特

西亚特标志为一个大写的"S"。图 8-9 所示为西亚特车标。

(6) 斯柯达

斯柯达是一家总部位于捷克的汽车公司,也是世界上历史最悠久的四家汽车生产商之一。1991 年,斯柯达成为大众集团旗下的品牌。

斯柯达车标的含义是:巨大的圆环象征着斯柯达为全世界无可挑剔的产品;鸟翼象征着技术进步的产品营销全世界;向右飞行着的箭头,则象征着先进的工艺;外环中朱黑的颜色象征着斯柯达公司百余年的传统;中央铺着的绿色,则表达了斯柯达人对资源再生和环境保护的重视。图 8-10 所示为

图 8-10 斯柯达

斯柯达车标。

三、宝马汽车公司

1. 宝马汽车公司简介

（1）宝马汽车公司发展简史

宝马是世界著名的汽车企业之一，也被认为是高档汽车生产业的先导。宝马公司创建于1916年，总部设在慕尼黑。90多年来，它由最初的一家飞机引擎生产厂发展成为今天以高级轿车为主导，并生产享誉全球的飞机引擎、越野车和摩托车的企业集团，名列世界汽车公司前20名。宝马今天已成为全球高级轿车领域王牌公司之一，德国双B（Benz和BMW）之名威震四海。

宝马作为国际汽车市场上的重要成员相当活跃，其业务遍及全世界120个国家。1994年宝马集团收购了英国陆虎汽车公司（Rover Group）；1998年，宝马集团又购得了劳斯莱斯汽车品牌；宝马在美国南卡罗来纳州的新厂也落成投产，这是在美国的第一家外国高档汽车生产厂。

德国宝马汽车公司生产的宝马轿车，被誉为高级豪华轿车的典范，它风靡欧美，世界各地的车迷们对它情有独钟。

（2）宝马汽车公司标志

宝马的标志选用了内外双圆圈，在双圆圈环的上方标有"BMW"字样，这是公司全称3个词的首位字母缩写。宝马标志中间的蓝白相间图案，代表蓝天、白云和旋转不停的螺旋桨，寓示宝马公司渊源悠久的历史，象征该公司过去在航空发动机技术方面的领先地位，又象征公司一贯宗旨和目标：在广阔的时空中，以先进的技术、最新的观念，满足顾客的最大愿望，反映了公司蓬勃向上的气势和日新月异的新面貌。图8-11所示为宝马车标。

图8-11　宝马

2. 宝马汽车公司所属汽车品牌简介

宝马汽车公司的品牌有：宝马（BMW）、迷你（MINI）、劳斯莱斯（Rolls-Royce）。

（1）宝马

宝马——蓝天白云螺旋桨，车标如图8-11所示。

（2）迷你

在宝马的集团范围内，迷你是一个独特的品牌。诞生于1959年的迷你，设计别具一格，1961年赛车工程师John Cooper将赛车血统注入汽车性能内，使实用别致的小车摇身变成赛车场上的传奇，自此成为英国车坛之宝。50多年来，MINI售出超过500万辆，世界各地也有MINI车迷组织。迷你车被英国人誉为"国车"。图8-12为迷你车标。

图8-12　迷你

（3）劳斯莱斯

劳斯莱斯汽车公司是由亨利·莱斯（F. Henry Royce）和贵族查理·劳斯（C. Rolls）合作，于1906年在英国正式成立。劳斯莱斯以一个"贵族化"的汽车公司享誉全球，同时也是目前世界三大航空发动机生产商之一。2003年劳斯莱斯汽车公司归入宝马集团。

劳斯莱斯汽车公司年产量只有几千辆，连世界大汽车公司产量的零头都不够。但从另一角度看，却物以稀为贵。罗尔斯·罗伊斯轿车之所以成为显示地位和身份的象征，是因为该公司要审查轿车的购买者的身份及背景条件。曾经有过这样的规定：只有贵族身份才能成为其车主。

劳斯莱斯汽车的标志图案采用两个"R"重叠在一起，象征着你中有我，我中有你，体现了两人融洽及和谐的关系，如图8-13所示。劳斯莱斯的标志除了双R之外，还有著名的飞人标志。这个标志的创意取自巴黎罗浮宫艺术品走廊的一尊有两千年历史的胜利女神雕像，她庄重高贵的身姿是艺术家们产生激情的源泉。当汽车艺术品大师查尔斯·塞克斯应邀为罗尔斯·罗伊斯汽车公司设计标志时，深深印在他脑海中的女神像立刻使他产生创作灵感。于是一个两臂后伸，身带披纱的女神像飘然而至。如图8-14所示。

图8-13 劳斯莱斯

图8-14 劳斯莱斯飞人标志

四、PAS标致-雪铁龙汽车集团

1. PAS标致-雪铁龙汽车集团简介

1976年，标致有限公司和雪铁龙有限公司合并成为标致雪铁龙集团。标致-雪铁龙集团是世界著名的汽车生产厂商，作为欧洲第二大汽车生产厂商，其业务遍及世界150个国家。

2. PAS标致-雪铁龙汽车集团所属汽车品牌简介

标致-雪铁龙集团两大著名品牌：标致（Peugeot）和雪铁龙（Citroen）。

（1）标致

标致汽车公司是世界十大汽车公司之一，法国最大的汽车集团公司。创立于1890年，创始人是阿尔芒·标致。

标致公司采用狮子作为汽车的车标。这尊小狮子非常别致有口味，它那简洁、明快、刚劲的线条，象征着更为完美、更为成熟的标致汽车。这独特的造型，既突出了力量又强调了节奏，更富有时代气息。图8-15为标致汽车车标。

图8-15 标致

（2）雪铁龙

雪铁龙汽车公司是法国第三大汽车公司，它创立于1915年，创始人是安德烈·雪铁龙。主要产品是小客车和轻型载货车。雪铁龙公司总部设在法国巴黎。雇员总数为5万人左右，可年产汽车90万辆。1976年，因经营不善被标志汽车公司收购。

雪铁龙汽车标志是人字形齿轮。图8-16为雪铁龙汽车车标。

图8-16 雪铁龙

五、雷诺－日产集团

1. 雷诺－日产集团简介

雷诺是法国第二大汽车公司。创立于1898年，如今已被收为国有，是法国最大的国营企业。日产创立于1933年，是日本三大汽车制造商之一，也是第一家开始制造小型Datusun轿车和汽车零件的制造商。1999年3月，雷诺和日产达成一项"全球伙伴协议"，斥资53亿美元收购了日产公司36.8%的股份，组成雷诺－日产集团。

2. 雷诺－日产汽车集团所属汽车品牌简介

雷诺－日产汽车集团旗下品牌：雷诺（Renault）、日产（Nissan）、英菲尼迪等（Infiliti）。

（1）雷诺

雷诺公司是路易斯·雷诺三兄弟于1898年在布洛涅－比扬古创建。它是世界上最悠久的汽车公司和世界十大汽车公司之一。

目前，雷诺公司是法国第二大汽车公司，主要产品有雷诺牌轿车、公务用车及运动车等。雷诺汽车是出口德国最多的车种之一，它的质量及可靠性也被认为是第一流的。而今的雷诺汽车公司是法国最大的国营企业。

雷诺公司以创始人路易斯·雷诺（Louis Renault）的姓氏命名，图形商标是4个菱形拼成的图案，象征雷诺三兄弟与汽车工业融为一体，表示"雷诺"能在无限的（四维）空间中竞争、生存、发展。图8－17所示为雷诺汽车车标。

图8－17 雷诺

（2）日产

日产汽车公司的前身是由田建治郎等人在1914年创建的"快进社"，于1934年改为日产汽车公司。日产公司生产的轿车品牌很多，有总统、公子、桂冠、地平线、西尔维亚、羚羊、南风、紫罗兰和小太阳等。

经过几十年的发展，日产公司成为日本第二大汽车公司，汽车年产量居世界第四位，"古有千里马，今有日产车"这条广告词，既表明了日产的高质量，更显示了他们的自信和自强精神。

"NISSAN"是日语"日产"两个字的拼音形式，是日本产业的简称，其含义是"以人和汽车的明天为目标"。其图形商标是将NISSAN放在一个火红的太阳上，简明扼要地表明了公司名称，突出了所在国家的形象，这在汽车商标文化中独树一帜。图8－18所示为日产汽车车标。

图8－18 日产

（3）英菲尼迪

英菲尼迪也被称作无限。作为日产旗下的豪华车品牌，诞生于1989年，最先在美国上市，与雷克萨斯、宝马、奔驰在北美市场分庭抗礼，并且迅速成长为北美重要的豪华车品牌。自诞生之日起，英菲尼迪便以独特前卫的设计、出色的操控表现和顶级的客户服务著称。如今英菲尼迪已拥有双门跑车、轿车、越野车和SUV等全系列车型，最近又有2006款M系列高性能运动轿车加入英菲尼迪产品家族，使其产品线更为丰富。

英菲尼迪的椭圆形标志表现的是一条无限延伸的道路。椭圆曲线代表无限扩张之意，也象征着"全世界"；两条直线代表通往巅峰的道路，象征无尽的发展。Infiniti（英菲尼迪）的标志和名称象征着英菲尼迪人

图8－19 英菲尼迪

的一种永无止境的追求,那就是创造有全球竞争力的真正的豪华车用户体验和最高的客户满意度。图 8-19 所示为英菲尼迪汽车车标。

六、通用汽车公司

1. 通用汽车公司简介

(1) 通用汽车公司发展简史

通用汽车公司(GM)是世界上最大的汽车公司,年工业总产值达 1 000 多亿美元。它是由威廉·杜兰特于 1908 年 9 月在别克汽车公司的基础上发展起来的,成立于美国的汽车城底特律。现总部仍设在底特律。从 1927 年以来一直是全世界最大的汽车公司。

通用汽车公司在美国本土共有 6 个轿车分部,分别为别克分部、奥兹莫比尔部、凯迪拉克部、雪佛兰部、旁蒂克部及 GMC 部,另外在世界各地还有不少分公司,其中通用欧洲公司最大,欧宝和沃克斯豪尔两家的汽车年产量已过百万。1986 年,通用又收购了世界上最先进的跑车研究生产部门英国的莲花汽车工程公司,使通用汽车家族再添实力。通用汽车公司生产的汽车,典型地表现了美国汽车豪华、宽大、内部舒适、速度快、储备功率大等特点。而且通用汽车公司尤其重视质量和新技术的采用。因而通用汽车公司的产品始终在用户心目中享有盛誉。

由于受 2008 年世界经济危机的影响,美国通用汽车公司于 2009 年 6 月 1 日,正式申请破产保护。一个多月后,新的通用汽车公司正式成立,由爱德华·惠塔克出任新通用汽车公司董事长。

(2) 通用汽车公司标志

图 8-20 通用

其标志 GM 取自其英文名称(General Motors Corporation)的前两个单词的第一个字母。图 8-20 所示即为通用汽车公司的标志。

2. 通用汽车公司分部及所属汽车品牌简介

通用汽车公司生产轿车有 6 个分部和两个子公司——欧宝和沃克斯豪尔,拥有瑞典绅宝汽车公司的一半股份。6 个分部都设立在美国本土,它们分别是凯迪拉克(Cadillac)、别克(Buick)、雪佛兰(Chevrolet)、旁蒂克(Pontiac)、奥兹莫比尔(Oldsmobile)和土星(Saturn)。

(1) 凯迪拉克

凯迪拉克部是 1902 年由美国人亨利·利兰建立,取名凯迪拉克是为了纪念底特律市的创建者——法国人安东尼·凯迪拉克。1909 年,凯迪拉克公司被并入通用公司,成为通用公司生产豪华轿车和跑车的分部,其产品是通用公司最高档次的。主要产品有赛威(Seville)、帝威(Deville)、凯帝(Catera)等。

凯迪拉克车标,是著名的花冠盾形徽章,它含有大胆而轮廓鲜明的棱角,象征着凯迪拉克在行业内的领导地位。车标以铂金颜色为底色,盾象征着凯迪拉克英勇善战、攻无不克,代表该车具有巨大的市场竞争能力;花冠则象征着胜利与荣耀。盾形里面以金黄与纯黑相映,象征智慧与财富;红色,象征行动果敢;银白色,代表着纯洁、仁慈、美德与富足;蓝色,代表着骑士般侠义的精神。图 8-21 为凯迪拉克车标。

图 8-21 凯迪拉克

(2) 别克

别克部是 1903 年由戴维·别克创建,1904 年被转手卖给通用公司创始人杜兰特。主要产品有世纪（Century）、皇朝（Regal）、林荫大道（Park Avenue）等。

别克车标形似"三颗子弹"，图中那三颗颜色不同（从左到右：红、白、蓝三种颜色）并依次排列在不同高度位置上的子弹，给人一种积极进取、不断攀登的感觉；表示别克分部采用顶级技术，刃刃见锋；也表示别克分部培养出的人才个个游刃有余，是无坚不摧、勇攀高峰的勇士。图8-22为别克车标。

图8-22 别克

（3）雪佛兰

雪佛兰部是1911年，杜兰特离开通用后与瑞士赛车手路易斯·雪佛兰合建雪佛兰公司。1918年，杜兰特回到通用后公司被并入通用，此后一直是通用公司最大的分部，主产经济型车及中、高级跑车。主要产品有卢米娜（Lumina）、卢米娜多用途车（LuminaAPV）、星旅（Astro）、卡玛洛（Camaro）、克尔维特（Corvette）、美宜堡（Malibu）、万程（Venturo）、飞越运动厢体车（TransSport）等。

雪佛兰文字标志取自原雪佛兰汽车公司创始人路易斯·雪佛兰的姓氏；图形商标是抽象化了的蝴蝶领结，象征雪佛兰轿车的大方、气派和风度。图8-23为雪佛兰车标。

图8-23 雪佛兰

（4）旁蒂克

1907年底特律市附近的旁蒂克市，一名马车商建立了奥克兰汽车公司，1908年被并入通用公司。1925年因生产的旁蒂克牌汽车受到欢迎，便在1932年将奥克兰分部改名为旁蒂克分部，生产中档汽车。主要产品有太阳火（Sunfire）、博纳威（Bonneville）、格兰艾姆（GrandAm）、火鸟（Firebird）、飞越运动厢体车（TransSport）等。

旁蒂克车标，由字母和图形两部分组成。字母"PONTIAC"，取自美国密歇根州的一个地名；图形车标是带十字标记的箭头。而十字形标记，则表示旁蒂克是通用汽车公司的重要成员，也象征旁蒂克汽车安全可靠；箭头则代表旁蒂克的技术超前和攻关精神，预示着旁蒂克汽车跑遍全球。图8-24为旁蒂克车标。

图8-24 旁蒂克

（5）奥兹莫比尔

奥兹莫比尔部是1897年由兰索姆·奥兹建立的汽车公司，1908年并入通用公司，是美国第一个大量生产销售汽车的企业，以产中档车为主。主要产品有阿莱罗（Alero）、Aurora、激情（Intrigue）、88（Eightyeight）、摄政王（Regency）、剪影厢体车（Silhouette）等。

奥兹莫比尔车标是由图形和文字两部分组成的，标在车头上的箭形图案，表示奥兹莫比尔积极向上和勇往直前的创新精神，标在车尾上的字母商标是由"Olds"和"Mobile"组成的"Oldsmobile"字样。图8-25为奥兹莫比尔车标。

图8-25 奥兹莫比尔

（6）土星

土星部是1985年通用公司决定新建的，企图开发先进的土星牌轿车以抵御外国轿车大规模进入美国市场。分部设在田纳西州春山市，是通用公司唯一从内部建立起来的公司。主要产品分为豪华轿车SL、旅行轿车SW和跑车SC。土星（Saturn）是通用汽车公司最年轻的品牌,不存在背历史包袱,不存在有损害传统的顾忌,以市场需求为准绳,创新立异轻装上阵,这就是土星车的特点。其标志为土星轨迹线,给人一种高科技、新观念、超时空的感觉,寓意土星汽车技术先进,设计超前且最具时代魅力。图8-26为土星车标。

另外通用还有一家著名的 GMC 公司,以生产皮卡为主体。

图8-26 土星

七、福特汽车公司

1. 福特汽车公司简介

(1) 福特汽车公司发展简史

福特汽车公司由亨利·福特先生创立于1903年,是美国三大汽车企业之一,也是世界上最大的汽车企业之一。1908年,福特汽车公司生产出世界上第一辆属于普通百姓的汽车——T型车,世界汽车工业革命就此开始。1913年,福特汽车公司又开发出了世界上第一条流水线,这一创举使T型车一共达到了1 500万辆,缔造了一个至今仍未被打破的世界纪录。福特先生为此被尊为"为世界装上轮子"的人。

今天的福特汽车已是全球领先的汽车制造商,它的总部位于美国密歇根州迪尔伯恩市,业务遍及六大洲200多个区域市场,更有325 000名员工、110个工厂遍布全球。作为世界一流的汽车企业,今天的福特汽车依然坚守着亨利·福特先生开创的企业理念:"消费者是我们工作的中心所在。我们在工作中必须时刻想着我们的消费者,提供比竞争对手更好的产品和服务。"

2003年6月16日,福特汽车公司庆祝了百年华诞。

2009年7月,由于主要竞争对手通用汽车公司破产重组,出售了8个品牌中的4个,市场份额下降,福特汽车公司成为全美最大汽车制造商,但和全球最大的丰田仍有较大差距。

(2) 福特汽车公司标志

福特汽车的标志是采用福特英文 Ford 字样,蓝底白字。由于创建人亨利·福特喜欢小动物,所以标志设计者把福特的英文画成一只小白兔样子的图案。图8-27为福特汽车公司标志。

图8-27 福特

2. 福特汽车公司分部及所属汽车品牌简介

福特汽车公司旗下拥有如下汽车品牌:福特(Ford)、阿斯顿·马丁(Aston Martin)、捷豹(Jaguar)、罗孚(Land Rover)、林肯(Lincoln)、马自达(Mazda)、水星(Mercury)和沃尔沃(Volvo)等。

(1) 福特

福特是福特汽车公司品牌家族的第一个成员。

福特品牌的代表性产品有:T型车(Model T)、A型车(Model A)、雷鸟(Thunderbird)、野马(Mustang)、F系列、Taurus、Windstar、维多利亚皇冠(CrownVictoria)、翼虎(Maverick)、Explorer、全顺(Transit)、嘉年华(Fiesta)和福克斯(Focus)。

(2) 阿斯顿·马丁

阿斯顿·马丁由莱昂内尔·马丁(Lionel Martin)和罗伯特·巴姆福特(Robert Bamford)于1914年共同组建。其品牌一直是造型别致、精工细作、性能卓越的运动跑车的代名词,它在汽车市场上和车主的心中始终占有特殊的位置。在近90年的品牌经营过程中,公司几经易手，总产量只有区区 16 000 辆车，然而时至今日，仍有将近其总量四分之三的阿斯顿·马丁在使用中。1994 年，阿斯顿·马丁成为福特汽车公司的全资子公司。福特除了为其提供财务保障外，还向它提供福特在世界各地的技术、制造和供应系统，以及支持新产品的设计和开发，令这颗豪华跑车中的明珠重新焕发出迷人的魅力。

阿斯顿·马丁品牌的最著名车型有：DB5、DB6、DB7、Vantage、Vanquish 等。

阿斯顿·马丁的车标为一只展翅的大鹏。这只大鹏从天而降，气势非凡，也喻示着公司大鹏般远大的志向。分别注有奥斯顿、马丁英文字样表明是一家"三结义"汽车公司。以生产敞篷旅行车、赛车和限量生产的跑车而闻名世界的阿斯顿·马丁·拉宫达公司名声赫赫。图 8-28 为阿斯顿·马丁车标。

图 8-28　阿斯顿·马丁

（3）捷豹

捷豹又译作美洲虎，是由威廉·里昂斯（William Lyons）在 1922 年制造摩托车的边斗车起家，1931 年转型生产汽车。到 1945 年，已经生产了一系列高性能、造型优雅的汽车，这些便是最初的捷豹车。二战前最著名的捷豹是 SS100 两座跑车。1948 年推出 XK120，不仅具有革命性的造型设计，而且采用了 XK 型双凸轮发动机。以后这种发动机成了捷豹的标准装备，一直沿用到 1987 年。

经过半个多世纪的努力，捷豹在全球车迷心目中树立了典雅高贵、英国绅士般的形象。1990 年福特汽车收购了捷豹公司。它的三种最具影响的车型是高级轿车，如 XJ 系列、跑车系列和轿车系列。其中，XK8 跑车被媒体认为是 E 型车及其他经典捷豹跑车的真正传世之作，在各主要市场连连创下跑车的销售新纪录。捷豹的经典车型有：SS100，XK 型，XJ 型，E 型，S 型，X 型。

捷豹汽车的车标是一只矫健勇猛的狮子。图 8-29 所示为捷豹汽车车标。

图 8-29　捷豹

（4）罗孚

罗孚又译作路虎，是世界著名的英国越野车品牌，罗孚公司是世界上主打生产四驱车的公司之一。或许正是由于这一点，才使得罗孚的价值、冒险、勇气和至尊闪耀在其各款汽车中。罗孚集团原是英国一家古老的汽车公司，1966 年罗孚公司并入利兰汽车公司，成为利兰公司的美洲虎-罗孚-凯旋部，1988 年被英国宇航公司收购，1989 年正式更名为罗孚集团，1990 年又与日本本田汽车公司在技术和资金上进行合作，1994 年终于被德国宝马公司接管。现该集团生产的汽车产品分为三类：越野车、轿车和 MG 跑车。

2005 年 7 月 22 日，南京汽车集团有限公司成功收购了英国 MG 罗孚汽车公司及其发动机生产分部，开创了中国企业收购国外著名汽车企业的先河，收购合并之后的公司叫南京名爵汽车有限公司。

罗孚是北欧的一个民族，由于罗孚民族是一个勇敢善战的海盗民族，所以罗孚汽车商标采用了一艘海盗船，张开的风帆象征着公司乘风破浪、所向披靡的大无畏精神。兰德—罗孚是全球著名的越野汽车，标志就是英文：LAND-ROVER。图 8-30 所示为罗孚汽车车标。

图 8-30　罗孚

（5）林肯

林肯是福特汽车公司拥有的又一个品牌，在1907年由亨利·利兰（Henry Leland）先生创立，1922年福特汽车公司以800万美金收购了林肯品牌，并由此进入豪华车市场。由于林肯车杰出的性能、高雅的造型和无与伦比的舒适，它一直是美国车舒适和豪华的象征。林肯车也是第一个以美国总统的名字命名，为总统生产的汽车。自1939年美国的富兰克林罗斯福总统以来，它一直被选为总统用车。

林肯品牌的著名产品有：城市（Town Car）、Navigator、Aviator和LS。目前在中国使用较多的是林肯城市（Town Car）。

林肯轿车是以美国第12任总统名字命名的汽车，借助林肯总统的名字来树立公司的形象，显示该公司生产的是顶级轿车。其商标是一个矩形中含有一颗闪闪放光的星辰，表示林肯总统是美国联邦统一和废除奴隶制度的启明星，也预示林肯轿车光辉灿烂。图8-31所示为林肯汽车车标。

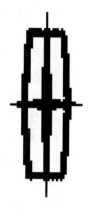

图8-31 林肯

（6）马自达

马自达成立于1920年，创立之初称为东洋软木工业株式会社。1931年，开始生产轻便小型三轮货车。1963年从生产Familia轿车开始转型。60年代曾经是日本产量最大的汽车公司。生产的所有车辆都配以马自达的名称，1984年，公司正式更名为马自达公司。1979年福特购买了该公司25%的股份，1996年继续将拥有的股份扩大到33.4%，是马自达最大的股东。七十多年来，马自达生产的轿车、跑车和商用车畅销日本和欧美地区，并以设计新颖、质量优异著称。马自达品牌的代表性车型有：Miata，323，626，Millenia，RX-8，Econovan，Premio，MX系列等。

马自达的车标是，椭圆中展翅飞翔的海鸥，同时又组成"M"字样。"M"是"Mazda"第一个大写字母，喻示该公司将展翅高飞，以无穷的创意和真诚的服务，迈向新世纪。图8-32所示为马自达汽车车标。

（7）水星

水星品牌的独特之处在于，它是福特汽车公司唯一自创的品牌。20世纪30年代中期，福特汽车的管理层意识到在经济型的福特车和豪华的林肯车之间仍存在市场机会，于是在1935年开发出了水星品牌，进军中档车市场，1938年10月正式推出水星产品。当时的水星配备了强劲的95马力，V-8发动机，大受欢迎，一年之内就占领了美国2.19%的轿车市场份额。1941年—1945年，由于二战的影响，水星的生产被迫中断。1945年，福特汽车成立了林肯-水星分部，由本森福特（亨利福特二世的胞弟）掌管。1998年，林肯水星的总部迁往加州的阿尔文（Irvine）。水星一直是创新和富于个性的美国车的代表。图8-33所示为水星汽车车标。

图8-32 马自达

图8-33 水星

(8) 沃尔沃

沃尔沃轿车创立于1927年，总部设在瑞典歌德堡。自创立以来，沃尔沃始终非常注重质量、安全和对环境的影响，这三个因素也一直贯穿于公司设计、开发和制造的整个环节。尤其在安全方面，沃尔沃发明的安全底盘、三点式紧缩安全带和侧撞防护系列等，已经成为当今一流汽车产品的标准配置，沃尔沃也因此成为世人心目中最安全的汽车。1999年，福特汽车正式收购了沃尔沃的轿车业务，在2000年更创纪录地实现了422 100辆的销量，2002年令人期待已久的XC90，沃尔沃第一辆真正意义上的SUV在底特律车展亮相，并被评为"2003年度卡车"。

沃尔沃品牌的代表车型有：S系列-S40, S70, S80, S90, V系列-V40, V70, V90和XC60, XC90等。

"沃尔沃"在拉丁文里是"滚滚向前"的意思，该公司自创立之日起，便开始朝着两位创始人共同设计的蓝图"滚滚向前"。图8-34所示为沃尔沃汽车车标。

图8-34 沃尔沃

八、克莱斯勒汽车公司

1. 克莱斯勒汽车公司简介

(1) 克莱斯勒汽车公司发展简史

克莱斯勒是美国第三大汽车制造公司。公司总部设在密歇根州海兰德帕克。1925年，克莱斯勒脱离通用汽车公司，自行创设克莱斯勒汽车公司。同年，该公司买下马克斯韦尔汽车公司。1928年又买下道奇兄弟汽车公司。1936年—1949年，曾一度超过福特汽车公司，成为美国第二大汽车公司，但20世纪50-60年代初，生产处于滑坡期，60年代中期，公司经过改组稳住阵脚。1974年以后，克莱斯勒公司的业务又走下坡路，1978年出现严重亏损，1980年濒临破产。最后，政府给予15亿美元的联邦贷款保证，才使克莱斯勒汽车公司免于倒闭。1982年开始扭亏为盈。1994年，公司共有雇员11.59万人，纯利润37亿美元，占美国汽车市场14.7%的份额。

克莱斯勒于1998年被德国戴姆勒集团以330亿美元价格收购，成立戴姆勒-克莱斯勒汽车公司。

2007年5月克莱斯勒和奔驰两大汽车公司的合并宣告破裂。

2009年4月30日陷入困境的克莱斯勒公司发表声明宣布申请破产保护。

(2) 克莱斯勒汽车公司标志

克莱斯勒标志是一枚五角星勋章，它体现了克莱斯勒家族和公司员工们的远大理想和抱负，以及永远无止境的追求和在竞争中获胜的奋斗精神。五角星的五个部分，分别表示五大洲都在使用克莱斯勒汽车公司的汽车，克莱斯勒汽车公司的汽车遍及全世界。图8-35所示为克莱斯勒汽车车标。

2. 克莱斯勒汽车公司所属汽车品牌简介

克莱斯勒汽车公司所属汽车品牌有：克莱斯勒（Chrysler）、道奇（Dodge）、吉普（Jeep）等。

(1) 克莱斯勒

克莱斯勒即初建时的克莱斯勒公司主体部分，其车标如图8-35所示。

(2) 道奇

1914年7月17日，道奇汽车公司成立，公司由创始人约翰·道奇和霍瑞斯·道奇兄弟投资500万美元组建。1928年，道奇汽车公司被克莱斯勒汽车公司收购，成为克莱斯勒汽车公司的一个分部。

"道奇"文字商标采用道奇兄弟的姓氏"Dodge"，图形商标是在一个五边形中有一羊头形象，在汽车上使用小公羊、大公羊两个商标。该商标象征"道奇"车强壮剽悍，善于决斗，表示道奇部的产品朴实无华、美观大方。图8-36所示为道奇汽车车标。

图8-35 克莱斯勒

图8-36 道奇

九、丰田汽车公司

1. 丰田汽车公司简介

(1) 丰田汽车公司发展简史

丰田是世界十大汽车工业公司之一，日本最大的汽车公司，创立于1933年，创始人丰田喜一郎。1974年，丰田与日野、大发等16家公司组成了丰田集团。1982年7月，丰田汽车工业公司和丰田汽车销售公司重新合并，正式更名为丰田汽车公司。

丰田的产品范围十分广泛。1993年，总销售额为852.83亿美元，位居世界工业公司第5位。全年生产汽车445万辆，占世界汽车市场的9.4%。2006年，丰田的全球汽车销量为880.8万辆，日本丰田公司已经成为世界最大汽车制造商，在世界汽车生产业中有着举足轻重的作用。

丰田汽车公司有很强的技术开发能力，而且十分注重研究顾客对汽车的需求。因而在它发展的各个不同历史阶段创出不同的名牌产品，而且以快速的产品换型击败美欧竞争对手。早期的丰田牌、皇冠、光冠、花冠汽车名噪一时，近来的雷克萨斯豪华汽车也极负盛名。

(2) 丰田汽车公司标志

丰田汽车标志的含义：此标志设计的重点是椭圆形组成的左右对称的构成。椭圆是具有两个中心的曲线，表示汽车制造者与顾客心心相印。并且，横竖两椭圆组合在一起，表示丰田（TOYOTA）的第一个字母T。背后的空间表示TOYOTA的先进技术在世界范围内拓展延伸，面向未来，面向宇宙不断飞翔。它象征丰田公司立足于未来，对未来的信心和雄心。图8-37所示为丰田公司标志。

2. 丰田汽车公司所属汽车品牌简介

丰田汽车公司所属汽车品牌有：丰田（Toyota）、大发（Daihatsu）、雷克萨斯（Lexus）、赛恩（Scion）和斯巴鲁（Subaru）。

(1) 丰田

丰田为丰田汽车公司一个品牌，其车标如图8-37所示。

图8-37 丰田

(2) 大发

大发是"大发工业株式会社"的简称,1907年创立于日本大阪,百年来始终致力于小型车领域的拓展,在发动机、空间、车辆安全及环境保护等方面都拥有先进的技术,是全球领先的小型车制造企业,被誉为"小型车专家"。作为丰田集团的一员,专门生产低油耗、省资源、省空间的小型车,并以成为"真正的国际企业"为目标,积极推动全球化。

大发汽车标志图案中的"D"取自大发拼音"DAIHATSU"的第一个大写字母。该公司的轿车商标将大发拼音的"D"图案化,寓意大发汽车公司"永葆青春活力"。图8-38所示为大发汽车车标。

图8-38 大发

(3) 雷克萨斯

雷克萨斯是日本丰田汽车公司旗下的豪华车品牌,1983年首次提出,仅用十几年的时间,自1999年起,在美国的销量超过奔驰、宝马,成为全美豪华车销量最大的品牌。过去,Lexus在国内的中文译名是凌志,2004年6月8日,丰田公司在北京宣布将Lexus的中文译名由"凌志"改为"雷克萨斯"。

"雷克萨斯"(Lexus)的读音与英文"豪华"(Luxury)一词相近,使人联想到该车是豪华轿车的印象。雷克萨斯汽车商标采用车名"Lexus"字母"L"的大写,"L"的外面用一个椭圆包围的图案。椭圆代表着地球,表示雷克萨斯轿车遍布全世界。图8-39所示为雷克萨斯汽车车标。

图8-39 雷克萨斯

(4) 赛恩

早在2002年,丰田汽车为了迎合北美年轻人的需求,特意在北美重新组建一支团队专门生产时尚青年人喜爱的车型,随后丰田公司为这支团队取名为赛恩,随着时间的推移,赛恩也逐渐演变成丰田旗下新的品牌。

赛恩的车标,是Scion的英文字母,意为子孙后代的意思。它将以一个独立的,极具特色的产品阵容以及新的销售理念来迎合未来新车用户的胃口。同样,它的名字还有一个含义,亦是作为丰田品牌的后代来继续丰田汽车的造车哲学。图8-40所示为赛恩汽车车标。

图8-40 赛恩

十、本田汽车公司

1. 本田汽车公司简介

(1) 本田汽车公司发展简史

本田公司,世界上最大的摩托车生产厂家,世界十大汽车厂家之一。它是由本田宗一郎于1948年创建的。公司总部在东京,雇员总数达11万人左右。现在,本田公司已是一个跨国汽车、摩托车生产销售集团。

本田汽车公司产品以轿车为主,兼产摩托车、轻型货车、船舶发动机及发电机和其他通用机械。在本田公司生产的轿车中,思域和雅阁是最具代表性的,自投产以来,总产量都已超过1 000万辆,在国际汽车上享有盛名。

图8-41 本田

(2) 本田汽车公司标志

本田汽车公司的标志是一个大写的"H",是"本田"日文拼音"HONDA"的第一个大写字母。该标志体现出技术创新、团结向上、经营有力的特点。图8-41所示为本田汽车车标。

2. 本田汽车公司所属汽车品牌简介

本田汽车公司主要汽车品牌有本田（Honda）。

十一、现代汽车集团

1. 现代汽车公司简介

（1）现代汽车公司发展简史

现代汽车公司是韩国最大的汽车企业。创立于1967年，创始人郑周永。公司总部在韩国汉城①，现任董事长郑周永，汽车年产量100万辆。与全球其他领先的汽车公司相比，现代汽车历史虽短，却浓缩了汽车产业的发展史，它从建立工厂到能够独立自主开发车型仅用了18年（1967—1985），并成为韩国最大的汽车集团，跻身全球汽车公司20强。

（2）现代汽车公司标志

现代汽车公司的标志椭圆内的斜字母H是现代公司英文名"Hyundai"的首个字母，椭圆既代表汽车方向盘，又可看作地球，两者结合寓意了现代汽车遍布世界。图8-42所示为现代汽车车标。

2. 现代汽车公司所属汽车品牌简介

现代汽车公司所属汽车品牌有现代（Hyundai）和起亚（Kia）。

起亚汽车公司是韩国最早的汽车制造商，现在隶属于现代集团。

起亚汽车车标的含义，源于汉语，"起"代表起来，"亚"代表在亚洲。因此，起亚的意思，就是崛起亚洲、走向世界。图8-43所示为起亚汽车车标。

图8-42　现代　　　　　　图8-43　起亚

任务实施：

任务工单

任务名称：认识世界著名汽车公司及商标		评价	
姓名	班级	学号	
任务描述	1. 获取世界著名汽车公司的相关资料 2. 自主学习世界著名汽车公司的相关知识 3. 小组讨论世界著名公司的发展简史、所属品牌及商标的内涵 4. 制作世界著名汽车公司商标识别卡片		

---

① 汉城今为首尔。

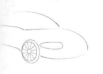

续表

能力目标	1. 具备信息搜集和处理的能力。 2. 能够学习和掌握世界著名汽车公司发展简史的能力； 3. 能够阐述世界著名公司的发展简史、所属品牌及商标的内涵； 4. 具有良好的交流沟通表达的能力；
实施准备	1. 世界著名汽车公司相关文件或网络资料； 2. 教学用汽车图形扑克卡片； 3. 汇报用白板、笔、粘贴纸、电脑等。
实施步骤	自主学习	1. 云平台学习老师发布的相关资料 2. 获取相关信息 3. 识别不同汽车品牌车型的卡片 4. 制作世界著名汽车公司商标识别卡片
	小组讨论	课中以小组形式进行讨论，完成课中任务，形成小组汇报成果
	小组汇报	通过手绘、制作世界著名汽车公司商标识别卡，阐述世界著名公司的发展简史、所属品牌及商标的内涵。
反思	

任务8.2　认识中国主要汽车公司及商标

任务引入：我国著名的汽车公司又有哪些呢？以及我国著名汽公司所属的汽车品牌有哪些？这些汽车公司的商标有什么内涵？要想熟悉这些知识，就需要我们一同再来学习一下我国著名的汽车公司及商标的内容。

学习内容：1. 中国著名汽车公司的发展简史；

　　　　　 2. 中国著名汽车公司商标内涵；

　　　　　 3. 中国著名汽车公司所属品牌；

能力要求：1. 具备信息搜集和处理的能力。

　　　　　 2. 能够学习和掌握世界著名汽车公司发展简史的能力；

　　　　　 2. 能够阐述中国著名公司的发展简史、所属品牌及商标的内涵；

　　　　　　　3. 具有良好的交流沟通表达的能力；

任务描述：1. 获取中国著名汽车公司的相关资料

　　　　　 2. 自主学习中国著名汽车公司的相关知识

　　　　　 3. 小组讨论中国著名公司的发展简史、所属品牌及商标的内涵

　　　　　 4. 制作中国著名汽车公司商标识别卡片

相关知识：

一、上海汽车工业（集团）总公司

1. 上海汽车工业（集团）总公司简介

上海汽车工业（集团）总公司（简称"上汽集团"）是中国汽车工业具有代表性的大型企业集团之一。1984年以来，"上汽集团"抓住改革开放带来的大好发展机遇，依靠科技进步，走吸收、利用外资，引进和消化国外先进技术的发展道路，先后与德国、美国、日本、英国、法国、意大利等国的汽车集团公司合资合作，建立了58家合资企业。2007年整车销售169万辆，位居全国汽车大集团销量第一位，销售收入180.1亿美元，位列《财富》杂志世界500强企业第402名。现有职工6万余人，主要从事乘用车、商用车和汽车零部件的生产、销售、开发、投资及相关的汽车服务贸易和金融业务。

上海汽车工业（集团）总公司旗下有上海大众汽车有限公司、上海通用汽车公司、上汽通用五菱汽车股份有限公司、上海通用东岳汽车公司、上海仪征汽车公司、上海汇众汽车公司、上海申沃汽车公司、奇瑞汽车公司及上海华普汽车公司等。

上海大众汽车有限公司（以下简称上海大众）是中国和德国合资的轿车生产基地。公司于1985年3月成立，9月正式投产，中德双方各投资50%。公司坐落于上海西北郊安亭国际汽车城，占地面积286万m^2，注册资本63亿元人民币，现有职工14 000多人。拥有桑塔纳、桑塔纳2000、桑塔纳3000、帕萨特、波罗、高尔夫四个产品六大系列几十款车型，现已具备年产轿车45万辆的生产能力。

上海通用汽车有限公司是上海汽车工业（集团）总公司和美国通用汽车公司各投资50%组建而成的，位于上海浦东金桥出口加工区。上海通用汽车公司成立于1997年6月，从打下第一根桩到1998年12月第一辆中国别克新车下线仅用了23个月，创造了我国汽车工业建设史上的新速度。上海通用汽车公司所属品牌有赛欧、别克、雪佛兰等。

奇瑞汽车有限公司成立于1997年，前身是安徽汽车零部件公司。一期工程总投资17.52亿元人民币，总占地面积80多万m^2，具备年产30万台发动机和10万辆整车的生产能力。1999年12月18日公司首台奇瑞轿车成功下线。1999年年底，已经具备科研开发和生产能力的奇瑞公司，因为拿不到生产目录许可，无法使"奇瑞"报上合法的户口，所以只能通过转让20%的股份与上汽集团合作，又凭借上汽的影响力，给消费者注入了信心，使奇瑞名正言顺地走上了一条合法化生产道路。2008年奇瑞汽车销售量达到35.6万辆，由于油价上涨，奇瑞旗下的小排量车销售势头一路看好。奇瑞拥有奇瑞QQ、风云、东方之子、奇瑞、旗云及瑞虎系列车型。

2. 上海汽车工业（集团）总公司所属汽车品牌简介

上海汽车工业（集团）总公司商标（图8-44），既是上汽集团的简称也是上汽集团的价值观 SAIC 的含义：S——Satisfaction from customer，满足用户需求；A——Advantage through innovation，提高创新能力；I——Internationalization in operating，集成全球资源；C——Concentration on people，崇尚人本管理。

（1）上海大众汽车公司标志与汽车

上海大众汽车公司标志及汽车商标均采用德国大众汽车公司的标志，如图8-45所示。

图8-44　上海汽车工业（集团）总公司商标　　　　图8-45　上海大众汽车公司标志

（2）上海通用汽车公司标志

上海通用汽车公司标志如图8-46所示，第一个拼音S从椭圆形中穿过，在S的中部为通用汽车公司的标志，表示上海通用汽车公司是由上海汽车工业总公司与美国通用汽车公司双方的充分合作。

（3）奇瑞汽车有限公司标志

奇瑞汽车有限公司标志如图8-47所示。奇瑞车标整体由英文字母CAC（Chery Automobile Corporate）变形重叠而组成，中文意思是"奇瑞汽车有限公司"。标志中间的A字为变体的"人"字，代表以人为本的设计、管理理念。标志两边的C字向上环绕，如同人的两个臂膀，象征一种团结和力量。标志的两个C字环绕成地球的椭圆状，中间的A字在上方的断开处向上延伸，预示着奇瑞公司潜力无限。整个标志又是W和H两个字母的交叉变形体设计，为芜湖的汉语拼音，表示公司的生产制造地的安徽芜湖市。整个图标形状似一只牛头，寓意对内团结一致，生产出高质量、高性能的产品，为用户提供高质量的服务，对外勇于开拓市场。

图8-46　上海通用汽车公司标志　　　　图8-47　奇瑞汽车有限公司标志

二、中国第一汽车集团公司

1. 中国第一汽车集团公司简介

中国第一汽车集团公司（原第一汽车制造厂，简称一汽）始建于1953年7月15日。50多年来，第一汽车制造厂肩负着中国汽车工业发展重任，经历了建厂创业、产品换型、上轻型车和轿车三次大规模发展阶段。1991年，与德国大众汽车公司合资建成15万辆轿车生产基地；2002年，与天津汽车工业有限公司联合重组，并与日本丰田汽车公司成功合作。目前，产品结构已形成以轿车为主的新格局。2007年整车销售143.60万辆，位居全国汽车大集团销量第二位。

一汽集团总部在吉林长春，拥有全资子公司32家，控股子公司17家，主要有一汽轿车股份公司、一汽大众汽车公司、一汽海南汽车公司、天津一汽丰田汽车公司等。资产总额1 340亿元，员工13.33万人。

（1）一汽大众汽车有限公司

一汽大众公司位于吉林省省会长春市，成立于1991年，总占地面积182万 m²，项目总投资234亿元人民币，注册资本78.12亿元人民币。是中国第一汽车集团公司和德国大众汽车股份公司及奥迪汽车股份公司合资经营的大型轿车生产企业，是我国第一个按经济规模起步的现代轿车工业基地。

成立初期该合资企业的投资方为：长春第一汽车制造厂60%股份，大众汽车公司40%股份（德国大众公司占20%的股份、奥迪公司占10%的股份、大众汽车（中国）投资有限公司占10%的股份）。1995年，奥迪公司从大众汽车公司手中购买了一汽大众汽车有限公司的10%股份，因此，一汽占60%的股份、大众占30%的股份、奥迪占10%的股份。

1991年12月5日，第一辆捷达轿车在一汽轿车厂下线。1996年一汽大众公司全面建成投产；1997年通过国家15万辆工程的验收；1998年4月通过ISO 9001质量体系认证。2004年12月7日，一汽大众公司轿车二厂正式建成投产。

（2）天津一汽丰田汽车有限公司

天津一汽丰田汽车有限公司的前身是成立于2000年6月的天津丰田汽车有限公司。2002年8月，一汽集团与丰田汽车公司在北京人民大会堂签署了合作协议。

2002年10月天津一汽丰田的第一款产品——威驰轿车顺利下线。2005年3月21日，作为丰田品牌旗舰产品的皇冠轿车在第二工厂下线。

（3）一汽轿车股份有限公司

一汽轿车股份有限公司（简称一汽轿车），是中国第一汽车集团的控股子公司，是中国轿车制造业首家股份制上市公司，由一汽集团公司主要从事红旗轿车整车及其配件生产的优质资产重组而成。主要业务为开发、制造和销售轿车及其配件。公司于1997年6月10日在长春高新技术开发区注册成立，同年6月18日在深圳证券交易所挂牌上市。

一汽轿车股份有限公司共设有9个职能部门、3个生产厂和4个直属生产车间，有1个控股子公司——一汽轿车销售有限公司。公司注册资本金为人民币16.275亿元，总股本16.275亿股；职工7 300余人；年生产能力6万辆；占地面积708 740m²，建筑面积269 052m²；固定资产原值23.3亿元，净值14.2亿元。公司主导产品为红旗系列轿车及其补充型新产品。红旗系列轿车包括红旗旗舰、世纪星、明仕、红旗等系列。2002年一汽轿车引进了日本马自达公司的新车型MAZDA6。

（4）一汽海马汽车有限公司

2004年2月，一汽集团、海汽集团与海南省政府达成框架协议，共同组建一汽海马汽车有限公司。新组建的一汽海马注册资本为12亿元，一汽、海汽集团分别占股49%，海南省政府占股2%。

海马汽车从1991年推出首款HX6380两厢车到今天的普力马、福美来主打产品，14年间共推出15个系列共27个品种。其中，普力马、福美来两个系列的推出，一举扭转了企业的艰难局面。

2001年5月18日，国内首款S MPV"普力马"推向市场。2005年，普力马系列产品占国内小MPV市场份额达到80%以上，占据国产S-MPV细分市场的重要地位。随后，企业又将发展目标转向国内竞争最为激烈的中档轿车，以同样方式和速度推出具有国际领先水平的福美来轿车，2002年7月18日，福美来正式投放市场，两年来得到市场和消费者的广泛认可，被誉为当今车市的"新三样"之一。

（5）一汽解放汽车有限公司

一汽解放汽车有限公司（简称一汽解放公司）成立于2003年1月18日，是中国第一汽车集团公司以原第一汽车制造厂主体专业厂为基础，按照"1、2、3、3"的核心竞争力标准（即一个开发中心，采购和销售两个网络，焊装、涂装和总装三大工艺以及发动机、底盘、变速箱三大总成），以一汽技术中心为技术依托重新组建的中重型载货汽车制造企业，是一汽集团公司的全资子公司。

一汽解放公司包括12个部（室）和总装配厂、车身厂、变速箱分公司、车桥分公司、大连柴油机分公司、无锡柴油机分公司、青岛汽车厂、一汽贸易总公司，占地面积195万m^2，拥有资产191亿元，具有年产销25万辆中重型载货汽车的能力。

一汽解放公司的主导产品是解放品牌的中重型系列载货汽车。该系列产品现在具有从5～30 t级的普通载货汽车、自卸车、牵引车、半挂车、搅拌车、邮政车等500多个品种。解放汽车已经出口到非洲、中东、亚洲的20多个国家和地区，并在国外开始建立组装、营销及服务基地。

成立解放公司是一汽集团公司的一项重要战略举措。"解放"品牌更是一汽乃至中国汽车工业完全拥有知识产权和产品开发能力的民族第一品牌。

6）一汽客车有限公司

一汽客车有限公司是根据市场经济原则，在原一汽集团公司客车底盘厂、无锡汽车厂和大连客车厂基础上进行资源整合，于2002年9月30日正式成立。

一汽客车有限公司秉承"第一客车、第一伙伴"的企业价值观以及"用户第一"的经营理念，每年都有数十种新产品投放市场，产品覆盖6～14m，形成了公交、长途客运、旅游、团体和专用客车五大系列、六大平台的百余个品种。公司所属的品牌有"太湖""远征"和"解放"。

2. 中国第一汽车集团公司所属汽车品牌简介

第一汽车集团公司商标如图8-48所示，由阿拉伯数字"1"和汉字"汽"两个字艺术组合，构成一只形似展翅翱翔在蔚蓝天空中的雄鹰。该标志既代表不断进取、展翅高飞的中国"一汽"精神，又表达了中国汽车工业冲出国门、走向世界的决心。出口的一汽载货汽车车头还标有"FAW"字样，意思是第一汽车制造厂。

图8-48 第一汽车集团公司商标

三、东风汽车集团

1. 东风汽车集团简介

东风汽车公司（原中国第二汽车制造厂，简称二汽）始建于1969年9月。"东风"取自毛泽东的"不是西风压倒东风，就是东风压倒西风"。厂址选在湖北省十堰市，经过40多年的艰苦奋斗，相继建成了十堰、襄樊、广州和武汉四大生产基地，联合发展了云、柳、杭等企业，在上海、惠州、深圳等地开辟了新基地，产品覆盖重、中、轻、轿、客等系列。

公司运营中心于2003年9月28日由十堰迁至武汉，员工12.4万人，2008年汽车销售量132.1万辆，排名国内第三。东风汽车集团目前由神龙公司（与雪铁龙公司合资）、东风本田汽车公司、东风日产汽车公司（与日产合资）、东风悦达起亚汽车公司（与江苏悦达投资公司、韩国起亚公司合资）、东风汽车股份公司等组成。

（1）东风汽车有限公司

2003年6月9日，由东风汽车公司与日产汽车公司合资组建的东风汽车有限公司正式成立，并于2003年7月1日正式运营。

东风与日产的合资项目于2000年6月7日启动，2002年9月19日在北京签署50年长期全面合作协议。注册资本为人民币167亿元（折合约2 400亿日元或20亿美元），双方各拥有50%的股份，东风以其包括相关子公司、关联企业股权在内的现有资产出资，日产以现金形式出资。合资公司总部设在湖北省武汉市，每一个业务部门将分别设有一个核心运营基地，拥有约74 000名员工。

东风汽车有限公司将是国内首家拥有全系列乘用车、商用车产品的中外合资汽车企业。它的乘用车将采用"日产"品牌，而商用车则主要采用"东风"品牌。

（2）东风汽车有限公司商用车公司

东风汽车有限公司商用车公司作为东风汽车公司和日产汽车公司的合资企业——东风汽车有限公司的分支机构，是由东风汽车公司载货汽车公司的主要部分和东风柳州汽车公司、东风新疆汽车公司、东风杭州汽车公司、东风日产柴汽车公司、东风创普专用汽车厂、东风惠州汽车公司、深圳东风汽车公司、湖北神力锻造有限公司、湖南东风汽车销售服务联合公司等重组而成。现有20个生产经营性单位，12个职能部门，现有职工3.4万，固定资产150亿元，年生产能力30万辆，产品覆盖载货汽车、客车、底盘、专用车、越野汽车、发动机、驾驶室及关键零部件，是我国规模最大的载货汽车工业基地之一。

"东风"品牌系列产品包括：东风越野汽车、东风中重型载货汽车、东风轻型载货汽车、东风重型载货汽车及东风客车。

（3）东风汽车有限公司乘用车公司

东风汽车有限公司成立后，在原风神项目基础上成立了东风乘用车公司，其总部落户广州花都，成为东风乘用车公司的主要生产基地、研发中心和管理总部。

（4）神龙汽车有限公司

神龙汽车有限公司是中国东风汽车公司与法国PSA标致－雪铁龙集团等股东合资兴建的轿车生产经营企业。总部位于湖北武汉，成立于1992年5月。设计建设规模为年产30万辆轿车、40万台发动机。2000年11月，年产15万辆整车和20万台发动机生产能力的神龙轿车项目一期工程通过国家竣工验收。

神龙公司下设一个工业事业部（包括技术中心）、两个商务部（东风标致商务部、东风雪铁龙商务部）。分别在武汉、襄樊两地建有武汉工厂和襄樊工厂。

进入21世纪，东风汽车公司与法国PSA标致－雪铁龙集团提升合作层次，扩大合作范围，追加资本10亿元，使神龙公司的注册资本达到70亿元人民币。成立技术中心，引进两个全新的生产共用平台，全面导入东风标致、东风雪铁龙两个品牌的系列产品，使神龙公司从确立打造"中国家轿第一品牌"顺利过渡到实施"双品牌"的经营战略。

（5）东风汽车股份有限公司

东风汽车股份有限公司是由东风汽车公司独家发起，采用公开募集方式设立的股份有限公司。现拥有轻型车厂、柴油发动机厂、铸造厂和东风康明斯发动机有限公司50%的股权。

公司股本总额为10亿股，其中，东风汽车公司持有7亿股国有法人股，社会公众股为

3亿股。主要从事东风系列轻型汽车、东风康明斯系列柴油发动机的开发、设计、制造和销售业务。

(6) 东风悦达起亚汽车有限公司

东风悦达起亚汽车有限公司系由东风汽车公司、江苏悦达投资股份有限公司、韩国起亚自动车株式会社按25%、25%、50%的股权结构共同组建的中外合资轿车制造企业，注册资本7 000万美元。员工1 000多人，现已建成冲压、焊装、涂装、总装、检测等先进工艺生产线，具备年产5万辆经济型车的生产能力。

(7) 东风本田汽车有限公司

2003年7月16日与日本本田技研工业株式会社通过改组改造原武汉万通汽车有限公司组建东风本田汽车有限公司。与本田公司的合作项目主要有两项：①在20世纪90年代建立的东风本田发动机合资公司，为广州本田汽车公司配套；②新世纪东风与广州本田汽车集团、本田三方合资的轿车出口基地。

2. 东风汽车集团所属汽车品牌简介

东风汽车公司商标如图8-49所示，以艺术象征手法取燕子凌空飞翔时的尾翼剪影，寓意双燕舞东风，格调新颖，意味深长。使人自然地联想到东风送暖，春光明媚，神州大地生机盎然的景象。东风汽车公司原名为第二汽车制造厂，腾越翻飞的双燕寓意"二汽"，外圆表示车轮，寓意东风牌汽车车轮不停地旋转、一往无前。

图8-49 东风汽车公司商标

四、长安汽车集团

1. 长安汽车集团简介

长安汽车（集团）有限责任公司创建于1995年，由原长安机器制造厂和江陵机器厂合并而成，合并改组后的长安汽车（集团）有限责任公司拥有长安特种机器厂、长安精密机器厂和若干全资子公司及控股的重庆长安汽车股份有限公司、重庆长安铃木汽车有限公司、长安福特汽车有限公司。

长安汽车集团的前身是1862年由清朝大臣李鸿章创办的上海洋炮局，先后经上海、苏州、南京再迁移至重庆，距今已有152年的历史，是中国近代史上第一家工业企业，也是中国最早的兵工厂。现在仍为国家常规兵器重点科研、试制、生产基地，公司于1984年引进日本铃木微型汽车技术，开发生产微型汽车及微型车发动机，是全国最大的微型汽车及发动机生产厂家之一，是中国的微型车之王，经过多年的发展，创立了一代名车"长安"牌微型汽车和名机"江陵"牌发动机。2007年汽车销售量85.77万辆，排名国内第四。

长安铃木汽车公司是长安汽车股份有限公司与日本铃木株式会社、日商岩井株式会社共同投资于1993年5月在重庆市注册成立的中外合资公司，公司注册资本5 998万美元，长安汽车股份有限公司在长安铃木汽车公司各有50%的股权。

长安福特汽车有限公司（以下简称长安福特）成立于2001年4月25日，由中国长安汽车集团和福特汽车公司共同出资成立。长安福特坐落于重庆市北部新区。

2. 长安汽车集团所属汽车品牌简介

长安福特汽车有限公司的著名品牌有蒙迪欧和嘉年华轿车，采用福特汽车公司的标志。

长安采用的商标如图 8-50 所示,以天体运行轨迹——椭圆为基础,捕捉"长安"汉语拼音"CHANG AN"中"C""A"两个关键发音字母作为其造型设计的基本因素,经过由抽象、组合,变形而成一个永恒运行的天体、一个攀升的箭头、一个精致的方向盘,就如一辆轻巧的汽车奔行于阡陌纵横的公路之上;英文标准字"CHANA"是"长安"汉语拼音"CHANG AN"的缩写,标志字体是在黑体字基础上经过修饰、设计和手工绘制而成的,其造型稳重、遒劲、优美,与标志图形一脉相承,最能和谐地表达出"长安"企业的品牌特征。

图 8-50 长安汽车集团商标

五、北京汽车工业控股有限责任公司

1. 北京汽车工业控股有限责任公司简介

北京汽车工业控股有限责任公司(简称北汽控股公司)是由北京市人民政府投资组建的国有独资公司,下属企业和公司有 24 个,主要由北汽福田汽车股份有限公司、北京现代汽车有限公司、北京奔驰-戴姆勒·克莱斯勒汽车有限公司、北京汽车制造厂有限公司等组成,形成了轿车、越野车、商用车门类齐全、同步发展的产业格局。北汽控股公司拥有"梅赛德斯-奔驰""克莱斯勒""Jeep""现代"等国际品牌和"北京""福田汽车"等自主开发的民族品牌,实现了国际品牌和民族品牌的完美结合。总资产约 157 亿元,职工 5 万人。2007 年汽车销售量 69.41 万辆,全国排名第五。

2. 北京汽车工业控股有限责任公司所属汽车品牌简介

北京汽车工业控股有限公司商标如图 8-51 所示,外圈图形一笔连成一个方向盘,又似一座四通八达的立交桥,寓意北汽集团产品在神州大地畅通无阻,其产品会遍布中国的每一角落。中间的 BAIC 居整个商标中心的位置,也暗示北汽集团坐落在中国的政治经济文化中心首都北京。

图 8-51 北京汽车工业控股有限公司商标

六、广州汽车工业集团公司

1. 广州汽车工业集团公司简介

广州汽车工业集团有限公司(下称广汽工业集团)是广州市政府国有资产授权经营企

业集团,是广东省、广州市重点扶持发展的大型企业集团。2007年汽车销售量为51.35万辆,全国排名第六;中国企业500强中排名第45位。

广汽工业集团通过广州汽车集团股份有限公司间接持有的企业有:广州本田汽车有限公司、广州丰田汽车有限公司、本田汽车(中国)有限公司、广汽丰田发动机有限公司、广州骏威客车有限公司、广州羊城汽车有限公司。集团主要产品有:广州本田雅阁、奥德赛、飞度和思迪系列乘用车;广州丰田凯美瑞轿车;骏威牌和珠江牌系列客车;羊城牌货车和专用车;五羊牌和五羊-本田牌摩托车;广汽丰田AZ系列发动机以及汽车空调器、座椅、灯具、弹簧、减震器等多种汽车、摩托车零配件产品。

2. 广州汽车工业集团公司所属汽车品牌简介

1986年9月,中法合资广州标致汽车公司投产;1997年6月,广州汽车集团有限公司成立;1998年4月28日,广州本田汽车有限公司成立;2000年3月,广州五十铃客车有限公司成立;2000年6月8日,广州汽车工业集团有限公司成立;2000年7月,广州骏威客车有限公司成立;2004年9月1日,广州丰田发动机有限公司正式成立;2005年6月28日,广州汽车工业集团股份有限公司创立;图8-52为公司标志。

图8-52 广汽工业集团公司标志

七、吉利控股集团

1. 吉利控股集团简介

吉利控股集团(简称吉利)总部设在浙江省省会城市杭州,是中国最早也是最大的民营汽车生产企业,创建于1986年11月6日,其前身是位于浙江省台州市路桥区的黄岩县制冷元件厂。最初主要生产摩托车,1997年开始研制微型汽车,1999年吉利总产值达到27亿元人民币,拥有材料厂和商贸、房地产、旅游服务等十余家其他企业,成为大型企业集团,综合经济实力已居全国最大经营规模民营企业第4位。

1997年吉利开始进入汽车产业,1998年8月8日吉利自主研发的第一辆轿车——吉利·豪情二厢轿车在浙江临海正式下线。经过五年的不懈努力,吉利以产销量年平均增长117%的速度进入中国国内汽车制造企业"3+6"主流格局。2003年上海大众总经理、一汽集团副总裁、东风汽车研究院院长、南京菲亚特总工程师、德国宝马公司中国首席代表、奔驰公司中国区售后服务公司总经理等一批汽车业精英加盟吉利。吉利控股集团现拥有临海、宁波、台州、上海四大整车制造基地。

2. 吉利控股集团所属汽车品牌简介

吉利汽车旧商标如图8-53所示。"椭圆":象征地球,表示面向世界、走向国际化;椭圆在动态中是最稳定的,喻示及祝愿吉利的事业稳如磐石,在风雨中屹立不倒。"六个六":象征太阳的光芒,只有走进太阳,才能汲取无穷的热量,只有经过竞争的洗礼,才能百炼成钢；六个六，"六六大顺"祝愿如意、吉祥；六个六，吉利一步一个台阶，不断超越，发展无止境；六个六，中华优秀传统文化的底蕴才是吉利不断发展超越的精神源泉；六个六，发展民族工业，走向世界，是吉利不舍不弃的追求。"内圈蔚蓝"：象征广阔的天空，超越无止境，发展无止。"外圈深蓝"象征无垠的宇宙，超越无限，空间无限。

随着吉利汽车国际化战略的实施，以及消费者价值观、审美观等外部环境的变化，2007年11月6日安徽的岳贤德设计的车标成为代表吉利新形象的新车标。新车标如图8-54所示，椭圆形为基本图形构架，表示椭圆形在动态中是最稳定的，预示并祝愿吉利的事业稳如磐石，在风雨中屹立不倒。吉利神鸟以傲起之势雄视全球，预示吉利汽车的美好愿景。椭圆形状呈掎角之势，意喻吉利忠诚、顽强、勤奋和使命感。两种意喻浑然一体、相得益彰，表达和谐、奋斗、自主之精髓，传递美好灿烂之愿景，代表吉利有信心、有能力通过自己艰苦卓绝的拼搏和市场竞争洗礼，一定会屹立在世界的东方，笑傲五洲。改革开发以来我国陆续建立了一批自主品牌的民族汽车企业，但在制造技术领域还存在一些技术难题。未来发展指出会把把科技自立自强作为国家发展的战略支撑，坚持问题导向，着力突破"卡脖子"技术，聚焦重要领域关键技术，瞄准人工智能、高端芯片、能源安全等事关发展全局和国家安全的重要领域，聚焦世界科技发展前沿，紧跟新一轮科技革命和产业变革新形势，以国际视野谋划和推动科技自立自强，抢占世界科技竞争和未来发展制高点，推动科技成果惠及更多国家和人民。

图8-53 吉利汽车旧商标

图8-54 吉利汽车新商标

任务实施：

任务工单

任务名称：认识中国著名汽车公司及商标			评价	
姓名		班级		学号	
任务描述	1. 获取中国著名汽车公司的相关资料 2. 自主学习中国著名汽车公司的相关知识 3. 小组讨论中国著名公司的发展简史、所属品牌及商标的内涵 4. 制作中国著名汽车公司商标识别卡片			
能力目标	1. 具备信息搜集和处理的能力。 2. 能够学习和掌握中国著名汽车公司发展简史的能力； 3. 能够阐述中国著名公司的发展简史、所属品牌及商标的内涵； 4. 具有良好的交流沟通表达的能力；			

续表

实施准备	1. 中国著名汽车公司相关文件或网络资料; 2. 教学用汽车图形扑克卡片; 3. 汇报用白板、笔、粘贴纸、电脑等。	
实施步骤	自主学习	1. 云平台学习老师发布的相关资料 2. 获取相关信息 3. 制作中国著名汽车公司商标识别卡片 4. 识别不同中国汽车品牌车型的卡片
	小组讨论	课中以小组形式进行讨论,完成课中任务,形成小组汇报成果
	小组汇报	通过手绘、制作中国著名汽车公司商标识别卡,阐述中国著名公司的发展简史、所属品牌及商标的内涵。
反思		

任务8.3 讲述汽车名人

任务引入:很多世界上著名汽车公司的名字都是以创始人的名字命名的,对于这些著名汽车公司创始人的故事我们又了解多少呢?我们国家开创汽车工业的创始人又有哪些呢?接下来我们一起来学习一下汽车名人的故事。

学习内容:1. 德国汽车名人;
2. 法国汽车名人;
3. 意大利汽车名人;
4. 美国汽车名人;
5. 日本汽车名人;
6. 中国汽车名人。

能力要求:1. 具备信息搜集和处理的能力。
2. 能够学习和掌握世界著名汽车名人事迹的能力;
3. 能够阐述世界著名汽车名人对汽车事业的贡献;
3. 具有良好的交流沟通表达的能力;

任务描述:1. 获取世界著名汽车公司名人的相关资料
2. 自主学习世界著名汽车公司名人对汽车事业的贡献
3. 小组讨论世界著名汽车名人的简介及对汽车事业的贡献
4. 阐述世界著名汽车名人的简介及对汽车事业的贡献

相关知识:

一、德国汽车名人

（一）卡尔·本茨

1. 简介

卡尔·本茨（1844—1929），德国著名的戴姆勒-奔驰汽车公司的创始人之一，现代汽车工业的先驱者之一，人称"汽车之父""汽车鼻祖"。

2. 对汽车事业的贡献

1883 年，本茨在德国曼海姆成立了奔驰公司，1886 年德国的卡尔·本茨制造出世界上第一辆以汽油为动力的三轮汽车，于同年 1 月 29 日立案获得专利。因此 1 月 29 日被认为是世界汽车诞生日，1886 年为世界汽车诞生年。

当时，由于车的性能还未完善，经常抛锚，因而在汽车经过的道路上，人们经常看见的是人推车而不是人坐车。在那个马车的时代，汽车受到人们的嘲笑，被斥为无用的怪物。本茨夫人贝瑞塔·本茨为了回击社会舆论的讥讽，于 1888 年 8 月带领两个儿子驾驶着本茨的第一辆三轮汽车，从曼海姆到福尔茨海姆，全程 144km，进行了试车。这次历史性的试验坚定了本茨坚持汽车试制的信心，为汽车的发展做出了贡献。

1901 年，戴姆勒汽车公司梅赛德斯轿车的出现，对奔驰轿车来说，是很大的挑战。1924 年，奔驰和戴姆勒两家创建最早的汽车公司开始接触。1926 年，这两大汽车公司合并为一家，组成了戴姆勒·本茨公司。此时戴姆勒早已去世，而本茨也已经是 82 岁高龄了。然而造化弄人这两位汽车发明巨匠不知什么原因，虽然两人分别在仅距 100km 的两座小城内，却从未见过一次面，成为汽车史上的一大憾事。但他们的继承人不负众望，使两位伟人所开创的事业得以发扬光大，使奔驰汽车公司成了世界上第一流的汽车公司。

本茨还是一位汽车运动爱好者，经常驾驶自己发明的各款汽车进行长距离试车，以便检测汽车在行驶中的各种性能，发现问题及时得到改进。1925 年 7 月 12 日，德国慕尼黑举办了世界上最早的老式汽车比赛，81 岁高龄的本茨亲自驾驶着 1886 年款的奔驰一号三轮汽车出现在赛车场上，并获得冠军称号。

1929 年 4 月 4 日，伟大的汽车发明家，卡尔·本茨，因劳累过度逝世，享年 85 岁。

（二）戈特利普·戴姆勒

1. 简介

戈特利普·戴姆勒（1834 年—1900 年），德国工程师和发明家，现代汽车工业的先驱者之一。

2. 对汽车事业的贡献

1872 年，戴姆勒设计出四冲程发动机。1883 年，他与好友——著名的发明家威尔赫姆·迈巴赫（Wilhelm Maybach）合作，成功研制出使用汽油的发动机，并于 1885 年将此发动机安装于木制双轮车上，从而发明了摩托车。1886 年，戴姆勒把这种发动机安装在他为妻子 43 岁生日购买的马车上，创造了第一辆戴姆勒汽车。

1890 年，建立戴姆勒发动机公司。

1897 年，戴姆勒公司生产出"凤凰"牌小客车，尤其是 1903 年，以公司主要投资人埃米尔·耶利内克的女儿的小名"梅赛德斯 Mercedes"命名的小客车投产，耶利内克是当时公司主要投资人。

1926年6月29日戴姆勒公司和奔驰公司合并，成立了在汽车史上举足轻重的戴姆勒－奔驰公司（Daimler－Benz），从此他们生产的所有汽车都命名为"梅赛德斯－奔驰（Mercedes－Benz）"。

1900年，戈特利普·戴姆勒在德国斯图加特的巴特坎施塔特逝世。

（三）费迪南德·波尔舍

1. 简介

费迪南德·波尔舍（1875年—1951年）（图8－55），德国著名的汽车工程师、大众汽车公司和保时捷汽车公司创始人、甲壳虫汽车的设计者，在百余年的汽车发展史上，费迪南德·波尔舍是最为杰出的汽车设计大师之一。

图8－55 费迪南德·波尔舍

2. 对汽车事业的贡献

费迪南德·波尔舍是一位著名的汽车设计师，在他四十多年的设计生涯中主持过多项杰出的设计。

1900年，由波尔舍首创的电动汽车出现在巴黎世界产品展览会上。1905年，年轻的波尔舍进入戴姆勒汽车公司任总经理，由于成功地设计了"玛哈"牌轿车而获得了他的第一枚勋章，1910年，在"玛哈"的基础上，他又设计了更完美的"亨利公爵"牌轿车。在这一时期由于受一部分人的排挤，他只能从戴姆勒退出，进入其分公司—梅赛德斯公司任经理，从而研制了梅赛德斯牌轿车，他设计的发动机用于奔驰600、著名的宝马发动机用于宝马牌轿车。

他于1929年辞职，成立了自己的保时捷公司。虽然刚刚开创的保时捷公司困难重重，但经过四年深入的研究，他们的产品提高了产量、降低了成本，投入批量生产，终于被公众所接受，这就是后来被车迷们爱称为甲壳虫的"大众"牌轿车。

1932年，波尔舍开始着手设计载重汽车和变速器高速挡的设计。

1933年，他奉希特勒之命组成汽车联盟赛车队，联盟车队是由漫游者、奥迪、霍克和DKW四家车厂联手组成的车队。

1951年1月30日，波尔舍博士病逝。在人们的心里，他永远是位大师，是位天才。

二、法国汽车名人——安德烈·雪铁龙

1. 简介

安德烈·雪铁龙（1878年—1935年）（图8－56），雪铁龙汽车公司创始人。

2. 对汽车事业的贡献

1878年2月5日，安德烈·雪铁龙在法国巴黎出生。雪铁龙年轻时就认定科技进步将给人类带来幸福，所以他选择巴黎综合工科学院就读，准备将来当一名工程师。他于1913年创立了自己的公司，专门从事齿轮传动机的生产。

图8－56 安德烈·雪铁龙

1915年，安德烈·雪铁龙创建了雪铁龙汽车公司，这是法国第一家采用流水线生产汽

车的厂家。在1924年和1931年，安德烈·雪铁龙组织了雪铁龙汽车"亚洲之行"和"非洲之行"，又称"黄色旅行"和"黑色旅行"，使雪铁龙汽车名噪世界，销量也随之大增。雪铁龙坚持认为：汽车厂卖的不只是汽车，还有无微不至的服务。他逐步完善了汽车买卖方式，创立了一年保证期制度，建立分销网，罗列出零件目录及维修费用一览表，使所有销售点、维修点的费用得以统一。1922年，他大力推广分期付款售车方式，成立了全国第一个专订分期付款的机构，并在国外创办了不少汽车出租公司，在全国各地形成了一个游览车服务网。

雪铁龙在对公司和产品的宣传方面可谓煞费苦心。他在法国各地十字路口竖立起雪铁龙标牌，强化了人们对其标志的印象；他让汽车从高山上翻滚而下以证明车身的坚固耐用；他雇用飞机以五彩的烟火在空中划出"Citroen"字样；更为绝妙的是，他于1925年在巴黎埃菲尔铁塔以霓虹灯方式做广告，使巴黎四周30km以内都可看到。

1929年，世界经济大萧条开始，雪铁龙汽车公司却继续扩大生产，1934年12月21日，雪铁龙汽车宣布破产。1935年1月，雪铁龙的股份被转让给米其林轮胎公司，他彻底离开了自己一手创建的企业。半年后，也就是1935年7月，奋斗一生的雪铁龙永远地安息了。在他死后的两天时间里，数不清的工人、经销商甚至普通顾客，纷纷涌进雪铁龙公司向他行礼致哀，法国政府也给他颁发了一枚二级荣誉勋章。

三、意大利汽车名人——恩佐·法拉利

1. 简介

恩佐·法拉利（1898年—1988年）（图8-57）是法拉利汽车公司的创始人，著名赛车手，人称"赛车之父"。

2. 对汽车事业的贡献

恩佐·法拉利于1898年2月18日生于意大利。法拉利10岁那年，父亲带他去看一场汽车比赛，从此爱上了赛车。

1919年11月23日，法拉利终于亲自驾车上场参赛，并获得了所在小组的第5名及总成绩的第12名。1920年，他又在Targa Florio大赛中获得亚军。此时他已是阿尔法·罗密欧（Alfa Romeo）车队的正式赛手。

图8-57 恩佐·法拉利

1938年1月1日，阿尔法·罗密欧宣布成立自己的车队，并任命恩佐·法拉利为队长。法拉利只干了一年，就辞职了，在第二次世界大战末，法拉利的公司才正式改称"法拉利"，并且设计出125Sport，12缸、1 500W，并在1947年赢得了罗马大奖赛。从此，在众多顶尖好手的驾驭下，法拉利赛车开始了其辉煌的历史。1951年7月14日，在英国大奖赛上，法拉利375F1赛车赢得冠军，击败了强大的阿尔法159S赛车。

然而，1956年，他唯一的亲生儿子迪诺却过早去世，这对法拉利的打击很大，从此，法拉利郁郁寡欢，极少在公开场合露面。每次外出时，始终戴着黑领带、戴着墨镜。随着法拉利在赛场上的名声日渐响亮，市场上对法拉利汽车的需求也越来越强烈，迫使法拉利寻求大量资金投入生产。无奈，1969年6月18日，还不算很富裕的恩佐·法拉利将其一半股份卖给了菲亚特老板乔瓦尼·阿涅利。但菲亚特并不干涉法拉利的事务，法拉利享有高度的自主权。20世纪80年代，近90岁的法拉利还到公司上班，直到1988年8月14日，恩佐·法

拉利去世，享年 90 岁。

四、美国汽车名人

（一）威廉·杜兰特

1. 简介

威廉·杜兰特（1861 年—1947 年）（图 8-58），美国通用汽车公司的缔造者，被认为世界汽车发展史上第一位传奇人物。

2. 对汽车事业的贡献

1886 年，杜兰特投资 1 500 美元在弗林特市与道拉斯·道特共同建立了一家马车制造公司。

1903 年夏天，别克公司的所有者大卫·别克不得不宣布出售他的公司。随后杜兰特接管了别克公司，于 1904 年 11 月 1 日成为别克公司董事长，持有别克公司 65% 的股份。从此，杜兰特从对汽车一无所知开始接受全新挑战，创建一个烙有自己烙印的汽车公司。

图 8-58　威廉·杜兰特

经过杜兰特 4 年的苦心经营，1908 年的时候，别克已经成为美国顶尖的汽车制造商，别克产品也成为当时市场上最畅销的一个品种。杜兰特成了一个成功的汽车制造者，杜兰特也在当时人们的心目中从"马车国王"变成了"汽车天才"。

1908 年，杜兰特以别克汽车公司为核心创建了通用汽车公司。1910 年，通用汽车当年利润超过了 1 000 万美元，这对于一个这么年轻的公司来说是非常惊人的。但是仅仅两年，通用汽车公司出现了严重的资金困难。董事会接受了通用汽车公司举债的请求，也提出杜兰特必须辞职的要求，于是他被迫离开了通用汽车公司。此后，杜兰特并没有气馁，1911 年 11 月 3 日，他和路易斯·雪佛兰创建了雪佛兰汽车公司，并且经营得非常成功，获得了巨额利润，在美国化工大王皮埃尔·杜邦财力的支持下，1916 年，杜兰特秘密买下了通用汽车公司的大部分股权，重新控制了通用汽车公司。

在他第二次执掌过程中，杜兰特收购了费希博德 Fisher Body 和 Frigidaire，并将他们添加到他的雪佛兰、奥兹莫比尔、凯迪拉克和别克的阵营中。在 4 年间，通用汽车公司扩大为 1916 年的八倍。于是杜兰特又自满自足起来，他不去研究公司的内部管理，不去协调各经营部门相互之间的关系，无法形成"一致对外"的市场竞争格局。杜兰特的一系列失误，导致了通用公司 1920—1921 年间的严重危机。在公司上下的一片反对中，1920 年 11 月，杜兰特再次被迫离开通用，离开了汽车界。晚年在默默无闻中过完了他的一生。1947 年，杜兰特去世。

（二）亨利·福特

1. 简介

亨利·福特（1863 年—1947 年）（图 8-59），福特汽车公司的建立者。他也是世界上第一位使用流水线大批量生产汽车的人。这种新的生产方式使汽车成为一种大众产品。在世界汽车工业史上具有划时代意义的伟大创举。他被誉为"汽车大王"。

图 8-59　亨利·福特

2. 对汽车事业的贡献

福特小时候就对蒸汽机、火车感兴趣。他的父母常说：我们的孩子是一台机器。在底特律市，他当过工人、工程师，被爱迪生照明公司聘为机械师。下班后，他经常在家中的棚子里研究制造机械。1893 年圣诞节，福特研制的汽油机试验成功，1896 年造出了汽车。

1903 年 6 月 16 日，福特和 11 名合伙人建立了福特汽车公司。

当时的汽车很昂贵，1907 年美国平均每辆汽车售价 1000 美元，一般人无能力购买。1908 年，福特生产出 T 形汽车，接着又创造了用流水线装配汽车的方式，使汽车装配时间缩短，成本降低，即发生了汽车工业的第一次变革。

1927 年福特汽车公司世界第一的位置被通用汽车公司占据，1936 年还一度被克莱斯勒汽车公司超过。1947 年 4 月 7 日，亨利·福特因脑溢血死于底特律市，终年 83 岁。

（三）沃尔特·克莱斯勒

1. 简介

沃尔特·克莱斯勒（1875 年—1940 年）（图 8-60），是克莱斯勒汽车公司的创始人。

2. 对汽车事业的贡献

他在 1875 年出生于美国艾奥瓦州一个铁路技师的家庭。一开始，克莱斯勒为早期的通用汽车公司工作，并一直升任到第一副总经理，主管全公司的汽车生产工作。由于他与通用公司

图 8-60　沃尔特·克莱斯勒

的创办者杜兰特不合，便一气之下辞职回家。后来他受聘于马克斯威尔公司（Maxwell），并于 1924 年推出非常有名的"克莱斯勒 6 号"车型。由于适销对路，公司发展很快，克莱斯勒看准时机将马克斯威尔公司彻底重组，并于 1925 年更名为克莱斯勒汽车公司。1926 年，该公司在克莱斯勒领导下，很快由美国汽车制造业第 27 位，蹿升至第 5 位，转年又升至第 4 位。1928 年，克莱斯勒又买下道奇兄弟公司（Dodge）和顺风（Plymouth）公司，又跃升为美国第三大汽车公司。1933 年，克莱斯勒汽车公司在美国市场占有率达 25.8%，竟一度超过了福特汽车公司。1940 年 8 月，沃尔特·克莱斯勒去世。

（四）阿尔费雷德·斯隆

1. 简介

阿尔费雷德·斯隆（1875 年—1966 年）（图 8-61），第一位成功的职业经理人，20 世纪最伟大 CEO，通用汽车公司的第八任总裁。斯隆有"世界上最伟大的董事长"之称。

2. 对汽车事业的贡献

阿尔弗雷德·斯隆对社会的最杰出的贡献，在于他成功地创造了一整套大型工业公司组织管理体系。人们把通用汽车公司在这方面所取得的成就，视为"企业管理上的一次划时代革命"。他不仅在组织管理体系上创造了丰功伟绩，而且在具体的生产管理、销售经营等领域均取得了辉煌的业绩。斯隆挽救了通用汽车公司，并为通用汽车公司日后的大发展奠定了坚实的基础。

图 8-61　阿尔费雷德·斯隆

1923年5月,面对通用汽车公司的内忧外患,董事长杜邦将自己在杜兰特离职以后兼任的公司总经理大权交给了斯隆。后来的实践证明,这是通用汽车公司发展历程中的英明决策。

斯隆以他的聪明才智为通用汽车公司构筑起一套完整的组织机构,建立了一整套的管理、财务制度,为通用汽车公司日后的大发展打下了坚实的基础。

斯隆任职期间,针对通用汽车公司的情况提出了"分散经营和集中协调相结合"的管理方式,这一方式被沿用至今。根据市场的变化,他又提出了"分期付款,旧车折价,年年换代,密封车身"四项原则。也是斯隆最先指出了汽车不再仅仅是一种普通的交通工具,还将是人们对魅力、式样和舒适的追求。因此,汽车厂家必须重视汽车的各个方面,使自己的产品满足消费者个性的需要。

在斯隆的卓越领导下,通用汽车公司迅速超过其竞争对手,成为美国和世界最大的汽车公司。直至今日,通用汽车公司对斯隆仍非常尊重。自他1923年接任总经理以来,一直到1966年91岁高龄离开人世前,他始终担任着通用汽车公司的总经理、董事长、名誉董事长。

五、日本汽车名人——丰田喜一郎

1. 简介

丰田喜一郎(1894年—1952年)(图8-62),丰田喜一郎丰田汽车公司的创始人。是丰田汽车工业的创始人,是发展日本汽车工业的功臣,日本人称他是"日本的大批量汽车生产之父",他创造了后来风靡全球的"丰田生产方式"。

图8-62 丰田喜一郎

2. 对汽车事业的贡献

丰田喜一郎出生于1895年,其父亲丰田佐吉是日本有名的纺织大王。丰田佐吉为了发展自己的工厂,将长子丰田喜一郎送到东京帝国大学工学系机械专业读书。大学毕业后,丰田喜一郎发现汽车能给人们带来极大方便,预感到这一新兴行业具有广阔的发展前景,决定将其作为自己的毕生事业,他的这一想法得到了父亲的大力支持。1929年年底,丰田喜一郎花费了四个月的时间体验了英国的汽车交通,走访了英、美尤其是美国的汽车生产企业,彻底弄清了欧美国家的汽车生产状况。

不久,丰田佐吉去世,公司总裁的职位由丰田喜一郎的妹夫丰田利三郎担任。尽管丰田利三郎是一位见识广博的企业家,但却自命清高,脾气暴躁,与丰田喜一郎在许多问题上意见不同。1933年,在丰田喜一郎的一再要求下,他同意公司设立汽车部。丰田喜一郎以此为基地,于当年4月购回一台美国"雪佛莱"汽车发动机进行反复拆装、研究、分析、测绘。在研究这台发动机的过程中,他产生了指导日后公司发展战略的认识观点:"贫穷的日本需要更为廉价的汽车。生产廉价汽车是我的责任。"

丰田喜一郎于1937年8月27日另立门户成立"丰田汽车工业株式会社"。丰田喜一郎颇有战略家的眼光,他自一开始组织汽车生产就注意到了从基础工业入手,着眼于整体素质的提高,使材料工业、机械制造、汽车零部件与汽车工业同步发展,为汽车的大批量生产创造了必要的条件。因此,日本人称他是"日本大批量汽车生产之父"。

丰田喜一郎对汽车工业的另一项重大贡献是对生产过程的科学管理。丰田喜一郎的创新之处在于将传统的整批生产方式改为弹性生产方式。按照他的模式组织生产，工人和工厂都可得到好处。他为推广这一生产方式而喊出的"恰好赶上"口号，经后来的公司副总裁大野耐一进一步发展之后，成为完善的"丰田生产方式"。今天，"丰田生产方式"已超越国别、行业而成为世界许多国家争相学习的先进经验。

1952年3月27日，丰田喜一郎患脑溢血去世，终年57岁。

六、中国汽车名人——饶斌

1. 简介

饶斌（1913年—1987年）（图8-63），中国汽车工业的奠基人，被誉为"中国汽车之父"。为中国的汽车工业的发展做出了杰出的贡献。

2. 对汽车事业的贡献

饶斌，1913出生于吉林省吉林市。作为中国汽车工业的创始人，1952年，饶斌被任命为中国第一汽车制造厂厂长。1953年7月，是他把第一锨黑土抛向毛泽东亲自题词的一汽建设奠基石。

图8-63　饶斌

1956年7月14日，一汽总装线上开出由中国人自己制造的第一批解放牌载货汽车，结束了中国不能自己制造汽车的历史。

1960年1月，饶斌调到北京，担任机械部副部长兼六局局长。

1964年，中国经济形势好转，毛泽东说："建设第二汽车厂是时候了。"筹建二汽的工作理所当然地又落到饶斌头上。项目选址确定在湖北十堰。在困难重重的条件下，终于建成了二汽。

20世纪80年代初，饶斌先后担任机械工业部部长和中国汽车工业公司董事长。

1987年8月29日，饶斌在上海逝世，享年74岁。

汽车工业的发展无疑离不开这些伟大历史人物对汽车工业的卓越贡献，未来祖国新时代的发展还需要更多这样的优秀人才前赴后继的努力。当今国家教育实施科教兴国战略，坚持教育优先发展，加快建设中国特色、世界一流的高质量教育体系，引进世界高水平科技人才回国，引入到新兴学科、交叉学科建设体系，切实提升国家教育水平，提升服务国家重大科技战略的能力，从而以高质量教育为高质量发展提供源源不断的人才资源。

任务实施：

任务工单

任务名称：讲述汽车名人		评价	
姓名		班级		学号	
任务描述	1. 获取世界著名汽车公司名人的相关资料 2. 自主学习世界著名汽车公司名人对汽车事业的贡献 3. 小组讨论世界著名汽车名人的简介及对汽车事业的贡献 4. 阐述世界著名汽车名人的简介及对汽车事业的贡献			

续表

能力目标	1. 具备信息搜集和处理的能力。 2. 能够学习和掌握世界著名汽车名人事迹的能力； 3. 能够阐述世界著名汽车名人对汽车事业的贡献； 4. 具有良好的交流沟通表达的能力；	
实施准备	著名汽车公司名人的相关文件或网络资料； 教学用汽车名人照片； 汇报用白板、笔、粘贴纸、电脑等。	
实施步骤	自主学习	1. 云平台学习老师发布的相关资料 2. 获取相关信息 3. 小组讨论世界著名汽车名人的简介及对汽车事业的贡献 4. 阐述世界著名汽车名人的简介及对汽车事业的贡献
	小组讨论	课中以小组形式进行讨论，完成课中任务，形成小组汇报成果
	小组汇报	小组讨论世界著名汽车名人的简介及对汽车事业的贡献，分组阐述世界著名汽车名人的简介及对汽车事业的贡献
反思		

思考题

1. 卡尔·本茨和戈特利普·戴姆勒发明的第一辆汽车有何区别？
2. 亨利·福特如何让汽车走进美国家庭？
3. 丰田喜一郎对日本汽车工业有何贡献？
4. 谁是中国汽车工业之父？他对中国汽车工业有何贡献？
5. 宝马汽车的标志为什么采用蓝天白云螺旋桨图案？
6. 雪铁龙汽车公司的标志有何含义？
7. 日本最大的汽车公司是哪一家？何人、何时创建？其标志有何含义？
8. 东风汽车集团公司标志有何寓意？
9. 中国第一家民营汽车企业是什么？其标志有何含义？

项目九 认识汽车边缘文化

课程任务与能力矩阵		
项目名称	任务名称	进度描述
项目九 认识汽车边缘文化	任务9.1 认识汽车展览	汽车运用与维修1+X中级/智能新能源汽车1+X中级
	任务9.2 认识汽车俱乐部	汽车运用与维修1+X高级/智能新能源汽车1+X高级
	任务9.3 认识汽车运动	汽车运用与维修1+X高级/智能新能源汽车1+X高级

汽车是流动的风景，带给人们多姿多彩的文化生活，汽车文化也将以其丰富的内容和独有的魅力不断地影响着人们的生活。汽车运动、汽车俱乐部、汽车博览会等汽车活动，使汽车作为一种时尚文化吸引了更多的人融入其中。

任务9.1 认识汽车展览

任务引入：作为一名汽车相关专业学生，你要向朋友介绍世界著名车展，以及车展中什么是概念车。这就需要我们对认识汽车展览，并且对世界著名车展有所了解，本次任务学习能让你对汽车展览及概念车有更加深刻的认识。

学习内容：1. 汽车展览的含义；

2. 世界著名汽车展览；

3. 概念车及汽车模特；

能力要求：1. 了解世界著名汽车展览；

2. 能够介绍概念车的作用和分类；

3. 培养查阅资料学习的能力。

任务描述：1. 查找汽车展览的历史资料；

2. 介绍世界著名汽车展览；

3. 介绍概念车的作用。

相关知识：

一、汽车展览

汽车展览是专门为汽车举办的展览。汽车展览会带来更多的概念车型、新车型、汽车展会风格和文化氛围，让人们感受到世界汽车工业跳动的脉搏。汽车展览是汽车制造商们展示新产品、树立企业形象、展示公司实力、争夺汽车市场的舞台；也是进行汽车技术交流、发展经贸合作的良好机会，同时也带来了汽车展风格和文化氛围，促进汽车文化的交流与发展。

法国是汽车的发源地，第一次车展也是在法国举行的。1898年，在法国汽车俱乐部的倡议下，第一次国际车展在巴黎的一个公园举行，大约14万名游客前来参观，232辆汽车往返在巴黎与凡尔赛之间，汽车成了公众瞩目的焦点。从那以后，汽车车展在各地蓬勃发展。

目前，德国法兰克福车展、美国底特律车展、瑞士日内瓦车展、法国巴黎车展和日本东京车展被誉为当今五大国际车展。它们之所以成为国际一流车展，一是参展商的规模和级别一流；二是展品档次和首次亮相的新车、概念车一流；三是场馆面积和配套设施一流；四是主办方服务质量一流；五是国内外记者范围、观众数量和专业水平一流。人们都说巴黎时装展是世界一流的时装展，是因为它代表了世界时装业发展的潮流，而五大国际车展之所以世界知名，也是因为它们代表了世界汽车工业发展的潮流。另外，这五大车展也各有自己的特点，比如，法兰克福车展作为汽车工业的发源地之一，尤其重视传播汽车的文化性；日内瓦所在的瑞士因为没有自己的汽车工业，可以为各大汽车厂商提供公平竞争的舞台；北美车展则充满美国人的娱乐精神，吃喝玩乐无处不在，一应俱全；东京车展上众多匪夷所思的"概念车"和最新科技的展示也是吸引观众眼球的卖点。

全球五大车展可谓不分上下。法兰克福车展博大，日内瓦车展奢华，巴黎车展浪漫，东京车展细腻，而曾经为全球最大车展的北美车展则表现妖娆，因为多数厂商会在底特律展出其概念车型。但是，受金融危机的影响，最大的北美车展已经显得星光暗淡，而法兰克福车展或凭此跃居为第一大车展。五大汽车车展当中，历史最短的东京车展也在50年左右。

最初，汽车车展扮演了普及汽车知识和推动汽车工业发展的角色，汽车也从一开始仅是少数人的奢侈品变为被大众所接受交通工具。现在的汽车车展不仅仅是一个人们可以参观全世界车型的盛会，也是整个汽车行业专家的集会场所。

二、世界著名汽车展览

1. 德国法兰克福国际车展

法兰克福车展前身为柏林车展，创办于1897年，1951年移到法兰克福举办，每年9月在德国法兰克福会展中心举行，轿车和商用车轮换展出。法兰克福车展曾是世界规模最大的车展，有世界汽车工业"奥运会"之称。它是五大车展中技术性最强的，被誉为是最安静的车展。展览时间一般在9月中旬，展出的车辆主要有轿车、跑车、商务车、特种车、改装车及汽车零部件等，此外为配合车展，德国还举行不同的老爷车展览。

法兰克福车展每两年举办一次，每次为期两周左右，到2009年已成功举办63届。作为世界五大车展之一，法兰克福车展的参展商家也包揽天下，但主要来自欧洲、美国和日本，尤其以欧洲汽车商居多。当然，德国的几大汽车巨头如奔驰、宝马等占尽天时地利。

这个车展的地域色彩很强，可能因为是名车发源的老家，靠近各大车商总部，看法兰克福车展的欧洲老百姓不但拖家带口、人山人海，而且消费心理非常成熟，汽车知识了解得很全面。车展上，各种品牌新车很多，参观者挑选车型重视的是客机状态的发展、汽配零部件质量，甚至是 DIY 维修问题、售后市场产品，理性实用的成分居多。

法兰克福车展的服务细致而周到，富有"专业精神"，符合德国人一贯滴水不漏的办事作风，像 2007 年车展两大"最高创新奖"的产品都是汽车零部件。人们不仅可以看到百年"老爷车"和光彩夺目的新车，还可以观看新车表演和国际赛事实况转播，并可获得汽车发展史、技术性能、安全行车、环保节能等多方面知识。与国内展览相比，展商们更易节省设备市场费用、运输时间和费用，所以运用的高科技手段也比较多，但成本也更高，因为要使用大型互动媒体演示、模拟驾驶、亲身体验等等。

2. 法国巴黎车展

1898 年 6 月，首次举办巴黎车展，自 1923 年开始，车展改在 10 月的第一个星期三举办，这一惯例一直延续到今天。1976 年起车展定为两年举行一次，2008 年已举办了 78 届。作为浪漫之都的巴黎，它的车展总能给人新车云集、争奇斗艳的感觉。充满时尚是具有历史悠久的巴黎车展的突出特点。

1998 年，欧洲车迷期待已久的巴黎"百年纪念车展"举办，该届车展以"世纪名车大游行"的方式，让众多观众在巴黎大街上一睹香车美女的芳容。2000 年巴黎汽车展在凡尔赛门展览中心举办，共有来自全世界 30 多个国家的汽车厂商，展示 667 个品牌的产品，并且首次将展期由过去的 12 天延长至 17 天，还增加了低票价的 18：00—22：00 的晚场参观时段，总参观人数在 130 万左右。

图 9-1　2008 年巴黎国际车展

图 9-1 为 2008 年位于欧洲的巴黎国际车展。此次巴黎车展如同往日规模一样发布 100 多款新车。这些新车型包括来自 PSA、大众、奔驰、通用、克莱斯勒、福特、丰田、本田、日产等多家全球著名汽车品牌，并且此次车展展出的不少新车和新技术也向国内市场引进。巴黎车展上，PSA 集团、雷诺、大众、奔驰、宝马这几家来自欧洲的汽车巨头自然是不可缺少的主力，虽然欧洲品牌在世界上销量最大的北美市场表现一般，甚至拥有标致雪铁龙品牌的 PSA 集团和雷诺这两家法国汽车支柱品牌还没能重返北美市场，但是在欧洲这片土地上，

各国品牌呈割据之势，通用、福特、丰田等品牌也纷纷在欧洲建立研发中心。

世界各大巨头总喜欢最先进的技术产品放在巴黎露面，而两年一届的巴黎车展，也是概念车云集的海洋，各款新奇古怪的概念车常常使观众眼前一亮。

3. 北美车展

北美车展每年1月在美国底特律COBO展览中心举行。北美车展创始于1907年，是世界上历史最长、规模最大的汽车展之一，由于在年初举行，被誉为全球汽车风向标。

美国底特律可以说是世界与汽车联系最紧密的城市。从造车起步，靠汽车工业蜚声天下，现在底特律依然是美国这个"车轮上的国度"的发动机，底特律车展也成为当今世界最负盛名的车展之一。

1957年，欧洲车厂终于远渡重洋而来，首次出现了沃尔沃、奔驰、保时捷的身影，获得了美国民众的高度重视，底特律车展的"王旗"正式树起。底特律汽车展览1989年才正式更名北美国际汽车展览会。其历史开始于1900年11月纽约汽车俱乐部召开的第一届世界汽车博览会，后来辗转迁移至汽车城底特律。在2002年举办的北美国际汽车展上，共有来自北美、欧洲及亚洲的400多家厂商带来的700多辆轿车、货车参展。作为美国汽车市场的传统烙印，北美车展基本上是日本、美国车的天下。截至2009年，北美车展已经举办了101届。

2009年1月11日，美国底特律车展正式开幕。虽然各大汽车厂家目前都在经受经济危机的考验，但在此次国际车展上，都不遗余力地把最新概念车以及最新车型拿出来亮相以吸引眼球。底特律车展正处在世界汽车行业整体转型的关键时间点上，我们可以从这次车展发布的新车及概念车看出今后几年乃至十几年的趋势。

4. 瑞士日内瓦车展

一年一度的日内瓦车展起始于1905年，1926年起由非正式协会主办，1947年协会改组为国际车展基金会，1982年起由政府出面创办的Orgexpo基金会主办。每年3月举行，在第二次世界大战期间停办七年。是世界五大车展中最热闹的，被誉为"国际汽车潮流风向标"。

瑞士没有自己的汽车工业，而日内瓦却承办着世界最知名的车展之一。日内瓦始终是一个让人刮目相看的城市，每年一度的日内瓦车展，以其迷人的景致，处处公平的氛围和细致入微的参赛规则，受到汽车巨头们的好评，更为众多观光者所青睐。车展主办方最引以为自豪的是日内瓦公平的展览氛围："底特律车展上通用、福特趾高气扬，法兰克福汽车展简直就是德国车商的表演舞台，巴黎汽车展的主要大厅则被法国的车商所占据，但日内瓦车展一视同仁，地方保护主义的色彩最淡。"日内瓦车展历来推崇技术革新和偏重概念车，在世界五大车展举办国中，唯有瑞士目前没有汽车工业，因而日内瓦车展以其"中立"身份赢得最为"公平"的形象。豪华车和概念车仍是日内瓦车展上最耀眼的明星。

伴着瑞士让人倾倒的美景，日内瓦的车展是许多车迷看车和旅游一举两得的好去处。车展期间，日内瓦大小饭店均告客满，每晚灯火辉煌，各类招待会和酒会一个赛一个，花样繁多的食品犹如食品博览会，给日内瓦带来了巨额的旅游收入。虽然没有底特律、法兰克福车展的规模，在世界五大车展中属于"小家碧玉"型，但其特有的中立地位，使得众多的参展商非常看好日内瓦车展，许多汽车制造商也乐于在日内瓦车展上推出新车。2005年3月3日举行的第75届日内瓦国际汽车展，同时也迎来了日内瓦车展的百年华诞，它吸引了来自30个国家和地区的261家厂商的900多个品牌的汽车参展，其中包括53种世界首发和18种欧洲首发车型。

如图9-2所示，为第79届日内瓦车展宣传海报，第79届日内瓦车展于2009年3月5日正式举行，车展在瑞士日内瓦城Palexpo展览会场拉开帷幕，这次车展仍然围绕着绿色科技展开。

图9-2　第79届日内瓦车展宣传海报

5. 日本东京车展

东京车展是五大车展中历史最短的，被誉为"亚洲汽车风向标"，是亚洲最大的国际车展。东京车展创办于1966年，每年10月底举行，单数年为轿车展，双数年为商用车展。历来是日本本土生产的各种千姿百态的小型汽车唱主角的舞台，这也是与其他国际著名车展相比最鲜明的特征。东京对于世界汽车市场有较深的影响，对于亚洲汽车市场更有着重要的意义。

东京车展在日本东京近邻的千叶县举行，其各类电子三维展示装备让车展的参观者有"头晕目眩"的奇妙感觉。环保和节能始终是东京车展的亮点，与其他西方大型车展相比，日本车展更具亚洲东方神韵。日本厂商多款造型小巧精美、内饰高档的车总能成为车展的主角。

东京车展在1999年秋季被分为"乘用车与摩托车展"和"商用车展"两个展会，每年交替举办。首届商用车展，第34届东京车展于2000年举办，为了更好地反映展览的主题"工作与福利车"，展览名称被改为"商用车及无障碍车辆展览"，主办者特地在展会现场布置了一系列的观众参与项目，能满足各种观众的需求。2003年东京汽车展着重展示的是商务用车和摩托车。

三、概念车

1. 概念车的定义

概念车是由英文Conception Car意译而来。概念车不是将投产的车型，它仅仅是向人们展示设计超前的构思而已。概念车是汽车中内容最丰富、最深刻、最前卫、最能代表世界汽车科技发展和设计水平的汽车。概念车的展示，是世界各大汽车公司借以展示其科技实力和设计观念的最重要的方式。概念车是艺术性最强、最具吸引力的汽车。它具有超前、新奇、探索的特点。它不仅具有极高的鉴赏价值,而且还闪烁着智慧的火花。

2. 概念车的作用

世界各大汽车公司都不惜巨资研制概念车,并在国际汽车展上亮相,一方面了解消费者对概念车的反映,从而继续改进;另一方面也是为了向公众显示本公司的技术进步,从而提高自身形象。

①作为设计的尝试性试探,受商品生产工艺与经济成本的制约较为间接,因此可以充分发挥造型设计特殊风格,而进行大胆设想。

②可以在概念车型上进行某一项空气动力性或其他专项内容的比较、探讨或试验。其研究内容比商品车广。

③概念车作为样品可以采用最先进的技术、材料或结构,集中表现最先进的水平。

3. 概念车的分类

通常概念车可分为两种:一种是能跑的真正汽车,比较接近于批量生产,其先进技术已步入试验并逐步走向实用化,一般在5年左右可成为公司投产的新产品。第二种是设计概念模型,汽车虽是更为超前的设计,但因环境、科研水平、成本等原因,只是未来发展的研究设想。

4. 概念车展示

概念车在大家心中想必都是一辆辆冲破人们当代审美观念的怪车,看到其夸张的外形及前卫梦幻的内饰就好比吃了一顿视觉上的大餐。概念车是时代的最新汽车科技成果,代表着未来汽车的发展方向的一个憧憬,它仅仅是向人们展示设计人员新颖、独特、超前的构思而已。如图9-3至图9-6所示,分别是不同品牌的概念车。

图9-3 捷豹新概念车

图9-4 Jeep概念车

图9-5 Mazda Furai概念车

图9-6 铃木概念车

四、汽车模特

1. 汽车模特发展史

1391年在法国第一次出现了"model（模特）"一词。1845年世界上出现第一个女模特以来，模特行业随着每一次的工业革命，都会向前发展一个阶段。1886年德国人卡尔·本茨和戴姆勒发明了汽车以后，模特一词不知不觉地便和汽车联系在一起。

1985年我国在北京举办了首届中国国际汽车博览会。1993年在北京的汽车展览会上，"香车美女"的概念终于由西方引入中国，在中国便出现了"汽车模特"这一新名词，"汽车模特"从此为中国汽车博览会增添了一道亮丽的风景，增减了汽车展览的文化品位，同时在某种程度上推动了中国车展业和中国汽车工业的发展。

2. 汽车与模特

有人把汽车比喻成美女，优美的曲线，光亮的外壳，各种鲜艳的色彩，有时宛如一位亭亭玉立的少女，有时好像一位丰润迷人的少妇，有时又仿佛一个顶天立地的男子汉。在车展上，是汽车衬托美女，还是美女代表汽车，这点并不重要，重要的是人们将汽车人性化，把车和人非常完美而和谐地融合在一起，这是车展业的一次飞跃。

出落得非常美丽的模特们是天地造化，她们是大自然直接赋予人类的天使。人体优美的曲线和富于情感的姿态早已被美术大师庄严而又宏伟地展现出来，这与汽车设计大师的情感形成了强烈共鸣。模特的整体姿态、情感延伸，再现了设计大师的灵感与激情，两者的结合最为美妙、最为恰当、最为感人。

3. 汽车模特的语言

车和服装都有很多的共同点，它们都是设计师辛勤劳动的结果。在每一季的车展与服装展中，每一个品牌的车和每一款样式的服装总是在不断地变化，满足人们的需要，而最便捷的方式就是展示，以最直接的手段让大家了解。对于车亦是如此，我们要树立一种理念，能够完完全全表现出此种车的特点、形象，使人们更易接受，从直观上了解汽车。例如，一部跑车就需要树立一个热情奔放、充满活力的形象；一部豪华轿车则以高贵典雅为最佳，而概念车则应以抽象、前卫才最为合适；如果是家庭车，就以温馨、浪漫为主题；旅行车则以自然、休闲为重点。而当我们的模特在设计这些不同形象时，对于服装、鞋、化妆品甚至头发颜色也是有极高要求的。车模是要表现车，不要展示自我，主要以形体动作揉汇以艺术的立体表演形式，并通过气质、装束、造型、语言、表演、创意及汽车知识表现等方面来体现汽车的品位和用途。服装模特所展示给观众的就是服装本身，这是一种具体而直接的概念，其表现形式单一，而汽车模特所展示的却是一种和汽车相关联的文化概念，更趋向于间接和抽象，并且表现形式是多种多样的。因此，汽车模特的要求高于时装模特。

4. 香车美女

在当代各类广告视觉印象评比中，与美女有关的广告印象率高达85%，居第一位，所以美女和名车的组合也是十分科学的。它成为一种时尚，一种全新的促销手段，是商业社会发展的产物，更是一种进步。

当音乐、灯光、布景、汽车、美女等所有有机体展现在我们面前时，我们会感受到现代汽车工业与现代社会文明融合后表现出来的强烈震撼。

任务实施：

任务工单

任务名称：认识汽车展览		评价	
姓名		班级		学号	
任务描述	1. 查找汽车展览的历史资料； 2. 介绍世界著名汽车展览； 3. 介绍概念车的作用。			
能力目标	1. 了解世界著名汽车展览； 2. 能够介绍概念车的作用和分类； 3. 培养查阅资料学习的能力。			
实施准备	1. 电脑、手机等； 2. 汇报用白板、笔、粘贴纸等。			
实施步骤	自主学习	1. 云平台学习老师发布的相关资料； 2. 获取汽车展览的相关内容； 3. 了解世界著名汽车展览； 4. 介绍概念车的作用。		
	小组讨论	课中以小组形式进行讨论，完成课中任务，形成小组汇报成果。		
	小组汇报	介绍世界著名汽车展览，描述概念车的用途。		
反思				

任务9.2　认识汽车俱乐部

任务引入： 作为一名汽车相关专业学生，你要向朋友介绍国内外知名汽车俱乐部的相关知识，以及国外汽车俱乐部是怎么进行经营的。通过本次任务的学习，我们对国内外汽车俱乐部会有更加深刻的认识，并且了解国外汽车俱乐部的经营模式是怎么的。

学习内容： 1. 汽车俱乐部；
2. 国外汽车俱乐部的经营模式；
3. 国际知名汽车俱乐部；
4. 中国汽车俱乐部。

能力要求： 1. 了解汽车俱乐部的发展路程；
2. 了解国外汽车俱乐部的经营模式；
3. 能够介绍国内外知名汽车俱乐部；
4. 培养查阅资料学习的能力。

任务描述： 1. 查找汽车俱乐部历史资料；
2. 概述国外汽车俱乐部的经营模式；
3. 介绍国内外知名汽车俱乐部。

相关知识：

一、汽车俱乐部

1886年1月29日，德国工程师卡尔·本茨发明了世界上第一辆三轮内燃机汽车，获得了德意志专利局颁发的注册号码为NO37435汽车专利证书，这一天被公认为汽车诞生日，至今已有128年。随着汽车的诞生，1897年英国成立了世界上最早的汽车协会——皇家汽车俱乐部，即现在的R.A.C前身，随后1902年美国AAA汽车俱乐部、1904年FIA国际汽车联合会、1905年ACI即意大利汽车俱乐部等相继诞生，世界上最早的汽车俱乐部至今度过了百年诞辰。

汽车俱乐部是为了满足驾车人对各种与汽车相关的服务的需求和汽车爱好者对汽车的不同兴趣爱好而成立的。广义的"汽车俱乐部"包括从事汽车比赛的俱乐部、从事汽车旅游和文化活动的俱乐部、从事为驾车人提供服务的俱乐部等。狭义的"汽车俱乐部"，是为普通驾车人提供各种汽车服务的俱乐部。业务包括现场排障、拖带、保养加油、代理各种手续、汽车保险、车况检查、租车等，这些服务面向所有会员和非会员，每项服务都有明确的收费标准和对会员免费和优惠的额度。

以汽车品牌命名的汽车俱乐部主要有两类。一类是由汽车厂家设立，主要为购买该品牌汽车的客户提供各种汽车服务的。另一类则是由同一品牌车的车主组织起来，举行聚会、节庆、旅游和竞赛等活动的俱乐部。汽车厂商及其从事经销、配件、修理的合作企业一般也会支持本品牌汽车俱乐部的活动，为俱乐部的会员提供一些优惠。

"汽车俱乐部"，国际上统称AA会，即Automobile Association，如果直译应翻译作汽车协会。可以看出，这里所谓的"汽车俱乐部"并不是词典里定义的那个概念，而之所以在我国目前这类组织都叫做汽车俱乐部，则完全是出于突出这种组织"会员制"这一特定组织形式，才借用了俱乐部的组织概念。

人们对汽车的需求与期盼不仅推动了汽车生产，同时推动了汽车后服务市场的发展，为了满足车主不断膨胀的服务需求，汽车俱乐部扮演了汽车后服务市场的提供服务的主角，但这样的角色是演变而来的。

汽车作为一个新事物的出现，免不了出现一批忠实的、热心的"粉丝"——汽车迷，他们聚合在一起，切磋驾驶技术、交流爱车心得、结伴驾车出行、讨论修理技术、寻觅配品备件、互相救助救援。这种实践的凝聚力催生了汽车俱乐部，这样的结果，决定了汽车俱乐部的本质：在特定的人群中，互助合作办事情，会员制是其必然的结果。

二、国外汽车俱乐部的经营模式

国外汽车俱乐部的经营机制一般采取会员制的形式，即从计划购车时起，交纳一定费用就能成为俱乐部的会员，可以享受俱乐部提供的一系列服务和便利措施。国外汽车俱乐部的经营理念为方便车主、服务车主，以专业化的服务和网络化的管理为属下会员提供优质、完善的全方位汽车服务保障体系，只要你一开车出门，所有可能会发生的事，俱乐部都可以为你全包办了，为你解除了所有的后顾之忧。在国外，一般一次入会，终身受益，使俱乐部成为车主真正的家。

国外汽车俱乐部的经营模式一般分为以下几种：

（1）服务型

一般是由汽车生产商组织的品牌俱乐部。车主购买了某品牌的汽车之后，就成为了该俱乐部的会员，使车主成为本品牌的忠实客户。

（2）盈利型

由汽车经销商组织的维修俱乐部。车主在购买了车辆之后，成为此维修俱乐部的会员。作为俱乐部的会员，车主可享受到一定的优惠。

（3）公益型

由社会团体组织的救援俱乐部。当车辆在驾驶中遇到故障、事故等意外情况时，只需拨打救援俱乐部的救援热线电话，专业人士将在最短的时间内为您提供救援服务，充分保证车辆的正常使用。

（4）文化型

由大学生组织的车迷俱乐部。会员大多是汽车的爱好者，他们聚在一起，谈论、研究汽车及与汽车相关的所有话题。

（5）竞赛型

由汽车发烧友组织的越野俱乐部。会员参加俱乐部举办的各种以赛车为主的体育活动。

在国外，参加汽车俱乐部是一件非常平常的事，几乎每位车主至少是一个汽车俱乐部的会员，汽车俱乐部与人们的生活息息相关。很多汽车俱乐部都是跨国性的，服务网络覆盖全球，为跨国汽车旅游提供客源和各种服务。

三、国际知名的汽车俱乐部

当今国际上有两大汽车俱乐部组织——国际汽车运动联盟（FIA）和国际汽车旅游联盟（AIT）。比较著名的民间俱乐部有美国汽车协会、德国汽车俱乐部、澳大利亚汽车俱乐部等。

1. 国际汽车运动联盟（FIA）

Federation International Automobile（国际汽车运动联合会）简称"国际汽联"或FIA，于1904年6月20日成立，总部现设在法国巴黎，2009年将移至瑞士苏黎世。以推动汽车工业发展为宗旨，由法国、英国和德国等几个欧洲国家发起，成立时总部设在瑞士，其官方语言为法语和英语。

FIA是一个非营利性组织，它代表五大洲的117个国家的150个国家级汽车驾驶组织。FIA共分为两大部分：运动部和旅行汽车部。

运动部：负责管理世界所有形式的汽车运动，包括每年吸引50多亿人次电视观众的F1大赛，还有F3000大赛、旅行车（GT）赛、世界汽车拉力锦标赛、卡丁车赛等。FIA根据各国的申请，每年在世界上约80个国家安排近800场各类汽车比赛。

旅行和汽车部：负责协调道路交通安全、环境保护、消费者权益保护、组织相关活动及旅行事务等。

2. 国际汽车旅游联盟（AIT）

国际汽车旅游联盟是一个代表全世界汽车驾驶组织和旅游俱乐部的非营利性的民间协会，其法文名称是ALLIANCE INTERNATEONALE DE TOURISME，简写为AIT，现其全球会员已超过两亿。

AIT 于 1898 年成立于卢森堡，是由欧美 17 个俱乐部创建的，总部现设立在日内瓦。经过一个世纪的发展，AIT 已拥有 138 个会员国，分布在全球 83 个国家，包括一些国家的旅游局、汽车协会、旅游和汽车俱乐部。其中有 121 固定成员和 5 个联盟成员，在固定成员中，有 96 个旅游俱乐部和汽车协会，25 个开展骑车旅游、野营和汽车旅游、徒步旅游、海上旅游等活动的露天俱乐部。

AIT 的组织机构分为四个地区：一区包括欧洲、中东、非洲；二区为亚太地区；三区为北美地区；四区为拉美地区。AIT 按照地区进行组织，其组织原则是在 AIT 规章框架内所组建地区实行管理自治。

3．美国汽车协会

美国汽车协会（全称 American Automobile Association，简称 AAA）成立于 1902 年，现有会员 4 800 万，是世界上最大的汽车俱乐部，在美国道路上行驶的所有轿车中，AAA 的成员占 20% 之多。

AAA 的服务主要是为会员提供路边帮助、实施信息咨询、为会员提供金融、保险服务等。另外，AAA 还参与评定五星级旅馆和饭店，是美国旅馆和饭店的权威评审机构之一。此外，AAA 还促进了拉力赛和其他一些汽车竞赛，以显示各型新车的可靠性。

AAA 的服务理念是认人不认车，不管是新车、旧车，自己的车还是朋友的车，只要会员在现场，就可以享受服务，这样的服务理念是许多俱乐部所不能及的。

4．德国汽车俱乐部

德国汽车俱乐部全称是"全德汽车俱乐部"，其德语的缩写为 ADAC。全德汽车俱乐部成立于 1903 年，至今已经有 100 多年的历史，截止到 2004 年年底，该俱乐部会员总人数已超过 1 500 万，会费收入则高达约 5.2 亿欧元。

全德汽车俱乐部目前已成长为德国非常有影响的一家会员制服务性机构，服务范围包括交通故障救助、交通事故处理、租车、旅游、保险等各个方面。除此之外，全德汽车俱乐部经常对各种车辆的整车性能、轮胎、配件以及与道路交通有关的各种设施，如桥梁、隧道、工地等进行测试，并以各种方式及时向自己的会员进行通报并对外发布。

5．澳大利亚汽车俱乐部

澳大利亚汽车俱乐部创建于 1905 年，目前已发展会员近 600 万。澳大利亚有 7 个国营的汽车俱乐部，每年提供 537 万次道路紧急救援服务。从 1991 年起，全国统一启用提供道路服务的单一号码系统——13111，随时沟通待援者与救援中心的联系。救援服务除对在路上或家中发生机械故障的汽车提供帮助以外，还提供更换车轮、陷入沼泽、塞车、油料耗尽等服务。在澳大利亚，平均每个会员每年有一次要求提供救援服务。由于澳大利亚汽车俱乐部具有良好的财政基础，由训练有素的工作人员提供出色的服务，采用先进的技术，给会员提供适合其要求的高标准产品，因而取得了成功的经验。

四、中国汽车俱乐部

我国汽车俱乐部的起步和发展相对发达国家要落后，直到 1996 才有第一家借鉴欧美会员制运行模式的汽车俱乐部——大陆汽车俱乐部成立。而在随后几年的发展中，中国汽车俱乐部总体发展还不尽人意，具体表现在规模小、松散，没有真正地体现汽车俱乐部的主要功能。当然，这主要是因为汽车进入中国家庭的时间很短，还需要一个较长的发展过程。

但近几年，中国开始进入汽车拥有率迅速上升的周期，汽车销量的大幅增长，意味着方兴未艾的汽车俱乐部业将是一个蕴藏无限商机的新兴产业。

中国目前的汽车俱乐部形式多样，主要可以划分为以下类型：

①为车主提供具体服务为主的，以救援为龙头，并带动相关售后服务的，如北京的大陆汽车俱乐部。

②专门做售后服务的，如武汉的绿岛汽车俱乐部。

③与文化、沙龙以及公益活动相结合，带有一定协会性质，如在民政部门注册成功的北京爱车俱乐部。

④以旅游、越野、赛车等兴趣或职业特征为主的，如凤鸟汽车俱乐部、摄影家汽车俱乐部等。

⑤以企业、品牌等来设立的俱乐部，如法拉利汽车俱乐部、大众俱乐部。

当然，还有集上述特色于一体的综合性俱乐部，不少大型俱乐部都在尝试这种模式。

任务实施：

任务工单

任务名称：认识汽车俱乐部			评价	
姓名		班级	学号	
任务描述	1. 查找汽车俱乐部历史资料； 2. 概述国外汽车俱乐部的经营模式； 3. 介绍国内外知名汽车俱乐部。			
能力目标	1. 了解汽车俱乐部的发展路程； 2. 了解国外汽车俱乐部的经营模式； 3. 能够介绍国内外知名汽车俱乐部； 4. 培养查阅资料学习的能力。			
实施准备	1. 电脑、手机等； 2. 汇报用白板、笔、粘贴纸等。			
实施步骤	自主学习	1. 云平台学习老师发布的相关资料； 2. 获取汽车俱乐部的相关内容； 3. 了解国外汽车俱乐部的经营模式； 4. 介绍国内外著名汽车俱乐部。		
	小组讨论	课中以小组形式进行讨论，完成课中任务，形成小组汇报成果。		
	小组汇报	介绍国外汽车俱乐部的经营模式，说出国内外著名汽车俱乐部。		
反思				

任务9.3　认识汽车运动

任务引入： 汽车竞赛是一项非常火热的运动项目，那么汽车竞赛的发展历史是怎么样的？什么是世界一级方程式锦标赛，以及国内外有哪些著名车队和车手呢？通过本次任务的学习，你会对汽车运动有更加深刻的认识，并且了解国内外著名车队和车手的相关介绍。

学习内容：1. 汽车竞赛及发展；
2. 汽车竞赛的分类；
3. 世界一级方程式锦标赛；
4. 著名车队与车手。

能力要求：1. 了解汽车竞赛的发展；
2. 能够概述世界一级方程式锦标赛；
3. 能够介绍世界著名车队和车手；
4. 培养查阅资料学习的能力。

任务描述：1. 查找汽车竞赛及发展的资料；
2. 简介世界一级方程式锦标赛；
3. 介绍世界著名车队和车手。

相关知识：

一提到汽车，不得不令人想到一个火热的场面——赛车。"赛车"一词来自法文Grand Prix，意思是大奖赛。在国外，汽车比赛几乎与汽车具有同样长的历史。今天，各式各样的汽车比赛被统称为现代汽车运动，它是世界范围内一项影响较大的体育运动。多姿多彩的汽车运动使这一冷冰冰的钢铁机器充满了柔情蜜意。同时，汽车运动的激烈、惊险、浪漫、刺激，不仅使成千上万的观众为之痴迷，还使世界汽车技术的发展日新月异。

一、汽车竞赛

汽车竞赛又叫赛车运动，也有的人称之为汽车运动，是指汽车在封闭场地内、道路上或野外，比赛速度、驾驶技术和车辆性能的一种运动。赛车运动是集人、车为一体的综合较量，不仅是车手个人技艺、意志和胆量的竞争，而且是汽车设计、产品质量的角逐，体现了人与科技最完美的结合，体现了人类对自然的征服能力。

汽车运动的成绩在一定程度上会影响汽车生产厂家的产品市场占有率，所以各国的大汽车厂商都非常重视参与汽车运动。其中依靠汽车运动发展起来最著名的品牌，就是通过比赛而成名的法拉利了。另外还有日本本田、三菱等，都因汽车运动而发展。

二、汽车竞赛的发展

世界上第一次有记录的汽车比赛是在1887年4月20日，法国《汽车》杂志主编弗谢筹办了从巴黎的桑·贾姆沿塞纳河直至努伊伊的汽车比赛。参加这次汽车比赛的只有乔尔基·布顿一个人，他驾驶可乘4人、带脚蹬的蒸汽机四轮车，跑完了全程。这是世界上最早的汽车比赛。

1888年，《汽车》杂志又主办第二次汽车赛，这次有两个人参加。布顿驾驶德·迪温牌三轮汽车，超过使用塞尔波雷蒸汽机的对手，获得冠军，车赛全程20km。

国际汽车联合会认为汽车比赛的诞生日应是1894年6月11日，由法国《小人物》杂志的新闻负责人皮埃尔·吉法尔在巴黎举办的汽车比赛。该次比赛从巴黎经里昂返巴黎，赛程为128km，登记参加比赛的汽车有102辆，结果只有9辆到达终点，获第一名的是一辆蒸汽机汽车，时速为24km/h。

世界上最早进行的长距离汽车公路车赛是在1895年由法国汽车俱乐部和《鲁·普奇·

杰鲁瓦尔》报社联合举办的，路程为从巴黎到波尔多的往返，全程达 1 178km。

赛车运动开展的初期出现过两次危机。一次是 1901 年的巴黎—柏林公路赛，一名男孩跨入赛道去看一辆开过去的车，被后来的一辆车撞到而死亡，法国政府随后禁止了比赛，但最终在汽车业的强大压力下，恢复了比赛。另一次是 1903 年的法国汽车俱乐部举办的巴黎—波尔多—马德里的比赛中，有近 300 万观众在赛道两旁观看比赛。赛车在丛林行驶中，扬起的尘土阻挡了车手的视线，赛车撞向观众，很多人被撞，比赛随后被法国、西班牙政府终止。后来，法国政府再一次妥协，恢复了比赛，但为赛车运动制订了一些规则：为了避免汽车在野外比赛扬起漫天的尘土影响后面车手的视线，造成伤亡事故，车赛逐渐改在封闭的赛场和跑道上进行，赛道两旁围上护栏，比赛选在人口稀少的地方举行。这就是汽车场地赛的雏形，它被认为是封闭赛道开始的标志。

1904 年 6 月 20 日，由法国、英国、德国和比利时几个欧洲国家成立了国际汽车联盟（Federation International Automobile, FIA）。

1911 年，摩纳哥首次举办了将欧洲 10 国各自的首都作为起点，以摩纳哥的蒙特卡洛为终点的汽车长途越野赛。这项比赛以 RALLY（音译"拉力"）命名，此类长途越野赛被世人称为"拉力赛"。

1975 年中国汽车联合会（FASC）成立，1983 年加入国际联合会。

三、汽车竞赛的分类

汽车运动的类型很多，按照比赛路线划分主要类别有：长距离比赛、环形场地赛和无道路比赛。

1. 长距离比赛

长距离比赛是指从一地到另一地的长距离比赛，包括拉力赛和越野赛。

拉力赛的"拉力"来自英语 Rally，意思是集合。即拉力赛是将参赛的汽车集合在一起进行比赛，反复进行，最后根据每辆赛车的总成绩排出名次。

国际汽车拉力赛每年设有世界拉力锦标赛、欧洲拉力锦标赛、亚洲拉力锦标赛、非洲拉力锦标赛、中东拉力锦标赛等众多大型赛事。

越野赛是在一个国家的公路和自然道路上举行的允许对该国进行考察的汽车比赛。经过几个国家的领土、总长度超过 10 000km 或跨洲的比赛称马拉松越野赛。越野赛的比赛形式与拉力赛大致相同，不同的是越野赛是在荒山野岭、沙漠戈壁等条件艰苦的地域展开，增加了比赛的难度。

1996 年国际汽联首次对越野赛实行世界杯赛制，其中较著名的比赛有：巴黎—达喀尔越野赛、突尼斯国际汽车赛、阿拉伯联合酋长国沙漠挑战赛等。

（1）拉力赛里的 F1——WRC

WRC 是"世界越野拉力锦标赛"的英文缩写，由 FIA 批准的世界越野拉力锦标赛是仅次于 F1 赛车的世界顶级赛车运动，因此也被认为是拉力赛的 F1 比赛。参加 WRC 的赛车都是以制作精良的顶级世界越野拉力赛车为主，除此之外还有很多私人车队同时参赛，通常每一站的参赛车辆 70~100 辆，全球约有超过 10 亿人次通过电视转播或其他媒体观赏这项世界顶级的汽车越野拉力赛事。同时，WRC 还以它"不要门票的比赛"或者叫"家门口的比赛"而闻名，因为 WRC 的赛道多是利用乡村、野外的砂石、沙漠或者柏油路面设计组成，比赛时赛车会在村庄中穿行，而观众就站在赛道两侧的安全区域观战，可以说是"零距离"的体验赛车飞驰的刺激。

WRC可以说是所有赛车项目中最苛刻的一种，因为所有参赛车辆都是以量产车为基础研发制作而成。目前FIA规定的WRC每年有14站比赛，比赛时间是从每年的1月到11月。

（2）魔鬼般的赛事——巴黎—达喀尔汽车越野赛

巴黎—达喀尔汽车越野赛以非洲沙漠为舞台，作为最严酷和最富有冒险精神的赛车运动，为全世界所知晓。

巴黎—达喀尔汽车越野赛被誉为世界上最艰险的赛程。每年1月1日以法国为赛程启动，用2~3个星期穿越非洲大地，全程约10 000km。至今赛程的全程跑完率只有38%，更有"跑完全赛程者均为胜利者"一说，可见赛事的艰辛程度。

2. 环形场地赛

环形场地赛是指起点和终点都在同一地点的环形场地赛，主要是公路赛。公路赛分为方程式汽车赛、运动原型车赛、耐久赛等。

（1）方程式汽车赛

方程式汽车赛是指参加该类比赛所使用的赛车必须依照国际汽车联合会制订颁发的车辆技术规则规定的方程式制造，包括赛车的车体结构、长度、宽度、最低质量、发动机工作容积、气缸数量、油箱容量、电子设备、轮胎的大小等。方程式赛车不注重汽车的舒适、经济、外观或费用，注重的只是性能。

方程式汽车赛项目有F1、F2、F3、亚洲方程式比赛等。

（2）卡丁车赛（Karting）

卡丁车赛是汽车场地比赛项目的一种，按"国际卡丁车运动规则"规定，卡丁车按其使用发动机分为方程式卡丁车、国际A、B、C、E等5个等级，并且可细分为11种类型的比赛。比赛中使用的卡丁车为4轮单座位微型赛车，使用轻钢管结构，操纵简单，无车体外壳，装配100mL、125mL或250mL排量的汽油发动机。卡丁车的重心低，在曲折的环形路线上行驶，比赛速度感强。

卡丁车是世界方程式赛车的最初级形式，始于1940年。它又被视为F1的摇篮，因为许多著名的一级方程式赛手都是从卡丁车比赛起步的。

（3）耐久赛（Grand Touring Car）

耐久赛亦称"GT赛"，汽车场地比赛的一种，为长时间耐久性汽车比赛。比赛车辆分旅行车和运动原型车两类，并根据发动机的工作容积分为若干级别。比赛中每车可设2~3名驾驶员，轮流驾驶。

较著名的比赛有：法国勒芒（Le Mans）24小时耐久赛、日本铃鹿（Suzuka）8小时耐久赛。

每年6月举行的勒芒24小时耐久赛被称为最辛苦、最乏味的单项赛事。它是在位于巴黎西南200km的小镇勒芒举行的重大赛事。赛道是将当地的高速公路和街区公路封闭成一个环行路线，单圈长13.5km，沥青和水泥路面。比赛一般从第一天的下午四点开始，一直持续到次日的下午四点，历时24小时。

每部赛车由3名赛手分别驾驶（20世纪80年代中期以前为2名赛手），采用换人不换车的方法，所有的加油、换胎和维修时间都包括在24小时以内。最后，行驶里程最多的赛车获胜，一般一昼夜下来，成绩最好的赛车行驶的里程将近 5 000km。

由于勒芒耐力赛是全球各种耐力赛时间最长的比赛，而且选手驾车在同一环行赛道上要不停地转上 350 多圈，比赛显得单调、乏味。不论车手、维修还是观众，在下半夜的时候都会变得疲惫不堪。大多数观众是带着宿营车或帐篷前来观战的，赛场旁的 30 个大型停车场每次比赛都停满了 10 万部汽车。赛场周围还有设施齐备的餐饮、娱乐和休闲场所，以及销售仿制的各大车队服装、帽子的铺位，让车迷们在这里如同过节一样。观众可以在餐厅里一边吃着可口的食物，一边观看窗外车速达到 300km/h 的赛车飞驰而过，这也是堪称赛车界里独一无二的情景。

3. 无道路比赛

无道路比赛是指在泥土场地进行的比赛。这种比赛需在场地内设置一些障碍，使得场地内崎岖起伏，参赛车辆间隔出发，最后根据每辆赛车的成绩排出比赛名次。

四、世界一级方程式锦标赛（F1）

世界一级方程式锦标赛（FIA Formula One World Championship）始于 1950 年，是方程式汽车赛中最高级别的比赛，也是目前世界上费用最昂贵、技术水平最高的比赛。F1 与"世界杯足球赛"、"奥运会"称为世界三大体育运动。

在 F1 比赛的最初阶段，每年只举行 7～9 场比赛，以后比赛场数逐渐增多。在 20 世纪 80 年代后期以来，整个赛事每赛季由 16～19 场一级方程式汽车大奖赛（Formula One Grand Prix Auto Racing）组成，赛场遍布世界各国。

1. F1 规则简介

最初的车赛是以城市街道或城市间的公路作为赛场，在规则上也不很完善，这既使赛车的速度受到限制，又威胁着观众和行人的安全。为改善车赛条件，永久性的赛道逐渐出现。现在的 F1 大赛都是在专用的赛车场按照一定规则进行的。

考虑到公平竞争及安全性等方面的需要，FIA 制订了以下三条原则性的规则：

① 尽可能使参赛者在同等条件下比赛，同等地发挥潜力和竞技水平，以最大可能地发挥出比赛和体育运动水平。根据这一原则，对赛车的气缸排量、燃料类型、轮胎尺寸、赛车质量、赛车尺寸等都有详细规定。同时对空气动力装置的安装也具体规定，因为这一装置对轮胎具有下压力，可以提高车速。

② 确保提供最大可能的安全措施，以防止事故的发生。这条原则包括对赛车基本结构的限定；军用航空轮胎、安全型橡胶燃料箱、燃料阻燃器、安全衣帽等装置的限定；燃料库地点和维修站燃料放置地点的限定及采用专门保护措施；车手出入驾驶舱以及驾驶舱的大小也必须限定。

③ 限制开支，禁止增加比赛场次，以防止给个人和车队带来财政上的沉重负担。根据这一原则，限定发动机的气缸数目不超过 12 个，而且外观上应呈圆形，同时还必须是四个冲程互换型和自然吸气式；限定赛车只能有四个车轮，其中两个车轮可以驱动，限定每年只举办 16 场比赛。

2. F1 赛场

F1 车赛必须在专用赛场进行，对专用赛场的长度和宽度、路面情况、安全措施等均有极为严格的要求。一般说来，专用赛场为环形，每圈长 3～7km，赛道总长度不能太长，为

305~320km。为安全起见,赛道两旁一般铺设宽阔的草地或沙地,以便将观众与赛道隔开。如今在正式比赛的诸多赛场中,摩洛哥赛场的赛道最短(3.328km),比利时的斯帕赛场的赛道最长(6.94km),FIA规定赛场不允许有过多过长的直道,目的在于限制高速,以免发生危险。一般地,对于一个标准的F1赛场来说,以下设备是必不可少的:

赛道:宽7~11m,长3.0~7.0km。为避免车速过高,必须设置众多弯道。

起步与终点直道:宽12m,长250m。可以并排安置两辆赛车,但又不能过于拥挤。

看台:需用铁丝网和1.2m高的栏杆与赛道隔开。

摄像机与电视塔:用于电视转播。

大屏幕电视:置于看台对面,便于看台上的观众了解全部比赛情况。

安全人员观察站:位于相对危险地段,以供安全人员保持跑道畅通、处理各种事故、向车手发出存在潜在危险的警告信号等。

直升机:准备对受伤车手进行紧急救护。

医疗站:位于修理站旁边的防护地点,设有手术室及急救室。

修理站:每队配备一个,属永久性设施。

赞助商接待看台:位于修理站后方的高台上,可俯瞰修理站。

围场:为运输车及宿营车停车处。

比赛控制塔:位于整个控制塔的第二层,可以俯瞰修理站入口,指挥人员在此通过无线电装置与安全人员取得联系,控制比赛的进行。

F1赛场大多位于欧洲,在1950年—1995年间,F1大赛共进行了580场,其中在五大洲举办的次数分别为:欧洲407次(占70%);美洲125次(占22%);非洲24次(占4%);亚洲13次(占2%);大洋洲11次(占2%)。在欧洲,举办F1比赛最多的赛场是:意大利的蒙扎45次,摩纳哥42次,荷兰的赞德沃特30次,比利时的斯帕30次,英国的银石29次,德国的纽伦堡24次。

3. **赛场旗语**

为有效指挥车手比赛,尽可能防止各种事故的发生,F1大赛采用摇动红、黄、白、黑、蓝各种彩色旗帜的办法作为指挥信号。摇动的旗子不仅可以使车手在很远处看到,提前引起注意,车手和裁判之间的信息通过不同颜色的旗帜来表达和传递,同时也可使现场观众了解比赛过程中发生的一切。指挥旗为长方形,由赛道各处的裁判执掌,各种旗语的具体含义如下。

红旗:表示比赛开始或是赛段提前终止,当车手看到红旗出现,必须在完成当圈后进入修理站,等待命令看比赛是否要重新开始或终止。

白旗:表示前方赛道有慢车,可能是救护车、吊车。当白旗出现时,车手必须小心,并且准备放慢速度。

黑旗:表示被警告的车手在赛道上的行为不规范,必须在当圈完成之后马上回到维修站,黑旗将伴随着车号在起终点处出现,被警告车手将可能受到加时处罚,严重者要取消比赛资格。

黑底红圈旗:此旗常伴随一个号码牌。警告该车手赛车有机械故障(有时车手不知情),可能会造成危险,车手必须在当圈完成后立刻进入修理站。这面旗将会伴随车号在起终点处出现,除非将车辆修复,否则被警告车手将不得回到场上。

蓝旗：表示后方有较快的车辆接近，并且准备超越。假如看到是摇动的蓝旗，前方的车手必须让路给后方较快车手超越。假如不理会蓝旗的警告达三次，不让路的车手将会被判以进站罚停 10s 的处分。蓝旗在修理站出口摆动，告诉自修理站回到跑道的车手，出口处有车接近，小心驶出。

黄底红条旗：表示前方赛道表面滑溜，路上可能有油。当这面旗出现时，车手必须小心通过。

黄旗：是 F1 比赛中经常出现的旗帜，意为赛道外有事故或危险。黄旗摆动时，告诫车手赛道上有事故或危险应放慢速度，禁止超车，小心行驶。若是车手遇到黄旗摆动时，有意超车，将立即被判黑旗。

双黄旗：双黄旗摆动时，除告诫车手前方赛道有事故或危险外，还意味着赛道因事故被部分或全部阻挡。双黄旗摆动时，通常会伴有安全车或红旗出现。

绿旗：绿旗出现时，表示黄旗摆动时存在的潜在危险已解除，车手可以回复正常速度及赛道。

黑白相间旗：挥动的方格旗表示比赛或赛段终结，这面旗一挥，车手必须随即返回维修区，并且进入围场。这面旗将对冠军车手挥舞，对其他通过终点的车手固定不动。

比赛过程中，车手可以对裁判的判罚向组委会提出抗议，也可以记住犯规赛车的车号向裁判委员会反映。在赛后规定时间内，如果有人提出抗议，裁判委员会将根据有关规定展开调查，以正视听；如果无人提出抗议，比赛成绩将被正式承认。

4. 排位赛与决赛

正式比赛分计时排位赛和决赛两个阶段。

（1）排位赛

排位赛是决定正式大奖赛的出发时的排位顺序。在正式比赛的前一天，在指定的一个小时中，每个车队的车手要在赛道上竞速，以单圈的最快成绩来排顺序，决定次日的出发排位顺序。这是十分科学的。排位赛持续一小时，每辆车最多允许跑 12 圈，赛车手在期间尽量跑出单圈最好成绩。

赛车在赛道上的排位相当重要，排在前面的将有抢先拐第一个弯的优势。通常在排位赛时有 28~30 辆赛车参加，但最后只取前 26 辆赛车参加决赛。

（2）决赛

决赛当天，车手先有 23 圈的自由练习，用以检查车子各部位的工作情况。决赛前半小时各部赛车进入排定的起跑位置。赛前 5min，开始倒计时，当剩下最后 1min 时，发动机开始起动，绿旗一挥赛车便起步，进行最后一圈热身赛，但中途不准超车，也不准更换赛车。待大家一圈跑完后仍按原顺序排好，静待即将开始的大决战。几秒钟后，绿灯一亮，决赛正式开始，赛车似脱缰的野马，尽全力向前冲去。

为安全起见，每辆赛车的尾部必须安装一只红色信号灯，而且在整个比赛过程中一直开着。在赛程之中赛车可以更换轮胎，出了故障也可修理，但需占用比赛时间，所以车手发生故障时要用无线电话通知维修站事先做好准备。如果赛车因故障停下来了，将会被赛场工作人员推走，并失去比赛资格。

FIA 允许赛车在比赛期间加油。为了清洁赛场的大气环境，FIA 规定所有赛车只准使用无毒无铅汽油，以取代过去所使用的含铅高辛烷值汽油。

5. 修理站

为保证比赛顺利进行，并赢得胜利，每一支 F1 车队必须配备由高素质人员组成的赛车维修队伍。由于赛车允许中途更换轮胎及加油，这就意味着修理站内维修人员的工作配合必须无懈可击，目的不仅仅是使时间的损失减小到最低程度，更重要的是减小与此相关的致命危险——只要有一滴汽油滴到炽热的排气管上，赛车就有遭受失火的巨大危险。

在维修站内，发动机技术员的面前有三台电脑屏幕供他使用：第一台用来显示发动机的各种性能数据；第二台用来观察比赛的全部过程；第三台用来显示赛车在各圈所处位置及所用时间。

任何车队的修理站都至少需配备 17 名机械师：拆卸和更换每只车轮 3 人（1 人拆下和拧紧螺母，1 人拆旧轮胎，1 人换新车轮）；2 人操作前后快速千斤顶；2 人加油；再加 1 位手持指挥标志的总机械师。除这 17 位机械师以外，有时再加 1 位加油助理员，1 名发动机技术员和 2 位机械师，他们分别负责擦拭车手的遮阳板和清除侧舱进气口内的纸张或杂物，以保证散热器的最佳工作效果。

当赛车在比赛中发生故障时，车手首先利用无线电装置与维修站内的总机械师取得联系，请求入站修理。当接到总机械师"修理站一切准备就绪"的通知后，车手驾车来到修理站，正好停在快速千斤顶的前面。当赛车即将停稳的一刹那，总机械师将长柄圆形牌子举在车手的前面，通知他一直踩住制动踏板。操纵前后千斤顶的两人一起动作，将赛车顶起离开地面。当赛车顶后，12 人分成四组奔向四个车轮，利用手中的高效气动工具，迅速将旧胎拆下、新胎换上。而负责加油的 2 位机械师则将加压后的汽油以每秒 9 L 的速度注入油箱。由于训练有素、动作熟练，一次成功的换胎只需 6~8s（1993 年英国大奖赛期间，麦那伦车队为塞纳换胎时间为 5.11s；威廉姆斯车队为普罗斯特换胎的时间为 8.02s）。一般说来，赛车在维修站停留时间的长短取决于加油时间，因为加油速度几乎已被压缩到了极限。当加油工作结束以后，总机械师将手中一直举着的长柄圆形牌子翻到可以开走的一面，车手松开制动踏板，赛车又如离弦之箭一般重新进入激烈竞争的赛道。

由于高速赛车的几乎每一个部位（尤其是发动机排气管、车轮、轮胎、制动钳等处）温度都很高，机械师在维修过程中稍有不慎就会被烫伤。为避免这种现象的发生，除要求机械师维修时应十分小心外，换胎机械师还必须佩带毛绒手套。另外，为防止意外失火，机械师们均穿着防火的连衣裤，并佩戴头盔。

五、著名车队与车手

F1 车队是一个团队，F1 文化的核心之一就是团队文化，团队力量发挥的好坏直接决定车手的成绩。比赛时，维修站里戴着耳机看电视的几个人是这个团队中除了车手之外的核心层，他们是首席比赛工程师、两名车手的比赛工程师、赛车的底盘技术主任、车队经理、车队运营总监、试车手的赛道工程师等等。以总部位于英国伦敦近郊的迈凯轮－奔驰车队为例，车队的工作人员超过 500 人，这还不包括在德国斯图加特奔驰总部发动机研发部门的员工及其他技术伙伴的员工。

F1 的所有活动都是围绕各个车队展开的。在一级方程式车赛的历史上，每个赛季都至少有一支车队退出，而他们的空出位置总是立即被补上。20 世纪 50 年代以来，至少有 90 多支车队曾经显示过身手。其中著名的车队有：如法拉利车队、迈凯轮车队、威廉姆斯车队、雷诺车队、莲花车队、丰田车队、福特车队、555富士车队、三菱车队、兰西亚车队、日产车队等。

1. 著名车队

（1）法拉利车队

法拉利车队成立于1929年，创始人为恩佐·法拉利。车队总部设在意大利摩德纳（Modena）。法拉利车队是F1历史上最具有传奇色彩的车队，红色是法拉利车队的标志色，从1980年F1大奖赛创办时起就开始参赛，曾16次获得大赛冠军。车队中的第一车手为菲利普·马萨，第二车手为吉米·莱科宁。

（2）迈凯轮车队

迈凯轮车队于1966年由迈凯轮创立，是F1车坛的老牌强队。总部设在英国沃金。从1966年参赛以来，一共获取过8次车队总冠军和11次车手冠军。如图9-7为迈凯轮车队。

图9-7 迈凯轮车队

（3）威廉姆斯车队

威廉姆斯（图9-8）于1977年成立。是英国的弗兰克·威廉姆斯爵士一手创建的F1顶级车队。一共获取过9次车队总冠军和7次车手冠军。车队第一车手是马克·韦伯，第二车手为海德菲尔德。

图9-8 威廉姆斯车队

（4）雷诺车队

法国雷诺车队（见图9-9）的前身是贝纳通车队，成立于1986年，并在成立之年获取了墨西哥大奖赛冠军。2001年赛季结束后由法国雷诺汽车公司收购并改名为雷诺车队。第一车手为费尔南多·阿隆索，第二车手为罗曼·格罗斯让。2005年是布里亚托利全部计划都付诸实现的一个赛季，在中国进行的最后一场比赛同样见证了雷诺击败强劲对手——迈凯轮·梅赛德斯车队荣膺车队，获得总冠军。2006年以206分获得世界冠军。

图 9-9 法国雷诺车队

（5）英美车队

英美车队于 1977 年年底创立，资金的提供者为英美烟草公司。2005 年本田汽车收购了英美车队 45% 的股份，至 2005 年 9 月，本田又从英美手上收购余下的 55% 股权，成为车队的新股东，并于 2006 年赛季以本田车队的名义出赛。英美在退股后，仍会以 Lucky Strike 的品牌来赞助车队。车队最好成绩为 2004 年车队积分获得亚军。

2. 著名车手

（1）迈克尔·舒马赫

当今世界 F1 车坛最负盛名的要数德国车手迈克尔·舒马赫（Michael Schumacher）。舒马赫（见图 9-10）1969 年 1 月 3 日出生于德国，他 4 岁就开始参加卡丁车比赛。1991 年他在乔丹车队首次参加了 F1 大奖赛，1992 年他在比利时获得了第一个分站冠军，并在那个赛季获得了总成绩第三名。1994 年他第一次夺得世界冠军，并于次年卫冕成功。1996 年他加盟法拉利车队，虽然赛车问题不断，但他还是获得了第三名。1999 赛季对于舒马赫来说是令人失望的。在积分第二，力争为法拉利车队赢得 20 年来第一个车手总冠军的舒马赫却在英国银石赛道撞断了腿，他也因此休息了三个月。2000 年，舒马赫为法拉利车队夺得车队与车手双料冠军，成为三届世界一级方程式冠军车手，也是法拉利车队 21 年来的首个冠

图 9-10 迈克尔·舒马赫

军车手。2001年，舒马赫再为法拉利车队夺得车队与车手双料冠军。迄今为止，舒马赫已创纪录地获得七次年度车手冠军。2002年，舒马赫把世人的焦点都集中在自己身上，他的表演让人叹为观止，拿下第五次F1车手总冠军。2004年，继续代表法拉利出赛，毫无悬念地第七次夺得世界冠军。2006年，在蒙扎赛道夺冠后，宣布2006赛季结束后退役，并于巴西站后退役。2009年7月30日，宣布从巴伦西亚大奖赛复出，开始顶替马萨参加本赛季余下的F1赛事。2009年12月23日，梅赛德斯-奔驰宣布迈克尔·舒马赫将在2010年开始代表梅赛德斯-奔驰F1车队复出，合同期三年。这是舒马赫在一年内第二次宣布复出，不同的是他将效力于梅赛德斯-奔驰大奖赛马石油车队。

（2）胡安·曼纽尔·范吉奥

胡安·曼纽尔·范吉奥（见图9-11）是一位38岁才加入F1的车手，他在1950年开始冠军历程时，已经39岁了。1950年到1957年8年中，除了1952年因伤耽误一年外，剩下的7年，他夺得了五次世界冠军，两次未能获得冠军车也是亚军。当他1958年突然宣布退役时，人们不禁感叹他的F1生涯开始得太晚了，否则他的辉煌一定能得以延续。

图9-11 胡安·曼纽尔·范吉奥

1911年，范吉奥出生在阿根廷的一个意大利移民家庭。20世纪30年代，范吉奥在他的家乡阿根廷开始了赛车生涯。1948年来到欧洲，他在阿尔法罗密欧车队、梅赛德斯车队、法拉利车队和玛莎拉蒂车队均获得过世界冠军，被人称为"艺术大师"。他最后一次夺得世界冠军是1957年。1958年，范吉奥宣布退役，因为他觉得自己赛车生涯的最佳状态已过去。这是一个明智的决定，与他同时代的车手很少能全身而退，因为十年间发生了多起赛车事故。

范吉奥尽管身材矮小，但却名声显赫，他具备超级明星的吸引力，甚至当代优秀车手塞纳也对他充满了敬畏之心。在他生命的最后几年，疾病一直困扰着他，1995年，范吉奥结束了F1历史上属于他的伟大的篇章。

（3）埃尔顿·塞纳

埃尔顿·塞纳（见图9-12）以其勇敢和智慧，驰骋在赛场上10年，创造出了不平凡的成绩，成为当时世界最优秀的赛车手，被誉为"赛车王子"。

1960年3月21日，塞纳出生于巴西的圣保罗市。1973年，年满13岁的塞纳首次参加在家乡举行的小型赛车比赛，初战告捷，从此节节胜利，17岁时便夺得了南美冠军。20世纪80年代末至90年代

图9-12 埃尔顿·塞纳

初是塞纳赛车生涯的辉煌时期,他每站比赛排位几乎总是最前,最先冲刺的也几乎总是他。他三次夺得了世界一级方程式车赛年度总冠军,成为当时年薪最高的车手,塞纳一时间几乎成了 F1 赛事的代名词。

1994 年 5 月 1 日,在意大利的伊莫拉赛道开始了第三站的比赛,塞纳还是排位第一。但是当赛车行至第 7 圈时悲剧发生了,在坦布雷罗弯道上,塞纳驾驶的 2 号赛车以约 300km/h 的高速撞上了水泥防护墙。

塞纳之死震撼了全世界,许多国家的新闻媒介都进行了大量报道。在巴西,塞纳不仅仅是一名超级车手,他还是国家的象征,民族的骄傲。

(4)费尔南多·阿隆索

费尔南多·阿隆索(见图 9 - 13)是目前 F1 车坛上最年轻的冠军车手。1981 年,阿隆索出生于西班牙,他在 3 岁的时候就开始参加卡丁车比赛,1994 年获得西班牙卡丁车赛冠军时,他的才华得到了各界的注意,接下来的 1996 和 1997 年,阿隆索再次获得这一赛事的冠军,并在 1996 年进行的世界卡丁车赛上有良好的表现。到了 1998 年,阿隆索完成了欧洲卡丁车冠军赛,并最终取得第 2 名的成绩。

图 9 - 13　费尔南多·阿隆索

2000 年,阿隆索在 F3000 的比赛中获得总成绩第 4 的佳绩让 F1 车坛正式注意到这位西班牙人。2001 年,在先后为贝纳通及米纳尔迪车队充当试车手后,阿隆索最终代表米纳尔迪车队参加了当时的比赛。之后,阿隆索加盟到雷诺车队成为试车手。到了 2003 年赛季,阿隆索为雷诺车队赢得了一个分站冠军,同时也成了 F1 历史上赢得分站冠军的最年轻车手。2005 赛季前,费尔南多·阿隆索被视为最有希望获得世界冠军的年轻车手之一。他凭借稳定的发挥,提前两站成为年度冠军,他也是历史上最年轻的 F1 世界冠军。他获得冠军时只有 24 岁 1 个月 29 天。2006 赛季,费尔南多·阿隆索在"红蓝大战"中脱颖而出,力克法拉利车手迈克尔·舒马赫,再次成功卫冕车手总冠军。2007 年年初,两届世界冠军阿隆索突然宣布转投其竞争对手迈凯轮门下,经过一年艰辛的努力,最后在这个并不顺畅的赛季以一分之差落后于法拉利车手吉米·莱科宁,获得年度第三。2008 赛季,回到了雷诺车队与小尼尔森·皮奎特搭档。两次获得分站冠军(其中一次在新加坡获得 F1 历史上首个夜赛冠军),以 61 个积分获得年度车手排名第五名。

任务实施:

任务工单

任务名称:认识汽车运动			评价	
姓名		班级		学号	
任务描述	1. 查找汽车竞赛及发展的资料; 2. 简介世界一级方程式锦标赛; 3. 介绍世界著名车队和车手。			

续表

能力目标	1. 了解汽车竞赛的发展； 2. 能够概述世界一级方程式锦标赛； 3. 能够介绍世界著名车队和车手； 4. 培养查阅资料学习的能力。	
实施准备	1. 电脑、手机等； 2. 汇报用白板、笔、粘贴纸等。	
实施步骤	自主学习	1. 云平台学习老师发布的相关资料； 2. 获取汽车竞赛的相关内容； 3. 了解 F1 汽车竞赛的知识； 4. 介绍世界主要车队和车手。
	小组讨论	课中以小组形式进行讨论，完成课中任务，形成小组汇报成果。
	小组汇报	介绍 F1 汽车竞赛，说出世界著名车队和车手。
反思		

思考题

1. 谈一下自己参观汽车车展后的收获。
2. 什么是汽车运动？起源于哪个国家？
3. 汽车运动的管理机构叫什么名称？其主要职责是什么？缩写是什么？
4. 简述 F1 方程式赛。
5. 第一次 F1 汽车赛在何地、何时举行？
6. 什么是汽车俱乐部？我国的汽车俱乐部有哪些类型？

拓展阅读

严禁违法改装
车灯的启示

参 考 文 献

[1] 胡勇,吉武俊. 汽车概论[M]. 北京:北京理工大学出版社,2010.
[2] 林平. 汽车史话——汽车发展史[M]. 北京:电子工业出版社,2005.
[3] 林平. 汽车佳话——著名汽车公司传奇[M]. 北京:电子工业出版社,2006.
[4] 林平. 汽车童话——著名汽车品牌与商标[M]. 北京:电子工业出版社,2006.
[5] 王洪浩. 吉普传奇[M]. 北京:中国宇航出版社,2005.
[6] 林宏迪. 伟大的柴油机发明家——狄塞尔[M]. 北京:科学出版社,2005.
[7] 蔡兴旺. 汽车概论[M]. 北京:机械工业出版社,2010.
[8] [英]彭尼·斯帕克. 世界百年——20世纪汽车设计的先驱[M]. 郭志锋,译. 北京:中国建筑工业出版社,2005.
[9] [美]亨利·福特. 亨利·福特自传[M]. 汝敏,译. 北京:中国城市出版社,2005.
[10] 虞咏天. 名车鉴赏宝典[M]. 上海:上海科学技术出版社,2006.
[11] 郎全栋,曹晓光. 汽车文化[M]. 北京:高等教育出版社,2004.
[12] 安军. 汽车文化[M]. 重庆:重庆大学出版社,2005.
[13] [英]乔纳森·诺贝尔,马克·休斯. 一级方程式赛车[M]. 金马,译. 北京:机械工业出版社,2004.
[14] 李京生,张文杰. 中国汽车画报社. 大众[M]. 北京:电子工业出版社,2005.
[15] 戴汝泉. 汽车运行材料[M]. 北京:机械工业出版社,2005.
[16] 陆刚,刘道春. 现代汽车运行材料及其应用[M]. 北京:国防工业出版社,2005.
[17] 李明惠. 汽车应用材料[M]. 北京:机械工业出版社,2002.
[18] 孙风英,臧杰. 汽车运行材料[M]. 北京:人民交通出版社,1999.
[19] 冯渊. 汽车电子控制技术(第2版)[M]. 北京:机械工业出版社,2005.
[20] [德]Erik Eckermann. [M]. 孙伟,译. 北京:电子工业出版社,2006.
[21] 刘世恺,刘宏. 汽车百年史话(第二版)[M]. 北京:人民交通出版社,2005.
[22] 李妙然,邹德伟. 智能网联汽车技术概论[M]. 北京:机械工业出版社,2019.